BAEDEKER

# POLEN

---

》

Meiner Meinung nach ist Gott ein Pole, denn er hat die Schöpfung ein bisschen verpfuscht.

《

*Andrzej Szczypiorski*

baedeker.com

**INHALT**

# ▮▮ DAS IST POLEN

| | |
|---|---|
| **8** | Madonnen und Heilige |
| **12** | Eine Nation auf Wanderschaft |
| **16** | Ein Geist voller Widersprüche |
| **20** | Der Polen Lieblingswasser |
| **24** | Kunst plakativ |

# ▮▮ TOUREN

| | |
|---|---|
| **30** | Unterwegs in Polen |
| **30** | Von Danzig zu den Masurischen Seen |
| **33** | Von Warschau in den Osten |
| **35** | Durch Großpolen |
| **37** | Kleine Schlesien-Rundfahrt |
| **40** | Von der Königsstadt in die Karpaten |

## SYMBOLE

**Baedeker Wissen**
● Special, Infografik, 3D

**Baedeker-Sterneziele**
★★ Top-Reiseziele
★ Herausragende Reiseziele

**INHALT**

## ■ ZIELE VON A BIS Z

| | |
|---|---|
| 46 | Augustów |
| 48 | ★★ Białystok |
| 52 | Bielsko-Biała · Bielitz-Biala |
| 55 | ★ Bieszczady · Bieszczaden |
| 58 | ★ Bydgoszcz · Bromberg |
| 61 | Chełm |
| 63 | ★ Chełmno · Kulm |
| 66 | Chojnice · Konitz |
| 68 | Cieszyn · Teschen |
| 70 | ★★ Częstochowa · Tschenstochau |
| 74 | ● Jasna Góra |
| 78 | ★ Elbląg · Elbing |
| 81 | ★ Frombork · Frauenburg |
| 85 | ★★ Gdańsk · Danzig |
| 88 | ● Solidarnośc |
| 96 | ● Krantor |
| 106 | Gdynia · Gdingen |
| 111 | Gliwice · Gleiwitz |
| 114 | ★ Gniezno · Gnesen |
| 118 | Grudziądz · Graudenz |
| 120 | Jarosław |
| 121 | ★ Jelenia Góra · Hirschberg |
| 127 | Kalisz · Kalisch |
| 131 | ★★ Karkonosze · Riesengebirge |
| 134 | ● Stabkirche Wang |
| 141 | Kartuzy · Karthaus |
| 143 | ★ Katowice · Kattowitz |
| 148 | ★ Kazimierz Dolny |
| 152 | ★ Kętrzyn · Rastenburg |
| 155 | Kielce |
| 158 | ★ Kłodzko · Glatz |
| 163 | Kołobrzeg · Kolberg |
| 167 | ★★ Kraków · Krakau |
| 187 | ★★ Łańcut |
| 189 | Legnica · Liegnitz |
| 194 | ★ Łódź |
| 198 | ● HollyŁódż |
| 200 | ★ Lublin |
| 205 | ★★ Malbork · Marienburg |
| 208 | ● Marienburg |
| 211 | ★★ Mazury · Masuren |
| 222 | ● Der Deutschordensstaat |

**INHALT**

| | |
|---|---|
| 225 | Nowy Sącz · Neu Sandez |
| 231 | Nysa · Neisse |
| 234 | Opole · Oppeln |
| 238 | ★★ Oświęcim · Auschwitz |
| 240 | ● Schauplätze des Holocaust |
| 245 | Płock |
| 248 | ★ Poznań · Posen |
| 258 | ★★ Puszcza Białowieska · Urwald Białowieża |
| 261 | Rewal |
| 263 | ★ Sandomierz |
| 266 | Sanok |
| 269 | ★★ Słowiński Park Narodowy |
| 271 | Słupsk · Stolp |
| 273 | Suwałki · Suwalken |
| 274 | ★★ Świdnica · Schweidnitz |
| 277 | ★ Szczecin · Stettin |
| 284 | Szczecinek · Neustettin |
| 285 | Tarnów · Tarnau |
| 288 | ★ Tatry · Tatra |
| 295 | ★★ Toruń · Thorn |
| 302 | ★★ Wałbrzych · Waldenburg |
| 306 | ★★ Warszawa · Warschau |
| 329 | Wolin · Wollin |
| 332 | ★★ Wrocław · Breslau |
| 349 | ★★ Zamość |
| 354 | Zielona Góra · Grünberg |

## ■ HINTERGRUND

| | |
|---|---|
| 360 | Das Land und seine Menschen |
| 368 | ● Polen auf einen Blick |
| 374 | Geschichte |
| 380 | ● Die Teilungen Polens |
| 390 | Kunstgeschichte |
| 396 | Volkskunst und Folklore |
| 398 | Interessante Menschen |

## ■ ERLEBEN UND GENIESSEN

| | |
|---|---|
| 412 | Bewegen und Entspannen |
| 416 | Essen und Trinken |
| 418 | ● Typische Gerichte |
| 421 | Feiern |
| 423 | Shoppen |
| 424 | ● Polen rockt |
| 428 | ● Gold der Ostsee |
| 431 | Übernachten |

---

## PREISKATEGORIEN

**Restaurants**
Preise für ein Hauptgericht

| €€€€ | über 100 zł |
| €€€ | 70 bis 100 zł |
| €€ | 50 bis 70 zł |
| € | bis 50 zł |

**Hotels**
Preise für ein Doppelzimmer mit Dusche/Bad und Frühstück

| €€€€ | über 650 zł |
| €€€ | 450 bis 650 zł |
| €€ | 260 bis 450 zł |
| € | bis 260 zł |

## PRAKTISCHE INFORMATIONEN

- **436** Kurz & bündig
- **436** Anreise und Reiseplanung
- **439** Auskunft
- **440** Etikette
- **441** Geld
- **442** Gesundheit
- **442** Lesetipps
- **444** Preise und Vergünstigungen
- **444** Reisezeit
- **445** Sprache
- **452** Telekommunikation · Post
- **453** Verkehr

## ANHANG

- **455** Register
- **462** Bildnachweis
- **463** Verzeichnis der Karten und Grafiken
- **464** Impressum

## MAGISCHE MOMENTE

- **51** Eine andere Welt
- **80** Bergfahrt per Schiff
- **98** Ein meditativer Raum
- **160** Spaziergang in die Unterwelt
- **177** Ein spiritueller Kraftort
- **230** Flussfahrt per Floß
- **269** Polnische Sahara
- **290** Gipfelsturm
- **331** Ganz bei sich an der Ostsee

## ÜBERRASCHENDES

- **103** **6 x Durchatmen:** Entspannen, wohlfühlen, runterkommen
- **146** **6 x Unterschätzt:** Genau hinsehen, nicht daran vorbeigehen, einfach probieren
- **172** **6 x Erstaunliches:** Hätten Sie das gewusst?
- **218** **6 x Typisch:** Dafür fährt man nach Polen
- **333** **6 x Einfach unbezahlbar:** Erlebnisse, die für Geld nicht zu bekommen sind

# D
# DAS IST ...

*... Polen*

Die großen Themen
rund um unseren östlichen Nachbarn.
Lassen Sie sich inspirieren!

Bilderbuch-Polen in Masuren ▶

**DAS IST …
… POLEN**

# MADONNEN UND HEILIGE

Vier Millionen Pilger strömen Jahr für Jahr nach Tschenstochau – vielleicht der wichtigste, aber doch nur einer von 200 Wallfahrtsorten in Polen. Keine Frage – während anderswo in Europa der Einfluss der Kirche schwindet, ist der Katholizismus in Polen immer noch allgegenwärtig, die Kirche mächtig. All(zu)mächtig?

Segen für Mensch und Tier in der Tatra ▶

DAS IST...
...POLEN

## DAS IST ...
### ... POLEN

**DIE** vielen polnischen Wallfahrtsorte sind fast alle einer weiblichen Heiligen geweiht: der hl. Hedwig in Krakau oder der hl. Anna in Góra Św. Anny zum Beispiel. Und erst die zahlreichen Marienheiligtümer: Mariä Heimsuchung in Krosno, Mariä Tröstung in Warschau, der Jungfrau in Licheń und Maria Schnee in Międzygórze. Als tauge eine Frauenfigur besser als Ansprechpartnerin für Menschen, die ihr Herz ausschütten wollen.

### Papst ist Kult

Doch zumindest ein männliches Idol gibt es natürlich: Papst Johannes Paul II. alias Karol Wojtyła (1920–2005), der 26 Jahre lang Oberhaupt der katholischen Kirche war. Nicht unumstritten war er, aber viel geliebt. Viele Polen sprechen auch heute noch liebevoll von ihrem **»Karolek«** (Karolchen), als sei er ein Familienmitglied. Unmittelbar nach seinem Tod sprach ihn sein Nachfolger selig, und schon neun Jahre später erhob ihn Papst Franziskus zum Heiligen. Für die polnischen Katholiken ein Triumph. Orte, an denen sich der Papst aufhielt, sind heute Kultstätten. Straßen im ganzen Land sind nach ihm benannt, Hunderte von Skulpturen errichtet.

### Die Schwarze Madonna

Warum ist die Kirche in Polen so mächtig? Warum hat ein Sender wie **Radio Maria** Millionen Zuhörer? Warum sind Messen ausgebucht, und warum steht man vor Beichtstühlen in Polen Schlange? Die Antwort liegt in der Geschichte. Im 16. Jh. blieb Polen trotz protestantischer Strömungen in Adel und Bürgertum katholisch. Um reformatorischen Bestrebungen endgültig ein Ende zu bereiten, holte König Zygmunt August II. 1565 die Jesuiten ins Land. Sie missionierten erfolgreich die »Abtrünnigen«.

### DIE AURA DES HEILIGEN

Ältere Frauen knien vor der Schwarzen Madonna – versunken im Gebet, die Hände vor der Brust gefaltet. So verharren sie eine Stunde, manchmal länger, im Halbdunkel der Kapelle. Ringsum das Gemurmel von Gebeten. Aus dem Hauptschiff wehen Fetzen von Predigten herüber, die Priester fast nonstop zelebrieren. Schwaden von Weihrauch, der Duft von Wachskerzen. Momente eines beliebigen Tags in der Wallfahrtskirche von Tschenstochau (▶ S. 70), die von der tiefen Gläubigkeit der Menschen erzählen. Wer Papst-Aura schnuppern möchte – das Geburtshaus von Karol Wojtyła in Wadowice ist heute »Erlebnismuseum« (▶ S. 186), seine Reliquie – eine Ampulle Blut – wird in einem riesigen Schrein im Papst-Johannes-Paul-II-Zentrum in Krakau-Łagiewniki zur Schau gestellt

# DAS IST ...
## ... POLEN

Karol Wojtyla ist Heiliger, Kulttfigur und für viele Polen »Karolek«.

Während der Schwedenkriege schließlich, die im frühen 17. Jh. Polen verwüsteten, verteidigten die Einheimischen das Kloster Jasna Góra trotz erdrückender gegnerischer Übermacht erfolgreich. Mit **Hilfe der Schwarzen Madonna**, hieß es. Durch dieses »Wunder« wurde die Marienfigur zum Symbol für Souveränität und Freiheit Polens und der Katholizismus unangreifbar.

## Ein Hort nationaler Identität

Die Kirche schrieb auch in den nächsten Jahrhunderten wesentlich an der polnische Geschichte mit: Als gegen Ende des 18. Jh.s der polnische Staat zu existieren aufhörte, wurden Kirchen zum Hort nationaler Identität. Hier waren die Polen unter sich, hier konnten sie Polnisch sprechen. Und während in den preußisch-protestantischen und russisch-orthodoxen Gebieten der Katholizismus als polnisches Element unterdrückt wurde, formierte sich in der katholischen Kirche der Widerstand. Ein Ort nationaler Sammlung gegen die Besatzer war die Kirche auch während der Schreckensherrschaft der deutschen Besatzung. Und unter den »gottlosen« Kommunisten.

Die Kirche ertrotzte in Polen Sonderrechte, die sie in anderen sozialistischen Ländern nicht hatte. Sie durfte erzieherisch tätig sein: In den Pfarrgemeinden erteilte man Religionsunterricht, und Lublin besaß die einzige katholische Universität des Ostblocks. Nach der Wende 1990 erhielt die Kirche alle Privilegien zurück. Unter der neuen Regierung von Donald Tusk wird sich zeigen, ob ihr großer Einfluss auf die Politik bleibt.

## DAS IST ...
## ... POLEN

# EINE NATION AUF WANDERSCHAFT

Am Kai erwartet Sie der pompöse »Meeresbahnhof«. Hier werden Sie von der Nationalhymne empfangen, besteigen die vor Anker liegende »Stefan Batory« oder einen anderen Ozeandampfer und treten eine lange Reise ins Ungewisse an. Was lag da näher, als Polens Emigrationsmuseum in Gdynias historischem Meeresbahnhof einzurichten?

Im Emigrationsmuseum von Gdynia ▶

## DAS IST ...
### ... POLEN

**EINE** große Zahl von Polen zog es nach der politischen Wende auch ins Nachbarland Deutschland, wo sie heute eine starke, allerdings kaum sichtbare Minderheit bilden. Sie sind meist katholisch und erpicht darauf, die fremde Sprache so schnell wie möglich zu lernen. Kein Wunder, dass ein Buch zum Thema den Titel »Wir Strebermigranten« trägt. **»Nur nicht auffallen!«**, lautet das oberste Gebot der in Deutschland lebenden Polen. Nicht einmal gastronomisch sind sie vertreten. Während Döner-Kebab, Pizza und Pasta, Gyros und Tsatsiki im deutschen Alltag längst ihren Platz gefunden haben, kennt kaum jemand Polens Küche. Hand aufs Herz: Wer weiß schon, wie Borschtsch, Piroggen und Bigos schmecken?

### | Wellen der Emigration

Dabei reicht die polnische Emigration nach Deutschland weit ins 19. Jh. zurück. Als in dem von Preußen, Österreich und Russland besetzten Land die Leibeigenschaft aufgehoben wurde, zogen die Freigelassenen **ins Ruhrgebiet**, wo sie sich als Bergarbeiter verdingten. Schimanski, Grabowski, Kowalski, Zelenski, Stachowitsch – bis heute erinnern viele Namen an polnische Wurzeln. Als Arbeitskräfte waren sie willkommen, als Mitbürger wurden sie eher diffamiert. Die »Polacken« standen am Rande der Gesellschaft. Aufstiegschancen, zumindest für die Enkel, bot u.a. der Fußball – ohne polnischstämmige Kicker wäre Schalke 04 kaum zur Spitzenmannschaft geworden.
Nach 1945 kamen erneut in mehreren Wellen Polen nach Deutschland, zuletzt als Spätaussiedler. Polen, die einen deutschen Ursprung nachweisen konnten und deshalb Privilegien erhielten.

*Der Königlich-holländische Lloyd wirbt in Polen für seine Südamerika-Passagen ab Amsterdam.*

Als Polen 2004 der EU beitrat, strömten – um den niedrigen Löhne und der hohen Arbeitslosigkeit in der Heimat zu entkommen – rund 2 Mio. Polen westwärts. Häufiger als nach Deutschland jedoch zunächst nach Großbritannien (und Irland), wo sie als neue EU-Bürger sofort unbegrenzten Zugang zum Arbeitsmarkt erhielten – bis der Brexit kam. Deutschland ließ sich mit der Öffnungs des Arbeitsmarkts bis 2011 Zeit.

### | Ins Exil

Neben Wirtschaftsflüchtlingen gab es auch politische Flüchtlinge. Die adeligen, oft reichen Anführer mehrerer erfolgloser Aufstände gegen die Besatzungsmächte gingen im 19. Jh. nach Paris. In Salons lauschten sie den Polonaisen Frédéric Chopins und den Freiheitsoden der Nationaldichter Mickiewicz und Słowacki. Sie versammelten sich um die Bibliothèque Polonaise, deren Rolle in der zweiten Hälfte des 20. Jh.s die Zeitschrift »Kultura« übernahm – sie war Sprachrohr all jener, die in Polen nicht zu Wort kamen.
Und schließlich verließen zahlreiche **Juden** das Land. Als Polen 1918 als Staat wiederauferstand, standen sie unter Generalverdacht, als »vaterlandslose Gesellen« nicht patriotisch genug zu sein. So machte sich mancher auf den Weg in Richtung Palästina. Der Antisemitismus starb mit dem Holocaust nicht aus: Der letzte jüdische Exodus aus Polen fand 1968 statt, als die sozialistische Regierung mit der Ausweisung von Juden viel Applaus im Volk erntete.

## DAS IST … POLEN

# EIN GEIST VOLLER WIDER-SPRÜ-CHE

Mal launischer und arglistiger Riese, mal gerechter und hilfsbereiter Berggeist. Aber auch als Hüter verborgener Schätze und Beherrscher von Wind und Wetter hat Rübezahl seinen Auftritt – ob als Mönchs in aschgrauer Kutte, Bergmann oder Handwerker. Rübezahl durchstreift als Held unzähliger Sagen das Riesengebirge.

Der Berggeist in einer Illustration aus dem 19. Jh. ▶

DAS IST ...
POLEN

17

## DAS IST ...
### ... POLEN

### IN RÜBEZAHLS REICH

Eine riesige Gestalt – halb Ziegenbock, halb Teufel mit Hirschgeweih – weist bei »Karkonoskie Tajemnice« in Karpacz den Weg in einen Beton-Kubus. Dort taucht man mit allen Sinnen in das geheimnisvolle Reich Rübezahls ein: Man hört den Wind, der sich zum Sturm steigert, und das Geräusch herabfallender Regentropfen, die zu Bächen anschwellen. Man sieht Wolkenfetzen Grate umspülen, riecht Baumharz und feuchtes Moos. Nebenbei erfährt man, wie der Berggeist zu seinem Namen kam, was es mit seinen Schätzen auf sich hat und wo der Stein der Weisen zu finden ist. (▶ S. 136)

# DAS IST ...
## ... POLEN

**»FREUND** Rübezahl ist geartet wie ein Kraftgenie, launisch, ungestüm, sonderbar; bengelhaft, roh, unbescheiden; stolz, eitel, wankelmütig, heute der wärmste Freund, morgen fremd und kalt; zuzeiten gutmütig, edel und empfindsam; aber mit sich selbst in stetem Widerspruch; albern und weise, schalkhaft und bieder, störrisch und beugsam«, schrieb der Märchensammler **Johann Karl August Musäus**, der die mündlich überlieferten Legenden rund um den Berggeist im 18. Jh. zu Kunstmärchen verarbeitete und ihm auch in Deutschland zu Popularität verhalf.

## Der Rübenzähler ...

Doch wie kam der Berggeist zu seinem Namen? Musäus erzählt, dass er einst eine junge Königstochter in sein unterirdisches Reich verschleppte, weil er in Liebe zu ihr entbrannt war. Die Widerspenstige versprach, ihren Entführer zu heiraten, wenn es ihm gelänge, alle Rüben auf dem Feld zu zählen. Während er mit Zählen beschäftigt war, floh das Mädchen zum schönen Prinzen Ratibor. So wurde der Berggeist zum Rübenzähler »Rübezahl«. Ein **Spottname**, den er verständlicherweise nicht gern hört.

## ... aus dem Riesengebirge

Die Heimat Rübezahls ist das Riesengebirge, dieser beeindruckende böhmisch-schlesische Gebirgszug. »Dieser Fürst der Gnomen besitzt auf der Oberfläche der Erde nur ein kleines Gebiet, von wenigen Meilen im Umfang, mit einer Kette von Bergen umschlossen«, schreibt Musäus. An einem Hang des Brunnberges, gegenüber der Schneekoppe, soll **sein Lustgarten** liegen, unsichtbar für das menschliche Auge. **Sein Grab**, so die Sage, befindet sich oberhalb von Szklarska Poręba (Schhreiberhau) an einem steilen Hang. Nur ein bescheidener Fels weist darauf hin.

## Mann mit vielen Gesichtern

Ist Rübezahl nun ein Geist, ein Gnom oder einfach »nur« ein Riese? Eines kann er auf jeden Fall: jede beliebige Gestalt annehmen. »Freund Rübezahl« hat viele Gesichter. So hilft er denen, die ihn um Hilfe anflehen: Einen verarmten Mann unterstützt er mit einem Darlehen und sorgt dafür, dass das Geld reiche Früchte trägt. Einen Schneider bringt er dagegen an den Galgen, indem er dessen Aussehen annimmt, einen Juden überfällt, diesen halb tot schlägt und sein Geld raubt. Die Beute versteckt er im Reisegepäck des Schneiders und sorgt so für dessen »Überführung«. Grund für die Arglist: Der Schneider hatte Rübezahl verspottet.

## Karriere auf der Opernbühne

Waren die Legenden über Rübezahl zunächst wohl vor allem für Erwachsene gedacht, so wurde er im Laufe der Jahrhunderte auch zur Märchenfigur für Kinder. Und bis heute sind die Geschichten von Rübezahl in Polen, wo er übrigens **Liczyrepa** heißt, sehr beliebt. Im Laufe seiner Karriere eroberte er sogar die Opernbühne. So schrieb Gustav Mahler 1884 eine »Rübezahl«-Oper, die allerdings als verschollen gilt, und auch Carl Maria von Weber versuchte sich am sagenhaften Stoff. Die Rübezahl-Oper von Friedrich Freiherr von Flotow wurde 1853 in Frankfurt/Main aufgeführt.

**DAS IST ...**
... POLEN

**DAS IST ...**
*... POLEN*

# DER POLEN LIEBLINGSWASSER

Was Whisky für die Schotten und Champagner für die Franzosen, ist Wodka – das »Wässerchen« – für die Polen: das Nationalgetränk. Ob aus Kartoffeln oder Getreide gebrannt, als Premium-Produkt oder preiswerter Seelentröster: Er wird heiß geliebt und kalt getrunken.

◂ Dieser Wodka trägt den Namen des polnischen Nationalhelden und ist aus Roggen gebrannt.

**DAS IST ...**
... POLEN

**DAS** Wort Wodka leitet sich von »woda« (Wasser) ab. Wodka, die Verkleinerungsform, bedeutet also ganz einfach »Wässerchen«. Das klassenübergreifende Nationalgetränk trinkt man gern zwischen den Gängen, aber auch zur Abrundung eines Mahls. Es fehlt in kaum einem polnischen Haushalt.

## Vom Korn zum Klaren

Wodka wird traditionell **meist aus Getreide** gebrannt. Die Herstellung verläuft seit Jahrhunderten nach dem gleichen komplizierten Prinzip: Erst wird das Getreide gereinigt, getrocknet und geschrotet, dann in Wasser eingeweicht, damit es keimt und Enzyme freisetzt. Anschließend wird das aufgekeimte Korn erneut getrocknet – Fachleute sagen: gedarrt. Dabei intensivieren sich die Aromastoffe. Im nächsten Schritt wird die Maische – das aufgekeimte Korn – erhitzt, was zur Folge hat, dass die Enzyme die Stärkemoleküle des Korns aufspalten. Nun werden Hefe und Wasser zugesetzt und damit der Gärungsprozess in Gang gesetzt. Beim Gären wird der Zucker des Korns in 6 bis 8%-igen Alkohol umgewandelt.

Da Wodka bekanntlich ein hochprozentiges Getränk ist, muss der Alkoholgehalt intensiviert werden. Dies geschieht durch **mehrfaches Brennen**: Das Gebräu wird zum Sieden gebracht, wobei Wasser verdunstet und der als Dampf entweichende Alkohol aufgefangen und durch Abkühlen wieder verflüssigt wird. Das Resultat ist ein über 80 % starker Rohalkohol. Jetzt müssen die unerwünschten Begleitaromen noch durch Filtern ausgesondert werden. Über die Qualität des Endprodukts entscheidet die Häufigkeit des Destillierens ebenso wie die Gründlichkeit des Filterns: Je klarer und neutraler das Destillat, desto besser sein Geschmack.

Übrigens bewirkt reine r Wodka keinerlei Alkoholfahne – die verursachen nur Begleitaromen und -öle von Billigprodukten. Zu guter Letzt wird das Destillat mit gefiltertem Quellwasser auf **handelsübliche 40–45 %** verdünnt – das »Wässerchen« ist trinkfertig.

## WÄSSERCHEN IM INDUSTRIEDESIGN

Die Bar nennt sich schlicht Pijalnia Wódki – »Wodka-Trinkstube«. Schwarzweiß-Fotos im Vintage-Look hängen an der Wand, vor der gekachelten Theke stehen Hocker im Industrie-Design. Hier geht Wodka zu günstigem Preis über den Tresen. Und damit der nicht zu Kopf steigt, gibt's deftige Happen als Unterlage, z. B. Bismarckhering, marinierte Pilze und Schmalzbrote. Wodka-Trinkstuben sind in Polens Städten seit ein paar Jahren ein Renner, und es sind keinesfalls klamme Kaschemmen, sondern trendige Szene-Treffs. (Kraków, Świętego Jana 3-5)

## DAS IST ...
### ... POLEN

»Wodka-Trinkstube« hört sich schlimmer an als es ist: unverfälschte Wodka-Kultur.

## Die große Vielfalt

Außer Getreide kann man auch Kartoffeln zum Brennen von Wodka verwenden. So entstehen unterschiedliche Geschmacksnuancen: Fein und leicht schmeckt aus Getreide destillierter Wodka, süßlich und schwerer der Kartoffel-Wodka.

Insgesamt stehen Dutzende Wodka-Sorten zur Wahl – oft steht der man ratlos vor dem endlos langen Schnapsregal. Und auch im Restaurant weiß man nicht recht, ob er sich für »klaren« oder »bunten«, »ausgesuchten« oder »luxuriösen« entscheiden soll. Zu den »Premium-Wodkas« zählt **Belvedere**. Aus reinem Roggen hergestellt, wird er vierfach destilliert und sein Alkoholgehalt mit vergleichsweise wenig Wasser auf 50 % gebracht. Mit 40–60 Euro pro Liter zählt er zu den teuersten Wodkas. Dreifach destilliert sind der aus Kartoffeln destillierte Luksusowa sowie der Wyborowa (»der Auserwählte«), Polens meistverkaufte Variante. Weitere Marken: Sobieski, Chopin und die »Weiße Dame« (Biała Dama), Cracovia, Dębowa, Gdańska, Pan Tadeusz und viele andere. Oberster Grundsatz (und der gilt für alle): Am besten schmeckt er eiskalt.

**DAS IST ...**
... POLEN

# KUNST PLAKATIV

Seit man in den 1960er-Jahren in Warschau die erste Internationale Plakat-Biennale eröffnete, der Grafikausstellungen im ganzen Land folgten, gilt das Plakat als Flaggschiff der polnischen Kunst. Witz und Originalität der Werke nahm man im westlichen Ausland mit Staunen zur Kenntnis, und bis heute sind Plakate »made in Poland« berühmt.

◂ Große Auswahl in der Dydo Poster Gallery in Krakau

## DAS IST ...
### ... POLEN

**NACH** dem überraschenden Erfolg der Warschauer Plakat-Biennale war das polnische Plakat plötzlich überall präsent. Kaum eine Ausstellung internationaler Grafik kam ohne die Werke von polnischen Plakatkünstlern wie Tomaszewski, Starowieyski oder Lenica aus. Die polnische Regierung nutzte das Plakat als **Propagandawaffe im Kalten Krieg** und förderte den Export nach Kräften, transportierten die Plakate doch indirekt eine Botschaft: Ein Land, in dem solche Kunst entsteht, kann nicht wirklich repressiv sein. Auch in Polen selbst war das Plakat allgegenwärtig. Es verschönerte Lattenzäune und bröckelnde Hausmauern, prangte an Bahnhöfen, in Amtsstuben und Direktorenbüros.

### ▌Farbtupfer im Grau

Inmitten der grauen Städte der sozialistischen Epoche erschienen Plakate als auftrumpfende Farbtupfer – wie ein

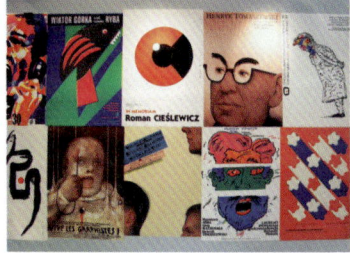

Herr Marcinkiewicz freut sich über Besucher in seiner Breslauer Plakatgalerie.

Wink aus einer fernen und fremdartigen Welt. Ihre Karriere hatte bereits im »Tauwetter« der 1950er-Jahre begonnen, als der sozialistische Realismus mit seinem erzwungenen Optimismus in die historische Requisitenkammer wanderte. Der Freiraum wurde von Kunstprofessoren genutzt, die den Eigensinn ihrer Studenten förderten und sie ermunterten, das Medium Plakat als Kunst zu begreifen.

Anders als im Westen, wo es der Waren- und Werbeästhetik unterworfen war, durften sich die polnischen Grafiker frei entfalten. Sie konnten komplizierte Inhalte darstellen und **neuartige Bildsprachen** entwickeln – je origineller die Werke, desto mehr Applaus gab es. Eine Geschichte bringt das Verhältnis von westlicher und östlicher Plakatkunst auf den Punkt: Als der Künstler Szaybo 1966 nach London emigrierte und wenig später ein wohlhabender Mann war, musste er sich von seinen polnischen Kollegen den Vorwurf anhören: »Du warst so talentiert, bist ausgereist – und was hast du davon? Du machst kommerziellen Mist, hier hättest du Kunst schaffen können!«

## Vom Propagandamittel zur Werbeplattform

Da die polnische Regierung die Auffassung vertrat, das Plakat als Massenmedium sei für die Bildung der Nation förderlich, gab sie für alle nur erdenklichen Anlässe Plakate in Auftrag. Für jede größere Ausstellung und Theateraufführung, jedes Konzert und Festival wurden Plakate produziert. Diese kündigten z. B. das »Erntefest der masowischen Bauern«, den »Tag des Arztes« und Zirkusvorstellungen an. Auch Nationalfeiertage, Jahrestage und Jubiläen waren Anlässe, Grafiker zu beschäftigen.

Durch den Aufstieg der Gewerkschaft Solidarność in den 1980er-Jahren wandelte sich die Bildsprache. Die subtilen, kunstvollen Formen wurden durch einfache, leicht lesbare Bilder verdrängt: christliche Symbole, blutende Wunden, Handschellen und Ketten. Als der Sozialismus von der Bühne abtrat, verschwanden auch die plumpen, gegen das Regime gerichteten Botschaften.

Heute springen an Polens Litfasssäulen wieder **freche und farbintensive Bilder** ins Auge. Sie sind – wie im Westen seit eh und je – Werbemedien und kündigen Messen oder Ausstellungen an, werben für Konzert oder Kinofilme. Die sozialistische Zeit überlebt hat die **Warschauer Plakat-Biennale**: Sie findet alle zwei Jahre statt. Infos: https://warsawposterbiennale.com

### MUSEUMSREIF

Ein Hirsch mit großem Geweih hat seinen Huf zum Zeichen des Sieges auf den stocksteif am Boden liegendenf Jäger gestellt. In großen Lettern steht daneben »Hunting in Poland«. Das Plakat gehört zu einer Serie, die gängige Klischees über Polen in einer frechen, poetischen Bildsprache unterwandert. Beispiele findet man bei Herrn Marcinkiewicz in der Breslauer Plakatgalerie (ul. sw. Mikolaja 54 – 55, https://polishposter.com) oder bei Herrn Dydo im Krakauer Pendant (al. Focha 1, https://dydopostergallery.com). Überblick über Polens Grafik bietet das erste Plakatmuseum der Welt Schlosspark von Wilanów in Warschau (▶ S. 326).

# T
# TOUREN

*Durchdacht, inspirierend, entspannt*

Mit unseren Tourenvorschlägen
lernen Sie Polens beste Seiten kennen.

Eine Landschaft, der man die Ruhe ansieht ▶

**TOUREN**
**UNTERWEGS IN POLEN**

# UNTERWEGS IN POLEN

**Für jeden etwas** — Wassersportler kommen an der Ostseeküste oder in Masuren auf ihre Kosten, Wanderer und Skifahrer in den Sudeten und Karpaten. Kulturinteressierte peilen Krakau und Warschau – die alte und die neue Hauptstadt – an, besuchen ehemals deutsche Städte wie Breslau, Danzig und Posen. Und Pilger finden im katholischen Polen Hunderte von Marienheiligtümern, nicht nur in Częstochowa.

**Mit Auto, Bus oder Bahn?** — Am bequemsten reist man **mit dem eigenen Auto**, doch auch Mietwagen vor Ort sind eine gute Option und längst nicht mehr so teuer wie einst. Mit dem Bus kommt man in fast jede größere Stadt, doch sollte man großen Komfort nicht erwarten. Wer vor allem die **Metropolen** besuchen will, ist mit der Bahn gut bedient, die Preise für Zugfahrten sind in Polen nach wie vor relativ günstig (▶ S. 452 ff.).

**Ausbau Ost** — Viel Geld ist in den **Ausbau der Straßen** geflossen. Die großen Achsen des Landes sind die von West nach Ost verlaufende A 2 von Frankfurt/Oder über Posen und Warschau nach Brest und die A 4 von Görlitz über Breslau, Katowice, Krakau, Rzeszów nach Przemyśl sowie die **Nord-Süd-Verbindung A1**, die über insgesamt 570 km Länge von Danzig über Toruń, Łódź und Katowice nach Bielsko-Biała und weiter bis zur tschechischen Grenze führt. Ergänzt wird das Autobahnnetz durch (teils in Bau befindliche bzw. geplante) Schnellstraßen. Abseits der großen Überlandstrecken kommt man langsamer voran: Im Osten sorgen auf schmalen Landstraßen Traktoren und manchmal auch noch ein Pferdefuhrwerk für gedrosseltes Tempo.

# VON DANZIG ZU DEN MASURISCHEN SEEN

**Start und Ziel:** Gdańsk / Danzig | **Länge:** ca. 500 km

**Tour 1** — *Lust auf viel Wasser? Auf schattige Alleen und dichte Wälder? Vielleicht auch auf Dörfer, in denen Storchennester auf den Dachfirsten vieler Höfe thronen? Dann ist diese Tour ideal! Von Danzig, der »Königin der Ostsee«, führt sie nach Masuren, ins »Land der dreitausend Seen«. Dabei durchquert man ehemaliges Ordensland.*

**TOUREN**
VON DANZIG ZU DEN MASURISCHEN SEEN

Von ①★★ **Gdansk** (Danzig) fährt man die A 1 südwärts Richtung Elbląg. Nach ca. 40 km zweigt die S 2 nach ②★★ **Malbork** (Marienburg) ab, das von der Ordensburg beherrscht wird. Für deren Erkundung sollte man sich Zeit nehmen. Wer das im Sommer stattfindende Ritterspektakel miterleben will, kann in den ehemaligen Wirtschaftsgebäuden stilvoll übernachten.

*Europas größte Backsteinburg*

Von Malbork aus geht's weiter auf der S 2 nach **Elbląg** (Elbing). Zwar wurde der historische Stadtkern im Zweiten Weltkrieg fast vollständig zerstört, doch entstand zur Jahrtausendwende auf dem mittelal-

*Ausflug ans Frische Haff*

## TOUREN
### VON DANZIG ZU DEN MASURISCHEN SEEN

terlichen Straßengrundriss eine neue »Altstadt«: Giebel- und Fachwerkhäuser in historisierendem Stil beschwören den Geist vergangener Zeiten. Wer mag, macht einen Abstecher ans Frische Haff und besucht dabei die alte Kopernikus-Stadt Frombork. Oder man unternimmt eine Bootstour auf dem Oberländischen Kanal.

*Deftige Stärkung*
Die Hauptroute führt auf der S 7 und S 16 über Ostróda nach ❸ **Olsztyn** (Allenstein), dem Eingangstor zu den Großen Masurischen Seen. Unterwegs lohnt ein Stopp im Wallfahrtsort Gietrzwałd, wo man sich in der »Ermländischen Schenke«, der Karczma Warmińska, mit Regionalspezialitäten stärken kann. Manchmal gibt es dazu Live-Folklore.

*Im Land der Ordensritter*
**Olsztyn**, eine Gründung des Deutschen Ordens, besitzt eine hübsche Altstadt mit einer gotischen Kirche und einer großen, museal genutzten Burg. In einem der Straßencafés am Ring kann man das Leben und Treiben beobachten. Dass dieses Land einmal fest in der Hand der Deutschen Ordensritter war, wird auch im 26 km nördlich von Olsztyn gelegenen **Dobre Miasto** (Gutstadt) deutlich. Hier erbauten sie 1386 Ermlands größte Kirche.

*Mittelalterlicher Glanz*
Noch imposanter ist ihre 20 km weiter gelegene Burg in ❹ ★ **Lidzbark Warmiński** (Heilsberg). Das mächtige, von Wasser eingefasste Kastell beherbergt ein Museum mit Kunst der Ordensritterzeit. Gleichfalls einen Zwischenstopp wert ist das über Nebenstraßen erreichbare **Reszel** (Rössel), das sich mit seinem intakten mittelalterlichen Stadtbild gute Chancen ausrechnet, von der UNESCO zum Weltkulturerbe erhoben zu werden.

*Barock und Bunker*
Folgt man der Nebenstraße weiter ostwärts, kommt man nach **Święta Lipka** (Heiligelinde), das nach all der »schweren« Backsteingotik des Ermlands eine willkommene optische Abwechslung bietet: Hell und verspielt ist die Wallfahrtskirche, ein Barockjuwel, das jeden Sonntag von Pilgern belagert wird. Die nächste Station liegt 9 km östlich der ehemaligen Deutschordensstadt ❺ ★ **Kętrzyn** (Rastenburg): das Dorf Gierłoż, bekannt für die »Wolfsschanze« (Wilczy Szaniec). Im Zweiten Weltkrieg befand sich hier das »Führerhauptquartier«, Schauplatz des Attentats von Claus Schenk Graf von Stauffenberg auf Hitler am 20. Juli 1944. Ein zweistündiger Rundweg führt an den gesprengten Betonbunkern vorbei.
Auf direktem Weg geht es nun nach ❻ **Giżycko** (Lötzen), der »Hauptstadt« des nördlichen Masuren. Die Stadt liegt attraktiv zwischen zwei masurischen »Meeren«. Einen Überblick kann man sich von der Aussichtsplattform (mit Café) auf dem Turm des neugotischen Wasserturms verschaffen. Am Ufer des Niegocin- und des Jagodne-Sees entlang führt die Straße nach ❼ ★ **Mikołajki** (Nikolai-

**TOUREN**
VON WARSCHAU IN DEN OSTEN

ken), der »Hauptstadt« des südlichen Masuren, im Sommer der In-Treff wohlhabender Warschauer. Gern bleibt man hier länger, unternimmt Bootstouren mit der »Weißen Flotte« und startet zu Ausflügen in den südlich angrenzenden Masurischen Landschaftspark.

Die letzte Station der Masuren-Rundfahrt ist der quirlige Ferienort ⑧ **Mrągowo** (Sensburg). Gut besucht ist der Ort alljährlich Ende Juli, wenn sich dort beim Festival »Piknik Country« die Country- und Westernfans aus aller Welt treffen. Über Sorkwity (Sorquitten) und Olsztyn kehrt man nun nach Danzig zurück.

»Wilder Westen«

# VON WARSCHAU IN DEN OSTEN

**Start und Ziel:** Warszawa / Warschau | **Länge:** ca. 700 km

*Einige der »Perlen« Polens – das ehemals jüdische Zenrtum Lublin mit seinem stimmungsvollen historischen Kern und vor allem das UNESCO-Weltkulturerbe Zamość – gibt es im stillen Osten zu entdecken. Einem Bilderbuch scheinen auch Kazimierz Dolny und Sandomierz entsprungen – beide Städte thronen hoch über der Weichsel. Und auf dem Weg liegen zwei Nationalparks, wo man sich in der Natur vom Sightseeing erholen kann.*

Tour 2

**TOUREN**
VON WARSCHAU IN DEN OSTEN

| Entlang der Weichsel | Erste Station nach ❶ ★★ **Warschau** ist Puławy, das man am schnellsten über die S 17 erreicht, die im Südosten Warschaus bei Stara Miłosna Richtung Lublin abzweigt. Sehenswert ist der schön gelegene Landschaftsgarten der Magnatenfamilie Czartoryski. Attraktiv ist auch das 15 km südlich von Puławy gelegene Städtchen ❷ ★ **Kazimierz Dolny**, das malerisch am Weichseldurchbruch liegt. Die Stadt zog viele Künstler an und erlebte ihre Blütezeit im 16. und 17. Jh., wovon prachtvolle Renaissancehäuser zeugen. |
|---|---|
| Altstadtjuwel | Von Kazimierz fährt man ein Stück Richtung Norden zurück und biegt nach 5 km ab auf die S 12, die über den Kurort Nałęczów nach ❸ ★ **Lublin** führt. Lublins Altstadt wurde auf mehreren Hügeln angelegt, an der höchsten Stelle thront eine Burg mit einem kunsthistorischen Kleinod: Die Dreifaltigkeitskapelle ist ein Meisterwerk byzantinisch-orthodoxer Kunst und UNESCO-Weltkulturerbe. |

**TOUREN**
DURCH GROSSPOLEN

Wenn man Lublin auf der S 17 in Richtung Zamość verlässt, passiert man die Gedenkstätte Majdanek: Eine Ausstellung dokumentiert die Mord an 78 000 Menschen, meist Juden, in deutscher Besatzungszeit. Durch bäuerlich geprägtes Land erreicht man ❹ ★★**Zamość**, eine Renaissancestadt vom Reißbrett, provinziell verschlafen, doch wunderbar restauriert. Heute ist sie UNESCO-Weltkulturerbe und lohnt einen längeren Zwischenstopp.

*Meisterstück polnischer Renaissance*

Man verlässt Zamość auf der S 74 westwärts. Ein Halt empfiehlt sich nach 30 km in **Zwierzyniec**, wo ein modernes Naturkundemuseum über Flora und Fauna im Roztocze-Nationalpark informiert. Noch schöner ist es natürlich, sie »live« zu erleben: Eine ca. zweistündige Rundwanderung auf markierten Wegen führt vom Museum zu mehreren kleinen Seen, an denen Wildpferde grasen.

*Roztocze-Nationalpark*

Über Biłgoraj, den Geburtsort des Literaturnobelpreisträgers Isaak Bashevis Singer, den ein Denkmal entspannt auf einer Bank sitzend zeigt, stößt man auf die S 77, die parallel zum San nordwestwärts führt. Wo er in die Weichsel mündet, liegt auf einem Plateau ❺ ★ **Sandomierz**, umgeben von Feldern und Wiesen. Die alte Handelsstadt gilt als einer der schönsten Orte Polens, Marktplatz und Gassen, Burg und Kirchen atmen den Geist vergangener Zeiten.

*Alte Handelsstadt*

Auf der S 77 geht es weiter westwärts, in Opatów wechselt man links auf die S 74. Vor der alten Bischofsstadt ❻ **Kielce** lohnen sich Abstecher zur nordöstlich von Chęciny gelegenen Tropfsteinhöhle Jaskinia Raj, der »Paradieshöhle«, und in den Nationalpark Heilig-Kreuz-Berge (Góry Świętokrzyskie). Der nur 600 m hohe, rau-herbe Gebirgszug verdankt seinen Namen der gleichnamigen Wallfahrtskirche (Św. Krzyż), deren wertvollste Reliquie angeblich vom Kreuz Christi stammende Holzspäne sind. Von Kielce geht es auf der S 7 nach Warschau zurück.

*In die Heilig-Kreuz-Berge*

# DURCH GROSSPOLEN

**Start und Ziel:** Poznań / Posen | **Länge:** ca. 300 km

*Zwischen Warthe und Weichsel liegt das polnische Kernland mit allem, was den Polen hoch und heilig ist: Burgen und Kirchen erzählen Geschichte(n). Stadtluft schnuppert man zwischendurch im geschäftigen Poznań (Posen) und im mittelalterlichen Toruń (Thorn).*

*Tour 3*

# TOUREN
## DURCH GROSSPOLEN

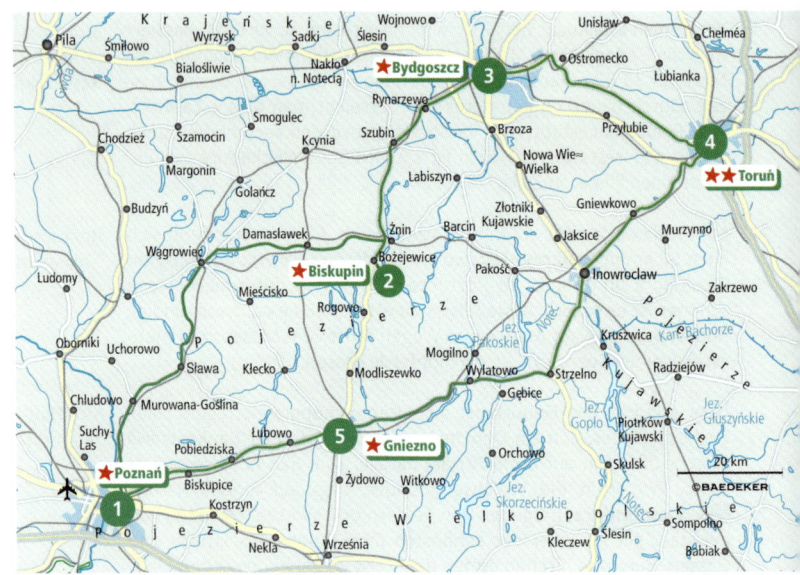

**Alte Kirchen, junges Leben**

Die Tour durch Großpolen beginnt in ❶ ★ **Poznań** (Posen), wo das historische Stadtbild bildschöne Kulisse fürs junge Leben ist. Auf dem Marktplatz mit prächtigem Renaissance-Rathaus reihen sich Straßencafés aneinander, die zu einer Pause einladen. Auf der Dominsel steht die älteste Kirche Polens: Ihre Grundmauern stammen aus dem Jahr 968. In der Krypta sind Polens erste Herrscher beigesetzt, ihre symbolischen Standbilder sind in der »Goldenen Kapelle« aufgestellt.

**Großpolnisches Dorfleben liebevoll restauriert**

Verlässt man Posen auf der S 5 Richtung Gniezno bzw. Bydgoszcz (Bromberg), grüßt schon aus der Ferne im 20 km entfernten Pobiedziska die Ruine einer Burg. Mit dem Boot kann man auf die im See gelegene Burginsel übersetzen. Mehr für das Auge bietet das wenige Kilometer weiter östlich gelegene **Freilichtmuseum Wielkopolski Park Etnograficzny**, in dem ein typisches großpolnisches Dorf mit Holzhäusern und Mühlen rekonstruiert wurde.

**Siedlung aus der Eisenzeit**

Noch weiter in die Geschichte zurück führt ❷ ★ **Biskupin**: Europas älteste erhaltene »Hallstatt-Siedlung« aus der Eisenzeit erreicht man über die bei Rogowo, 23 km nördlich von Gniezno, von der S 5 rechts abzweigende Nebenstrecke. Die Bewohner, die weder Slawen noch Germanen waren, errichteten hier vor 2500 Jahren eine hölzerne Inselfestung.

**TOUREN**
**KLEINE SCHLESIEN-RUNDFAHRT**

Über Wenecja (Venedig) – den Namen verdankt es der Lage zwischen mehreren Seen – gelangt man bei Żnin auf die S 5 zurück und nach ❸★ **Bydgoszcz** (Bromberg) und längs der Weichsel ins benachbarte ❹★★ **Toruń** (Thorn), dessen mittelalterliche Altstadt zum UNESCO-Weltkulturerbe erklärt wurde. Dank ihrer renommierten Universität ist die Stadt von studentischem Leben geprägt.

*Studentenstadt mit Historienflair*

Bevor man auf der S 15 über Strzelno mit seiner wuchtigen romanischen Kirche nach Posen zurückkehrt, lohnt der Halt in ❺★ **Gniezno** (Gnesen), dem geistlichen Zentrum des Landes. Seine an Kunstschätzen reiche Kathedrale ist Sitz des Primas der polnischen katholischen Kirche. Hier soll der später zu Polens erstem König gekrönte Bolesław I. im Jahr 1000 den deutschen Kaiser Otto III. empfangen haben: Die feierliche Gründung eines Erzbistums ging einher mit der politischen Emanzipation vom »großen deutschen Bruder«. Nicht vergessen: einen Blick auf das bronzene Kathedralenportal werfen – ein Prachtstück romanischer Kunst! Detailfreudige Reliefszenen erzählen vom Leben des hl. Adalbert von seiner Missionsreise bis zu seiner Hinrichtung durch die missionsresistenten Pruzzen.

*Bollwerk des Katholizismus*

# KLEINE SCHLESIEN-RUNDFAHRT

**Start und Ziel:** Görlitz/Zgorzelec | **Länge:** ca. 450 km

*Im polnischen Südwesten erlebt man viele Kontraste: Gleich hinter der deutsch-polnischen Grenze grüßt die Schneekoppe, die höchste Spitze des Riesengebirges. Im Umland verstecken sich Schlösser, einst Hideaways des preußischen Hochadels. Die jahrhundertealten Residenzstädtchen präsentieren sich ebenso hübsch aufpoliert wie die mächtigen Barockklöster. Der Höhepunkt zum Schluss: Wrocław (Breslau), die alte schlesische Hauptstadt mit jungem Kulturleben.*

Tour 4

Die deutsch-polnische Doppelstadt ❶ **Görlitz/Zgorzelec** ist ein guter Auftakt für die Erkundung Schlesiens: Westlich der Lausitzer Neiße ist sie bereits mustergültig restauriert und präsentiert sich mit prachtvollen Bauten aus Gotik, Barock, Renaissance, Jugendstil und Gründerzeit. Mit ihren rund 4000 denkmalgeschützten Gebäuden gilt Görlitz als das größte Flächendenkmal Deutschlands. Östlich des Flusses hofft man noch auf großzügige EU-Subventionen.

*Größtes Flächendenkmal Deutschlands*

## TOUREN
## KLEINE SCHLESIEN-RUNDFAHRT

**Ins Riesengebirge**

Auf der S 30 kommt man über Lubań und Gryfów Śląski nach ❷ ★ **Jelenia Góra** (Hirschberg), dem Tor zum Riesengebirge. Mit pastellfarbenen Bürgerhäusern auf dem Marktplatz und in den umliegenden Gassen bietet sich das mittelalterliche Städtchen für einen Zwischenstopp an. Jelenia Góra ist ein idealer Ausgangspunkt für Wanderungen und Ausflüge in den Nationalpark Riesengebirge, dessen höchste Erhebung die berühmte, 1602 m hohe Śnieżka (Schneekoppe) an der Grenze zu Tschechien ist.

**Für Literaturfreunde**

Über Sobieszów (Hermsdorf) mit einer imposanten Burgruine erreicht man den langgestreckten Ferienort **Szklarska Poręba** (Schreiberhau). Er bietet sich gleichfalls für Touren in den Nationalpark an. Ein Museum erinnert an den Aufenthalt der deutschen Schriftsteller-Brüder Carl und Gerhart Hauptmann; noch interessanter ist freilich »Haus Wiesenstein« im benachbarten Weiler ❸ **Jagniątków** (Agnetendorf), in dem Gerhart Hauptmann fast 50 Jahre lebte. Wer Lust auf einen sympathischen Kurort hat, unternimmt einen kurzen Abstecher nach Świeradów Zdrój (Bad Flinsberg) mit seinen Mineralquellen.

**Auf die Schneekoppe**

Auf Waldstraßen erreicht man ❹ ★ **Karpacz** (Krummhübel), den zweiten großen Ferienort der Region. Per Seilbahn kann man auf die Schneekoppe schweben oder alternativ zu Fuß hinaufsteigen. Markierte Wanderwege erschließen die gesamte Region und laden zu ausgedehnten Wanderungen ein. Berühmteste Sehenswürdigkeit von Karpacz ist die hölzerne Wang-Kirche (13. Jh.): Sie wurde ursprünglich in Südnorwegen erbaut und im 19. Jh. nach Schlesien gebracht.

**Barockes Juwel**

In Kowary (Schmiedeberg) kann man einen »Miniaturenpark niederschlesischer Denkmäler« bestaunen. Danach kommt man nach **Kamienna Góra** (Landeshut) und erreicht auf einer landschaftlich reizvollen Nebenstraße das **Kloster Krzeszów** (Grüssau), ein Barockjuwel und UNESCO-Weltkulturerbe. Noch ein Stück weiter in Richtung tschechische Grenze folgt das alte Leinenstädtchen Chełmsko Śląskie (Schömberg), wo man in den hölzernen »Apostelhäusern« (domy tkaczy Apostołów), einer einstigen Webersiedlung, handgewebte Stoffe kaufen kann.

**Bergwerke und Adelsambiente**

Über Mieroszów erreicht man ★★ **Wałbrzych** (Waldenburg) wo ein spannendes neues Museum in einem ehemaligen Bergwerk an die Bergbauvergangenheit erinnert. Weiter geht's nach ❺ ★★ **Książ** (Fürstenstein) mit dem schönsten Schloss Schlesiens, das sich aus einer bewaldeten Talsenke erhebt. Die Innenräume sind als Museum feudaler Wohnkultur zugänglich. Auch das benachbarte Hengstgestüt lohnt den Besuch.

**TOUREN**
KLEINE SCHLESIEN-RUNDFAHRT

Auf der S 35 kommt man in das 13 km östlich gelegene ❻ ★ **Świdnica** (Schweidnitz), das einen hübschen Marktplatz besitzt. Die Stanislaus-Wenzel-Kirche ist mit ihrem 104 m hohen Turm Schlesiens gewaltigstes Gotteshaus. Nicht weniger beeindruckend ist die evangelische Friedenskirche von 1656.

*Prächtige Kirchen*

10 km südöstlich von Świdnica, erreichbar über Grodziszcze, liegt der Weiler **Krzyżowa** (Kreisau) in anmutiger Landschaft. Seine Attraktion ist der ehemalige Moltke-Gutshof, der aufwendig restauriert und in ein deutsch-polnisches Begegnungszentrum verwandelt wurde. Eine Ausstellung informiert über den »Kreisauer Kreis«, der 1944 von den Nationalsozialisten zerschlagen wurde.

*»Kreisauer Kreis«*

Folgt man der S 35 ab Świdnica nordostwärts, kommt man zügig nach ❼ ★★ **Wrocław** (Breslau), der Hauptstadt Niederschlesiens. Ihre meisterhaft restaurierte Altstadt mit einem fantastischen Marktplatz, der Dominsel mit der Kathedrale, vielen Museen und Galerien lohnt einen mehrtägigen Aufenthalt. Ein »Muss« ist der Besuch des Rathauses, auch »Perle der schlesischen Gotik« genannt.

*Niederschlesiens glitzernde Hauptstadt*

Auf der A 4 geht es Richtung Westen über ❽ **Legnica** (Liegnitz) mit seinem schönen historischen Ortskern und dem prächtigen Piastenschloss zurück nach Görlitz. Unterwegs lohnt sich ein Abstecher in die »Töpferstadt« **Bolesławiec** (Bunzlau), bekannt für Keramik mit dem typischen blauen Pfauenmuster. Alljährlich am letzten Augustwochenende findet in der »Stadt des guten Tons« ein großes Keramikfest statt.

*»Stadt des guten Tons«*

**TOUREN**
VON DER KÖNIGSSTADT IN DIE KARPATEN

# VON DER KÖNIGSSTADT IN DIE KARPATEN

**Start und Ziel:** Kraków/Krakau | **Länge:** ca. 460 km

Tour 5

*Schroffe Gipfel, sattgrüne Hügel, einsame Landstraßen und traditionsreiche Kurorte: eine Tour voller Höhepunkte. Von Krakau, Polens schönster Stadt, geht es in die Hohe Tatra. Ihren schroffen Gneis- und Granitzacken verdankt sie den Beinamen »kleinstes Hochgebirge der Welt«. Anschließend folgt man dem Lauf des Dunajec ostwärts und passiert den Pieniny-Nationalpark und die waldreichen Sandezer Beskiden. Über Tarnów, in dem die multikulturelle Vergangenheit noch lebendig ist, geht es nach Krakau zurück.*

In der Hohen Tatra

Man verlässt ❶ ★★ **Krakau** auf der S 7 südwärts Richtung Nowy Targ und durchfährt schon bald Podhale, das »Land unter den Bergen«, mit sattgrünen, sanft gewellten Hügeln; am Horizont zeichnet sich die Hohe Tatra ab. Bester Ausgangspunkt zur Erkundung des Gebirges ist ❷ ★ **Zakopane**, Polens »Winterhauptstadt« und einer der beliebtesten Sport- und Erholungsorte des Landes.

Holzarchitektur und Bergblicke

Von hier aus bietet sich ein Ausflug in das nordwestlich gelegene Dorf **Chochołów** an, in dem die typische Holzarchitektur der Goralen zu sehen ist. Obligatorisch ist auch die Seilbahnfahrt auf den knapp 2000 m hohen Kasprowy Wierch, von dem man die grandiosen Gebirgsstaffeln gut überblicken kann.

Floßfahrt in den Pieniny

Über Poronin, in dem sich einst Lenin von einem Lungenleiden erholte, geht es nach Nowy Targ zurück. Hier wechselt man auf die ostwärts abzweigende Straße 969, die geradewegs in die ❸ **Pieniny** führt. Das Gebirge ist zwar nur 35 km lang, doch wirkt es mit seinen grauen, schroffen Gipfeln sehr dramatisch. Durchflossen wird es vom Dunajec, den man im Rahmen einer Fahrt mit dem traditionellen Holzfloß oder dem Kajak kennenlernen kann, vorbei an steilen Kalksteinwänden und schroffen Felsen. Bei **Dębno**, das mit einer Holzkirche aus dem 15. Jh. aufwartet – eines der wertvollsten Baudenkmäler Polens und UNESCO-Weltkulturerbe –, wird der Fluss zu einem großen See gestaut: Im Sommer ist er beliebtes Revier für Surfer und Segler.

Was so idyllisch aussieht, ist für den Schäfer in den Karpaten anstrengende Arbeit.

## TOUREN
### VON DER KÖNIGSSTADT IN DIE KARPATEN

| Eine Burg am Seeufer | Hinter Dębno hält man sich Richtung Frydman und nimmt die Straße oberhalb des südlichen Seeufers. Am Ende des Sees throhnt die Burg Niedzica. Sie markierte einst die Grenze nach Ungarn, auf dessen Territorium sie lange Zeit lag. Im Nachbardorf Sromowce Wyżne kann man das Auto abstellen und aufs Floß umsteigen, per Shuttle-Bus wird man anschließend zurückgebracht. |
|---|---|
| Nostalgisches Kurleben | Über Krośnica und Krościenko geht es in den aufpolierten Kurort **Szczawnica** (Sauerbrunn), wo man in der nostalgisch gestylten Trinkhalle einen Schluck Heilwasser probieren kann. Auf der Straße |

**TOUREN**
VON DER KÖNIGSSTADT IN DIE KARPATEN

969 erreicht man das mittelalterliche Städtchen **Stary Sącz**. Hier wechselt man auf die S 87 und fährt am Poprad entlang südwärts. Knapp 50 km folgt die Straße kurvenreich dem Lauf des Flusses, gesäumt von Wiesen, Wäldern, Pferdekoppeln und der Grenze zur Slowakei.

Man erreicht die Kurorte Piwniczna und Żegiestów Zdrój. Ab Muszyna folgt man der Muszynka bis ❹ **Krynica**. Polens berühmtestes Kurbad, in einer Senke zwischen bewaldeten Bergen gelegen, hat mit über hundert Jahre alten Holzvillen, meist im Schweizer Stil erbaut, den Charme vergangener Zeiten bewahrt. Von hier kommt man über die S 75 nach ❺ **Nowy Sącz**. Der riesige Marktplatz erinnert daran, dass der Ort einst wichtige Handelsstadt war. In der Vorstadt Falkowa demonstriert ein Freilichtmuseum mit Katen, Bauernhöfen, Speichern und Herrenhäusern die traditionelle Baukunst des Sandezer Landes. Ab Nowy Sącz folgt man auf der S 75 wieder dem Lauf des Dunajec, der am Jezioro Rożnowskie erneut gestaut wird.

Durch die Sandezer Beskiden

Bei Jurków zweigt die über Zakliczyn und Wojnicz führende Nebenstraße nach ❻ ★ **Tarnów** ab. Die Altstadt wurde vorbildlich restauriert und erinnert mit lauschigen Winkeln an die Zeit, als sie ein jüdisches Stetl war. Nach einem Besuch im Museum zu Geschichte und Kultur der Roma geht es auf der A 4 nach Krakau zurück.

Erinnerungen ans jüdische Stetl und die Roma

# Z
# ZIELE

*Magisch, aufregend, einfach schön*

Alle Reiseziele sind alphabetisch geordnet. Sie haben die Freiheit der Reiseplanung

Romantische Abendstimmung in Breslau ▶

**ZIELE**
AUGUSTÓW

# AUGUSTÓW

Wojewodschaft: Podlaskie | Höhe: 130 m ü.d.M. | Einwohner: 30 000

*Rudern, Paddeln und Segeln sind die Lieblingsbeschäftigungen der Besucher hier: Kein Wunder, denn sechs Seen umringen den kleinen Ferienort im fernen Nordosten Polens. Aber auch der Augustowski-Kanal und der Fluss Netta sind großartige Reviere für Wasserratten.*

Seinen Aufschwung verdankte die Stadt im 19. Jh. dem 100 km langen Augustów-Kanal (Kanał Augustowski), der die Biebrza mit dem Niemen verbindet. Auf der Wasserstraße transportierte man einst den wichtigsten Rohstoff der Region – das Holz der umliegenden Wälder. Heute ist der Tourismus die Haupteinnahmequelle des Orts.

*Wassersportparadies*

## Wohin in Augustów und Umgebung?

### Ein Meisterwerk polnischer Ingenieurskunst

Augustów-Kanal

Die Hauptattraktion ist nach wie vor der Kanal. Heute dient die Wasserstraße ausschließlich touristischen Zwecken. Den Wasserstand regeln aber auch immer noch 18 historische Schleusen, die Höhenunterschiede von 54 m regulieren. Sehr beliebt sind Fahrten zwischen zwei oder drei Seen mit Schiff oder Segelboot, Gondel oder Kajak. Gleich neben der Schleuse informiert das Museum des Augustower Kanals über seine Geschichte.
Muzeum Kanału Augustowskiego: ul. 29 Listopada 5-A
15. Mai–15. Sept. Di.–So. 10–16 Uhr

### Elche, Biber und Störche

Waldgebiet Puszcza Augustowska

Östlich von Augustów erstreckt sich mit einer Fläche von über 100 000 ha **eines der größten und ursprünglichsten Waldgebiete Polens**, die Puszcza Augustowska. Sie reicht von Augustów bis zum See Wigry und wird von mehreren Wasserläufen, u. a. dem Fluss Czarna Hańcza und dem Augustówer Kanal, durchschnitten. Die urwüchsige Waldlandschaft erkundet man am besten mit dem Kajak. Hier leben noch Elche, Biber und Luchse sowie Auerhähne, Birkhähne und Schwarzstörche. Zu dem Waldgebiet zählen einige ausgewiesene Naturreservate, darunter das große Wald- und Moorreservat **Kuriańskie Bagno**.

### Ein sumpfiger Nationalpark

Biebrzański-Nationalpark

Südlich von Augustów dürfen sich Wanderer und Kajakfahrer auf ein Naturparadies freuen – **ein riesiges Sumpfgebiet**, das die Neben-

arme und Altwasser der Biebrza, die nahe der weißrussischen Grenze entspringt und nordöstlich von Łomża in den Narew fließt, schufen. Bis auf geringfügige Begradigungen ist die Biebrza der einzige Fluss in Polen, der noch seinem natürlichen Lauf folgt. Wegen der naturkundlichen Bedeutung und der Ursprünglichkeit der Landschaft erklärte man das Gebiet 1993 zum Biebrza-Nationalpark. Er besitzt durch die verschiedenen Biotope – Torfmoore, Sümpfe und feuchte Waldgebiete – auch eine vielfältige Fauna. In unzugänglichen Walddickichten leben u. a. **Elche, Biber und Wölfe**, auch brüten hier über 270 Vogelarten, darunter Schrei-, Schell- und Zwergadler.
Eine **Kajak-Tour** auf der Biebrza ist ein Highlight für Naturfotografen, erfordert aber Erfahrung und Kondition.
AS-TOUR (Büro für Paddeltouristik) | Krutyń 4 | Tel. 600 092 252 www.e-kanu.de

### Historischer Bauernalltag und Volkskunst
Auf dem Weg von Warschau zum Biebrza-Nationalpark passiert man Łomża, eine mittelgroße Stadt mit gotischer Kathedrale und klassizistischem Rathaus. 16 km nordwestlich von Łomża liegt Nowogród mit dem **Kurpie-Museum** (Muzeum Kurpiowskie). Das 1927 bereits eröffnete Freilichtmuseum umfasst vollständig eingerichtete Bauernhäuser, Windmühlen und Werkstätten sowie die außergewöhnliche Volkskunst der Region.

*Muzeum Kurpiowskie*

Muzeum Kurpiowskie: ul. Zamkowa 25 | Mo.–Fr. 9–17, Sa./So. 10–15 Uhr | Eintritt: 20 zł mit Guide | www.muzeum.kurpie.com.pl

Jetzt fehlt nur noch ein Kajak, und los geht die Fahrt auf dem Augustówer Kanal.

## AUGUSTÓW ERLEBEN

**TOURISTENINFORMATION**
Rynek Zygmunta Augusta 44
Tel. 728 755 936
www.augustow.org.pl

**NAD NETTA €**
Charmantes Hotel, das mehr bietet, als seine zwei Sterne vermuten lassen. Schöne Blicke auf Garten und Fluss zum Beispiel.

ul. Portowa 3 | Tel. 87 664 6154
www.nad-netta.pl

**SZUFLADA BISTRO €**
In der gemütlichen, hübsch ausgeschmückten »Schublade« gibt es leckere polnische Suppen und Piroggen. Mehr als ein Bistro, auch Café und Bar.
ul. Skorupki 2-C
Mobiltel. 519 189 858
www.szuflada.augustow.pl
So. 9 – 20, Mo.–Do. 9 – 21,
Fr./Sa. 9 – 22 Uhr

# ★ BIAŁYSTOK

**Wojewodschaft:** Podlaskie | **Höhe:** 120–160 m ü. d. M.
**Einwohner:** 297 000

*Man spürt, dass man sich der weißrussischen Grenze nähert: Neben barocken katholischen Kirchen prägen zahlreiche Kuppeln orthodoxer Gotteshäuser das Stadtbild der größten Stadt in* ▶ *Masuren.*

Erstmals erwähnt wird »Bielszczany Stok« 1426. Im 18. Jh. kam der Ort in den Besitz des Aristokratengeschlechts der Branicki. Unter dem Großhetman der Krone (zweithöchster Armee-Oberkommandierender nach dem König) **Jan Klemens Branicki** (1689 – 1771) wurde Białystok zur Stadt ausgebaut und erhielt 1682 das Stadtrecht, das **August III.** 1749 bestätigte. Durch die dritte Polnische Teilung kam es zu Preußen, ab 1807 gehörte es zu Russland. Mitte des 19. Jh.s entwickelte sich Białystok zu dem neben Łódź wichtigsten Zentrum der Textilindustrie in Polen.

1939 bis 1941 gehörte die Stadt zur Weißrussischen Sowjetrepublik. Während der Besatzung durch deutsche Truppen 1941–1944 verlor Białystok rund die Hälfte seiner Bevölkerung.. Der Großteil davon waren Juden, die lange Zeit die Einwohnermehrheit stellten. Sie wur-

# ZIELE
## BIAŁYSTOK

🍴 
❶ Babka
❷ Zubrowisko

🏠
❶ Golębiewski
❷ Turkus

den in den Vernichtungslagern ermordet Aufgrund der Grenzlage lebten hier schon immer unterschiedliche ethnische und religiöse Gruppen zusammen, der Anteil der weißrussisch-orthodoxen Bevölkerung liegt bei ca. 2,5 %.

## Wohin in Białystok?

### Ein buntes Völkergemisch

Das Zentrum der im 18. Jh. ausgebauten Stadt bildet der dreieckige Marktplatz (Rynek Kościuszki) mit dem Rathaus aus dem 18. Jahrhundert. Das hier untergebrachte **Regionalmuseum** (Muzeum Podlaskie w Białymstoku) veranschaulicht mit seinen volkskundlich-kunsthandwerklichen Exponaten die ethnische Vielfalt des Gebiets um Białystok. Bedeutend sind die Fresken aus der zerstörten Kirche von Supraśl, 16 km nordöstlich von Białystok. An der Nordostseite

Marktplatz

**ZIELE**
BIAŁYSTOK

des Marktplatzes (Rynek 4) steht das barocke Zeughaus, das **»Cekhaus«**, aus der zweiten Hälfte des 18. Jahrhunderts.

**Muzeum Podlaskie w Białymstoku:** Ratusz, Rynek Kościuszki 10 Mai-Sept. Di.-So. 10-18, übrige Zeit bis 17 Uhr | Eintritt: 14 zł www.muzeum.bialystok.pl

Branicki-Palast

### Triumph des Barock

Der barocke Branicki-Palast (Palac Branicki) ist eine der größten Schlossanlagen in Polen und gilt als das **»Versailles von Podlasien«**. Die vorherige Schutzburg aus dem 16. Jh. wurde im späten 17. Jh. durch **Tylman van Gameren** in einen Palast umgewandelt; 1728–1758 folgte der letzte und das heutige Bild bestimmende Umbau durch **Johann Heinrich Klemm** und **Johannes Sigmund Deybel**. Im Giebeldreieck des Hauptgebäudes prangt das Wappen des Auftraggebers Jan Klemens Branicki. Das Schloss wurde im Zweiten Weltkrieg zerstört, danach restauriert und beherbergt heute die medizinische Fakultät der Universität. Repräsentative Räume, ein Multimedia-Schau und das Medizinhistorische Museum können besichtigt

## BIAŁYSTOK ERLEBEN

**TOURISTENINFORMATION**
ul. Jana Kilińskiego 16
Tel. 48 503 356 482
https://greenvelo.pl

**❶ GOŁĘBIEWSKI €€**
Attraktion des zentral gelegenen Hotels ist der angeschlossene Aquapark.
ul. Pałacowa 7
Tel. 85 6 78 25 00
www.golebiewski.pl/bialystok

**❷ TURKUS €**
Zweckmäßig und preisgünstig.
ul. Jana Pawla II 54
Tel. 85 6 62 81 00
www.turkus.jard.pl

**GALERIE ALFA**
Auch sonntags geöffnetes Einkaufszentrum.
l. Świętojańska 15
https://alfacentrum.com.pl/en

**❶ BABKA RESTAURACJA €€**
Im etwas kühlen Interieur sind die tollen Suppen vorneweg als Auftakt für polnisch-ukrainische Traditionsgerichte.
ul. Lipowa 2
Tel. 690 273 707

**❷ ZUBROWISKO €**
Beliebter Treffpunkt am zentralen Rynek mit kleinen regionalen Gerichten und hervorragenden Nachspeisen.
ul. Rynek Kościuszki 10
Tel. 85 7 42 60 31
https://zubrowisko.com.pl/en

## ZIELE
BIAŁYSTOK

### EINE ANDERE WELT
Zwiebelkuppeln, schräge Kreuze und kyrillische Buchstaben – im Osten Polens taucht man in die Welt der orthodoxen Kirche ein. Mit allen Sinnen erlebt man sie beim Festival orthodoxer Musik in der Dreifaltigkeits-Kathedrale von Hajnówka, 60 km südlich von Białystok, wenn Chöre mit ihren kraftvollen Gesängen Kirchenräume im Dämmerlicht füllen (http://festiwal-hajnowka.pl)

werden. Süden und Südwesten schließt sich eine weitläufige Gartenanlage im französischen und englischen Stil an.
ul. Lipowa/ul. Mickiewicza | Schloss Di.-Fr. 10-17, Sa./So. 9-17 Uhr | Eintritt: 20/14 zł | www.umb.edu.pl/en/palac_branickich

### Orthodoxe Glaubenswelten
Die 1846 erbaute orthodoxe Nikolauskirche (Cerkiew św. Mikołaj) besitzt eine **Ikonostase** mit Ikonen von 1844 sowie überreiche, der Kathedrale in Kiew nachempfundene Wandgemälde aus dem Jahr 1910. Noch prächtiger ist die 3 km nordwestlich der Stadt gelegene Heilig-Geist-Kirche (Cerkiew św. Ducha), **Polens größtes orthodoxes Gotteshaus**, die zur Jahrtausendwende fertiggestellt wurde. Meisterhaft sind hier traditionelle und moderne Architekturelemente vereint. Schon von Weitem sieht man die goldene zwiebelförmige Hauptkuppel, umringt von einem Dutzend kleinerer Kuppeln. Die Kirche ist am Sonntagvormittag zur Messe geöffnet; werktags kann man in der benachbarten »kancelaria« nach dem Schlüssel fragen.

Nikolauskirche und Heilig-Geist-Kirche

Cerkiew św. Mikołaj: ul. Lipowa 15
Cerkiew św. Ducha: ul. Antoniuk Fabryczny 13
www.swietegoducha.cerkiew.pl

### Sprechen Sie Esperanto?
In Białystok wurde der Augenarzt **Ludwik Zamenhof** (1859–1917) geboren, der Erfinder der Kunstsprache Esperanto. Heute gibt es auf der Welt mehr als zwei Millionen Menschen, die die Sprache beherrschen. Zu Zamenhofs 100. Todestag 2017 erlebte das ihm zu Ehren gegründete Kulturzentrum einen erstaunlichen Besucheransturm. Inzwischen ist es um Zamenhof wieder stiller geworden.

Esperanto-Zentrum

Centrum im. Ludwika Zamenhofa: Warszawska 19 | Di.-So. 10-17 Uhr | www.centrumzamenhofa.pl

**ZIELE**
BIELSKO-BIAŁA · BIELITZ-BIALA

## Rund um Białystok

### Tatarische Dörfer

Bohonki und Kruszyniany — In der näheren Umgebung von Białystok siedelten sich im 17. Jh. unter dem Schutz des polnischen Königs Jan III. Sobieski **Tataren** an, heute noch eine ethnische Minderheit im Grenzgebiet zu Weißrussland. Insbesondere zwei Dörfer, das 49 km nordöstlich von Białystok gelegene Bohoniki und das 56 km östlich gelegene Kruszyniany, vermitteln ein eindrucksvolles Bild von der Siedlungsform und Kultur dieses Volksstammes. Beide Dörfer besitzen noch viele charakteristische Holzhäuser, eine gut erhaltene Moschee aus der Zeit um 1800 und einen muslimischen Friedhof.

### Jüdische Spuren

Tykocin — Das etwa 30 km westlich von Białystok am Narew gelegene Tykocin ist ein beschaulicher kleiner Ort mit einer großen Vergangenheit als Handelsplatz und Armeestützpunkt. Eine wichtige Rolle spielte die im 16. Jh. hier angesiedelte jüdische Gemeinde. In der **barocken Synagoge** aus dem Jahr 1642, nach dem Zweiten Weltkrieg komplett neu aufgebaut, ist heute das **Jüdische Museum** untergebracht. Zu jeder vollen Stunde beginnt eine Führung.
**Muzeum w Tykocinie:** ul. Kozia 2 | Mai–Sept. Di.–So. 10–18, übrige Zeit bis 17 Uhr | Eintritt: 20 zł | www.muzeum.bialystok.pl

# BIELSKO-BIAŁA · BIELITZ-BIALA

**Wojewodschaft:** Śląskie | **Höhe:** 300 m ü. d. M. | **Einwohner:** 169 000

N 13

*Jugendstilarchitektur aus der letzten Blütezeit des »Bielitzer Tuchs« prägt die Innenstadt. Aber schnell ist man auch in der Natur: Mit der Seilbahn schwebt man bequem auf den Gipfel des Hausbergs Szyndzielnia – Ausgangspunkt für aussichtsreiche Wandertouren.*

Jugendstilperle

Bielsko bzw. Bielitz wurde erstmals 1263 urkundlich erwähnt und war im Mittelalter die östlichste deutsche Siedlung in Schlesien; während der Polonisierung im 15./16. Jh. blieb es Zentrum einer deutschen Sprachinsel. Bielitz und Biala waren zwei eigenständige Orte: Bielitz gehörte zum schlesischen Fürstentum Teschen (Cieszyn) und 1795 bis 1920 als einzige protestantische Stadt im österreichischen Machtbe-

## BIELSKO-BIAŁA ERLEBEN

### TOURISTENINFORMATION
pl. Ratuszowy 4
Tel. 33 819 00 50
https://visitbb.pl

### PREZYDENT €€
Das 1893 im Sezessionsstil erbaute Hotel im Stadtzentrum punktet auch mit ausgezeichnetem Restaurant und stilvollem Wellnessbereich.
ul. 3 Maja 12
Tel. 33 8 22 72 11
www.hotelprezydent.pl

### IBIS STYLES BIELSKO-BIALA €
Quadratisch, praktisch, gut. 134 Zimmer, 2 km vom Zentrum, mit bewachtem Parkplatz.
ul. Zywiecka 93
Tel. 33 8 19 91 99
https://ibisstylesbielskobiala.pl

### KARCZMA ROGATA €
Diese typische Schenke (karczma) mit Holztischen und -bänken sowie einem Kamin hat bei Gastrowettbewerben der Region schon oft Preise gewonnen. Zu empfehlen sind die Pieroggen mit Schafskäse oder Fleisch sowie das Eis aus Himbeeren vom Hof und der Apfelkuchen.
ul. Leszczyńska 40
Tel. 34 810 00 98
www.rogata.pl

---

reich zur Habsburger Monarchie; Biała gehörte zu Kleinpolen. Erst 1950 wurden die beiden Orte zu einer Stadt vereinigt, die sich – nach ▶ Łódź – zur zweitgrößten Textilstadt Polens mauserte. Die Fabrikanten investierten in die Architektur, was sie zu einem Schmuckstück macht. Die qualitativ hochwertigen Wollstoffe genießen noch heute einen guten Ruf. Im FTR-Autowerk wurde der berühmte Polski-Fiat gebaut; heute produziert Fiat Powertrain hier Motoren.

## Wohin in Bielsko-Biała?

### Gotik trifft Jugendstil
Den Rundgang beginnt man am besten am Wasserspiel auf dem Marktplatz und spaziert zur **Kathedrale St. Nikolaus** (Katedra św. Mikołaja). Im Mittelalter erbaut, erhielt sie ihr heutiges Aussehen erst 1910. Die Jugendstil-Buntglasfenster, ein gotisches Triptychon und ein Renaissancefresko im Chor ziehen die Blicke auf sich. Auf dem Rathausplatz gefällt das **Neo-Renaissance-Rathaus**, dessen Fassade Darstellungen von Bienen zieren – Symbole von Fleiß und Arbeitsamkeit. Ganz in der Nähe liegt das Jugendstilhaus »Zu den Fröschen«, an dessen Fassade sich überdimensionale Frösche keck zuprosten.

*Altstadtspaziergang*

**ZIELE**
BIELSKO-BIAŁA · BIELITZ-BIALA

### Ein ehrwürdiger Herrensitz

Schloss der Familie Sułkowski

Im östlichen Teil der Altstadt liegt das **Schloss der Familie Sułkowski** (Zamek Książąt Sułkowskic), in der ersten Hälfte des 14. Jh.s von den Fürsten von Teschen (Cieszyn) erbaut. Im 17. Jh. erhielt es die heutige Gestalt einer trapezförmigen Anlage mit quadratischem Innenhof. Von Mitte des 18. Jh.s bis 1945 gehörte es den Fürsten Sułkowski; heute ist hier die **Hauptabteilung des Bezirksmuseums** untergebracht, das Dokumente der Stadtgeschichte, Kunst und Kunsthandwerk der Region ausstellt.

Muzeum w Bielsku-Białej: ul. Wzgórze 16 (Eingang) | Di./Sa. 9–15, Mi., Fr. 9–16, Do. 11–18, So. 10–18 Uhr | Eintritt: 20 zł | http://muzeum.bielsko.pl

### Streifzug durch die Industriegeschichte

Museum für Technik und Textilindustrie

Nicht versäumen sollte man das **Museum für Technik und Textilindustrie,** untergebracht in einer ehemaligen Tuchweberei. Wollwebmaschinen und Webstühle, Nähmaschinen und Hutmachergeräte, Waschanlagen und Mangeln zeugen von den Zeiten, als die Stadt ein Zentrum der Tuchweberei war. Der harte Alltag der Weber ist Thema im **Haus des Webers.**

pl. Żwirki i Wigury 8 (Fabrik), ul. Sobieskiego 51 (Weberhaus)
Öffnungszeiten s. Bezirksmuseum | Eintritt: 14 bzw. 10 zł

## Rund um Bielsko-Biała

### Für Gipfelstürmer

Szyndzielna

Von der Talstation Bielsko-Olszówka schwebt man mit der Seilbahn ab 10 Uhr (in Betrieb meist bis 17 Uhr) in 10 Minuten fast bis zum Gipfel der 1028 m hohen Szyndzielnia. Unterhalb des Gipfels kann man übernachten und zu Wanderungen nach Szczyrk und zu anderen Zielen aufbrechen.

### Schifoan!

Szczyrk

Szczyrk, in den Westbeskiden (Beskid Śląski) im Tal des Flüsschens Żylica und 17 km südlich Bielsko-Biała gelegen, ist nach Zakopane in der Tatra (▶ S. 291) der größte Wintersportort Polens mit 30 Schleppliften und ca. 50 km Abfahrten. An Winterwochenenden hat das frühere Goralendorf bis zu 30 000 Skifahrer zu verkraften. Die typische Goralenkirche von Szczyrk, ein Holzbau mit Wehrturm und charakteristischem Zeltdach, wurde 1797–1800 errichtet und 1937 umgebaut; ihre Innenausstattung stammt aus dem 17.–19. Jh. (ul. Kolorowa 1).

Der **Skrzyczne** ist mit 1257 m ü. d. M. der höchste Gipfel des polnischen Teils der Westbeskiden und von Szczyrk aus in rund 2,5 Std. zu ersteigen. Ein Sessellift führt in zwei Abschnitten von 524 m auf 1234 m Höhe.

**ZIELE**
BIESZCZADY · BIESZCZADEN

Mit dieser Begleitung haben die beiden Skifahrer nichts zu befürchten.

### Aussichtsreiche Kammwanderung
Vom Skrzycne führt ein grün markierter Weg in 4–5 Std. über den Bergkamm nach Süden zum 1220 m hohen **Barania Góra**, an dem die Weichsel entspringt. Eine Berghütte findet sich südwestlich des Gipfels auf 900 m Höhe (Przysłop).

Barania Góra

# ★ BIESZCZADY · BIESZCZADEN

**Wojwodschaft:** Podkarpackie

*Mit ihren einsamen, sanfthügeligen Landstrichen und markierten Wanderwegen auf versteppten Hochebenen versprechen die polnischen Waldkarpaten einen naturnahen Urlaub. Wer ein Stück Wildnis in Europa sucht – hier findet man es!*

T/U 14

Die Bieszczaden oder **Waldkarpaten** (Beskidy Lesiste) sind der am weitesten nach Südosten vorgeschobene Teil der polnischen Beskiden und bilden ein Dreieck zwischen den Staatsgrenzen zur Ukraine

**ZIELE**
BIESZCZADY · BIESZCZADEN

## BIESZCZADEN ERLEBEN

**BIESZCZADZKIE CENTRUM**
Informacji i Promocji
ul. Rynek 16, Ustrzyki Dolne
Tel. 13 4 71 11 30
https://bctip.ustrzyki-dolne.pl

**BIESZCZADZKI PARK NARODOWY**
Ustrzyki Gorne 19
Lutowiska
Tel. 13 4 61 06 10
www.bdpn.pl

*Ein Stück Wildnis in Europa*

und zur Slowakischen Republik; unweit des Gipfels **Wielka Rawka** (1307 m ü. d. M.) treffen die Grenzen zusammen. Der höchste Gipfel im polnischen Teil der Bieszczady ist die 1346 m hohe Tarnica; der Durchbruch des Bachs Wołosaty trennt sie von der Alpe Połonina Caryńska (1297 m ü. d. M.). Durchbrüche von Flüssen, die quer zu den Bergketten verlaufen, sind typisch für die Bieszczady. Urwüchsige Buchen- und Nadelwälder bedecken die steilen Berghänge.

Im 14. Jh. wanderten die Walachen, ein Hirten- und Nomadenvolk, über die Kämme der Karpaten in diese Region ein; sie bildeten drei Volksgruppen der **ruthenischen Goralen**: die Huculy, die Łemkowie (Lemken) und die Bojkowie (Bojken). Letztere lebten in den Bieszczady, die Łemkowie etwas weiter westlich.

## ❙ Wohin in den Bieszczady?

**Wer die Einsamkeit liebt ...**

Nördliche Waldkarpaten

Im nördlichen Teil der Bieszczady gibt es salzhaltige Quellen, daher der Name »**Góry Słone**« (salzige Berge): Hier gewinnt man seit dem Mittelalter Salz. Schon seit 1943 kämpfte die Ukrainische Aufständische Armee dort zunächst gegen die Sowjets, später gegen die polnischen Kommunisten. Um ihr Stützpunkte zu entziehen, wurden ca. 150 000 Ukrainer 1947 in der dreimonatigen, berüchtigten »**Aktion Weichsel**« gewaltsam in den Nordwesten Polens umgesiedelt. Die entvölkerten Bieszczady veröderten, erst in den 1960er-Jahren begann man wieder mit der Bewirtschaftung. Die Ostbeskiden sind jedoch weiterhin dünner besiedelt als die anderen Teile der Beskiden; hier gibt es immer noch Wölfe, Bären, Luchse und Wildkatzen sowie große Herden Hirsche.

Bieszczadzki-Nationalpark

**Unter wilden Tieren**
Über der Baumgrenze (1100 m ü. d. M.) liegen herrliche Almwiesen. Als 1973 der über 29 000 ha große **Bieszczadzki Park Narodowy** angelegt wurde, stellte man zuerst diese Almen unter Schutz. Ein

## ZIELE
BIESZCZADY · BIESZCZADEN

Strauchgürtel, wie er in den Alpen oder in der Tatra zu finden ist, fehlt. Seit 1992 ist der Park, zugleich das größte Raubtierrevier Europas, Teil des **UNESCO-Biosphärenreservats Ostkarpaten**.

### Natur trifft Kultur

Um die Waldkarpaten kennenzulernen, bietet sich eine Fahrt entlang der Bieszczady-Ringstraße an. Von Sanok geht es über Lesko nach **Ustrzyki Dolne**, wo ein Naturkundemuseum (Muzeum Przyrodnicze) über Flora und Fauna des Nationalparks informiert. Über **Czarna Górna** und **Smolnik**, zwei Dörfer mit hübschen Holzkirchen, erreicht man **Ustrzyki Górne**, das »obere« Ustrzyki, am südlichsten Punkt der Ringstraße. Der Weiler ist ein idealer Startpunkt für Wandertouren. Hinter Ustrzyki Górne führt die Straße nordwestwärts über zwei aussichtsreiche Pässe nach **Wetlina** im Durchbruchstal des gleichnamigen Flusses, und man kehrt über **Komańcza** und **Rzepedź**, wo orthodoxe Holzkirchen mit Zwiebelkuppeln erhalten geblieben sind, nach Sanok zurück.

Bieszczady-Ringstraße

Oberhalb der Baumgrenze beginnen die geschützten Almwiesen im Bieszczaden-Nationalpark.

**ZIELE**
BYDGOSZCZ · BROMBERG

# ★ BYDGOSZCZ · BROMBERG

**Wojewodschaft:** Kujawsko-Pomorskie | **Höhe:** 60 m ü.d.M.
**Einwohner:** 344 000

*Am besten schippert man zum Einstieg im Wassertaxi an der Mühleninsel mit alten Speichern und dem modernen Opernhaus vorbei – dann versteht man, warum die Einheimischen ihre Stadt am Ufer von Brahe und Weichsel so lieben.*

*Flussidylle*

Im 12. Jh. gegründet, gehörte die Stadt im 14. und 15. Jh. dem Deutschen Orden. Ihrer günstigen Lage am Schnittpunkt wichtiger Verkehrslinien verdankt sie den Aufstieg zu einer blühenden Handelsstadt mit großen Getreidespeichern und Salzlagerhallen. Nachdem durch die Nordischen Kriege Mitte im 17. Jh. große Teile zerstört worden war, wurde Bydgoszcz erst nach dem Bau des Bromberger Kanals im 18. Jh. wieder wirtschaftlich bedeutend. Die seit 1772 preußische Stadt war 1807–1815 Departementshauptstadt des Großherzogtums Warschau und 1815–1919 Bezirkshauptstadt der preußischen Provinz Posen. Gesellschaftlich-kultureller Treffpunkt polnisch-nationaler Bestrebungen war das 1844/1845 eröffnete **Polnische Casino**. Kurz nach Beginn des Zweiten Weltkriegs richteten deutsche Einsatzkommandos im Stadtteil Fordon 3000 bis 5000 Menschen hin.

## ▎Wohin in Bydgoszcz?

**Von Platz zu Platz**

Marktplatz

Im 14. Jh. wurde die Altstadt planmäßig angelegt. Das Zentrum bildet der Stary Rynek (Alter Markt), um den schachbrettartig die Straßen sowie sechs weitere Plätze angeordnet sind. Am Marktplatz blieben einige **historische Gebäude** erhalten; zu den schönsten zählt das Haus Nr. 24, heute eine Bibliothek. Hier und da stößt man noch auf Reste der mittelalterlichen Stadtmauer.

**Mittelalter trifft Barock**

Pfarrkirche

Das älteste Gotteshaus der Stadt ist die Pfarrkirche in der Nordwestecke der Altstadt (Kościół farny, ul. Farna). An Stelle einer 1409 zerstörten Vorgängerkirche wurde zwischen 1460 und 1500 eine Hallenkirche mit spätgotischem Stufenportal an der Westfassade errichtet; die Vorhalle und vier Kapellen kamen später hinzu. Das spätgotische Madonnenbild im Hochaltar, die **»Madonna mit der Rose«**, setzt einen Akzent in der überwiegend barocken Kirchenausstattung.

**ZIELE**
BYDGOSZCZ · BROMBERG

### Die schnörkellose Kunst der Zisterzienser
Vom 1480 gegründeten Zisterzienserkloster blieb nur die um die Mitte des 16. Jh.s erbaute Kirche (Kościół Bernardinów św. Jerzego) erhalten. Westturm, Vorhalle und Fassadengestaltung sind das Ergebnis einer **puristischen Restaurierung** im 19. Jahrhundert. Die Reste der Klausurgebäude stammen aus dem 17. Jahrhundert.

Zisterzienserkirche

### Kunst im Kloster
Am pl. Zjednoczenia, auf dem der Altstadt gegenüberliegenden Brda-Ufer, steht die Kirche des Klarissenklosters (Kościół Klarysek), ein Kirchenbau aus dem Übergang von der Spätgotik zur Renaissance. Auf seinem schlanken Uhrturm spielen täglich um 12 und 18 Uhr Blechbläser.

Kirche des Klarissenklosters

### Speicherhäuser erzählen Stadtgeschichte
Das Stadtviertel Wenecja Bydgoska liegt malerisch am Ufer der Brda längs der ul. Młyńska. Am Flussufer stehen noch die wuchtigen, im

Bromberger Venedig

## BYDGOSZCZ ERLEBEN

**TOURISTENINFORMATION**
ul. Batorego 2
Tel. 52 340 45 50
www.visitbydgoszcz.pl

**CAMERIMAGE-FESTIVAL**
Im Rahmen des renommierten Festivals werden im November die weltweit besten Kameraleute prämiiert.
www.camerimage.pl.

**REZYDENCJA SOWA €€–€€€**
Hervorragend ausgestattetes Hotel in zentraler Lage, Alt und Neu sind hier wunderbar kombiniert.
ul. Grodzka 12
Tel. 339 14 00
www.rezydencjasowa.pl

**POD ORŁEM €€**
Das Jugendstilhotel »Zum Adler« ist etwas in die Jahre gekommen, bleibt aber empfehlenswert.
ul. Gdańska 14
Tel. 52 5 83 05 30
www.focushotels.pl

**MELUZYNA RESTAURANT & WINE €€€€**
Das Restaurant schwankt in ihrer Einrichtung zwischen Nostalgie und etwas kühler Moderne und bietet klassische polnische Küche.
ul. Gdanska 50
Tel. 52 327 4205
https://restauracjameluzyna.pl

**CHOPIN €€**
Das Restaurant im City Hotel überzeugt mit guten Salaten, Vegetarier wissen das zu schätzen.
ul. 3 Maja 6 | Tel. 52 325 2500
www.city-hotel.pl

# ZIELE
## BYDGOSZCZ · BROMBERG

18. und 19. Jh. entstandenen **Speicher** (Spichlerz) der Handelsstadt. Die mehrgeschossigen Fachwerkhäuser werden heute als **Museum** genutzt. Ausgestellt sind regionales Kunsthandwerk und Exponate zur Geschichte der Stadt. Im »**Exploseum**« in einer alten Sprengstofffabrik geht es um Explosives.

Spichlerz: ul. Grodzka 7–11 und ul. Mennica 1/2 | Di./Do. 10–18, Mi./Fr. 12–20, Sa./So. 12–18 Uhr | **Exploseum**: ul. Alfreda Nobla | Di. – So. 9–18 Uhr | Eintritt: 20 zł | www.exploseum.pl

## ▍Rund um Bydgoszcz

### Kur und Kunst

Inowrocław (Hohensalza) Die etwa 40 km südöstlich von Bydgoszcz im südlichen Kujawien gelegene Stadt Inowrocław (73 000 Einw.) ist aufgrund ihrer großen Steinsalzvorkommen und Solequellen ein bekannter **Kurort**. Sehenswert ist die der Hl. Jungfrau Maria geweihte romanische Kirche **Najświętszej Marii Panny** aus dem 12./13. Jh. mit ihrer originellen Bauplastik aus der Entstehungszeit. Die Wände im Innern schmücken fantastische Tierdarstellungen, Masken und griechische Kreuze.

Vielleicht nicht ganz Venedig, aber hübsch ist die Partie an der Brda allemal.

ZIELE
CHEŁM

# CHEŁM

**Wojewodschaft:** Lubelskie | **Höhe:** 80 m ü. d. M. | **Einwohner:** 65 000

*»Die Narren von Chełm« nannte Literaturnobelpreisträger Isaak Bashevis Singer seinen Erzählband, in dem er die untergegangene Welt der Juden aufleben ließ. Bis zur deutschen Besatzung machten sie hier – wie in den meisten Orten der Region – die Hälfte der Bevölkerung aus. Viele jüdische Kaufleute handelten mit Kreide, die in einem nahen Bergwerk gefördert wurde. Es ist heute die Hauptattraktion der Stadt.*

V/W 10

Die Region gehörte nacheinander zum Kiewer Fürstentum, zum Königreich Polen und zu Ruthenien. 1240 wurde Chełm Hauptstadt des Fürstentums Wladimir-Halitsch und Sitz eines Bistums der Ostkirche. Ab 1387 gehörte Chełm wieder zu Polen. Dank ihres **Kreidebergwerks** entwickelte sich die Stadt zu einer wohlhabenden Kaufmannssiedlung, in der sich vor allem Juden niederließen. 1942/1943 wurden auch sie im nahen Vernichtungslager Sobibór ermordet.

Kreidestadt

## ❙ Wohin in Chełm?

**Kirchenparade**
Blickfang der Stadt ist die **Kirche auf dem Berg** (Kościół na Górce), die 1756 vermutlich von **Paolo Fontana** (1696–1765) für den Unitarierorden entworfen wurde. Von Fonana stammt auch die attraktivere **Piaristenkirche** (Kościół Farny), die heutige Pfarrkirche. Sie be-

Kirche auf dem Berg und Piaristenkirche

## CHEŁM ERLEBEN

**TOURISTENINFORMATION**
ul. Lubelska 63
Tel. 82 565 36 67
www.itchelm.pl

**KAMENA €**
In Altstadtnähe mit funktional eingerichteten Zimmern, bewachtem Parkplatz und gutem Restaurant.

ul. Armii Krajowej 50
Tel. 82 565 64 01
http://hotelkamena.pl

**PSTRAGOWO €€**
Sehr gutes Fischrestaurant direkt am durch Ostpolen führenden Green Velo Radweg.
Ul. Pstragowa 17
Tel. 592 302 285
http://www.pstragowo.pl

sitzt ein elliptisches, von Kapellen eingerahmtes Langhaus und eine fantastische illusionistische Ausmalung aus der Mitte des 18. Jahrhunderts. Wertvolle Ikonen und Bilderwände aus dem 18. Jh. sind in der **orthodoxen Nikolauskirche** (Kościół św. Mikołaja) zu sehen.

Kreideberg-
werk

**Kreidebleich**
Unter der Stadt erstreckt sich ein bereits im Mittelalter entstandenes **Kreidebergwerk**. Es ist durch über 40 km lange, labyrinthische Gänge erschlossen. Fackelschein und Kreidegeist Bieluch begleiten Besucher auf dem 2 km langen Spaziergang durch die weiße Unterwelt.
Chełmskie Podziemia Kredowe: ul. Lubelska 55-A (Büro) | Führungen (ca. 1 Std. bei 9 °C) | tgl. 10, 12, 14 u. 16; Juli/Aug. stdl. 11 – 16 Uhr | Eintritt: 30 zł | https://podziemiakredowe.com.pl/

## Rund um Chełm

Włodawa

**Eine fast vergessene Welt**
Im altertümlichen Włodawa, 47 km nördlich von Chełm am Bug gelegen, gruppieren sich schöne Holzhäuser um die Pfarrkirche **St. Ludwig** (Kóściół św. Ludwika). Sie wurde ebenfalls von Paolo Fontana gestaltet. Gegenüber erhebt sich die klassizistische orthodoxe Kirche. Nahebei steht die Kleine und die barocke **Große Synagoge**, in der das **Regionalmuseum** eingerichtet ist; der prächtig restaurierte Gebetsraum kann besichtigt werden. Im Kino Zacheta daneben wurden 1942 2000 Juden aus dem Ghetto vor dem Abtransport nach

Bieluch, der »Weiße Geist«, empfängt in seinem unterirdischen Kreidereich.

Sobibor zusammengetrieben, Auftakt zur im April 1943 durchgeführten Ermordung sämtlicher Juden der Stadt.
**Muzeum Pojezierza Łęczyńsko-Włodawskiego:** ul. Czerwonego Krzyża 7 | vorübergehend geschlossen

#### Heldenhafter Aufstand
Etwa 10 km südöstlich von Włodawa liegt das Dorf Sobibór. 1942 und 1943 wurden im ausschließlich zu diesem Zweck errichteten deutschen Vernichtungslager ca. 250 000 Juden in den Gaskammern ermordet. Nach einem von der Lager-Widerstandsgruppe und gefangenen Rotarmisten geplanten Aufstand am 14. Oktober 1943 zerstörte die SS das Lager und baute auf dem Gelände zur Vertuschung einen Bauernhof (▶ Baedeker Wissen, S. 240). Von 600 Häftlingen gelang ca. 100 die Flucht.

Sobibór

# ★ CHEŁMNO · KULM

**Wojewodschaft:** Kujawsko-Pomorskie | **Höhe:** 75 m ü. d. M.
**Einwohner:** 20 000

*In Polen gilt Chełmno als »Stadt der Verliebten«. Am Valentinstag, dem 14. Februar, wird hier groß gefeiert, denn in der Pfarrkirche ruhen die Reliquien des Patrons der Liebenden. Doch auch an allen anderen Tagen des Jahres lohnt der Besuch, denn auch Chełmnos Altstadt hoch auf dem rechten Weichselufer ist reizvoll.*

Die Geschichte von Chełmno ist eng mit dem Deutschen Orden verbunden, dem die Siedlung mit seinem Umland 1226 von **Konrad von Masowien** übereignet wurde. Chełmno entwickelte sich zum politischen Zentrum des Ordenslandes und erhielt 1233 vom Hochmeister **Hermann von Salza** mit der **Kulmer Handfeste** das Stadtrecht. Im 14. Jh. erlebte die Stadt, die zwischen 1300 und 1437 auch Mitglied der Hanse war, eine Blütezeit. Von 1466 bis zur ersten Polnischen Teilung 1772 gehörte sie zu Polen, danach bis 1920 zu Preußen.

Stadt der Liebenden

## Wohin in Chełmno?

#### Rund um den Marktplatz
Die weithin sichtbar auf einer Anhöhe gelegene Altstadt von Chełmno wird von einer **fast vollständig erhaltenen Stadtmauer** mit 17 Türmen umfasst (13.–15. Jh.). Mittelpunkt des rechtwinklig angelegten

Altstadt

## ZIELE
CHEŁMNO · KULM

Straßennetzes Chełmnos ist der rechteckige **Marktplatz**. Hier und in den benachbarten Straßen stehen schöne Bürgerhäuser mit klassizistischen Fassaden aus dem 19. und 20. Jahrhundert.

Mitten auf dem Marktplatz steht das prächtige **Rathaus**. Ursprünglich gotisch, wurde es 1567 bis 1572 im Stil der Spätrenaissance umgebaut. An seiner Westseite ist ein eisernes Modell des 4,35 m langen Kulmer Stabs, auch **Kulmer Rute** genannt, eingemauert – ein Längenmaß, das im gesamten Ordensstaat galt. Den oberen Abschluss des Gebäudes bildet eine aufwendig gestaltete Attika, die von dem hohen, 1596 errichteten Turm überragt wird.

### Die Büchse des heiligen Valentin

Pfarrkirche

Die meisten Kirchen innerhalb der Stadtmauer sind gotisch, so auch die 1280 bis 1331 erbaute **Pfarrkirche** (Kościól farny) südlich des Marktplatzes (Ecke ul. Toruńska/ul. Szkolna). Die monumentale dreischiffige Halle besitzt eine reiche Ausstattung, darunter einen romanischen Taufstein und auf Anfang des 15. Jh.s datierte **Wandmalereien**. Doch die meisten Besucher zieht es zu einer unscheinbaren Silberdose, in der seit 1630 die **Reliquien des hl. Valentin** aufbewahrt sind. Am Tag des Patrons der Liebenden, dem 14. Februar,

Weit aus dem Umland zu sehen: das Rathaus von Chełmno

# ZIELE
CHEŁMNO · KULM

## CHEŁMNO ERLEBEN

**TOURISTENINFORMATION**
ul. Dworcowa 1
Tel. 56 677 17 17
www.chelmno.pl

**TAG DER VERLIEBTEN**
Am 14. Februar ist Chełmno Polens
»Hauptstadt der Verliebten«.
Schließlich ruhen die Reliquien des hl.
Valentin in der Pfarrkirche. Man feiert
den Patron der Liebenden mit einer
Messe, Musik und Tanz.

**KARCZMA CHEŁMIŃSKA €€**
Historisches Haus an der mittelalterlichen Stadtmauer mit modernen
Zimmern und stilvollem Restaurant.
ul. 22 Stycznia 1b
Tel. 56 6 79 06 05
www.karczmachelminska.pl

---

herrscht in Chełmno dann Ausnahmezustand: Zum großen Fest bis tief in die Nacht kommen Paare aus dem ganzen Land.

Doch mit der Kirche ist noch eine zweite Geschichte verknüpft: Der Baumeister wollte sie mit zwei gleich hohen Türmen versehen, der Bau schien aber bis zum offiziellen Einweihungstermin nicht fertig zu werden. Auf Teufel komm raus ließ er bauen, scherte sich nicht um Sonn- oder Feiertage. So wurde die Kirche rechtzeitig vollendet. Doch wie staunte die versammelte Menge, als plötzlich ein Engel vom Himmel schwebte und mit einem Blitz einen der Türme – just den, an dem an den Feiertagen gearbeitet worden war – zusammenstürzen ließ. **Die Kirche blieb unvollendet**.

### Stadt der Klöster

Zwei ehemalige Klosterkirchen liegen in der westlichen Altstadt: die um 1300 für den **Franziskanerkonvent** erbaute Hallenkirche (Kościół św. Jakuba) sowie die an der Stadtmauer gelegene **Kirche des hl. Johannes des Täufers und Johannes des Evangelisten** (Kościół św. Jana Chrzciciela i Jana Ewangelisty), das Gotteshaus des früheren **Zisterzienserinnenklosters**. Der einschiffige Kirchenbau aus der ersten Hälfte des 14. Jh.s lohnt vor allem wegen der reichen, überwiegend barocken Ausstattung eine Besichtigung.

An der südlichen Stadtmauer (ul. Wałowa) liegt die gegen Ende des 13. Jh.s erbaute **Heilig-Geist-Kirche** (Kościół św. Ducha) mit einem 1311 hinzugefügten Turm. **St. Peter und Paul** (Kościół św. św. Pietra i Pawła), die Kirche des ehemaligen Dominikanerklosters in der ul. Dominikańska, wurde Mitte des 13. Jh.s errichtet, im 14. Jh. in eine Hallenkirche und im 17. Jh. zu einer Basilika umgebaut. Ihre Ausstattung stammt aus dem Rokoko.

*Kloster-kirchen*

**ZIELE**
CHOJNICE · KONITZ

# CHOJNICE · KONITZ

**Wojewodschaft:** Pomorskie | **Höhe:** 130 m ü. d. M.
**Einwohner:** 39 600

*Eine mächtige Backsteinkirche überragt die mittelalterliche Altstadt. Ein Stadtspaziergang dort lohnt sich unbedingt, bevor man Kurs auf den Nationalpark Tucheler Heide nimmt, der sich rund um den Charzykowskie-See ausbreitet: Wasser und Wald, so weit das Auge reicht.*

Chojnice entstand aus einer Festung an der Kreuzung wichtiger Handelswege und erhielt 1360 das Stadtrecht. Von 1466 bis 1772 war es in polnischem, dann in preußischem Besitz; seit 1920 gehört es wieder zu Polen. Während des Zweiten Weltkriegs wurden im nahen **»Tal des Todes«** (Dolina Śmierci) ca. 2000 Menschen ermordet.

## ▌ Wohin in Chojnice und Umgebung?

**Ziegelrot und wehrhaft**

Altstadt — Die Straßenzüge lassen noch immer die mittelalterliche Stadtstruktur erkennen; erhalten geblieben sind Teile der gotischen Wehrmauern und der Basteien. Sehenswert ist das **Schlochauer Tor** (Brama Człuchowska). Die Altstadt wird dominiert vom Backsteinbau der gotischen **Pfarrkirche** aus dem 14. Jh. mit barocker Ausstattung.

**Paradies für Kanuten**

Charzykowskie-See — Der wenige Kilometer nördlich von Chojnice gelegene Charzykowskie-See (Jezioro Charzykowskie) ist nicht nur zum Baden und Segeln geeignet, sondern auch idealer Startpunkt für eine attraktive Kanutour, die streckenweise durch den Nationalpark Tucheler Heide verläuft. Im malerischen Ferienort Charzykowy kann man preiswert Boote ausleihen.

**Erinnerungen an den Deutschen Orden**

Człuchów — Etwa 14 km westlich von Chojnice, auf einer waldreichen, hügeligen Landenge zwischen Seen, liegt **Człuchów** (Schlochau, 14 000 Einw.). Die einst mächtige **Deutschordensburg**, die heute das Regionalmuseum beherbergt, wurde ab 1325 erbaut und in der Folgezeit mehrfach verändert. Erhalten blieben von der zweitgrößten Ordensfeste in Polen sind ein Teil der Vorburg und ein Turm, von dem man eine schöne Aussicht auf die umliegenden Seen genießt.

**ZIELE**
CHOJNICE · KONITZ

### Mittelalteridylle

Am Südwestrand des Waldgebiets Bory Tucholskie, 24 km südöstlich von Chojnice, liegt die Handelsstadt **Tuchola** (Tuchel, 12 000 Einw.). Der erstmals 1287 urkundlich erwähnte Ort gehörte der vermögenden Familie **Święcy** (Swenzonen). Sie errichtete im 13./14. Jh. hier eine Burg. Den polnischen Herrschern feindlich gesonnen, verkaufte sie das Land 1309 an den Deutschen Orden, der hier eine Komturei gründete. Nach dem Zweiten Thorner Frieden von 1466kam die Stadt zu Polen, nach der ersten Polnischen Teilung 1772 zu Preußen, 1920 wieder zu Polen. Sehr schön ist ein Rundgang durch die mittelalterliche Stadtanlage mit Resten der Stadtmauer und prächtigen Gebäuden aus dem 19. Jahrhundert. Man lässt ihn auf dem großzügig weiten Ring (Rynek) ausklingen     Tuchola

### Seen, Sümpfe, Moore

Östlich von Tuchola breitet sich mit einer Fläche von 1170 km² eines der größten Waldgebiete Polens aus: die Bory Tucholskie. Auf nacheiszeitlichem Sandboden wachsen Kiefern- und Fichtenwälder sowie Mischwälder aus Eichen, Hainbuchen und Espen. Das Waldgebiet ist von etwa 900 Seen durchsetzt, die durch kleinere und größere Flüsse, u. a. die Brda (Brahe) und die Wda (Küddow), untereinander und mit der Weichsel verbunden sind.     Bory Tucholskie

Teile der Tucheler Heide werden durch den 1996 gegründeten, knapp 5000 ha umfassenden gleichnamigen **Nationalpark** (Park Narodowy Bory Tucholskie) besonders geschützt. In diesem Naturreservat mit zahlreichen Seen, Sümpfen und Torfmooren leben u. a. Elche und Biber. Man kann das Gelände auf markierten Wander- und Radwanderwegen erkunden. Über die spezielle Flora und Fauna des Nationalparks informiert ein kleines Museum in Tuchol.

## CHOJNICE · ERLEBEN

**TOURISTENINFORMATION**
Stary Rynek 4
Tel. 52 397 05 97
www.turystyka-chojnice.pl

**PARK NARODOWY BORY TUCHOLSKIE**
ul. Długa 33
Charzykowy
Tel. 52 398 83 97
www.pnbt.com.pl

**BELLEVUE €€**
Kleines Hotel in der Tucheler Heide, direkt am v. a. bei Seglern beliebten Charzykowskie-See.
ul. Długa 35
Charzykowy
Tel. 52 398 81 52
www.zenhotels.com

# CIESZYN · TESCHEN

**Wojewodschaft:** Śląskie | **Höhe:** 280–300 m ü. d. M.
**Einwohner:** 34 000

*Am Fuß der Westbeskiden liegt die polnisch-tschechische Doppelstadt Cieszyn – Český Těšín an der Olza, einem Nebenfluss der Oder. Der polnische Teil mit schöner Altstadt erstreckt sich am rechten Flussufer.*

Glaubte man den Legenden, wäre Teschen die älteste Stadt Polens. Im Jahr 810, so heißt es, begegneten sich hier die drei Söhne des polnischen Königs Leszek III. – der wohl ebenfalls im Reich der Legenden anzusiedeln ist. Sie freuten sich angeblich so sehr über ihr Zusammentreffen an diesem Ort, dass sie ihn Cieszyn nannten (»sich freuen«). Dokumentiert ist Teschen, 30 km westlich von ▶ Bielsko-Biała, ab 1155 als südlichster Teil des Bistums Breslau. 1374 erhielt es das Stadtrecht. 1653 starben die Teschener Piasten aus, das Fürstentum Cieszyn war schon seit 1625 in den Händen der Habsburger und blieb es bis 1918. 1920 wurde Teschen zwischen Polen und der Tschechoslowakei aufgeteilt. Teschen hat eine lange Brautradition (Schlossbrauerei Brackie), und viele Polen lieben die Schokokekse Prince Polo, die seit 1920 hier gebacken werden.

*Halb tschechisch, halb polnisch*

## Wohin in Cieszyn?

### Romanik in Schlesien

Schlossberg

Es lohnt sich, den Schlossberg zu erklimmen, von dem sich ein weiter Blick auf die Stadt bietet. Auf dem Gipfel steht die wehrhafte Rundkapelle **St. Nikolaus** (Rotunda św. Mikołaja) aus dem 11. Jh., das einzige fast vollständig erhaltene romanische Bauwerk Schlesiens. Etwas jüngeren Datums ist der angrenzende **Wehrturm:** Er stammt aus dem 14. Jahrhundert. Sehenswert ist auch das ehemalige Jagdschloss am Fuß des Bergs, das sich der habsburgische Erzherzog **Karl von Sachsen-Teschen** 1837 errichten ließ.

### Jugendstiljuwel

Theater

Das Teschener Theater wurde 1910 von den beiden Wiener Architekten **Ferdinand Fellner** und **Hermann Helmer**, Spezialisten für Theaterbauten und Konzertsäle, im Jugendstil erbaut. Gegenüber dem Theater steht die 1719 errichtete **Alte Münze**, die 1790 zu einem Palais umgebaut wurde.

# ZIELE
## CIESZYN · TESCHEN

### Bürgerliche Mitte
Der Marktplatz entstand 1496, als der Fürst von Teschen, **Kasimir II.**, den Bürgern der Stadt das Gelände zur Verfügung stellte. Die Häuser ringsum stellen einen Querschnitt bürgerlicher Architektur des 18. und 19. Jh.s dar. Der Floriansbrunnen auf dem Platz stammt aus dem Jahr 1770.

Marktplatz

### Glaubenskämpfe
Die **Maria-Magdalena-Kirche** (Kościół św. Marii Magdaleny) vom Ende des 13. Jh.s wurde nach einem Stadtbrand 1789 im Barockstil wiederaufgebaut und u. a. mit einem mächtigen, 1794 von **Andreas Schweigel** geschaffenen Altar ausgestattet.

Kirchen

Die einzige noch heute benutzte evangelische Kirche ist die spätbarocke **Gnadenkirche** im Südosten der Stadt, eine der sechs Kirchen, die der Habsburgerkaiser **Josef I.** in der Altranstädter Konvention 1707 den schlesischen Protestanten »gnädig« zubilligte.

Aufregung auf dem Marktplatz von Cieszyn

## CIESZYN ERLEBEN

**TOURISTENINFORMATION**
Rynek 1
Tel. 33 8 52 30 50
https://visitcieszyn.com/de

**MERCURE CIESZYN €€**
Gemütliche Zimmer im Norden der Stadt. Bewachter Parkplatz.
ul. Motelowa 21
Tel. 33 8 51 69 00
https://all.accor.com

**KORBASOWY DWÓR €€**
Lokal mit Sommergarten und Blick auf den Beskiden. Die Karte bewegt sich zwischen Deftigem (Knöchelchen auf verschiedene Art) und leicht Raffiniertem wie Schweinefilet sous vide gegart bis Entenbrust. Auch Vegetarisches und Veganes.
ul. Hażlaska 135
Tel. 33 857 72 73
www.korbasowydwor.pl

**WINIARNIA U CZECHA €€**
Lokal mit Weinstube in einem historischen Gebäude neben dem »Brunnen der drei Brüder«. Es gibt vor allem tschechische Klassiker wie Rindsgulasch, mährischen Wein und tschechisches Bier.
ul. Sejmowa 4/4
Tel. 33 8 58 36 36
www.uczecha.pl
Mi.–Fr. ab 15, Sa. ab 13, So. ab 12 Uhr

# ★★ CZĘSTOCHOWA · TSCHENSTOCHAU

**Wojewodschaft:** Śląskie | **Höhe:** 235–305 m ü. d. M. | **Einwohner:** 220 000

*Was Lourdes für Frankreich und Fátima für Portugal, ist Częstochowa für Polen: ein Sehnsuchtsziel für Pilger. Vier Millionen Gläubige aus aller Welt besuchen Jahr für Jahr die »Schwarzen Madonna«, die in einem befestigten Kloster hoch auf dem Jasna Góra thront.*

*Bei der Schwarzen Madonna*

I1382 schenkte Prinz Ladislaus von Polen dem von ihm gestifteten Paulinerkloster ein Madonnenbild, das der Legende nach der hl. Lukas auf einen Holztisch der Heiligen Familie in Jerusalem gemalt hatte und von der hl. Helena 326 nach Konstantinopel gebracht worden war. Kunsthistoriker meldeten Zweifel an: Der dunkle Teint und die stren-

# ZIELE
## CZĘSTOCHOWA · TSCHENSTOCHAU

🍽️
❶ Browar Czenstochvia
❷ Caffe del Corso

🏠
❶ Mercure Patria Częstochowa

gen Gesichtszüge Marias ordneten sie der byzantinischen Ikonen-Tradition zu. Doch ob die **Schwarze Madonna** von heiliger Hand gemalt wurde oder nicht, spielt in Częstochowa kaum eine Rolle: Wichtig ist, dass sie im Dienste Polens so manches Wunder vollbrachte. So lenkte sie während der »Schwedischen Sintflut« anno 1655 die Kanonenkugeln der Besatzer auf diese zurück – mit dem Ergebnis, dass die Schweden geschlagen abziehen mussten. Der Mythos ihrer Unbesiegbarkeit war damit geboren. 1717 wurde sie von Polens Monarchen zur **Königin Polens** gekrönt und erhielt eine standesgemäß-pompöse Residenz. Bis zum heutigen Tag ist sie die wichtigste Ansprechpartnerin frommer Polen – für die es eine Selbstverständlichkeit ist, Maria in schwierigen Lebenssituationen um ihre Hilfe zu bitten. Entsprechend feierlich ist die Stimmung auf dem Jasna Góra, dem »hellen Berg«, aufgeladen mit der Aura des Heiligen. Dem Kloster zu Füßen liegt die Stadt, die außer vom Pilgertourismus von sehr irdischen Gewerben lebt: Textil- und Maschinenbauindustrie sowie Eisenhütten.

**ZIELE**
CZĘSTOCHOWA · TSCHENSTOCHAU

OBEN: Das katholische Herz Polens schlägt in der Basilika von Tschenstochau.
UNTEN: Und dort möchte man auch am liebsten seine Erstkommunion feiern.

**ZIELE**
CZĘSTOCHOWA · TSCHENSTOCHAU

##  Klosteranlage auf dem Jasna Góra

### Eine Festung für den Glauben
Die meisten Gebäude der Klosteranlage stammen aus dem 17. Jahrhundert. Sie wurden von mächtigen Bastionen umgeben, dank derer das Kloster als einer der wenigen Orte Polens 1655 der sechswöchigen Belagerung durch schwedische Truppen standhielt. Nach einem Brand 1690 erhielt die Kirche eine einheitlich barocke Ausstattung

*Geschichte*

### Viele Tore führen zum Ziel
In das Kloster gelangt man durch vier Tore. Vor dem Lubomirski-Tor (Brama Lubomirski) ist ein steinernes Mosaik mit dem Wappen des Paulinerordens zu sehen, daneben steht das überlebensgroße Denkmal zu Ehren von **Stefan Wyszyński** (1901–1981), des einstigen Primas von Polen. Dann folgen das Tor der siegreichen Muttergottes (Brama Matki Boskiej Zwycięskiej), das Tor der schmerzensreichen Muttergottes (Brama Matki Boskiej Bolesnej) und schließlich das Wall- oder Jagiellonentor (Brama Wałowa bzw. Jagiellonów) aus dem 17. Jahrhundert. Neben dem Walltor befindet sich der 1921 bis 1929 erbaute und für Ausstellungen genutzte Mariensaal.

*Befestigung*

### Das Zuhause der Madonna
Der Zugang zur Himmelfahrtskirche führt durch eine Vorhalle unter dem Turm, direkt neben der Kapelle des hl. Antoni Padewski aus dem 18. Jahrhundert. Der Turm ist mit 106 m Höhe der höchste Kirchturm in Polen. Nach 519 Stufen Aufstieg bietet sich ein weiter Blick auf die Stadt und die Berge des Krakau-Tschenstochauer Jura. Stuck und Fresken des 29 m hohen Hauptschiffs sowie des 1693–1695 gestalteten Chors stammen von dem schwedischen Maler **Karl Dankwart** (?–1704). Der üppig vergoldete Hauptaltar von 1728 zeigt die Himmelfahrt Mariä. Die imposante Orgel, eine der größten Polens, stammt aus den 1950er-Jahren.

*Basilika*

### Eine Rose vom Papst
Die Kapelle der Muttergottes von Tschenstochau (Kaplica Matki Boskiej Częstochowskiej) gilt als heiliger Ort, denn im 1650 geschaffenen Hauptaltar befindet sich die **Schwarze Madonna**, das in Polen am meisten verehrte Bild der Muttergottes mit dem Jesuskind. Links der Schwarzen Madonna sind die königlichen Insignien zu sehen, eine Gabe polnischer Frauen von 1926, rechts eine goldene Rose, die Papst **Johannes Paul II.** bei seinem ersten Polenbesuch 1979 stiftete.

*Kapelle der Muttergottes*

### Gemäldegalerie
Der Rittersaal entstand 1647 im Stil des Frühbarocks. Früher diente er zur Repräsentation, heute finden hier Ausstellungen statt. In dem Saal hängt ein Zyklus historischer Gemälde aus dem 17. Jh. zur

*Rittersaal*

# POLENS NATIONALHEILIGTUM

*Das Paulinerkloster auf dem Jasna Góra, dem »Hellen Berg«, gilt als religiöses Zentrum des Landes. Im 15. Jh. entstanden auf dem Berg die ersten Gebäude. Berühmt wurde die Klosteranlage durch die »Schwarze Madonna«, ein Marienbild, das Wunder bewirken soll.*

Klasztor OO. Paulinów
ul. o.A. Kordeckiego 2
tgl. 5.00–21.30 Uhr
www.jasnagora.pl
http://m.jci.jasnagora.pl/de

### ❶ Wall-Tor
Besucher der Anlage müssen vier Tore passieren: das Lubomirski-Tor, das Tor der siegreichen Muttergottes, das Tor der schmerzensreichen Muttergottes und das Wall-Tor.

### ❷ Schwarze Madonna
Entstehung und Herkunft des »wundertätigen« Bildes in der Kapelle der Muttergottes sind nicht genau geklärt, was dem Andrang aber keinen Abbruch tut.

### ❸ Basilika
Die Basilika, 46 m lang, 21 m breit und 29 m hoch, bildet das Herz des Paulinerklosters. Hier befinden sich u.a. die Dönhoff-Kapelle, die Jabłonowski-Kapelle, die Sakristei und die Schatzkammer.

### ❹ Turm der Basilika
Nach 519 Stufen bietet sich von der Turmspitze ein herrlicher Panoramablick auf die Umgebung.

### ❺ Refektorium und Bibliothek
Das Refektorium (Speisesaal) und die Bibliothek mit über 8000 Drucken und Handschriften können leider nicht besichtigt werden.

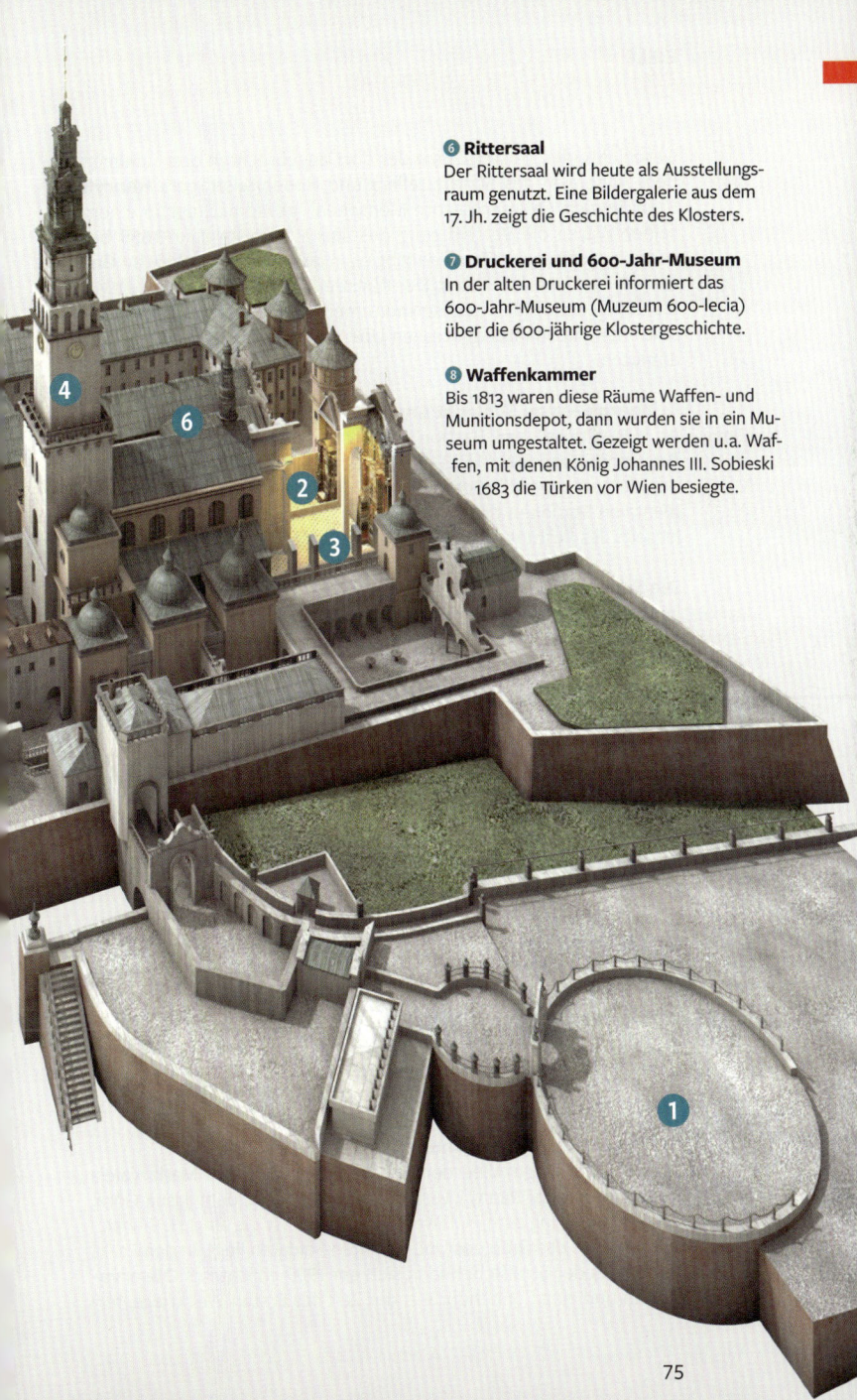

**❻ Rittersaal**
Der Rittersaal wird heute als Ausstellungsraum genutzt. Eine Bildergalerie aus dem 17. Jh. zeigt die Geschichte des Klosters.

**❼ Druckerei und 600-Jahr-Museum**
In der alten Druckerei informiert das 600-Jahr-Museum (Muzeum 600-lecia) über die 600-jährige Klostergeschichte.

**❽ Waffenkammer**
Bis 1813 waren diese Räume Waffen- und Munitionsdepot, dann wurden sie in ein Museum umgestaltet. Gezeigt werden u.a. Waffen, mit denen König Johannes III. Sobieski 1683 die Türken vor Wien besiegte.

Geschichte des Klosters. Eine der dort angebrachten drei Tafeln ist dem Andenken des Schriftstellers und Nobelpreisträgers **Henryk Sienkiewicz** (▶ Interessante Menschen) gewidmet, der in einem seiner Werke die Verteidigung des Jasna Góra im Jahr 1655 beschrieb. Noch mehr Gemälde gibt es in der schönen **Golgotha Galerie** in Stockwerk darüber: Der Künstler **Jerzy Duda-Gracz** (1941 bis 2004) schuf hier ebenso monumentale wie bizarre Kreuzwegstationen, die in ihrer grotesken Übertreibung fast karikaturenhaft anmuten.

### Erinnerungen an Schlacht und Leidensweg

*Denkmal und Kreuzweg*

An der südöstlichen Bastion erinnert ein Denkmal an den Prior **Augustyn Kordecki** (1603–1673): Er leitete 1655 die Verteidigung des Klosters gegen die Schweden. Von den Wällen aus sind die monumentalen Stationen des Kreuzwegs zu sehen, die im frühen 20. Jh. jenseits des Festungsgrabens errichtet wurden.

### Die Schätze der Könige

*Schatzkammer*

In der Schatzkammer findet sich manche Kostbarkeit, die polnische Könige stifteten: darunter Schmuckstücke, liturgische Geräte, Rosenkränze, Messgewänder – das älteste stammt aus dem 15. Jh. –, byzantinische Ikonen und Meißner Porzellan.

### Säbelrasseln und Schalmeienklänge

*Waffenkammer und Museum*

Im 1660–1680 errichteten Zeughaus (Arsenał) sind Waffen ausgestellt, mit denen König **Jan III. Sobieski** 1683 die Türken vor Wien geschlagen hat. Zu sehen sind auch polnische Orden und Kriegsabzeichen sowie zwei Gemälde mit Schlachtenszenen des Historienmalers **Jan Matejko**. In der ehemaligen Druckerei neben dem Zeughaus ist das **600-Jahr-Museum** (Muzeum 600-lecia) untergebracht, 1982 zum 600-jährigen Bestehen von Kirche und Kloster auf dem Jasna Góra eröffnet. Es zeigt Bilder zur Geschichte des Klosters und zum Marienkult auf dem Hellen Berg, Musikalien und Musikinstrumente sowie zahlreiche Dokumente, darunter die **Urkunde des Friedensnobelpreises für Lech Wałęsa**.

## Rund um Częstochowa

### Der lange Weg zur Madonna

*Allee der Allerheiligsten Jungfrau Maria*

Die ca. 2 km lange Allee der Allerheiligsten Jungfrau Maria (aleja Najświętszej Marii Panny) verbindet die Stadt mit dem Jasna Góra, ihre Verlängerung zum Platz vor dem Kloster ist die aleja H. Sienkiewicza, an der das Grab des Unbekannten Soldaten liegt. In den Parks beiderseits der Straße befinden sich ein 1909 errichtetes **Observatorium** und eine Sonnenuhr aus der Zeit des Ersten Weltkriegs, fer-

# CZĘSTOCHOWA ERLEBEN

## TOURISTENINFORMATION
al. Najświętszej Maryi Panny 65
Tel. 34 3 68 22 50
www.czestochowa.pl

## MARIÄ HIMMELFAHRT
Wer erleben will, wie die Schwarze Madonna von Zehntausenden Pilgern »belagert« wird, kommt am besten am 15. August. Kleinere, aber kaum weniger farbenprächtige Prozessionen finden am 3. Mai, 26. August, 8. September und 8. Dezember statt.

## ❶ MERCURE PATRIA CZĘSTOCHOWA €€
Frisch designtes Mittelklassehotel mit Seventies-Charme. Exquisit ist die Lage: Auf der Flaniermeile kommt man von hier in wenigen Gehminuten auf den Klosterberg.
ul. Ks. Popiełuszki 2
Tel. 34 3 24 70 01
https://patriaczestochowa.pl

## ❶ BROWAR CZĘSTOCHOWIA €€
Die ans gleichnamige Designhotel angeschlossene Brauerei hat hervorragendes hausgebrautes Bier, zu dem die leckere Roggenmehlsuppe, aber auch Kotelett und Eisbein schmecke.
ul. Korczaka 14
Tel. 34 365 19 35
www.czenstochovia.pl

## ❷ CAFFE DEL CORSO €
Stilvolles Café auf dem »Corso«. Köstliche Eisspezialitäten sowie Frühstücks- und Lunch-Menüs.
al. Najświętszej Maryi Panny 53
Tel. 723 191 974
www.caffedelcorso.pl

---

ner **Denkmäler** für den Komponisten Stanisław Moniuszko (1819 bis 1872) und den Geistlichen Stanisław Staszic (1755–1826).

### Von Adlerhorst zu Adlerhorst
Die Stadt Ogrodzieniec liegt rund 40 km südöstlich von Tschenstochau. Im Nachbarort **Podzamsce**, etwa zwei Kilometer weiter östlich stehen auf dem Schlossberg (Góra Zamkowa), mit 504 m die höchste Erhebung des Krakau-Tschenstochauer Jura, die imposanten Ruinen der Burg Ogrodzieniec, von denen aus sich ein herrlicher Blick bietet, auch auf die nördlich liegende **Feste Birow**. Die Burg gehörte zu einer Kette von 25 Burgen und Wehrklöstern zwischen Krakau und Tschenstochau – wahren Adlerhorsten, die im 14. Jh. zur Verteidigung Kleinpolens errichtet wurden. Heute sind sie durch einen 163 km langen, rot markierten Wanderweg (Route der Adlerhorste/Szlak Orlich Gniazd) verbunden.
Tgl. 9 –20 Uhr | Eintritt: Burg 25 zł, Feste 8 zł, Kombiticket 31 zł
www.zamek-ogrodzieniec.pl

Burg Ogrodzieniec

**ZIELE**
ELBLĄG · ELBING

# ★ ELBLĄG · ELBING

**Wojewodschaft:** Warmińsko-Mazurskie | **Höhe:** 20–30 m ü.d.M.
**Einwohner:** 119 800

*Elbląg erlebte nach dem Ende des Sozialismus eine Renaissance. Wichtige Straßenzüge durften im mittelalterlichen Stil neu erstehen. Doch nicht nur die Stadt, auch die Umgebung lohnt den Besuch: Auf einer Bootsfahrt auf dem Oberländischen Kanal kann man die Langsamkeit entdecken.*

Am heutigen Drausensee (Druzno), wo einst der Weichselarm Nogat ins Frische Haff mündete, ist schon für 890 eine preußische Siedlung namens Truso dokumentiert, in der reger Handel betrieben wurde. Seeräuber zerstörten sie, deutsche Ordensritter errichteten 1237 in der Nähe des Sees eine Festung, in deren Schutz sich Handwerker und Kaufleute ansiedelten. Es entstanden Kirchen und Klöster. 1246 erhielt Elbing das Stadtrecht und stieg zur Handelsmetropole auf, war zeitweise von größerer Bedeutung als Danzig. Nach der Niederlage der Ordensritter gegen das polnisch-litauische Heer bei Grunwald 1410 begann ihr Einfluss jedoch auch in Elbing zu schwinden. Zwischen 1466 und 1772 gehörte die Stadt formal zu Polen, dann zu Preußen. Durch die Verschlammung des Weichseldeltas im 17. Jh. verlor Elbing seine Bedeutung als Seehafen. Erst Mitte des 19. Jh.s entwickelte sich die Stadt, u. a. durch den Bau des Oberländischen Kanals (Kanał Elbląski), abermals zu einem der wichtigsten Industriezentren der Region.

*Handelsstadt am Kanal*

## ▎ Wohin in Elbląg?

### Phoenix aus der Asche

Altstadt

Elbląg wurde zum Ende des Zweiten Weltkriegs von der Sowjetarmee beschossen, dabei sind 60 % der mittelalterlichen Altstadt zerstört worden. Einzig das Markttor (Brama Targowa) aus dem 14./15. Jh. blieb erhalten. In den 1990er-Jahren baute man die Altstadt in fantasievollem Retrostil wieder her. Attraktiv sind vor allem die bunten Giebelhäuser längs der mittelalterlichen Straßenachsen rund um die Nikolauskirche. Auch die 1246 erbaute **Marienkirche** des Dominikanerordens (Kościół Podominikański) brannte 1945 aus und wurde teilweise wieder aufgebaut. Heute zeigt im Kirchenschiff die **»Galerie EL«** zeitgenössische Kunst; im Sommer gibt es in der Bar Jazz- und Blues.

Mo.–Do. 10–18, Fr.–So. bis 19 Uhr | https://galeria-el.pl
Eintritt 8 zł

**ZIELE**
ELBLĄG · ELBING

**Kirche mit Aussicht**
Die bedeutendste Kirche der Stadt, eine der größten im Herrschaftsgebiet des Deutschen Ordens, ist die gotische **Nikolauskirche** (Kościół św. Mikołaja, 13. Jh.). Das Taufbecken wurde 1387 von Meister Bernhauser geschaffen, das gotische Kruzifix von 1410 und der reich geschnitzte Altar mit den Heiligen Drei Königen stammen von 1510. 366 Stufen führen zur **Aussichtsterrasse** auf dem 95 m hohen Turm mit weitem Blick über Stadt und Frisches Haff.

Mai – Mitte Okt. Di. – Fr. 10 – 17, Sa. 10 – 14, So. 14 – 17 Uhr
http://www.katedra.elblag.pl

Nikolauskirche

## ELBLĄG ERLEBEN

**TOURISTENINFORMATION**
Stary Rynek 25
Tel. 55 239 33 77
https://turystyka.elblag.eu

**OBERLANDKANAL**
Żegluga Gdańska bietet zwischen April bis Okt. verschiedene Fahrten von 1 bis knapp 5 St. Dauer an. Die schönste und längste führt mehrmals täglich ab 9 Uhr von Elbląg nach Buczyniec. Der Bus bringt Sie nach kurzem Aufenthalt nach Elbląg zurück..
Abfahrt: ul. Wodnej 1b, Elbląg
Normalticket ca. 140 zł, dazu ca. 20 zł für die Rückfahrt im Bus
Tickets an der Anlegestelle oder
https://zegluga.com.pl/de
Weitere Ausflugsfahrten führen zum Druzno-See (=Wikinger-Wasserroute) und von Buczyniec nach Jelenie und Oleśnica.

**HOTEL POD LWEM €€**
Solide Dreisterne-Unterkunft in einem Bürgerhaus aus dem 16. Jh. am Ostrand der Altstadt. mit geschmackvoll eingerichteteten Zimmern.
ul. Kowalska 10
Tel. 55 641 31 00
HTTPS://HOTELPODLWEM.PL

**HOTEL MŁYN AQUA SPA ELBLĄG €€–€€€**
Eine alte Wassermühle ist zu einem stimmigen Hotel umgebaut worden. Ruhig gelegen am östlichen Stadtrand, schönes Restaurant unter mächtigem Balkengewölbe
ul. Kościuszki 123
Tel. 55 235 0470
www.hotelmlyn.com.pl/de

**STARA GORZELNIA €€**
Etwa 20 km nordöstlich von Elbląg in Tolkmicko auf dem Gelände eines Country-Clubs. Das Gebäude nutzte einst Kaiser Wilhelm II. als Jagdpalais. Polnische, deutsche und englische Küche.
Kadyny Country Club, Tolkmicko
Tel. 55 231 61 20
www.kadyny.com.pl

**WIARUS €**
Widl, Rind, Fisch – polnisch-europäische Küche.
ul. 1 Maja 3
Tel. 55 232 95 05
http://wiarus.elblag.pl

## ZIELE
ELBLĄG · ELBING

### BERGFAHRT PER SCHIFF
Vom Flusshafen Elbląg schippert man über den verschilften Drużno-See, dann durch die Kanäle. Kein Laut weit und breit, nur hin und wieder segelt ein Reiher oder Kormoran vorbei. Unvermittelt scheint die Schiffsreise an einem Hügel zu enden. Doch – oh Wunder! – das Schiff gleitet auf Schienen über die Rollberge. Ein kurioses Meisterwerk der Ingenieurskunst! (▶ S. 79, 81)

ZIELE
FROMBORK · FRAUENBURG

### Über Schleusen und Rampen
Der **Oberländische Kanal** ist ein Meisterwerk der Ingenieurskunst, entworfen vom Königsberger Georg Jakob Steenk (1801 – 1884); ein Obelisk in **Buczyniec** (Buchwalde) erinnert an ihn. Die Hauptstrecke verläuft von Elbląg nach Ostróda, wurde 1860 eingeweiht und ist 83 km lang. Mittels Schleusen und Rampen wird ein **Höhenunterschied von 104 m** überwunden. Dabei werden die Schiffe mehrmals auf einem fahrbaren Untersatz transportiert.

Ablegestelle: ul. Wodnej 1b, weitere Infos ▶ S. 79

Oberländischer Kanal

# ★ FROMBORK · FRAUENBURG

**Wojewodschaft:** Warmińsko-Mazurskie | **Höhe:** 0–20 m ü. d. M.
**Einwohner:** 2300

*Im beschaulichen Städtchen am Frischen Haff stellte Domherr Nikolaus Kopernikus die mittelalterliche Welt auf den Kopf. Seine Wirkungsstätte ist Pilgerziel nicht nur für Sternengucker, denn auch für die Natur sollte man Zeit einplanen: Am Horizont schälen sich die Dünenbänke der Frischen Nehrung heraus, die im Sommer Ziel zahlreicher Ausflugsboote sind.*

In der Region siedelte einst der **altpreußische Stamm der Ermen**, der in der ersten Hälfte des 13. Jh.s vom Deutschen Orden unterworfen wurde. 1278 wurde der Sitz des ermländischen Bistums von Braniewo (Braunsberg) nach Frauenburg verlegt, 1310 wurde es zur Stadt erhoben und kam zu Wohlstand. Die schwedischen Kriegszüge im 17. Jh. und die Verschiebung der Handelsstraßen führten zu Frauenburgs **wirtschaftlichem Niedergang**. Von den schweren Zerstörungen im Zweiten Weltkrieg blieb nur der Kathedralhügel verschont.

Sternegucken mit Ostseewind

## ▌ Wohin in Frombork?

### Ein neues Weltbild
Überragt wird die Stadt vom Kathedralenhügel mit der monumentalen **Bischofskirche**, einem der bedeutendsten Kirchenbauten im Herrschaftsgebiet des Deutschen Ordens. Der 1329 begonnene gotische Backsteinbau steht an der Stelle einer 1288 erwähnten Vorgängerkirche. Von der Ausstattung aus verschiedenen Epochen sind der **goti-**

Kathedralhügel

**ZIELE**
FROMBORK · FRAUENBURG

Blick vom Glockenturm: Im Dom von Frombork ist Nikolaus Kopernikus begraben.

**ZIELE**
FROMBORK · FRAUENBURG

## ZIELE
FROMBORK · FRAUENBURG

## FROMBORK ERLEBEN

**TOURISTENINFORMATION**
Młynarska 5A
Tel. 55 244 06 60
www.frombork.pl

**KOPERNIK €€**
Solide Zimmer und gleich zwei Restaurants – für polnische und ermländische Küche. Mit bewachtem Parkplatz.
ul. Kościelna 2
Tel. 55 243 72 85
www.hotelkopernik.com.pl

**RHETICUS €**
Neun Apartments in denkmalgeschütztem Gebäude. Im Restaurant Ronberto gibt es – polnische Küche.
ul. Kopernika 10
Tel. 55 2 43 78 00
www.domfamilijny.pl

**AKCENT €€**
Traditionelle polnische Küche – im Sommer auf der Gartenterrasse. Beliebt sind vor allem die Suppen wie er Borscht auf litauische Art und die in einer Brotschale servierte Sauerteigsuppe.
ul. Rybacka 4
Tel. 55 733 48 42 77
www.restauracja-akcent.com

---

sche **Flügelaltar** im nördlichen Seitenschiff mit einer »Mondsichelmadonna« sowie die vielen Epitaphe sehenswert. Im Sommer 2005 entdeckten Archäologen unter den Bodenplatten der Kathedrale das mutmaßliche **Grab des Astronomen Nikolaus Kopernikus** (▶Interessante Menschen). Dass es sich dabei dem Grab wirklich um das von Kopernikus handelte, konnte durch eine DNA-Analyse der Knochenreste bestätigt werden. Die sterblichen Überreste des Sternenforschers wurden unter einem Altar im rechten Seitenschiff beigesetzt.
Ein Mauerring mit mehreren Türmen wurde im 14. Jh. zum Schutz des Gotteshauses angelegt. Im **Kopernikus-Turm** (Wieża Kopernika) in der Nordwestecke das **Arbeitszimmer von Kopernikus** Rekonstruiert; der Turm gehörte ihm von 1504 bis 1543.
Der **Bischofspalast** aus dem 16. Jh. wurde nach der Zerstörung 1945 wiederaufgebaut und beherbergt heute das **Kopernikus- Museum** mit Exponaten zur Geschichte der Stadt und der Kathedrale, zu Nikolaus Kopernikus und zur Geschichte der polnischen Astronomie. Im großen **Glockenturm** (Radziejowski Turm) in der Südwestecke hängt das einzige Foucault'sche Pendel in Polen; außer dem ist hhier ein **Planetarium** untergebracht.
**Kathedrale:** Mo.-Sa. 10–15/17, So. 12–15/17 Uhr | Eintritt: 14 zł
www.katedra-frombork.pl | **Kopernikus-Turm:** z.Z. geschl.
**Muzeum Kopernika:** tgl. 9–16 Uhr | Eintritt: 13 zł
http://frombork.art.pl

**ZIELE**
GDAŃSK · DANZIG

# ★★ GDAŃSK · DANZIG

**Wojewodschaft:** Pomorskie | **Höhe:** 0–142 m ü. d. M.
**Einwohner:** 470 800

*Bernstein und »Blechtrommel« sind im historischen Viertel überall präsent, aber Danzig hat noch viel mehr zu bieten: extravagante Kaufmannshäuser und mittelalterliche Kirchen zum Beispiel. Aber auch neue Museen, die von maritimen Traditionen, künstlerischen Aufbrüchen und der spannenden Geschichte des 20. Jh.s erzählen. Und immer lockt das Meer: Vom Ufer der Mottlau schippern Boote in Richtung Ostsee. Strand und Sand genießt man in der Nachbarstadt Sopot, mit Gdynia und Danzig längst zur »Dreistadt« verschmolzen.*

M 4

»Eine deutsche Stadt in der polnischen Krone« wurde Danzig viele Jahre genannt. In ihrer 1000-jährigen Geschichte gab es ein meist friedliches Nebeneinander von Slawen und Deutschen. Erstmals erwähnt wurde eine slawische Siedlung namens »urbs Gyddanz« im Jahr 997. Aufgrund ihrer guten Lage an der Bernsteinstraße rückte sie rasch zu einem Handelszentrum auf, in dem sich deutsche Kaufleute niederließen. 1308 fiel Danzig an den Deutschen Orden, dessen Herrschaft die Bürger jedoch abschüttelten, um sich 1454 dem polnischen König zu unterstellen. Dieser gewährte der Stadt viele Freiheiten, Danzig rückte zur wichtigen **Drehscheibe im Ostseehan**del auf und erlebte seine »goldene Zeit«.

*Alte Mauern, junge Szene*

Die Blütezeit ging zu Ende, als sich Preußen 1793 Danzig einverleibte. Erst während der Industrialisierung blühte wieder das Geschäft – dieses Mal mit dem Bau von Schiffen. Nach dem Ersten Weltkrieg wurde Danzig abermals eine »Freie Stadt« unter dem Schutz des Völkerbunds. Doch die mehrheitlich deutsche Bevölkerung forderte den Anschluss ans Deutsche Reich: Danzig und den »Polnischen Korridor«, der es vom »Mutterland« trennte, nahm Hitler zum Anlass, Polen am 1. September 1939 den Krieg zu beginnen.
Fünfeinhalb Jahre später war nichts mehr wie zuvor: Die polnische Bevölkerung war vertrieben, die Juden ermordet und die Deutschen auf der Flucht vor den anrückenden Sowjettruppen. Danzig wurde polnisch, und die neuen Bewohner bauten die im Krieg zerstörte Stadt wieder auf – so perfekt, dass das neue Danzig bald aussah wie das alte. Eine Pioniertat in der Geschichte der Denkmalpflege.
Als streikende Werftarbeiter 1980 unter Führung des Elektrikers Lech Wałęsa die **Gewerkschaft »Solidarität«** gründeten, rückte die Stadt erneut ins Rampenlicht der Weltgeschichte. Bald zählte die Gewerkschaft mehrere Millionen Mitglieder im Land – was nicht im Sinne der kommunistischen Staatsführung war. Kurzerhand verbot die Regie-

# ZIELE
GDAŃSK · DANZIG

Es kommt einem Wunder gleich: Nach der totalen Zerstörung im Krieg wurde das alte Danzig perfekt wiederaufgebaut.

rung die Gewerkschaft und verhängte das Kriegsrecht. Erneute Massendemonstrationen und der Zerfall der Sowjetunion leiteten jedoch 1989 radikale Umwälzungen ein: Nach der Wende wählten die Polen den Danziger Lech Wałęsa zum Präsidenten

 **Königsweg Główne Miasto · Rechtstadt**

### Zeremonialweg der Könige

Königsweg | Die prächtigsten Gebäude der Rechtstadt stehen am Königsweg (Droga Królewska), der vom Hohen Tor über die Langgasse und den Langen Markt zum Grünen Tor an der Mottlau verläuft. Seinen Namen verdankt die rund einen Kilometer lange Prachtstraße den polnischen Königen, die einmal im Jahr bei ihrem Besuch in Danzig diesen Weg an den Repräsentativgebäuden der Stadt entlang nahmen.

### Repräsentative Eingangsportale

Hohes Tor | Das **Hohe Tor** (Droga Królewska) war einer der Haupteingänge in die Stadt und Teil der Befestigungsanlage Danzigs. 1574 erbaut, erhielt es wenig später durch den flämischen Bildhauer Wilhelm van den Blocke (um 1550 – 1628) eine repräsentative Sandsteinfassade. Dere obere Hälfte schmücken drei Wappen: in der Mitte das von zwei Figuren gehaltene polnische Wappen, rechts das Stadtwappen von Danzig mit einer Krone, die **Kazimierz IV.** hinzufügte, und links das preußische Wappen. An der Rückseite prangt das Wappen der Hohenzollern aus dem 19. Jahrhundert. Das **Goldene Tor** (Złota Brama) bildet den imposanten Eingang zur Langgasse. Der zweigeschossige Spätrenaissancebau in Form eines Triumphbogens wurde 1612–1614 von Wilhelm van den Blockes Vater Abraham van den Blocke (1572 – 1628) und Stadtbaumeister Jan Strakowski (1567 bis 1642) errichtet. Daran grenzt der spätgotische St.-Georgs-Hof (Dwór Bractwa św. Jerzego), ein zweigeschossiges Backsteingebäude, in dem sich die St.-Georgs-Bruderschaft traf.

### Ostseegold im Gefängnisturm

Das mittelalterliche Vortor mit **Stockturm und »Peinkammer«** wurde einst als Gefängnis und zur Sicherung des dahinter liegenden Langgasser Tors genutzt, an dessen Stelle heute das Goldene Tor steht. Die Grundmauern des Stockturms stammen aus dem 14. Jh., die beiden oberen Geschosse wurden später im Stil der Renaissance dekoriert. Heute beherbergt der Stockturm ein großes **Bernsteinmuseum** (Muzeum Bursztynu) mit mehr als 4000 Exponaten.

Bernsteinmuseum

Muzeum Bursztynu: Wielkie Młyny 16 | tgl. außer Di. 10 – 18 Uhr Eintritt: 32 zł | https://muzeumgdansk.pl

### Wohnkultur Danziger Patrizier

Vom Wohlstand der Patrizier zeugen die prächtigen Häuser in der Langgasse (ul. Długa). Die meisten Gebäude waren als Wohnhäuser mit Kontoren im Erdgeschoss konzipiert, mit schmaler, hoher Giebelfassade. Im spätgotischen, 1776 errichteten Uphagen-Haus (Dom Uphagena) zeigt ein **Museum bürgerlicher Wohnkultur**, wie reiche Danziger Bürger einst lebten. Andere besonders schöne Beispiele sind das manieristische Löwenschloss (Lwi Zamek) von 1569 (Nr. 35) und das Schumann-Haus von 1560 (Nr. 45).

Langgasse

Dom Uphagena: ul. Długa 12 | Mo. 12-18, Mi. – Sa. 10 – 18 Eintritt: 23 zł | https://muzeumgdansk.pl

### Erinnerungen an die Blütezeit der Stadt

Das **Rechtstädtische Rathaus** (Ratusz Głównego Miasta), 1370 an der Nordostecke des Langen Markts erbaut, wurde nach einem Brand 1556 im Renaissancestil umgebaut und erhielt 200 Jahre später ein spätbarockes Hauptportal. Den 82 m hohen mittelalterlichen Turm krönt eine Statue des polnischen Königs **Zygmunt August**. Heute beherbergen die kostbar ausgestatteten Räume das **Historische Museum** (Muzeum Historii Miasta) der Stadt Danzig.

Rechtstädtisches Rathaus

# SOLIDARNOŚĆ

*Die Arbeiter der Danziger Lenin-Werft schrieben Weltgeschichte: Sie setzten die Bildung einer freien Gewerkschaft (Unabhängige Selbstverwaltete Gewerkschaft »Solidarität«) in einem Ostblockstaat durch und ließen sich auch durch die Verhängung des Kriegsrechts nicht einschüchtern. Damit ebneten sie den Weg für ein freies Polen.*

### ▶ Die Geschichte von Solidarność

| Vorgeschichte | | 01.07. | 14.–31.08. | 17.09. |
|---|---|---|---|---|
| Verschlechterung der wirtschaftlichen Lage durch die Wirtschaftspolitik von KP-Chef Edward Gierek und die hohe Auslandsverschuldung | Preiserhöhungen, erste Streiks; Gründung des »Komi tees zur Verteidigung der Arbeiter« (KOR) | Drastische Erhöhung der Fleischpreise löst Massenstreiks aus. | Ausbreitung der Streiks auf die Küstenregion, u.a. in der Danziger Lenin-Werft. Streik- komitee unter Führung von Wałęsa formuliert »21 Forderungen«, u.a. die Schaffung freier Gewerkschaften. Die Regierung gesteht dies im »Danziger Abkommen« zu. | Gründung der Solidarność mit Wałęsa als Vorsitzendem, staatliche Anerkennung am 10.11. |
| 1975 | 1976 | 1980 | | |

## ▶ Die Widersacher

**Wojciech Jaruzelski (1923–2014)**
Der Politiker und General war von 1981 bis 1989 Parteichef der Polnischen Vereinigten Arbeiterpartei (PZPR), von 1981 bis 1985 Ministerpräsident und von 1985 bis 1990 das Staatsoberhaupt Polens.

**Lech Wałęsa (geb. 1943)**
Der gelernte Elektriker und Werftarbeiter war von 1980 bis 1990 Vorsitzender der Gewerkschaft Solidarność, anschließend bis 1995 Staatspräsident Polens. 1983 erhielt er den Friedensnobelpreis.

### ▶ »Mury« (»Mauern«)
»Und die Mauern werden fallen, fallen, fallen, und die alte Welt wird begraben!«
Das Lied von Jacek Kaczmarski gilt als Hymne der Solidarność.

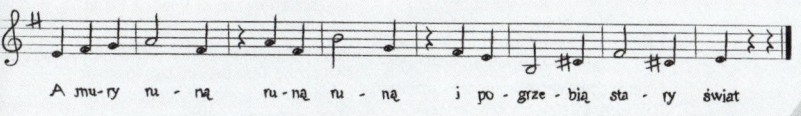

### ▶ Das Logo
Entworfen vom Grafiker Jerzy Janiszewski, erinnert es an eine Menschenmenge mit weiß-roter Fahne und gab der Solidarność-Bewegung eine visuelle Identität. Der Eichentisch, an dem es 1980 entstand, steht heute in der Danziger Wohnung des Schriftstellers Stefan Chwin.

### ▶ Regelungen während des Kriegsrechts
Lebensmittelmarken für jede Art von Artikeln wie Mehl, Waschmittel, Zucker, Zigaretten. Ausgangssperre ab 22 Uhr, Panzerpräsenz in Großstädten sowie vermehrt Polizeikontrollen. Nach einer 29-tägigen totalen Telefonsperre ertönte bei jedem Telefonat im Minutentakt die Durchsage: »Dieses Gespräch wird abgehört«.

---

**13.10.**
Sturz des gemäßigten KP-Chefs Kania. General Jaruzelski wird neuer Parteichef.

**13.12.**
Verhängung des Kriegsrechts. Verbot der Solidarność und Verhaftung ihrer führenden Mitglieder.

Die Solidarność agiert im Untergrund und aus dem Exil.

**06.02.– 05.04.**
Gespräch »am Runden Tisch« zwischen kommunistischer Führung und der immer noch verbotenen Solidarność.

**05.04.**
Amtliche Wiederanerkennung der Solidarność

**04.06.**
Erste halbfreie Wahlen: Solidarność gewinnt alle der 160 frei wählbaren Sitze im Abgeordnetenhaus und 99 von 100 Sitzen im neu gebildeten Senat.

**1981** | **1982–1988** | **1989**

## ZIELE
GDAŃSK · DANZIG

# GDANSK ERLEBEN

### TOURISTENINFORMATION
ul. Długi Targ 28/29
Tel. 58 301 43 55
www.gdansk.pl/de
https://visitgdansk.com/de
tgl. ab 9 Uhr

### TOURISTENKARTE
Die Touristenkarte (Karta Turysty), erhältlich bei der Touristeninformation oder online, gibt es in verschiedenen Ausführungen, u.a. als Komplettpaket mit freiem Eintritt in den Zoo und in über 20 Museen, freie Fahrt in öffentlichen Verkehrsmitteln und Rabatt z. B. für andere Attraktionen, Restaurants und Bernsteinläden. Diese Variante ist 24, 48 oder 72 Stunden gültig und kostet 75/95/115 zł).
https://kartaturysty.visitgdansk.com

### DANZIG ZU FUSS
Ein zwei- bis dreistündiger Spaziergang den Königsweg entlang berührt die wichtigsten Sehenswürdigkeiten in der Rechtstadt.

### ÖPNV
Mit Bussen ist man schnell und günstig unterwegs. Tickets kauft man am Automaten. Die zentrale Busstation liegt beim Bahnhof. Für Ausflüge nach Sopot oder Gdynia empfiehlt sich die Stadtbahn SKM. Tickets an den Schaltern der Stationen oder an Kiosken.

### AUSFLUGSSCHIFFE
... starten zu Hafenrundfahrten, zur Weichselmündung und zur Westerplatte von der Anlegestelle bei der Grünen Brücke.

Wer nicht einen kommerziellen Anbieter (meist mit Gastronomie) nehmen will, kann von Mai bis Sept. auch mit den **Wassertram**-Linien (Tramwaj wodny) F 5 oder F 6 für 55 zł vom Fischmarkt zur Westerplatte fahren ((75 zł hin und zurück)).

Wichtigstes Stadtfest ist der **»Dominikanermarkt«**, ursprünglich ein Händlermarkt, der bereits im 13. Jh. abgehalten wurde. Er beginnt am letzten Samstag im Juli und dauert drei Wochen. In dieser Zeit verwandeln sich große Teile der Altstadt in einen riesigen Flohmarkt, begleitet von Musik- und Theateraufführungen. Schon vorher findet das Internationale Festival der Straßentheater statt, gefolgt vom Shakespeare-Festival.

Vor allem an der Promenade am Mottlau-Ufer, in der Frauengasse und auf dem Langen Markt findet man Kunsthandwerk, Bernsteinschmuck und andere Mitbringsel.

### ❶ FLISAK 76
Der »Flößer« serviert ausgefallene Cocktails.
ul. Chlebnicka 9/10
tgl. 18-1 Uhr

### ❶ DWÓR OLIWSKI €€ – €€€
Mitten im Grünen liegt das renovierte Herrenhaus aus dem 17. Jh. Der Pool- und Wellnessbereich öffnet sich zum Garten.
ul. Bytowska 4
Tel. 58 554 70 00
www.dwor-oliwski.com.pl

## ZIELE
### GDAŃSK · DANZIG

## ZIELE
### GDAŃSK · DANZIG

**❷ GDAŃSK €€€**
Boutiquehotel im Jachthafen in einem historischen Kornspeicher mit Blick auf das Krantor. In der hauseigenen »Brovarnia« (Brauerei) kommt zu Lager, Schwarzbier oder Weizen Deftiges auf den Tisch.
ul. Szafarnia 9
Tel. 58 300 17 17
www.hotelgdansk.com.pl
www.brovarnia.pl/en

**❸ CRAFT BEER CENTRAL HOTEL GDÁNSK €€**
Das beliebte, aufwendig sanierte Hotel liegt gleich neben dem Hauptbahnhof und nur wenige Gehminuten von der Altstadt entfernt. 39 Zimmer bieten allen erdenklichen Komfort, es gibt ein sehr gutes Frühstück, abends macht man gern einen Abstecher ins Restaurant der hauseigenen Brauerei, wo es freilich am Wochenende nicht leicht ist, einen Platz zu bekommen.
ul. Podwale Grodzkie 4
Tel. 58 351 09 10
https://centralhotelgdansk.pl

**❹ GOLDWASSER €€**
Feines Aparthotel am Mottlau-Ufer. Von den Zimmern im Landhausstil schaut man auf Fluss und Jachthafen. Im Restaurant Kamnecia Goldwasser gibt es nach dem Gläschen Goldwasser als Aperitif vielleicht Hummersuppe, gefolgt von Ostseefisch.
ul. Długie Pobrzeże 22
Tel. 58 301 12 44
www.goldwasser.pl

**❺ KRÓLEWSKI €€**
Hier stimmen Lage und Architektur: Der stilvoll restaurierte Backsteinspeicher liegt auf der Bleihofinsel gegenüber der Rechtstadt.
ul. Ołowianka 1
Tel. 58 3 26 11 11
https://krolewski.gdanskhotel.org/de

**❶ FELLINI €€**
Mediterrane und saisonale Küche am Fischmarkt. Hier sind sehr gute Köche am Werk; der butterzarte Butt ist ein Gedicht!
Targ Rybny 6
Tel. 888 01 02 03
www.restauracjafellini.pl

**❷ KUBICKI €€-€€€**
Das traditionsreiche Restaurant an der Mottlau – lange Lieblingslokal von Günter Grass – serviert kaschubische Regionalgerichte modern interpretiert. Spezialitäten: Lachs in Dill-Honig-Sauce, hausgemachte Wurst mit Steinpilzen oder Ente auf Danziger Art.
ul. Wartka 5
Tel. 58 301 00 50
www.restauracjakubicki.pl

**❸ CZERWONE DRZWI €€**
Barockes Bürgerhaus mit heimeliger Atmosphäre. Zu polnischen Suppen gibt es Jazz und Chansons.
ul. Piwna 52
Tel. 58 301 57 64
www.reddoor.gd.pl

**❹ DRUKARNIA €**
Gute Kuchen, Torten, schöne Kaffeeauswahl und hin und wieder Künstler –denn als Künstlercafé gilt das Drukarnia
ul. Mariacka 36
Tel. 0510 087 064
www.drukarniacafe.pl

**❺ CAFÉ FERBER €**
»Brot und Wein« ist das Motto im angesagten Szene- und Intellektuellentreff.
ul. Długa 77/78
Tel. 0791 010 005

## ZIELE
## GDAŃSK · DANZIG

Ein bedeutendes Beispiel für einen einheitlich manieristisch gestalteten Repräsentationsraum ist der prächtige Große Ratssaal – nach der Farbe seiner Wandbespannung auch Roter Saal genannt –, an dem namhafte niederländische Künstler mitwirkten: Den bis zur Decke reichenden Kamin mit dem Stadtwappen fertigte Willem van der Meer aus Gent, an den Wänden hängen Bilder von Jan Vredeman de Vries, und die Decke schmücken Gemälde von Isaak van den Blocke.

**Muzeum Historii Miasta:** ul. Długa 47 | tgl. außer Di. 10– 18 Uhr Eintritt: 23 zł | https://muzeumgdansk.pl

### Das Herzstück der Rechtstadt

Zwischen Rathaus und Grünem Tor liegt der von eleganten Patrizierhäusern eingerahmte Lange Markt (Długi Targ). Neben dem Rathaus steht der Ende des 15. Jh.s erbaute **Artushof** (Dwór Artusa), dessen Portal die Porträts der Könige Zygmunt III. Wasa und dessen Sohn Władysław IV. schmücken. Die dreischiffige, gewölbte Halle diente den Danziger Patriziern vom 15.–17. Jh. als repräsentativer Rahmen für Feste und Versammlungen. `Langer Markt`

Der Meeresgott Neptun auf dem 1633 vor dem Artushof errichteten **Neptunbrun**nen (Fontanna Neptuna) symbolisiert Danzigs Selbstverständnis als mächtige Seehandelsstadt.

An den Artushof schließen sich vier besonders prächtige Giebelhäuser an, die sogenannten **Sächsischen Häuser**, in denen die polnischen Könige bei ihren Aufenthalten in Danzig Quartier nahmen.

Am **Grünen Tor** (Zielona Brama), einem repräsentativen Renaissancebau, der den Langen Markt zur Mottlau hin abschließt, endet der Königsweg. Über die **Grüne Brücke** gelangt man über die Mottlau zur sanierten Speicherinsel des alten Hafens, heute ein verkehrsberuhigtes und bei Touristen beliebtes Stadtviertel..

**Dwór Artusa:** Długi Targ 44 | Mo. 12 – 18, Di. – So. 10 – 18 Uhr Eintritt: 23 zł | https://muzeumgdansk.pl

### Befestigungen

Als **Lange Brücke** (Długie Pobrzeże) bezeichnet man das linke Ufer der Mottlau mit den ehemaligen Befestigungsanlagen der Hansestadt. Man passiert mehrere Torhäuser, die einst der Verteidigung dienten. Vorbei am **Brotbänkertor** an der Einmündung der gleichnamigen Gasse (ul. Chlebnicka) gelangt man zum **Frauentor** (Brama Mariacka). Die **Frauengasse** (ul. Mariacka) verläuft vom **Frauentor** (parallel zum Długi Targ. Ebenso wie am Langen Markt fühlt man sich hier in die Vergangenheit Danzigs als wohlhabende Handelsstadt zurückversetzt. Auch die für den Ostseeraum charakteristischen **Beischläge** – terrassenartige Häuservorbauten mit Freitreppen, die sich weit in die Straße hineinschieben – wurden originalgetreu wieder hergestellt. `Lange Brücke`

# ZIELE
GDAŃSK · DANZIG

Der Neptunbrunnen auf dem Langen Markt steht für Danzigs Selbstverständnis als Seehandelsstadt.

Krantor und Schifffahrtsmuseen

### Die große Zeit der Ostseeschifffahrt

Das bekannteste Wahrzeichen Danzigs ist das **Krantor** (Żuraw; Baedeker Wissen, ▶ S. 96). Mit ihm wurden Schiffe entladen, Schiffsmasten aufgerichtet und von oben nach Feinden Ausschau gehalten. Heute gehört es zum **Nationalen Schifffahrtsmuseum** (Narodowe Muzeum Morskie, dessen Ausstellungsräume sich auf mehrere Standorte verteilen (auch die »Dar Pomorza« in Gdynia und das Fischereimuseum auf der Halbinsel Hela gehören dazu, ▶ S. 107 bzw. 109). Die Ausstellung im Krantor gibt Einblicke in das Leben in der Hafenstadt vom 16. bis zum 18. Jahrhundert.

Neben dem Krantor begeistert die multimediale Museumsabteilung zur europäischen Seefahrtsgeschichte – das **Zentrum für maritime Kultur** (Ośrodek Kultury Morskiej, (Eingang von der ul. Rybackie Pobrzeże). »Menschen, Schiffe, Häfen« heißt die Dauerausstellung mit Aktivelementen für Kinder. Beispielsweise unternehmen sie mithilfe eines Mini-U-Boots eine virtuelle Reise auf den Grund des Ozeans, steuern Jachtmodelle und senden Nachrichten per Morsealphabet. In der Abteilung »Boote der Völker der Welt« wird Kindern die Entwicklung des Schiffbaus näher gebracht: Vom indonesischen Einboot bis hin zum Wikingerschiff sind viele Originale zu sehen.

# ZIELE
## GDAŃSK · DANZIG

Anschließend fährt man mit der kleinen Fähre »Motława« zur gegenüberliegenden **Bleihofinsel** (Wyspa Ołowianka). Dort warten in drei Speichern aus der Renaissancezeit umfangreiche Sammlungen zur Technik und Geschichte der Schifffahrt, alte Kanonen, große Marinestücke, Modellschiffe und archäologische Funde; auch die Ladung eines mittelalterlichen Handelsschiffs ist ausgestellt.

Vor der Bleihofinsel hat die **»SS Sołdek«** festgemacht. Der Kohletransporter lief am 19. Oktober 1947 vom Stapel und war damit das erste nach dem Zweiten Weltkrieg in Danzig gebaute Schiff. Die Ausstellung unter Deck erzählt seine Geschichte.

Narodowe Muzeum Morskie: für alle Standorte Di., Do. – So. 10 – 16, Mi. 13 – 16; Mitte Juni – Aug. Mo./Di., Do. – So. 11 – 18, Mi. 13 – 18 Uhr
Eintritt: einzelne Standorte ab 12 zł, Kombitickets 33. – 64 zł
Fähre: im Viertelstundentakt abgestimmt mit den Öffnungszeiten
einfache Fahrt: 5 zł, im Kombiticket inkl. | https://nmm.pl/en

### Ein monumentales Gotteshaus

Marienkirche

Die Marienkirche (Kościół Mariacki) im Zentrum der Rechtstadt ist **einer der größten gotischen Sakralbauten Europas**. 1343–1502 entstand eine dreischiffige Hallenkirche mit Kapellen zwischen nach innen verlagerten Strebepfeilern. Mit 105 m Länge und 66 m Querschiffbreite fasst die Kirche 25 000 Menschen; der Turm ist 78 m hoch. Von der Innenausstattung wurde ein beträchtlicher Teil während des Zweiten Weltkriegs zerstört. Viele Kunstwerke und kostbare Ausstattungsstücke konnten jedoch gerettet werden; die meisten befinden sich heute u. a. in Museen in Warschau, Thorn und Danzig (dort im Nationalmuseum **»Das Jüngste Gericht«** von Hans Memling, ▶ S. 99; Kopie in der Kirche). Von den zahlreichen Epitaphen verdient vor allem das 1620 von Abraham van den Blocke geschaffene **Grabmal von Simon und Judith Bahr** im nördlichen Querhaus Beachtung. Ein Meisterwerk der Uhrmacherkunst ist die 14 m hohe **astronomische Uhr** von Hans Düringer aus Thorn von 1464/1470 (Vorführung tgl. ca. 11.57 Uhr). Aus dem Jahr 1517 stammt die monumentale Kreuzigungsgruppe im Triumphbogen; den fünfteiligen spätgotischen Hochaltar schuf Meister Michael aus Augsburg.

ul. Podkramarska 5 | Mo. – Sa. 8.30 – 17.30 (Juli/Aug. 18.30), So. 11 – 12 u. 13 – 17.30 Uhr | Aufstieg zum Turm Mo. – Do.11 – 16, Fr. – So. 10 – 18 Uhr, 12 zł | https://bazylikamariacka.gdansk.pl

### Der Schriftsteller als bildender Künstler

Galerie Günter Grass

Für **Günter Grass** (1927-2015), den gebürtigen Danziger, wurde in bester Lage eine Galerie (Gdańska Galeria Güntera Grassa) eingerichtet. Hier geht es ausnahmsweise nicht um die »Blechtrommel«, mit dem er Danzig ein literarisches Denkmal setzte: Ausgestellt sind seine bildhauerischen und grafischen Werke.

ul. Szeroka 34/35 | Di. – So. 12 – 18 Uhr | Eintritt: 10 zł | www.ggm.gda.pl

# DANZIGS WAHRZEICHEN

*Das mittelalterliche Krantor ist das Wahrzeichen Danzigs und wohl das meistfotografierte Gebäude der Stadt. Ursprünglich ganz aus Holz gebaut, hatt man es nach einem Brand von 1442 bis 1444 neu errichtet. Im Zweiten Weltkrieg fiel es wieder den Flammen zum Opfer, wurde aber nach dem Krieg äußerst sorgfältig restauriert. Heute beherbergt es Ausstellungsräume des Polnischen Schifffahrtsmuseums.*

### ❶ Kran
Neben dem Beladen und Entladen von Schiffen wurde der Kran auch zum Aufstellen von Schiffsmasten genutzt. Das Krantor war Eigentum der Stadt Danzig und hatte einen eigenen Verwalter, den Kranmeister.

### ❷ Oberes Rad
Die beiden Räder des Krantors bestehen aus zwei Teilen, verbunden durch eine Spindel. Daran war ein Hanfseil angebracht, an dem die Lasten nach oben befördert wurden. Die Hafenarbeiter, zumeist handelte es sich dabei um Häftlinge, mussten in diese Räder steigen und sie mit ihren Füßen in Bewegung setzen, ähnlich wie bei einem Laufrad für Hamster. Mithilfe des oberen Rads – sein Durchmesser beträgt 5 m – war es möglich, bis zu 4 t schwere Lasten in 25 m Höhe zu befördern.

### ❸ Unteres Rad
Dieses Rad – ebenfalls mit einem Durchmesser von 5 m – wurde benutzt, um Lasten von bis zu 2 t Gewicht in eine Höhe von 11 m zu heben.

### ❹ Türme
Das Krantor wurde nicht nur zu Be- und Entladen von Schiffen genutzt. Die Anlage, zugleich Stadttor, wurde auch zur Verteidigung des Hafens errichtet. Die Fenster der beiden seitlichen Türme dienten unter anderem als Schießscharten.

# ZIELE
GDAŃSK · DANZIG

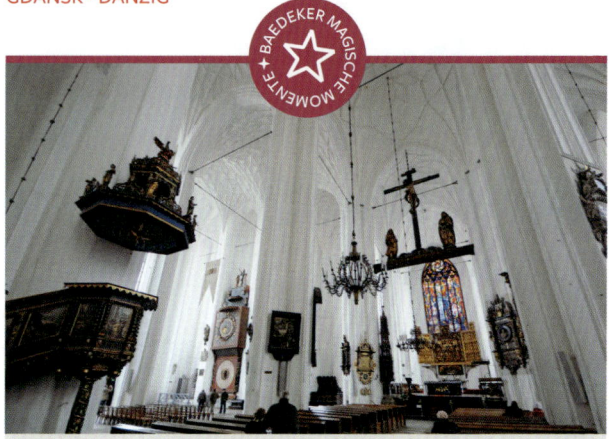

## EIN MEDITATIVER RAUM

Die »Kapelle der elftausend Jungfrauen«, die Schrecken des Jüngsten Gerichts, ein Uhrmacher, dem man die Augen ausstach: Die Danziger Marienkirche ist voller Geschichte und voller Geschichten. Doch auch ganz ohne Historienwissen – der Aura der riesigen Backsteinkirche kann sich kaum jemand entziehen. Einfach sitzen und staunen und dem Tanz der Sonnenstrahlen im Gewölbe zuschauen.

### Barocke Schönheit

*Königliche Kapelle* — Nordöstlich der Marienkirche, an der ul. św. Ducha, steht die einzige Barockkirche der Stadt. Das 1678–1681 vom königlichen Baumeister Tylman van Gameren erbaute Gotteshaus wurde von König **Jan III. Sobieski** und dem polnischen Primas **Andrzej Olszowski** der katholischen Minderheit – damals war die Bevölkerung Danzigs mehrheitlich protestantisch – gestiftet.

### Unzerstört vom Krieg

*Nikolauskirche* — Die im 13. Jh. errichtete Kościół św. Mikołaja in der ul. Swiętojańska, äußerlich eine schlichte Backsteinkirche, blieb im Zweiten Weltkrieg unzerstört und behielt ihre reiche, über die Jahrhunderte zu einem eindrucksvollen Ensemble gewachsene Ausstattung mit zahlreichen Gemälden, Epitaphen, Barock- und Rokokoaltären.
Wenig nördlich steht am am Altstädtischen Graben der 36 m hohe Wehrturm **Kiek in de Kök** (Baszta Jacek, Ende 14. Jh.)

**ZIELE**
GDAŃSK · DANZIG

## Stare Przedmieście · Alte Vorstadt

### Ein Feuerwerk der Gotik
Die südlich der Rechtstadt als Kirche des Franziskanerkonvents erbaute Dreifaltigkeitskirche (Kościół św. Trójcy) wurde 1422 begonnen und 1514 vollendet. Sie besitzt **außergewöhnlich kunstvolle Giebel** und viele kostbare Kunstwerke, u. a. ein gotisches Gestühl vom Anfang des 16. Jh.s und eine gotische Kanzel von 1541. Die Ausstattung der 1484 an die Kirche angebaute Annakapelle ist barock.

*Dreifaltigkeitskirche*

### Spannend wie ein Krimi – Odyssee eines Kunstwerks
Nebenan, im ehemaligen Kloster, befindet sich heute das **Nationalmuseum**. Das berühmteste Ausstellungsstück ist der **Flügelaltar von Hans Memling** mit einer drastischen Darstellung des Jüngsten Gerichts (1471/1473). Das in Brügge vom dort ansässigen Florentiner Bankier Angelo di Jacopo Tani in Auftrag gegebene Triptychon war für die von den Medici gestiftete Michaelskapelle in Fiesole vorgesehen. Doch zu jener Zeit herrschte Krieg zwischen der Hanse und England: Das unter burgundischer Flagge segelnde Schiff, das es transportierte, wurde 1473 kurz nach dem Auslaufen vom Danziger Ratsherrn Kaperfahrer und Kapitän der »Peter von Danzig« Paul Beneke aufgebracht; er schenkte das Werk dem Danziger Bürgermeister, der es an die Marienkirche weiterreichte. Der italienische Bankier wurde im Übrigen entschädigt.1807 entführten napoleonische Truppen den Altar in den Louvre nach Paris, zehn Jahre später kam er über Berlin vorerst in die Hansestadt zurück. Im Zweiten Weltkrieg wurde das Werk nach Thüringen ausgelagert, von wo es Sowjettruppen nach Leningrad brachten. 1956 kehrte der Altar schließlich nach Danzig zurück.
Zu sehen sind weiterhin mittelalterliche Skulpturen aus Pommern, Kunsthandwerk aus dem 16.–19. Jh., Danziger Goldschmiedekunst und Werke des »Malers von Danzig« Anton Möller (1563–1611).
ul. Toruńska 1 | Mi.-So. 11-18 Uhr | Eintritt frei | www.mng.gda.pl

*Nationalmuseum*

## Stare Miasto · Altstadt

### Industriedenkmal von Rang
Auf einer Insel im Raduni-Kanal ließ der Deutsche Orden um 1350 eine **Getreidemühle mit 18 Mühlrädern** (Wielki Młyn) erbauen. Sie zählte im Mittelalter zu den größten Industriebetrieben in Nordeuropa und war fast ohne Unterbrechungen bis 1945 in Betrieb; allerdings wurde der Antrieb durch die Mühlräder 1880 von Turbinen ersetzt. Inzwischen zogen im Mühlengebäude Läden ein. Auf der anderen Seite der ul. Rajska steht die Kleine Mühle (Mały Młyn) aus dem 14. Jh., ursprünglich ein Getreidelager.

*Getreidemühle*

## ZIELE
### GDAŃSK · DANZIG

**Beethoven vom Turm**

*Katharinen- und Brigittenkirche*

Die **Katharinenkirche** (Kościół św. Katarzyny) östlich der Alten Mühle ist eine der ältesten Pfarrkirchen Danzigs. Ihr Bau begann um 1380. Das berühmte Glockenspiel spielt täglich um 13 Uhr Beethovens »Ode an die Freude«. Hinter der Katharinenkirche liegt die **Brigittenkirche** (Kościół św. Brygidy 14. Jh.). Sie ist als **Solidarność-Kirche** bekannt, da sich hier in den Zeiten des Kriegsrechts jeden Sonntag Tausende zum Gottesdienst einfanden.

**Historie und Fiktion**

*Polnische Post*

Nahe dem Zusammenfluss von Raduni-Kanal und Mottlau errichtete der Deutsche Orden 1340 eine Burg, die Danziger Bürger 1454 in Schutt und Asche legten. Hier entstand entsprechend dem 1920 unterzeichneten Abkommen zwischen Polen und der Freien Stadt Danzig die Polnische Post. Als am 1. September 1939 die »Schleswig-Holstein« die Westerplatte beschoss, griffen die SS-Heimwehr Danzig und Polizeitruppen auch die Post an; 38 gefangen genommene Polen wurden am 5. Oktober im Vorort Zaspa erschossen. Die Ereignisse dokumentiert das **Museum** im Gebäude. Günter Grass widmete ihnen in seiner »Blechtrommel« (1959) gleich zwei Kapitel. Weil der Autor die Postangestellten nicht zu Helden überhöhte, durfte der Roman erst 1983 in polnischer Übersetzung erscheinen.
Muzeum Poczty Polskiej: pl. Obrońców Poczty Polskiej 1/2 | tgl. 10–16 Uhr | Eintritt: 16 zł | https://muzeumgdansk.pl

**Geschichtsbilder**

*Museum des Zweiten Weltkriegs*

Das Museum des Zweiten Weltkriegs, ein monumentaler Entwurf des Architekturbüros Kwadrat aus Gdynia, war ein Projekt der Regierung Donald Tusk und sollte Gründungsdirektor Pawel Machcewicz zufolge »... kein Militärmuseum sein, sondern ein Museum des Zweiten Weltkriegs. Wir zeigen den Krieg aus der Perspektive der Zivilbevölkerung.« Die bis 2023 regierende Partei für Recht und Gerechtigkeit (PiS) kritisierte das in der Ausstellung vermittelte Geschichtsbild als zu pazifistisch, zu »kosmopolitisch«, zu wenig patriotisch und heroisch und verlangte, das Museum müsse »die polnische Wahrheit« in den Vordergrund stellen. Pawel Machcewicz musste kurz nach der Eröffnung im Frühjahr 2017 seinen Posten räumen.
ul. Wałowa s/n | |Di.-So. 10-18, im Juli u. Aug. bis 20 Uhr
Eintritt: 30 zł | www.muzeum1939.pl

**Zeiten des Umbruchs**

*Europäisches Solidaritätszentrum*

Das **Denkmal der gefallenen Werftarbeiter** steht unweit der einstigen Danziger Werft, wo in den 1970er- und 1980er-Jahren mehrfach Massenstreiks stattfanden. Die drei **aus Stahlplatten errichteten Kreuze** erinnern an die 28 Arbeiter, die bei der Niederschlagung des Streiks im Dezember 1970 getötet wurden.

**ZIELE**
GDAŃSK · DANZIG

Das Solidarnósc-Zentrum hält die Erinnerung an die Streiks in der Danziger Werft wach.

Hinter dem Denkmal erhebt sich ein moderner, kupferroter Großbau, in dem 2014 das **»Europejskie Centrum Solidarności«** eröffnete. Es will den Gedanken der demokratischen Freiheiten und des friedllichen Wandels bewahen und erinnert an die politische Umbruchszeit u. a. mit der Ausstellung **»Wege zur Freiheit«**: Außer den mit roter Krakelschrift auf Holzbretter gepinselten Forderungen der Arbeiter, von der UNESCO zum Weltkulturerbe erklärt, zeigen typische Interieurs den Alltag im damaligen Polen.

pl. Solidarnośi 1 | Mai– Sept. tgl. 10 – 19, Sa./So. bis 20; Okt.– April tgl. außer Di. 10 – 17, Sa./So. bis 18 Uhr | Eintritt: 30 zł
www.ecs.gda.pl

## Hafen

### Wo der Zweite Weltkrieg begann

Danzigs Hafen lag jahrhundertelang an der Mottlau und wurde erst im 19. Jh. an die Tote Weichsel (Martwa Wisła) verlegt. Um die Hafenanlagen herum entstand aus den wenigen Häusern der Siedlung Neufahrwasser der Stadtteil **Nowy Port**.

Neuer Hafen und Westerplatte

**ZIELE**
GDAŃSK · DANZIG

Bevor angeschwemmter Sand die Halbinsel **Westerplatte** bildete, lag die Twierdza Wisłoujście an der Mündung der Toten Weichsel und schützte Danzig vor Angriffen von der See her. Der 1482 erbaute gotische Rundturm in der Mitte diente früher auch als Leuchtturm. Ein Ringwall aus dem 16. Jh. mit Kasematten im Kellergeschoss umgibt den Turm. Später kam ein Fort mit vier Bastionen dazu, dessen Graben Jachthafen ist.

Auf der Westerplatte unterhielt in der Zwischenkriegszeit die polnische Armee ein Munitionsdepot. Hier begann am 1. September 1939 gegen 4.45 Uhr der **Zweite Weltkrieg**, als das deutsche Schulschiff »Schleswig-Holstein« das Feuer auf die Westerplatte eröffnete. Die 182 Soldaten der polnischen Garnison hielten der Übermacht sieben Tage stand. Daran erinnert ein **Mahnmal**. Das Gelände soll reaturiert werden; ein Museum als Zweigstelle des Museums des Zweiten Weltkriegs ist geplant.

## Oliwa · Oliva

### Klosterschätze der Zisterzienser

Kathedrale Den kleinen Ort ca. 10 km nordwestlich des Zentrums steuert man wegen seiner **Klosteranlage** an, die aufs 12. Jh. zurückgeht, als der Pomerellenfürst Zisterzienser anwarb, um das sumpfige Land urbar zu machen. Die Ordensbrüder errichteten zu Beginn des 13. Jh.s ein kleines Oratorium, dem sie bald ein Quer- und ein Langhaus anfügten. Nach einem Brand um 1350 wurden Kirche und Kloster erneuert. Die von zwei schlanken gotischen Türmen flankierte Westfassade ist das Ergebnis einer barocken Umgestaltung. Das schöne Sterngewölbe wurde schon 1577 eingezogen. Wertvollstes Ausstattungsstück ist die von Johann Wulf geschaffene **barocke Orgel**. Sie bringt es auf stolze 7876 Pfeifen und ist damit eine der größten in Europa. Unter den 23 Altären ragt der Hochaltar von 1699 als eine bedeutendsten Barockschöpfungen in Pommern heraus; das Epitaph der Famioie Koss schuf Abraham van den Blocke

Im Süden grenzen an die Kathedrale die um einen Kreuzgang angeordneten Gebäude des **Zisterzienserklosters**. Im **Friedenssaal** fanden 1660 die Verhandlungen zufr Beendigung des Schwedisch-Polnischen Kriegs statt. An den Friedensschluss erinnert eine marmorne Tafel im nördlichen Kreuzgang. Ein paar Gehminuten entfernt steht der spätbarocke **Abtspalast**.

### Formal und locker

Adam-Mickiewicz-Park Hinter dem Abtspalast erstreckt sich der nach dem polnischen **Nationaldichter** Adam Mickiewicz benannte Park. Der südliche, ältere Teil aus der zweiten Hälfte des 18. Jh.s ist ein französischer Garten mit geometrischer Aufteilung, Alleen, gestutzten Hecken, Rundbee-

BAEDEKER ÜBERRASCHENDES

# 6x DURCHATMEN

*Entspannen, wohlfühlen, runterkommen*

### 1.
### FLUSSFAHRT
So schön wie der Weg ist das Ziel: Mit dem Boot kann man auf der Weichsel von **Krakau nach Tyniec** gleiten, wo auf einer Klippe eine 1000-jährige Benediktinerabtei thront. Dann am Flussufer picknicken. Die reine Idylle!
(▶ **S.170. 185**)

### 2.
### GRÜNES PARADIES
Nur ein paar Schritte entfernt von der Hektik der Altstadt liegt ein Hort der Ruhe: Ein grüner Ring mit alten Bäumen, Teichen und Wasserspielen umschließt **Krakaus** historischen Kern. (▶ **S. 174**)

### 3.
### WOHLFÜHL- »OASE«
Ein Hotel so klein, dass man sich auf Anhieb wie Dame bzw. Herr des Hauses fühlt. Mitten in einem riesigen Garten mit alten Obstbäumen. Das Essen auf der Terrasse im **Oasis Resort in Rewal** ist ein einziger Genuss und im Hintergrund rauscht das Meer!
(▶ **S. 262**)

### 4.
### LETZTE RUHE
Ein Spaziergang zwischen Mausoleen, efeuüberwucherten Obelisken und Grabskulpturen auf alten jüdischen Friedhöfen ist ein Erlebnis. Einer der schönsten – ein **»Museum der Friedhofskunst«** – liegt in **Breslau**. (▶ **S. 347**)

### 5.
### KREUZFAHRT
Die **»Classic Lady«**, ein gemütliches Schiff mit nur 20 Kabinen, gleitet gemächlich über die **Masurischen Seen**. Entengeschnatter, die Rufe der Kraniche, eine leichte Brise – unterwegs kann man die Langsamkeit entdecken.
(▶ **S. 215**)

### 6.
### TIEFENENTSPAN- NUNG IM SPA
Die Badelandschaft im **Sopot Marriot** ist Pilgerziel für alle Wellnessfans an der polnischen Ostsee: Nach Relaxen in Thermal-Pools und Saunen lockt im Kaminraum ein baltisches Panorama. (▶ **S. 106**)

ten und Teichen. Der nördliche Teil, in dem sich auch der Palmengarten befindet, entstand um 1800 im Stil eines englischen Landschaftsgartens.

### Familienausflug

Zoo
Der etwas westlich des Klosters in einem Tal zwischen bewaldeten Hügeln gelegene Zoologische Garten gilt als **der schönste Polens**. Die weitläufigen Gehege gehen fast nahtlos in den naturgeschützten Landschaftspark über. Eine elektrische Bimmelbahn erschließt das große Gelände, führt zu Wisent-Gehegen, zu Löwen und Pumas, zu Zebras und Elefanten. Am längsten verweilen Kinder meist vor ihren Artverwandten: Gorillas und Schimpansen schwingen sich schwindelerregend akrobatisch von einem Ast zum andern.

ul. Karwieńska 3 | tgl. ab 9 Uhr, Schließzeiten je nach Saison | Eintritt: 30 – 40 zł je nach Saison | www.zoo.gd.pl

 Sopot · Zoppot

### Stadt zum Bummeln und Flanieren

Königin der Seebäder
Keine Frage: Sopot ist die Königin unter Polens Seebädern mit alter und neuer Bäderarchitektur vom Feinsten, breiten Sandstränden, schicker Seebrücke und prallem Leben – der perfekte Platz fürs Sommerglück. Und zum Stadtbummeln und Shoppen nach Danzig ist es nur ein Katzensprung – 20 Minuten mit der Stadtbahn SKM.

Zusammen mit einigen anderen Dörfern wurde Zoppot 1283 von Herzog **Mściwój II.** den Zisterziensern in Oliva übergeben und blieb in deren Eigentum bis 1772. Das Kloster verpachtete den Danziger Bürgern und dem Adel Grundstücke für den Bau von Sommerresidenzen. Seinen Aufstieg zum Seebad verdankt Zoppot dem aus dem Elsass stammenden Militärarzt der Napoleonischen Armee **Johann Georg Haffner**, der 1819–1823 die ersten Badeanstalten einrichtete. Seither zieht der Badeort mit seinen langen Sandstränden entlang der Danziger Bucht, den Strandpromenaden, den Badeanstalten in den Strandparks und den vielen Freizeitmöglichkeiten zahlreiche Urlauber an. Zwischen 1920 und 1945 gehörte Zoppot zur Freien Stadt Danzig; seit 1945 ist es polnisch.

 ### Seebrücke der Superlative

Promenadenmole
Berühmt wegen ihrer **Länge von 516 m** ist die 1928 fertiggestellte Mole, das markante Zentrum des Kurorts – bis heute die längste hölzerne Spaziermole. Hier legen aber auch die Ausflugsschiffe an, von hier aus überblickt man einen großen Abschnitt der Küste vom Adlerhorst (Kępa Redłowska) im Norden bis zur Danziger Westerplatte. Der Platz vor der Mole wurde in den vergangenen Jahren komplett umgestaltet. Es entstand eine Wellness-Oase als Teil des neu gebau-

## ZIELE
GDAŃSK · DANZIG

Wenn die Sonne lacht, zieht es die Danziger nach Sopot an den Strand.

ten Kurhauses, das mit dem Konferenzzentrum und dem Luxushotel »Sheraton« zu einer architektonischen Einheit verschmolz.

**Badeplätze – nostalgisch und modern**
Der Park Południowy erstreckt sich südlich der Mole am Meer. Vor dem Park liegt eine **Badeanlage** von 1903/1904. Ein Stück weiter steht die neobarocke evangelische Kirche von 1919. Die nahen Südbäder (Łazienki Południowe) wurden 1907 als Frauenbadeanstalt erbaut. Der Park Północny beginnt am gewaltigen Gebäude des Grand Hotels. Am Strand liegen die modernen Nordbäder (Łazienki Północne), heute transformiert in die **»Kunstbucht«** (Zatoka Sztuki) mit Event-Café und vielen Happenings.

Park Południowy

## Rund um Gdánsk

**Museum des Martyriums**
Eine Fahrt zum 35 km östlich von Danzig gelegenen Sztutowo führt durch die Küstenorte Mikoszewo, Jantar und Stegna. Sztutowo wird hauptsächlich wegen des **Konzentrationslagers Stutthof** besucht, dessen Geschichte das Muzeum Martyrologii dokumentiert. Im September 1939 wurde es als Gefangenenlager eingerichtet, diente von

Sztutowo

## ZIELE
GDYNIA · GDINGEN

### SOPOT ERLEBEN

**TOURISTENINFORMATION**
Touristeninformation
pl. Zdrojowy 2,
Tel. 58 790 28 08 84
www.sts.sopot.pl

**SOPOT MARRIOTT RESORT & SPA €€€**
Das große Haus im skandinavischen Stil punktet mit großzügigem Spa-Bereich. Für Anwendungen steht eine komplette Etage mit 35 unterschiedlich gestalteten Räumen bereit – vom »Bernsteinzimmer« bis zum »Meereskabinett«.
ul. Bitwy pod Plowcami 59
Tel. 58 766 60 00
www.marriott.com

**ADAM GESSLER SOPOT €€€**
Moderne, fantasievoll abgewandelte polnische Küche an Sopots zentralem Platz. Schönes Ambiente!
Bohaterów Monte Cassino 60
Tel. 58 380 00 99
www.gesslersopot.com

**BAR PRZYSTAŃ €**
Strandlokal mit deftiger Fischküche, die Ware kommt frisch von den davor aufgebockten Kuttern.
ul. Wojska Polskiego 11
Tel. 58 555 06 61
ttps://barprzystan.pl/de

---

Oktober 1941 bis Januar 1942 als »Arbeitserziehungslager« und anschließend bis April 1945 als Konzentrationslager. Mehr als 65 000 Menschen wurden hier ermordet.
**Muzeum Martyrologii:** ul. Muzealna 6 | Mai–Sept. tgl. 8–17, Okt.–April tgl. 8–15 Uhr | Eintritt frei | www.stutthof.org

# GDYNIA · GDINGEN

**Wojewodschaft:** Pomorskie | **Höhe:** 0–52 m ü. de. M.
**Einwohner:** 250 000

L/M 3

*Gdynia trägt den Stempel von Bauhaus und Neuer Sachlichkeit. Und zu Unrecht steht die Stadt im Schatten von Danzig und Sopot, mit denen sie eine »Dreistadt« bildet. Schließlich punktet die weiße Ostseeschönheit mit einer Seefront mit Museumsschiffen und großem Aquarium, mehreren interessanten Museen und einem kilometerlangen Strand. Der Hafen ist sowieso Nummer eins in Polen.*

**ZIELE**
GDYNIA · GDINGEN

## GDYNIA ERLEBEN

**TOURISTENINFORMATION**
ul. 10 Lutego 24
Tel. 58 6 22 37 66
www.gdynia.pl/turystyczna-pl

**OPEN'ER-FESTIVAL**
Berühmte Pop- und Rockmusiker spielen Ende Juni/Anfang Juli auf dem Flughafen Kosakowo bei Gdynia. Mit Workshops und Theateraufführungen.
www.opener.pl

**NADMORSKI €€€–€€€€**
Mittelklassehotel im Grünen zwischen Flanierpromenade und Strand. Mehrere Zimmerkatagorien und Sauna.
ul. Ejsmonda 2
Tel. 58 6 99 33 33
www.nadmorski.pl

**BARRACUDA €€**
Modern-maritimes Interieur am Südende der Meerespromenade. Hier dreht sich fast alles um den Fisch, der schnörkellos in großen Portionen auf den Tisch kommt.
Bulwar Nadmorski 10
Tel. 58 6 20 80 00
www.barracuda.net.pl

**RÓŻA WIATRÓW €€**
Am Kai gegenüber dem Museumsschiff »Dar Pomorza« serviert man Spezialitäten wie Fischsuppe mit Knödeln und Heilbutt auf Salat.
Jana Pawła II 2
Tel. 58 6 20 06 48
https://rozawiatrow.com.pl

---

Mitte des 13. Jh.s gegründet, war Gdynia bis zum Beginn des 20. Jh.s ein unbedeutendes Fischerdorf. Das änderte sich nach dem Ersten Weltkrieg, als Polen durch den Versailler Vertrag den schmalen Korridor nördlich von Danzig zugesprochen bekam und Gdynia für Polen nun den einzigen Zugang zur Ostsee bildete. Der Hafenausbau ließ die kleine Ortschaft innerhalb weniger Jahre zu einer modernen Industriestadt heranwachsen. Die 1945 zerstörten Hafenanlagen wurden in den 1950er- und 1960er-Jahren wiederaufgebaut und erweitert: Heute besitzt Gydnia eine der modernsten Werften und die wichtigsten Hafenanlagen Polens. Seit Polens NATO-Beitritt 1999 ist Gdynia größter Marinestützpunkt des Militärbündnisses an der Ostsee.

*Weiße Stadt am Meer*

## ▎Wohin in Gdynia?

### Schiffsparade
An der Südmole liegen die Meereshochschule und das Institut für Seefischerei. An der Nordseite der Mole, am Pommerschen Kai, sind **zwei Museumsschiffe** vertäut: die »Błyskawica«, ein Zerstörer aus

*Südmole*

## ZIELE
### GDYNIA · GDINGEN

Von Hamburg über Großbritannien und Frankreich nach Polen: die »Dar Pomorza«

dem Zweiten Weltkrieg, und das ehemalige Segelschulschiff »Dar Pomorza«. Als »Prinzeß Eitel Friedrich« 1909 in Hamburg vom Stapel gelaufen, kam der Segler nach dem Ersten Weltkrieg als Reparation zunächst nach Großbritannien, dann nach Frankreich und wurde schließlich 1930 vom »Pommerschen Komitee der Nationalflotte« für Polen erworben. Daher der Name »Dar Pomorza« - »Pommerngabe«. 1982 wurde sie außer Dienst gestellt.
Die »Błyskawica« gehört zum **Marinemuseum** (Muzeum Marynarki Wojennej), das wenige Minuten südlich nahe am Strand zu finden ist. Am Ende der Mole steht das 1976 enthüllte Denkmal des in Polen geborenen englischen Seemanns und Schriftstellers **Joseph Conrad** (eigentl. Józef Teodor Konrad Korzeniowski; 1857–1924).
Dar Pomorza: März/April Di.–So. 10–16, Mai – Juni Di.–So. 9 –17, Juli/Aug tgl. 10–18, Sept./Okt. Di.–So. 9 –16 Uhr Eintritt: 25 zł
www.nmm.pl/en
Marinemuseum: tgl. außer Mo. 10 –18, »Błyskawica« Di.–So. 10–18 Uhr | Eintritt: Museum u. »Błyskawica« je 30 zł | www.muzeummw.pl

### Die Welt der Meere

Meeresaquarium

Das Ozeanografische Museum ist das **größte Meeresaquarium Polens**. Es ragt auf einer Mole weit in die Danziger Bucht und beherbergt Krokodile und Quallen, Muränen, Seepferdchen, Haie und

# ZIELE
## GDYNIA · GDINGEN

Piranhas, aber auch Amphibien und Reptilien. Ein großes dreidimensionales Relief zeigt das Unterwassergebirge der Ostsee.
al. Jana Pawła II 1 | April – Sept. tgl. ab 9, Okt.–März ab 10 Uhr (Nov.–Feb. Mo. geschl.) | Eintritt: 33–38 zł | www.akwarium.gdynia.pl

### Polnischer Exodus
Der alte Seebahnhof (Dworzec Morski), ein Meisterwerk des Modernismus, birgt nach seiner Restauration das Museum der Emigration (Muzeum Emigracji). Es beleuchtet den polnischen Exodus – schließlich suchten **mehr als 20 Millionen Polen** in den vergangenen Jahrhunderten ihr Glück in Übersee.
ul. Polska 1 | Di. 12-20, Mi.– So. 10-18, Uhr | Eintritt: 18 zł | www.polska1.pl

Museum der Emigration

##  Mierzeja Helska · Halbinsel Hela

### Badeparadies
Schon beim ersten, flüchtigen Blick auf die Karte fällt ihre sonderbare Form auf: »Polens Kuhschwanz«, eine lange schmale Halbinsel, schiebt sich von der Danziger Bucht weit in die Ostsee. Auf beiden Seiten säumen sie breite Sandstrände – kein Wunder, dass Mierzeja Helska im Sommer Traumziel von Strandläufern, Schwimmern und Surfern ist. Die von dichten Kiefernwäldern bewachsene, etwa 30 km lange Halbinsel, eine im Laufe von Jahrhunderten durch Versandung aus einzelnen Inselchen zusammengewachsene Nehrung, ist berühmt für ihre hübschen **Fischerdörfer** und die langen, von Dünen gesäumten Sandstrände. Sie laden zu einem Bad in der Ostsee ein und sind auch bei **Wind- und Kitesurfern** sehr beliebt. Die Bewohner der Halbinsel, Nachkommen der Kaschuben, leben in erster Linie vom Fischfang und vom Tourismus.

Sommerfrische

### Badeorte und Fischerhäfen
Am Ausgangspunkt der Halbinsel liegt das Hafenstädtchen Władysławowo (Großendorf), es folgen die Badeorte Chałupy, Kuźnica, Jastarnia (Heisternest) und Jurata (Forst), das Modebad der Zwischenkriegszeit. **Jastarnia** ist das touristische Zentrum; an seinem malerischen Hafen erzählt ein kleines **Fischereimuseum** (Muzeum Pod Strzechą) vom Leben der kaschubischen Fischer.
**Muzeum Pod Strzechą:** ul. Mickiewicza 31 | Mitte Feb.–Dez. Di.–So. 10-16, Juli/Aug. tgl. 10-18 (Mi. erst ab 13) Uhr | Eintritt: 20 zł inkl. Turmaufstieg | https://nmm.pl/en

Jastarnia

### Mit Weitblick
Sehenswert ist auch die an der Südspitze der Halbinsel gelegene Stadt Hel (Hela). Die verkehrsberuhigte ul. Wiejska ist von mehreren

Hel

Fischerboote in Jastarnia auf der Halbinsel Hela

**ZIELE**
GLIWICE · GLEIWITZ

## MIERZEJA HELSKA ERLEBEN

**TOURISTENINFORMATION**
ul. Wiejska 78, Hel
Tel. 58 675 10 10
www.hel.pl
https://gohel.pl

Hel ist vom Festland aus mit Bus und Bahn zu erreichen. Im Sommer ist die Fahrt mit dem Auto auf die Halbinsel aus Gründen des Umweltschutzes nur bis Jurata erlaubt. Von Danzig, Zoppot und Gdingen aus fahren Schiffe nach Hel und Jastarnia (Fahrtdauer 2–2,5 Std.). Nur 20 Minuten brauchen die Wassertaxis von Gdynia nach Hel.

**BRYZA €€€€**
Das elegante Strandhotel verwöhnt seine Gäste mit einem gepflegten Spa, Restaurants mit Meerblick und einer Hotelbar am Strand.
ul. Międzymorze 2, Jurata
Tel. 58 675 51 00
www.bryza.pl

**NORDA €**
Direkt am Hafen genießt man im rustikalen Ambiente des »Norda« Fisch in allen Variationen.
ul. Wiejska 123, Hel
Tel. 58 675 07 02

---

**kaschubischen Fischerhäusern** gesäumt, gegenüber vom Hafen richtete die Danziger Universität eine **Robbenstation** mit einem kleinen Museum ein. Von der Aussichtsplattform des Leuchtturms am Ortsrand reicht der Blick bei guter Sicht bis zur Danziger Dreistadt.
**Robbenstation:** ul. Morska 2 | tgl. 9.30–16 Uhr | Eintritt: 10 zł | www.fokarium.pl
**Leuchtturm:** Mai-Juni, Sept. tgl. 10–14 u. 15–18, Juli/Aug. tgl. 9–19 Uhr | Eintritt: 8 zł

# GLIWICE · GLEIWITZ

**Wojewodschaft:** Śląskie | **Höhe:** 220 m ü. d. M. | **Einwohner:** 180 000

*In der fast 800-jährigen Stadt wurde sowohl Industrie- als auch Weltgeschichte geschrieben. Daran erinnern heute Denkmäler und Museen.*

Das oberschlesische Gleiwitz erhielt 1276 durch Fürst Władysław von Oppeln das Stadtrecht und gehörte später zu verschiedenen Herzogtümern; 1596 wurde die Stadt reichsunmittelbar. Ab 1742 unter preußi-

M 12

## ZIELE
### GLIWICE · GLEIWITZ

*Denker und Erfinder*

scher Herrschaft, nahm sie durch den Bau einer Eisenhütte großen wirtschaftlichen Aufschwung; 1796 wurde hier der **erste Kokshochofen auf dem Kontinent** in Betrieb genommen. Die Werke für Technische Anlagen, bekannt als **Eisenkunstgießerei**, führen ihre Tradition von Anfang des 19. Jh.s fort. In der Zwischenkriegszeit war Gleiwitz, dessen Bewohner 1921 zu 78 % für den Verbleib bei Deutschland gestimmt hatten, **Zentrum des deutschen Oberschlesiens**. Der Anschlag auf den Sender Gleiwitz 1939 lieferte den Vorwand für den deutschen Einmarsch in Polen.

## Wohin in Gliwice?

### Das Herz der Stadt

Altstadt und Ring

Die mittelalterliche Stadtanlage – mit ovalem Grundriss, sich rechtwinklig schneidenden Straßen und dem Ring mit Rathaus im Zentrum – ist weitgehend erhalten geblieben, da Gleiwitz im Zweiten Weltkrieg unzerstört in die Hand der Sowjets fiel. Der **Ring** (Rynek) – in Schlesien traditionell die Bezeichnung für den **Marktplatz** – wurde aufwendig restauriert: Die Laubenhäuser mit dem Renaissance-Rathaus in Zentrum leuchten in hellen Farben. Im Sommer umlagern Kinder den **Neptunbrunnen**, der zur Einweihung des Gleiwitzer Kanals errichtet wurde. Rings um den Platz locken Cafés und Restaurants – nirgendwo in der Stadt herrscht mehr Leben als hier.

### Museum im Schloss

Piastenschlösschen

Im Schatten des Rings steht das **Piastenschlösschen** (Zamek Piastowski). Im Mittelalter Teil der Befestigungsanlagen, wurde es 1558 in ein Herrenhaus verwandelt. Heute beherbergt es das **Stadtmuseum** (Muzeum Miejski). Interessant ist v. a. eine Auswahl von Werken der alten Gleiwitzer Kunstgießerei.

Muzeum Miejski: ul. Pod Murami 2 | Di. 9-15, Mi. 9-16 Do./Fr. 10-16, Sa./So. 11-16 Uhr | Eintritt: je nach Ausstellung verschieden
www.muzeum.gliwice.pl

### Jugendstilperlen

Siegesstraße

Von der Altstadt führt die 2 km lange, schnurgerade **Siegesstraße**, die ul. Zwycięstwa, zum Bahnhof. Sie ist von Jugendstilhäusern gesäumt, die allmählich restauriert werden und deren einstige Pracht wieder zum Vorschein kommt.

### Sprudelndes Wahrzeichen

Brunnen der Tanzenden Faune

Blickfang vor dem Neuen Rathaus ist der Brunnen der Tanzenden Faune: Drei gehörnte, realistisch gestaltete Fabelwesen umkreisen eine Wasserfontäne. Der von Theodor Kalide (1801–1863) geschaffene Brunnen gilt als ein Wahrzeichen der Stadt und belegt die

# GLIWICE ERLEBEN

**TOURISTENINFORMATION**
CIKiT
ul. Dolnych Wałów 3
Tel. 32 231 38 55
https://turystyka.gliwice.eu/

**QUBUS €€**
Komfortables Hotel nahe dem Ring
mit gutem Restaurant.
ul. Dworcowa 27
Tel. 32 300 11 00
www.qubushotel.com

Fantasie und Perfektion der in der **Gleiwitzer Kunstgießerei** beschäftigten Bildhauer.

### Palmen für Chopin
Westlich der ul. Zwycięstwa erstreckt sich der nach Chopin benannte **Stadtpark** mit einem **Palmenhaus**. Auf über 7000 m² wachsen hier in verschiedenen Pavillons Exoten aus aller Welt.

Palmenhaus

ul. Fredry 6 | Di.-Fr. 9-18 Sa./So. 10-18 Uhr | Eintritt: 10 zł https://mzuk.gliwice.pl/jednostka/palmiarnia

### Vorwand für den Zweiten Weltkrieg
Ein fingierter Überfall eines als »polnische Freischärler« getarnten SS-Kommandos auf den deutschen Sender Gleiwitz am Abend des 31. August 1939 lieferte Hitlerdeutschland den Vorwand für den Überfall auf Polen. Im Gebäude informiert heute ein **Museum** über das Ereignis und die Geschichte des Rundfunks im 20. Jahrhundert. Der 110 m hohe Turm aus Lärchenholz gilt als höchste Holzkonstruktion der Welt.

Radiostacja Gliwice

ul. Tarnogórska 129 | Di.-Fr. 10-16, Sa./So. 11-16 Uhr | Eintritt: 6 zł
www.muzeum.gliwice.pl

## | Rund um Gliwice

### Auf Eichendorffs Spuren
Das Städtchen Toszek, 23 km nordwestlich von Gleiwitz, war 1797 bis 1808 im Besitz von Adolph Freiherr von Eichendorff, dem Vater von **Joseph von Eichendorff**, der die mittelalterliche Burg der Stadt in seinen Werken mehrfach erwähnt. Die Burg wurde 1430 von den Hussiten zerstört und im 17. Jh. zu einem **Renaissanceschloss** umgebaut. Nach der Zerstörung 1945 wurde es wieder aufgebaut; im Torhaus sind heute ein Museum, ein Café und eine Bibliothek untergebracht. Die gotische Pfarrkirche St. Katharina beim Schloss ist in ihrer jetzigen Gestalt hauptsächlich spätbarock.

Toszek

**ZIELE**
GNIEZNO · GNESEN

# ★ GNIEZNO · GNESEN

**Wojewodschaft:** Wielkopolskie | **Höhe:** 100 m ü. d. M.
**Einwohner:** 67 600

K 7

*Ein mythenumrankter, spiritueller Ort mit Kopfsteinpflastergassen und pastellfarbenen Häusern: Gnesen, Polens erste Hauptstadt. Hier begann die Christianisierung des Landes und bis heute ist Gnesen geistliches Zentrum und offiziell Sitz der Erzbischöfe. Die Kathedrale ist ein Platz voller Wunder.*

*Polens erste Hauptstadt*

Gnesen gilt als »Wiege des polnischen Staats«: **Herzog Lech**, der legendäre Führer des Stamms der Polanen, soll sich hier unter einem Baum ausgeruht und dabei einen weißen Adler beobachtet haben, der sich in seiner Nähe niederließ: Da beschloss er, an diesem Ort eine Burg zu errichten. Belegt ist jedenfalls eine Festung auf dem Hügel Góra Lecha aus dem 8. Jh., in der Polanenfürst Mieszko I. 963 bis 992 residierte. Sein Sohn Bolesław I. empfing hier im Jahr 997 den aus Prag vertriebenen **Bischof Adalbert (poln. Wojciech)**, bevor dieser zu einer Missionsreise ins heidnische Pruzzenland aufbrach, von der er nicht zurückkehrte. Seine Ermordung machte den Missionar zum Märtyrer, wenig später sprach ihn der Papst heilig. Bolesław erwarb von den Pruzzen die sterblichen Überreste Adalberts und ließ sie nach Gnesen überführen. Auf Betreiben von Papst Silvester II. errichtete man in Gnesen im Jahr 1000 **das erste polnische Erzbistum** unter Adalberts Bruder Radim. Die Krönung von Bolesław Chrobry zum König von Polen 1025, die erste von insgesamt fünf an diesem Ort, besiegelte die Unabhängigkeit vom Deutschen Reich. Gnesen wurde zweimal zerstört: 1038 durch böhmische Truppen und 1331 durch den Deutschen Orden. Auch im Zweiten Weltkrieg erlitt die Stadt große Verluste. Zur 2000-Jahr-Feier wurde die Stadt rundum restauriert und präsentiert sich nun als Bilderbuchort.

## ❙ Wohin in Gniezno?

★
Kathedrale

### Wiedergeburt der Gotik

Ende des 9. oder Anfang des 10. Jh.s entstand in der mittelalterlichen Vorstadt auf dem Lech-Hügel das erste christliche Heiligtum; Reste davon fand man in den Kellergewölben der heutigen Kathedrale. Nach Zerstörungen durch den Deutschen Orden 1331 entstand als Nachfolgebau eine dreischiffige gotische Kirche mit Chorumgang und Kapellenkranz. 1790 wurde der inzwischen barockisierte Komplex in ein klassizistisches Bauwerk umgewandelt und 1806/1807 in ein französisches Armeelager umfunktioniert. Während des Zweiten

## ZIELE
### GNIEZNO · GNESEN

Weltkriegs diente die Kirche als Konzertsaal. Nach der teilweisen Zerstörung 1945 wurde die aus dem 14. Jh. stammende Ausstattung rekonstruiert. Heute erscheint die Kathedrale mit ihrem Kranz von 17 Kapellen wieder mittelalterlich.

Ein wahrer Meisterwerk ist die **Bronzetür** von 1170 in der südlichen Vorhalle der Kathedrale. Dieses in Polen einmalige Beispiel romanischer Schmiedekunst zeigt in 18 Reliefs Szenen aus dem Leben des hl. Adalbert – von der Vertreibung aus Prag über seine Enthauptung bis zur Heiligsprechung. In Auftrag gegeben von Erzbischof Zdzisław I. oder von Bogumil, wurde die Tür von maasländischen entworfen, aber in Gnesen gegossen. Im Chor steht unter einem Ziborium das Relilquiar des hl. Wojciech, 1662 vom Danziger Goldschmied Peter von der Rennen angefertigt, dahinter die Grabplatte des Heiligen aus dem 15. Jahrhundert.

Das Bronzetor an der Kathedrale von Gnesen erzählt das Martyrium des hl. Adalbert, Missionar der Ungarn und Pruzzen und erster Heiliger Polens.

## ZIELE
GNIEZNO · GNESEN

**Schatzkammer der Erzbischöfe**

Erzbischöfliches Museum

Im Schatten der Kathedrale stehen die Domherrenhäuser, deren größtes das **Erzbischöfliche Museum** beherbergt. Hier werden religiöse Schätze aus fast 1000 Jahren ausgestellt, darunter Skulpturen, Gemälde und bestickte Messgewänder. Das wertvollste Stück ist das 1000 Jahre alte, reich bebilderte **»Goldene Gnesener Manuskript«**, das von der UNESCO zum Weltkulturerbe erklärt wurde.

Muzeum Archidiecezjalne: ul. Kolegiaty 2 | Mai-Sept. Mo.-Sa. 9-17, Okt.-April bis 16 Uhr | Eintritt: 9 zł | https://wzgorzelecha.pl/en

## ❙ Rund um Gniezno

**Perlen romanischer Kunst**

Strzelno und Kruszwica

Das 40 km nordöstlich von Gnesen gelegene **Strelno** (Strzelno) wird vor allem wegen seiner Kirchen aus dem 12. Jh. besucht, denn sie gehören zu den bedeutendsten Stätten romanischer Kunst in Polen. Die um 1160 errichtete **Prokopkirche** (Kościół św. Prokopa) ist eines der wenigen vollständig erhaltenen frühromanischen Baudenkmäler des Landes. Daneben erhebt sich die um 1180 als romanische Säulenbasilika errichtete **Kirche zur Hl. Dreifaltigkeit** (Kościół św. Trójcy). Das Erscheinungsbild der Westfassade ist das Ergebnis einer Barockisierung um 1750. Ihre herausragende Bedeutung erhält die Kirche durch ihren ungewöhnlich reichen plastischen Schmuck aus romanischer Zeit.

Wenige Kilometer nordöstlich von Strzelno liegt **Kruschwitz** (Kruszwica) an der Nordspitze des Gopło-Sees. Ein Abstecher dorthin lohnt sich v. a. wegen der ehemaligen Benediktinerkirche **St. Marien** oberhalb des Sees. Die dreischiffige Basilika wurde 1120–1140 auf kreuzförmigem Grundriss erbaut, der Westturm stammt aus dem 16. Jahrhundert. Von der gotischen Burg des letzten Piastenkönigs **Kazimierz III. Wielki** steht nur noch der achteckige **»Mäuseturm«** aus dem 14. Jh., von dem man einen schönen Blick auf den See hat.

**Ausflug in die Eisenzeit**

Biskupin

Auf halber Strecke zwischen Gniezno und ▶ Bydgoszcz liegt Biskupin in einer seenreichen, hügeligen Moränenlandschaft. Berühmt wurde der kleine Ort, als man 1933 in einem nahen Sumpfgebiet eine gut erhaltene **Wehrsiedlung der Hallstattkultur** aus der Eisenzeit (550–400 v. Chr.) entdeckte. Die 2500 Jahre alte Siedlung wurde originalgetreu rekonstruiert, samt Wellenbrecher aus Eichenpfählen, einer Ringstraße und insgesamt 108 Häusern mit ovalem Grundriss. Die Straßen der Ortschaft sind mit Kiefern- und Eichenbalken ausgelegt. Die im **Archäologischen Museum** (Muzeum Archeologiczne) ausgestellten Gebrauchsgegenstände, verschiedene Veranstaltungen und das Archäologie-Fest mit Vorführungen experimenteller Archäo-

## ZIELE
### GNIEZNO · GNESEN

## GNIEZNO ERLEBEN

**TOURISTENINFORMATION**
ul. Chrobrego 40/41
Tel. 61 4 28 41 00
https://szlakpiastowski.com.pl/de

**❶ ADALBERTUS €€**
Zum historischen Ambiente der Stadt passt das Hotel und Pilgerhaus im ehemaligen Bischofspalast. Das Frühstück versüßen Leckereien aus der hauseigenen Konditorei.
ul. Tumska 7-A
Tel. 61 4 26 13 60
https://adalbertus.pietrak.pl

**❶ KRÓLEWSKA €€**
Polnisch und international im Keller, wo einst eine Likörfabrik arbeitete.
Pietrak Hotel, ul. Chrobrego 3
Tel. 61 4 26 14 17
www.pietrak.pl

**ZIELE**
GRUDZIĄDZ · GRAUDENZ

logie (alljährlich in der dritten Septemberwoche) vermitteln anschaulich die Lebensweise der einstigen Bewohner.
**Muzeum Archeologiczne:** Biskupin 17 | tgl. ab 9 Uhr | Eintritt: 23 zł www.biskupin.pl

### Eisenbahnnostalgie

Wenecja  Eisenbahnenfans legen in Wenecja, 5 km nördlich von Biskupin, einen Zwischenstopp ein. Im **Museum der Schmalspurbahn** stehen herausgeputzte historische Dampfloks und altertümliche Waggons. Von Mai bis September kann man auch per Schmalspurbahn durch die Landschaft zuckeln. Als Touristenattraktion wurde sie wiederbelebt und verkehrt auf der Strecke Żnin – Gąsowa über Biskupin und Wenecja.
**Muzeum Kolej Wąskotorowej:** Mai-Sept. Di.-Fr. 9-17, Sa,/So. 10-15; Okt.-April Di.-Fr. 10-16, Sa,/So. 10- 15 Uhr | Eintritt: 14 zł | www.muzeumznin.pl

# GRUDZIĄDZ · GRAUDENZ

**Wojewodschaft:** Kujawsko-Pomorskie | **Höhe:** 76-86 m ü.d.M.
**Einwohner:** 95 500

M 6

*Barocke Pracht*

*Am rechten Ufer der Weichsel liegt die alte Stadt Graudenz. Sie hat sich eine attraktive Altstadt bewahren können.*

Die seit dem 10. Jh. bestehende als pruzzische Grenzfeste bestehende Siedlung ging 1231 in die Herrschaft des Deutschen Ordens über. Seit 1291 Stadt, entwickelte sich Graudenz im 14. Jh. zu einem Zentrum des Getreidehandels. Das 15. Jh. war bestimmt von den Auseinandersetzungen mit dem Deutschen Orden, von dem sich die Stadt befreien wollte. 1440 trat sie der **Preußischen Allianz** bei und kam 1466 durch den Zweiten Frieden von Thorn zu Polen; von der ersten Polnischen Teilung 1772 bis 1920 war sie preußisch.

## ▌Wohin in Grudziądz?

### Vom Speicherhaus zur Befestigung

Speicher  Am Hochufer der Weichsel, an der ul. Spichrzowa, stehen die Speicher zur Lagerung von Getreide. Sie dienten zugleich zur Verteidigung, da sie an das Befestigungssystem der Stadt angeschlossen waren. Die meisten Sstammen aus dem 17. und 18. Jahrhundert.

## GRUDZIĄDZ · ERLEBEN

**TOURISTENINFORMATION**
Rynek 3–5
Tel. 56 461 23 18
www.it.gdz.pl

**HOTEL RAD €€**
Ein wenig außerhalb des Zentrums, dafür ruhig, Mit Garten, Restaurant und außer den 87 Zimmern auch mit acht Apartments.

ul. Chełmińska 14
Tel. 56 465 55 06
https://www.hotelrad.pl

**KARCZMA – CZARCI MŁYN €€**
Rustikales Restaurant mit feiner regionaler Küche am Waldrand. Große Auswahl an Bieren.
ul. Chełmińska 208
Tel. 56 456 43 16
http://czarci.pl

---

**Zwischen Mittelalter und Barock**
Von der einstigen mittelalterlichen Stadtbefestigung blieb das **Wassertor** (Brama Wodna) aus der ersten Hälfte des 14. Jh.s erhalten. Es bildete ursprünglich den Haupteingang zur Stadt und wurde im 18. Jh. umgestaltet. Hinter dem Tor liegt das barocke ehemalige **Benediktinerinnenklosters** mit der **Heilig-Geist-Kirche** (Kościół św. Ducha), die aus einer Hospitalkapelle des 14. Jh.s hervorging. Aus dem 18. Jh. stammen das Konventsgebäude mit einem **Regionalmuseum** und einer Galerie mit zeitgenössischer Malerei aus Pommern sowie der Äbtissinnenpalast mit schöner Barockfassade.

Altstadt

Den Mittelpunkt der **Altstadt am Weichselufer** bildet der Marktplatz (Rynek). Seine Häuser wurden nach dem Zweiten Weltkrieg unter Wahrung der mittelalterlichen Struktur wiederaufgebaut.
Nordöstlich des Marktplatzes steht die **Pfarrkirche St. Nikolaus**, eine im ausgehenden 14. Jh. erbaute Hallenkirche. Die im 18. Jh. barockisierte Kirche wurde durch einen Brand im Zweiten Weltkrieg schwer beschädigt. Fragmente gotischer Wandmalereien vom Ende des 14. Jh.s und ein spätromanisches Taufbecken sind die Reste des mittelalterlichen Kirchenraums. Auf dem Schlossberg steht noch der Turm als Überrest der Deutschordensburg

Regionalmuseum und Galerie: ul. Wodna 3/5 | tgl. außer Mo. ab 10 Uhr | Eintritt frei | www.muzeum.grudziadz.pl

**Preußische Hinterlassenschaft**
Nördlich außerhalb kann man der unter Friedrich dem Großen erbauten Festung einen Besuch abstatten. Sie wurde während der Napoleonischen Kriege und im Zweiten Weltkrieg angegriffen.

Festung

Mai – Sept. Sa. 10.30 Uhr

ZIELE
JAROSŁAW

# JAROSŁAW

**Wojewodschaft:** Podkarpackie | **Höhe:** 180–200 m ü. d. M.
**Einwohner:** 37 000

*Die Stadt am linken Ufer des San im Vorland der Karpaten erinnert an jene weit zurückliegende Zeit, als Polens König sie dem Nachbarland Ruthenien entriss und zum Handelszentrum auf der West-Ost-Route machte. Der Wohlstand der Kaufleute ist in der Renaissance-Architektur der Altstadt bis heute sichtbar.*

*Renaissancejuwel*

Seinen Namen verdankt der Ort dem Kiewer **Großfürsten Jaroslaw,** der ihn Anfang des 11. Jh.s gründete. 1340 fiel zur Kiewer Rus gehörende an Polen, als **Kazimierz III**. sie einnahm. Die Stadt erlebte ihre Blüte im 15. und 16. Jahrhundert.

Die Geschichte der **Jarosławer Juden** reicht zurück bis ins Jahr 1486. Hier tagte ab ca. 1650 der in Lublin gegründete »Rat der vier Länder«, eine Art jüdisches Parlament für Großpolen, Kleinpolen, Galizien und Wolhynien. Beim Einmarsch der Deutschen im September flohen die meisten Juden in den sowjetisch besetzten Teil Polens; wer blieb, wurde im Holocaust ermordet.

## ▎ Wohin in Jarosław und Umgebung?

#### Lebenswelt der Patrizier

Orsetti-Palast

Den Mittelpunkt der Altstadt bildet der **Marktplatz,** umgeben von stattlichen Patrizierhäusern, von denen das 1570 im Renaissancestil erbaute der wohlhabenden Familie Orsetti herausragt.

#### Wehrhaftes Mönchsquartier

Benediktinerkloster

Das ehemalige Kloster der Benediktiner, 1615 gestiftet und als Wehrkloster an der Stelle einer früheren Siedlung entstanden, ist von hohen Mauern mit Wehrtürmen und Bastionen umgeben.

#### Alle Register ziehen

Leżajsk

36 km nordwestlich von Jarosław kann man bei Leżajsk ein Bernhardinerkloster besuchen. Wunderbare Klänge werden der **barocken Orgel** mit ihren 5900 Pfeifen entlockt. Im Mai findet hier ein Festival der Orgel- und Kammermusik statt.

#### Fürstengräber und Bauernkultur

Przeworsk

Rund 15 km westlich von Jarosław finden sich in dem Industrieort Przeworsk ein Brandgräberfeld und Fürstengräber mit römischen Luxusgegenständen, die eine Siedlung in der Zeit von 100 v. Chr. bis

**ZIELE**
JELENIA GÓRA · HIRSCHBERG

### JAROSLAW ERLEBEN

**TOURISTENINFORMATION**
Centrum Kultury i Promocji
Rynek 5
Tel. 881 50 08 89
www.ckip.jaroslaw.pl

**HETMAN €**
Kleines Hotel, 15 Gehminuten vom Zentrum, mit geschmackvollen Zimmern und gutem Restaurant.

ul. Tarnowskiego 18
Tel. 16 621 43 95
http://dworhetman.pl

**BLACK COFFEE €**
Beliebter Treff westlich vom Marktplatz. Mit Grillspezialitäten, Kaffee, Eis und Snacks
ul. Lubelska 9/9
Tel. 533 03 34 50
http://black-coffee.pl

---

400 n. Chr. belegen. Das hohe Niveau dieser Kultur veranlasste die Archäologen, den Begriff der **Przeworsk-Kultur** einzuführen.
Das **Lubomirski-Palais** gibt mit Kunst und Mobiliar einen anschaulichen Eindruck vom Leben der wohlhabenden Familie Lubomirski und stellt darüber hinaus in Themenräumen Geschichte und Kultur von Stadt und Region dar. Im ehemaligen Stallgebäude geht es um die Feuerwehr. Der englische Landschaftspark gefällt durch seinen alten Baumbestand.
Pałac Lubomirskich: ul. Park 2 | Mo. 11–15, Mai–Sept. Di.–Fr. 10–18, Sa. 10–14, Okt.–April Di.–Fr. 10–15.30, So. 10–14 Uhr | Eintritt: 6 zł
http://muzeum.przeworsk.pl

# ★ JELENIA GÓRA · HIRSCHBERG

**Wojewodschaft:** Dolnośląskie | **Höhe:** 320 m ü.d.M.
**Einwohner:** 78 300

*Die Altstadt ist charmant-provinziell, ihr Marktplatz zählt zu den schönsten Schlesiens. Jelenia Góra, das »Tor zur Bergwelt« liegt nur 20 km vom Kamm des Riesengebirges (▶ S. 131) entfernt: ein idealer Ausgangsort für Wanderungen und Ausflüge in die Heimat Rübezahls.*

## ZIELE
### JELENIA GÓRA · HIRSCHBERG

*Tor zum Riesengebirge*

Im Jahr 1108 durch König Bolesław Krzywousty (Schiefmund) gegründet, wurde die Stadt im 14. Jh. als »Hyrzberc« erwähnt. Ihre wirtschaftliche Entwicklung beruhte auf Bergbau und Weberei und war durch **Privilegien wie Braurecht, Münzrecht und Zollfreiheit** im Handel mit Böhmen gekennzeichnet, wurde aber durch den Dreißigjährigen Krieg geschwächt. Später entstand hier eine bedeutende Textilindustrie. Schon in der ersten Hälfte des 19. Jh.s entdeckte Preußens Adel das Hirschberger Tal als Sommerfrische, und gegen Ende des 19. Jh.s bewirkten der Beginn des Tourismus und der Aufbau neuer Industriezweige eine wirtschaftliche Weiterentwicklung.

## Wohin in Jelenia Góra?

### ★ Alte neue Pracht

*Marktplatz*

Der Rynek bildet den Mittelpunkt der planmäßig angelegten Altstadt. Das **Rathaus** auf dem Platz wurde 1747 bis 1749 errichtet; die Gebäude daneben ersetzten nach 1945 die »Siebenhäuser« genannten Markthallen. Das prächtige Bild, das die barocken und klassizistischen Fassaden und **Laubengänge** rings um den Marktplatz bieten, ist das Ergebnis einer Restaurierung um die Jahrtausendwende.

### Gotik vom Feinsten

*St. Erasmus und Pankratius*

Nordöstlich des Rynek, am pl. Kościelny, steht die aus Bruchsteinen errichtete St. Erasmus und Pankratius (Kościół św. Erazma i Pankracego), ein sakrales Meisterwerk. Die spätgotische Halle entstand Anfang des 14. Jh.s, der lange Chor und die Netzgewölbe im 16. Jh.; der Turm besitzt eine barocke Haube von 1736. Wichtigstes Stück der Ausstattung ist der prunkvolle Hochaltar vom Anfang des 18. Jh.s, ein Werk des aus Norwegen stammenden Thomas Weisfeldt (1670 bis 1721); das Altarbild schuf der Glogauer Maler Johann Kretschmer. Das 1566 errichtete Pfarrhaus neben der Kirche ist der einzige Renaissancebau der Stadt.

### ★ Von Kaisers Gnaden

*Heilig-Kreuz-Kirche*

Die heute katholische Heilig-Kreuz-Kirche war ursprünglich eine der sechs protestantischen **Gnadenkirchen** (Kościół św. Krzyża), die 1707 in Schlesien nach der Altranstädter Konvention gebaut wurden – die »Gnade«, eine Kirche bauen zu dürfen, ließ sich der habsburgische Kaiser Joseph I. von den Protestanten durch ein stattliches, nie zurückgezahltes Darlehen versilbern. Die Kirche entstand nach dem Vorbild der St.-Katharinen-Kirche in Stockholm auf dem Grundriss eines griechischen Kreuzes, den Mittelteil überdeckt eine flache Kuppel mit vier Türmchen. Ihre Deckengemälde schuf Johann Franz Hoffmann aus Glatz (um1 700 –1766). Mit ihren zweistöckigen Emporen bietet die Kirche über 4020 Sitzplätze.

**ZIELE**
JELENIA GÓRA · HIRSCHBERG

OBEN: Naht ein Gewitter, kann man sich in den Laubengängen am Marktplatz von Jelenia Góra unterstellen.
UNTEN: 50 Jahre seines Lebens verbrachte Gerhart Hauptmann in Haus Wiesenstein in Agnetendorf. In der »Paradieshalle« sind einige seiner Werke verewigt.

## ZIELE
### JELENIA GÓRA · HIRSCHBERG

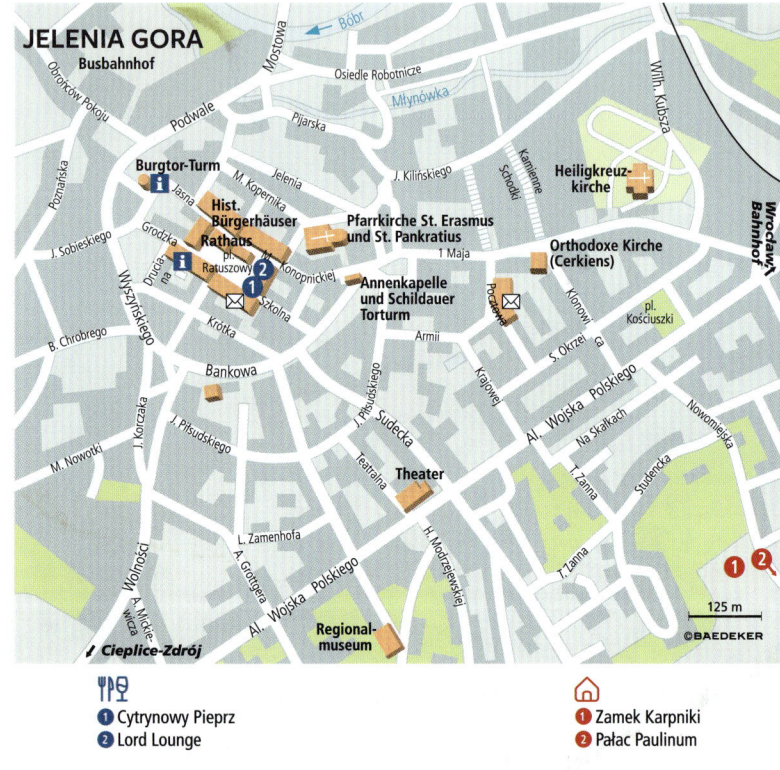

🍽️
❶ Cytrynowy Pieprz
❷ Lord Lounge

🏠
❶ Zamek Karpniki
❷ Pałac Paulinum

### Zerbrechliche Kunstwerke

Regional-museum

Das Regionalmuseum (Muzeum Karkonoskie) besitzt **Polens wertvollste Glassammlung**. In den Vitrinen stehen Tausende von Kunstwerken: transparent, milchig oder vielfarbig schillernd, mit eingebrannten Bilderbögen oder raffinierten Schliffen.

ul. J. Matejki 28 | April–Sept. Di.–So. 9–17, Okt.–März bis 16 Uhr
Eintritt: 20 zł | www.muzeumkarkonoskie.pl

### Kurbad mit Tradition

Cieplice Zdrój

Cieplice Zdrój (Bad Warmbrunn), eien Kurort mit Schwefel-Thermalquellen und heute Stadtteil von Hirschberg, existierte schon 1281 als vom Johanniterorden gegründetes **»Calidus fons«** (»Warme Quelle«). Bis zum Zweiten Weltkrieg war Warmbrunn eines der bedeutendsten Heilbäder Schlesiens. Im 18. und 19. Jh. trafen sich in

# ZIELE
## JELENIA GÓRA · HIRSCHBERG

## JELENIA GÓRA ERLEBEN

**TOURISTENINFORMATION**
pl. Ratuszowy 6/7
Tel. 519 509 343
Mo.– Sa. 8–16 Uhr
https://turystyka.jeleniagora.pl
Podwale 1 (beim Schlossturm)
Tel: 792 21 08 44
www.cafeturystyczna.pl

Stadtfest »Wrzesień Jeleniogórski« im September mit großem Kulturprogramm auf dem Marktplatz; dort ebenfalls im September der **Antiquitäten- und Trödelmarkt**. Im Oktober findet in der Gnadenkirche zum Kreuze Christi das **Orgelmusikfestival »Silesia Sonans«** statt.

**❶ ZAMEK KARPNIKI €€€€**
Ein Wasserschloss wie aus dem Bilderbuch, umgeben von Wäldern und Karpfenteichen – eine Top-Adresse für alle, die im Grünen Urlaub machen wollen. Im 19. Jh. und frühen 20. Jh. gehörte es der Familie des Preußenkönigs, heute können sich die Hotelgäste wie »Herrschaften« fühlen. Weitere Pluspunkte: die hervorragende Schlossküche, Wasser aus eigenen Mineralquellen im Bad, ein Spa mit Jacuzzi im Garten. Verleih von Rädern gratis.
ul. Łąkowa 1
Karpniki
Tel. 757 12 21 40
www.zamekkarpniki.pl/de

**❷ PAŁAC PAULINUM €€**
Der im 19. Jh. von einem Fabrikanten erbaute Palast thront, umgeben von einem romantisch verwilderten Park, auf einem Hügel knapp außerhalb der Stadt. Großer Wellnessbereich. Gäste können den Pool des 6 km entfernten Schloss Wojanów nutzen.
ul. Nowowiejska 62
Tel. 756 49 44 00
www.paulinum.pl

**❶ CYTRONOWY PIEPRZ €–€€**
»Eine Küche voller Aromen und Düfte, ein Hauch von Neugier, eine Prise Vorstellungskraft ...«: So steht's auf der Speisekarte. Erst die Gerüche aus der offenen Küche, dann die Präsentation und erst der Geschmack: Tagliatelle a la romana mit Schweinelendchen und Steinpilzen oder Panciotti, gefüllt mit einer Farce aus Jakobsmuscheln und Garnelen. Auch die großen Salate, die man als Hauptgericht bestellen kann, enttäuschen nie im »Zitronenpfeffer«.
ul. Mroczna 1
Tel. 730 24 24 29
https://lemonpepper.com.pl

**❷ LORD LOUNGE €€**
Einige Tische locken auf die Terrasse, gemütlicher ist freilich das Ambiente im Innern des Lokals. Man wird freundlich und flott bedient, beliebt sind Fischfilet, Pizzen und ganz besonders das großartige Eis.
pl. Ratuszowy 39–46
Tel. 57 058 18 96
www.restauracjalord.pl

---

Warmbrunn Hautevolee, Adel, Geldadel ebenso wie Künstler und Geistesgrößen, darunter auch Goethe, der von hier auf die Schneekoppe wanderte.

## ZIELE
### JELENIA GÓRA · HIRSCHBERG

Die prachtvolle **Barockresidenz der Grafen Schaffgotsch** liegt im Zentrum von Warmbrunn, lange Spaziergänge führen durch den **Kurpark** mit Kurhaus und Kurtheater und den erst 1906 angelegten Park Norweski. Auch die **barocke Kirche Johannes der Täufe**r (Kościół św. Jana Chrzciciela) lohnt einen Besuch: Ihr Rokoko-Hauptaltar von 1794 enthält das 1687 von dem schlesischen Maler Michael Willmann geschaffene Bild »Mariä Himmelfahrt«.

#### Wandern mit Burgruine

Sobieszów

Sobieszów (Hermsdorf), am Fuß der **Burg Kynast** (Zamek Chojnik) gelegen, ist heute ebenfalls ein Stadtteil von Jelenia Góra. Das neue **Museums- und Bildungszentrum des Riesengebirgs-Nationalparks** zeigt eine interaktive Ausstellung zu Klima, Vegetationsstufen und Tierwelt. Sehenswert ist auch die ursprünglich im Renaissancestil erbautePfarrkirche **St. Martin** (Kościół św. Marcina), die zusammen mit dem frei stehenden gotischen Glockenturm 1778 barockisiert wurde. Vom kleinen Naturkundemuseum (ul. Chałubińskiego 23) führen rot bzw. schwarz markierte **Wanderwege** in gut einer Stunde zur Burg, dem Wahrzeichen der Region. Sie wurde 1364 von Graf Schaffgotsch errichtet, brannte im 17. Jh. aus und ist seitdem eine **romantische Ruine**.

**Zamek Chojnik:** Di.-So. 10-16, im Sommer bis 18 Uhr | Eintritt 7 zł
**Centrum Przyrodniczo-Edukacyjne Karkonoskiego Parku Narodowiego:** ul. Cieplicka 196-A | Di.- So. 9-17 Uhr Eintritt: 15 zł

## Rund um Jelenia Góra

#### Im »schlesischen Elysium«

Hirschberger Tal

Preußens Hochadel fuhr zur Sommerfrische ins Hirschberger Tal, wo auch der deutsche Kaiser gern mit Blick aufs Riesengebirge logierte. Eine Dauerausstellung zum »schlesischen Elysium« mit seinen **über 30 Schlössern und genialen Parkanlagen** bietet der Barockpalast in Łomnica (Lomnitz), in dem schon wenige Jahre nach der Wende ein kleines Hotel eingerichtet wurde, Auftakt für eine ganze Reihe von **Schlosshotels**, so in Karpniki (Fischbach, ▶ S. 125) und Pakoszów (Wernersdor), Wojanów (Schildau) und Staniszów (Stonsdorf).
www.talderschloesser.de

#### Neue Heimat für Tiroler Protestanten

Mysłakowice

Das Dorf Mysłakowice (Zillerthal-Erdmannsdorf), 8 km südöstlich von Jelenia Góra, bestand ursprünglich aus den beiden Orten Erdmannsdorf und Zillerthal. 1837 ließ der preußische König Friedrich Wilhelm III. 400 wegen ihres Glaubens vertriebene **Tiroler Protestanten** hier siedeln, die ihr Dorf Zillertal nannten. Ihre behäbigen Häuser mit holzgeschnitzten Balkonen stehen an den Straßen nahe der Bahnstation. Den klassizistischen **Palast des Grafen Neidhardt**

## ZIELE
### KALISZ · KALISCH

**von Gneisenau** in Erdmannsdorf erwarb Preußens König Friedrich Wilhelm III. 1832 als Sommerresidenz. Er ließ ihn von Karl Friedrich Schinkel 1842 bis 1844 im neugotischen Stil umbauen. Ein **Miniaturenpark** (Park Miniatury) stellt wichtige Gebäude und Denkmäler aus aller Welt im Kleinformat vor, z.B. Taj Mahal und den Big Ben.
Tgl. 10–18 Uhr | Eintritt: 14 zł

#### Auf Gerhart Hauptmanns Spuren
Der Schriftsteller und Literaturnobelpreisträger **Gerhart Hauptmann** (1862–1946) ließ sich in Jagniątków (Agnetendorf), etwa 15 km südwestlich von Jelenia Góra, 1901 vom Berliner Architekten Hans Grisebach seine Residenz **»Haus Wiesenstein«** bauen. Das burgähnliche Gebäude wurde zur Jahrtausendwende als Museum und deutsch-polnische Begegnungsstätte eingerichtet. In der freskenbemalten »Paradieshalle« sind Szenen aus Hauptmanns Werk aufgegriffen; eine Multimedia-Show, Dokumentarfilme und Wechselausstellungen machen Besucher mit dem Leben und Werk von Hauptmann vertraut.

Jagniątków (Agnetendorf)

Hauptmann wurde im niederschlesischen Salzbrunn (Szczawno Zdrój) als Sohn eines Hotelbesitzers geboren und blieb, trotz seiner langen Aufenthalte in Berlin und auf der Insel Hiddensee, immer seiner Heimat verbunden. In Schreiberhau (Szklarska Poręba, ▶ S. 137) schrieb er Teile der »Weber«, regelmäßig hielt er sich in Agnetendorf auf, wo er auch starb.
Haus Wiesenstein: ul. Michałowicka 32 | Mai–Sept. tgl. 9–17, Okt.–April bis 16 Uhr | Eintritt: 15 zł | www.muzeum-dgh.pl

# KALISZ · KALISCH

**Wojewodschaft:** Wielkopolskie | **Höhe:** 144 m ü.d.M.
**Einwohner:** 96 000

*Andere Städte mögen schöner und wichtiger wirken, doch Kalisz rühmt sich, die älteste Stadt Polens zu sein. Schließlich liegt sie an der antiken Bernsteinroute von Nord nach Süd, vom Baltikum zum Römischen Reich.*

Älteste Stadt Polens

Das erste schriftliche Zeugnis über Kalisz stammt von dem griechischen Mathematiker, Philosophen, Geografen und Astronomen Claudius **Ptolemäus** (ca. 100–180). In seiner »Explicatio geografica« erwähnt er um 150 einen Ort namens »Calisia«, der mit Kalisz identifiziert wird. Zudem verweisen archäologische Untersuchungen auf eine Besiedelung des Gebiets der heutigen Stadt bereits im 8. Jh. v. Chr. 1257 erhielt Kalisz vom großpolnischen Fürsten Bolesław Po-

# ZIELE
## KALISZ · KALISCH

boóny dem Frommen das Stadtrecht. 1264 erließ er das **Statut von Kalisch**, ein Judenschutzbrief, in dem der jüdischen Bevölkerung in seinem Herrschaftsbereich Rechte zugesichert und Strafen u. a. für die Schändung von Synagogen und jüdischen Fiedhöfen festgelegt wurden. In der Folge wanderten Juden aus gantz Europa ein. Von 1793 gehörte Kalisch bis 1807 zu Preußen und dann zu Russland. Bis zum 16. Jh. brachte die Tuch- und Leinenweberei einen gewissen Wohlstand, der aber durch Kriege Mitte des 17. Jh.s und Anfang des 18. Jh.s sowie durch Epidemien zunichte gemacht wurde.

Im Ersten Weltkrieg wurde Kalisz im August 1914 durch irrtümlichen deutschen Artilleriebeschuss fast völlig zerstört. Zu Beginn des Zweiten Weltkriegs hatte die Stadt 20 000 jüdische Einwohner. Das Ghetto wurde bereits im November 1939 dem Erdboden gleichgemacht, seine Bewohner, sofern sie nicht geflohen waren, entweder sofort ermordet oder ins Ghetto nach Lublin und Łódź deportiert. Da die Stadt dem reichsdeutschen »Gau Wartheland« eingegliedert worden war, wurden im Zuge der »Germanisierung« zwischen 1941 und 1944 fast alle polnischen Einwohner ausgewiesen, um Platz zu schaffen für deutsche Zuwanderer. Ca. 500 überlebende Juden kehrten nach Kriegsende zurück, von denen die meisten die Stadt nach wenigen Jahren angesichts antisemitischer Drohungen wieder verließen.

## Wohin in Kalisz?

**Spaziergang durch die Kirchengeschichte**
Die frühgotische **Franziskanerkirche** in der ul. Sukiennicza aus dem 13. Jh. wurde 1599–1640 von **Albin Fontana** umgebaut. Ihre Ausstattung stammt aus Spätrenaissance, Spätbarock und Rokoko. Das ursprünglich barocke Klostergebäude entstand Mitte des 17. Jh.s und wurde im 19. und 20. Jh. umgestaltet. *Kirchen und Klöster*

Fürst **Bolesław Pobożny** stiftete 1253 die sehenswerte gotische **Nikolauskathedrale** (Katedra św. Mikołaja) in der ul. Kanonicka. Ihr Chor aus der zweiten Hälfte des 13. Jh.s besitzt ein Gewölbe aus dem 16. Jh., das Langhaus stammt aus der Mitte des 14. Jh.s, der neugotische Turm aus dem Jahr 1874. Das Langhaus gestaltete 1612 ebenfalls Albin Fontana um, wobei die bis heute erhaltene Stuckierung eingefügt wurde.

Neben der Nikolauskathedrale steht das ehemalige **Kloster der lateranischen Kanoniker** (Klasztor Kanoników laterańskich), ein gotisches Gebäude von 1448, das im 19. Jh. umgebaut wurde.

In dem 1595 errichteten, frühbarocken, ehemaligen **Kloster der lateranischen Kanoniker** (Kościół Jesuitów) am pl. św. Józefa erinnert eine **prächtige Grabplatte** von 1611 an ihren Gründer, den Primas S. Karnkowski. In der früheren Klosterschule und -druckerei ist jetzt das Stadtarchiv untergebracht, im alten Kolleg, erbaut 1584, die Verwaltung. Die klassizistischen Fassaden stammen aus den Jahren 1824/1825.

Am pl. św. Józefa steht die **Stiftskirche Mariä Himmelfahrt** (Kolegiata Wniebowzięcia) mit einem gotischen Chor von 1353 und einem spätbarocken Turm aus dem Jahr 1790. Wertvollstes Ausstattungsstück ist ein um 1500 entstandener gotischer Schrankaltar. An der Rückseite der Stiftskirche erkennt man noch Reste der **Dorotka-Bastei** (Baszta Dorotka), der einstigen Stadtmauer aus dem 14. Jahrhundert.

## Rund um Kalisz

**Schlossidylle mit Schatzkammer für Kunstliebhaber**
Das Schlösschen von Gołuchów, 22 km nordwestlich von Kalisz, liegt inmitten eines Ende des 19. Jh.s angelegten, über 160 ha großen Landschaftsparks mit etwa 1000 verschiedenen Baum- und Straucharten. Der von vier achteckigen Basteien flankierte Bau wurde 1560 für den Starosten Mikołaj Leszczyński errichtet. Seine heutige Gestalt im Stil der französischen Renaissance erhielt er 1872 bis 1885. Die damalige Schlossherrin, Fürstin Isabela Czartoryska, eröffnete hier **das wohl erste Museum Polens** mit wertvollen Sammlungen aus Antike und Renaissance. Seine Gemälde, Skulpturen, Goldschmiede- *Schloss Gołuchów*

## ZIELE
### KALISZ · KALISCH

arbeiten, Webwaren, Möbel und griechischen Vasen bilden heute eine Abteilung des Nationalmuseums in ▶Poznań.

ul. Działyńskich 2 | Di.–So. 9-16, Juli–Aug. bis 17 Uhr | Eintritt: 20 zł
https://mnp.art.pl/muzeum-zamek-w-goluchowie

**Kirchenkunst der Superlative**

*Konin und Umgebung*

In Konin, etwa 60 km nördlich von Kalisz steht bei der St.-Bartholomäus-Kirche der älteste Meilenstein Polens und der älteste in Europa außerhalb des einstigen Römischen Reichs, im Jahr 1151 aufgestellt. An die einst 6000 Mitglieder umfassende, im Holocaust ermordete jüdische Gemeinde erinnert die 1829 geweihte Synagoge.

Etwa 30 km westlich von Konin liegt nahe der Warthe mit dem **Kloster Ląd** einer der **bedeutendsten Klosterbauten Großpolens,** im ausgehenden 12. Jh. von Zisterziensern aus Altenburg gegründet. Vom gotischen Konvent, um 1350 erbaut, sind noch Kapitelsaal und Kreuzgang erhalten. Die Fresken im Oratorium entstanden im letzten Drittel des 14. Jh.s, die spätbarocke Wandmalerei wurde von Mönchen geschaffen. Die von 1651 bis 1743 erbaute geweihte Klosterkirche ist ein Werk italienischer und polnischer Architekten. Die Fresken in der Kuppel schuf 1731/1732 der schlesische Maler Georg Wilhelm Neunhertz, das Chorgestühl schnitzte 1680 der Zisterzienser Bartolomäus Adrian.

In **Licheń Stary** rund 10 km nordöstlich von Konin wurde zum »2000. Geburtstag Jesu Christi« **Polens größte Kirche** geweiht: die fünfschiffige Basilika der Muttergottes mit hoch aufschießendem Glockenturm und goldener, byzantinisch inspirierter Kuppel. 7000 Sitz- und 10 000 Stehplätze. Vor dem Haupteingang prangt das größte Denkmal, das je für Papst **Johannes Paul II.** errichtet wurde.

Bei **Chełmno nad Nerem,** 42 km östlich von Konin, ermordeten die Nazis im Vernichtungslager Kulmhof zwischen Dezember 1941 und April 1943 etwa 160 000 Menschen v. a. in im Schloss aufgestellten Gaswagen mit Kohlenmonoxid (▶ Baedeker Wissen, S. 240).

**Gedenkstätte**: Di.–So. 9–15 Uhr
https://chelmno-muzeum.eu

## KALISZ ERLEBEN

**TOURISTENINFORMATION**
ul. Zamkowa
Tel. 62 598 27 31
www.cit.kalisz.pl

**❶ EUROPA €€**
Das älteste Hotel Polens eröffnete bereits 1799 im Zentrum von Kalisz. Die Zimmer sind bestens ausgestattet, das »Römische Zimmer« sogar mit Wasserbetten. Das Hotel kooperiert mit einigen Restaurants, die Hotelgästen attraktive Preise bieten.
al. Wolnosci 5
Tel. 62 7 67 20 32
www.hotel-europa.pl

**ZIELE**
KARKONOSZE · RIESENGEBIRGE

# ★★ KARKONOSZE · RIESENGEBIRGE

**Wojewodschaft:** Dolnośląskie

*Geheimnisvoll klingt schon der Name. Und tatsächlich – das Gebirge der Riesen im Süden Niederschlesiens ist eine märchenhafte Landschaft mit wolkenverhangenen Gipfeln, Hochmooren, Schneegruben und dunklen Wäldern. Geschützt ist das Naturparadies als Nationalpark und Biosphärenreservat, und traditionsreiche Ferienorte wie Jelenia Góra, Karpacz, Szklarska Poreba und Świeradów Zdrój sind ideale Ausgangspunkte zur Erkundung – am besten mit Wanderstiefeln.*

Das Riesengebirge ist die **höchste und ausgedehnteste Bergkette der Sudeten** mit der berühmten **Schneekoppe** als höchstem Gipfel (1602 m ü. d. M.) und Wahrzeichen. Knapp 30 % der Fläche des Gebirges, ca. 185 km², liegen innerhalb der Grenzen Polens, der übrige Teil auf dem Gebiet der Tschechischen Republik. Der 34 km lange Hauptkamm (Główny Grzbiet), auch **Schlesischer Kamm** (Grzbiet Śląski) genannt, ist die Wasserscheide zwischen Oder und Elbe; auf ihm verläuft die Staatsgrenze. Während die Nordseite steil abfällt, ist die Südseite reich gegliedert. Parallel zum Schlesischen Kamm verläuft auf tschechischem Gebiet der 18 km lange Böhmische Kamm (Český hřbet); dazwischen liegen die **»Siebengründe«**, der malerischste Teil des Riesengebirges, u. a. mit dem Quellgebiet der Elbe. Auf seinem Rücken trifft man häufig auf Hochmoore mit kleinen Seen, besonders auf dem Koppenplan (Równia pod Śnieżką), einer knapp 8 km langen Hochfläche unterhalb des Schneekoppengipfels.

*Rübezahls Heimat*

## ★★ Nationalpark Riesengebirge
Informationsbüro: ul. Chałubińskiego 23, Jelenia Góra | Mo.-Fr. 7.30-15.30 Uhr | Tel. 75 755 37 26 | https://kpnmab.pl

### Über den Berg zur Burg und Wasserfall
Die wertvollsten Teile des Riesengebirges sind seit 1959 als Nationalpark (Karkonoski Park Narodowy, 5562 ha) geschützt. Er umfasst die höheren Teile des Gebirges sowie zwei vom übrigen Nationalpark getrennte Reservate: das Gebiet um den **Berg Chojnik** mit der **Burg Kynast** (▶ S. 126) und den **Kochelfall** bei Schreiberhau. Die interessantesten Gebiete – Schneekoppe, die Talkessel des Großen und Kleinen Teichs (Wielki Staw, Mały Staw), die Große und die Kleine Schneegru-

Wanderparadies

## ZIELE
### KARKONOSZE · RIESENGEBIRGE

Der Natur ganz nah am Lomnitzfall im Riesengebirge

be (Śnieżne Kotły) und die Agnetendorfer Schneegrube (Czarny Kocioł) – unterliegen besonders strengen Bestimmungen. Außer ca. 90 Vogelarten lassen sich Hirsche, Rehe und auch Mufflons beobachten, die vor rund 100 Jahren aus Korsika hierher gebracht wurden. Allerdings darf man sich im Nationalpark nur auf den markierten Wegen bewegen. Wanderern steht im Gebirge eine ganze Reihe von **Unterkunfts- und Einkehrmöglichkeiten** zur Verfügung, die meist noch den alten Namen »Baude« tragen, z. B. Reifträgerbaude, Teichbaude oder Alte und Neue Schlesische Baude. Weitere Unterkünfte bieten u.a. die Ferienorte Karpacz, Szklarska Poręba und der weiter westlich gelegene Kurort Świeradów Zdrój. Im Vorland des Riesengebirges bietet sich das hübsche ▶ Jelenia Góra als Standort an.

Schneekoppe

**Ein berühmter Aussichtsgipfel**

Seit jeher ist die Schneekoppe (Śnieżka) das **bekannteste Ausflugsziel** im Riesengebirge. Am Fuß des 1602 m hohen, kahlen Kegels breitet sich die mit Torfmooren und Knieholz bedeckte Koppenplan-Hochebene aus. Hier wird das Berghotel »Schlesierhaus« gerne als Ausgangspunkt für Bergwanderungen genutzt und ist entsprechend oft überlaufen. Auf dem Gipfel steht außer einem futuristisch aussehenden Gebäudekomplex mit u. a. einem Restaurant und einer Wetterwarte die bereits 1665 bis 1681 errichtete runde **Laurentius-Ka-**

**pelle**, immer noch Wallfahrtsort. Alljährlich am 10. August wird eine Messe gelesen. Bei klarem Wetter sieht man vweite Teile Schlesiens und der Tschechischen Republik sowie die Lausitz.

##  Karpacz · Krummhübel

### Aktivurlauber

Urlaubsort

... kommen im Sommer zum Wandern und Mountainbiken, im Winter zum Skifahren, Skaten und Rodeln in den wichtigsten Ferienort (4500 Einw.) im Riesengebirge. Wer es weniger aktiv mag, schwebt im Sessellift auf die Schneekoppe und schnuppert frische Bergluft. Erstmals erwähnt wird Krummhübel, die Siedlung auf dem »Krummen Berg«, im Jahr 1599. Im Mittelalter baute man hier Silber, Blei und Edelsteine ab; für die Eisenindustrie im nahe gelegenen Kowary (Schmiedeberg) lieferten die Wälder Holzkohle. Im 17. und 18. Jh. war Krummhübel für seine »Laboranten« bekannt, die die Kräuter der Gegend sammelten und als Arzneien bis weit nach Polen und Russland hinein verkauften. Die Entwicklung des Tourismus wurde durch die 1895 eröffnete Bahnlinie von Hirschberg (▶ Jelenia Góra) nach Krummhübel wesentlich gefördert. Die weit auseinandergezogene Bebauung des 1959 zur Stadt erhobenen Karpacz erscheint zunächst etwas unübersichtlich; die einzelnen Ortsteile erstrecken sich über einen Höhenunterschied von 400 m.

### Von Skandinavien nach Schlesien

Berühmt ist Wang-Kirche (Kościół Wang), eine **Stabholzkirche** (▶ Baedeker Wissen, S. 134) im Ortsteil Karpacz Górny, die in der ersten Hälfte des 13. Jh.s am Wang-See in Südnorwegen erbaut wurde. Im 19. Jh. sollte das altersschwache Kirchlein abgerissen werden, doch der norwegische Maler **Jan Christian Dahl** wollte den völlig ohne Nägel errichteten Bau erhalten und fand im preußischen König **Friedrich Wilhelm IV.** einen Mäzen, der sie 1840 für 427 Mark erwarb. Die Kirche wurde zerlegt und nach Schlesien gebracht, wo **Gräfin von Reden** auf Schloss Buchwald bei Erdmannsdorf in der Nähe von Jelenia Góra die entlegen wohnenden Protestanten mit einer Kirche versorgt wissen wollte und den Standort bestimmte. So blieb in Schlesien eines der bedeutendsten Baudenkmäler der romanischen Holzarchitektur Skandinaviens erhalten. Besonders schön sind die reichen Schnitzereien an den Kapitellen und Portalen. Das um 1740 entstandene barocke Taufbecken aus Holz stammt aus einer abgerissenen Kirche bei Waldenburg. Neben der noch heute genutzten Kirche steht, verbunden durch einen überdachten Gang, ein im 19. Jh. errichteter steinerner Glockenturm.

Wang-Kirche

**Kościół Wang:** Mitte April – Okt. Mo.–Sa. 9–18 (Nov. – Mitte April bis 17), So. 11.30–17 Uhr | Eintritt: 12 zł | www.wang.com.pl

# EIN MEISTERWERK AUS HOLZ

*BAEDEKER WISSEN*

*Fast 700 Jahre stand das Holzkirchlein in der südnorwegischen Ortschaft Wang im Valdrestal. Als sie Anfang der 1840er-Jahre für die Gemeinde zu klein wurde, entschied man sich, sie abzureißen. Der Maler Jan Christian Dahl bemühte sich um die Erhaltung der Kirche. Schließlich sollte sie versteigert werden. Dahl konnte den preußischen König Friedrich Wilhelm IV. als Geldgeber gewinnen und kaufte die Kirche für 427 Mark. Ursprünglich sollte sie auf der Pfaueninsel in Berlin gebracht werden, stattdessen kam sie 1842 nach Karpacz.*

### ❶ Glockenturm
Der gemauerte Glockenturm gehört nicht zur Originalkirche. Er wurde erst beim Wiederaufbau des Gotteshauses errichtet und besteht aus schlesischem Granit.

### ❷ Gang zwischen Kirche und Turm
Um trockenen Fußes den Glockenturm zu erreichen, wurden Kirche und Turm mit einem Laufgang aus Holz verbunden. Dieser Gang diente auch als Ort der Buße.

### ❸ 12 Stiele
Die meisten Stabkirchen besitzen 12 sog. »Stiele«: Sie entsprechen den 12 Aposteln.

### ❹ Drachenköpfe
Die Drachenköpfe mit aufgerissenen Mäulern auf den Giebelspitzen von Kirche und Turm erinnern an die Galionsfiguren von Wikingerbooten.

### ❺ Gang um das Kirchenschiff
Innerhalb der Kirche führt ein schmaler Gang um das Kirchenschiff herum, der zur inneren Einkehr genutzt wird und gleichzeitig zur Wärmedämmung dient. In früheren Zeiten legten die »Nordmänner« dort ihre Waffen ab.

### ❻ Taufbecken
Das um 1740 geschaffene hölzerne Taufbecken stand ursprünglich in der Kirche in Dietmannsdorf bei Waldenburg. Als diese abgebaut wurde, brachte man es in die Wang-Kirche.

### ❼ Fenster
Erst beim Wiederaufbau wurden Fenster eingelassen, vorher wurde die Kirche nur durch das Licht erhellt, das durch das Dachtürmlein fiel.

# ZIELE
## KARKONOSZE · RIESENGEBIRGE

🍴 ① Chata Karkonoska
② Mount Blanc Pijalnia

🏠 ① Golebiewski
② Rezydencja

### Schlechtwetterprogramm

Museen  In einer rekonstruierten sudetischen Kate ist ein **Museum für Sport und Tourismus** untergekommen. Im Erdgeschoss des ehemaligen Bahnhofs zeigt das **Spielzeugmuseum** Teddybären und Porzellanpuppen aus der Sammlung des Pantomimen Henryk Tomaszewski (1919 bis 2001). Und **Rübezahl interaktiv** offenbarb die »Geheimnisse des Riesengerbirges« (Karkonoskie Tajemnice; s.a. S. 18).
**Muzeum Sportu:** ul. Kopernika 2 | Di.–So. 9–17 Uhr | Eintritt: 15 zł
https://muzeumsportu.org
**Muzeum Zabawek:** ul. Kolejowa 3 | Di.–Fr. 9–16.30, Sa./So. 10–17.30 Uhr | Eintritt: 20 zł | www.muzeumzabawek.pl
**Karkonoskie Tajemnice:** tgl. 10 - 20 Uhr | Eintritt: 26 zł
www.karkonoskietajemnice.pl

### Im Reich der Zwerge

Kowary  In Kowary, von Karpacz über die Straße 366 zu erreichen, sind alle wichtigen kulturhistorischen Bauwerke Niederschlesiens im Miniformat zu bestaunen. Auf dem Gelände der einstigen Teppichweberei sind ganze Stadtteile, Adelssitze, Kirchen und Klöster versammelt.
**Park Miniatur Zabytków Dolnego Śląsk:** ul. Zamkowa 9 | tgl. 9–18 Uhr | Eintritt: 47 zł | www.park-miniatur.com

## ZIELE
KARKONOSZE · RIESENGEBIRGE

## KARPACZ ERLEBEN

**TOURISTENINFORMATION**
ul. Konstytucji 3 Maja 25
Tel. 75 7 61 86 05
www.karpacz.pl

### ❶ GOŁĘBIEWSKI €€€
Luxuriöses und architektonisch gelungenes Großhotel (800 Zimmer), 20 Gehminuten von der Wang-Kapelle entfernt. Von den meisten Zimmern genießt man einen herrlichen Bergblick. Inklusive ist die Nutzung des Aquaparks Tropicana mit Innenpool, Whirlpool und Saunen.
ul. Karkonoska 14
Tel. 75 767 07 41
www.golebiewski.pl/karpacz

### ❷ REZYDENCJA €€
Die ehemalige Villa Edelweiß, 1898 als »Logierhaus« eröffnet, liegt zentral und dennoch ruhig in einem großen Garten. Die 14 suiteartigen Zimmer, mit Stilmöbeln eingerichtet, strahlen Eleganz aus. Das Ambiente ist freundlich und familiär. Ein Genuss: das Frühstücksbüfett im Freien.
ul. Parkowa 6
Tel. 75 761 80 20
www.hotelrezydencja.pl

### ❶ CHATA KARKONOSKA €€
Auf der Terrasse mit herrlicher Aussicht schmecken die typisch polnischen Gerichte wie Żurek und Piroggen in vielen Varianten wunderbar. Gute Noten bekommt auch der Schweinebraten mit Rotkohl.
ul. Wolna 4
Tel. 75 781 82 77
www.hotel-karkonosze.com.pl

### ❷ MOUNT BLANC PIJALNIA CZEKOLADY I KAWY €
Im Winter heiße Schokolade mit Sahne, im Sommer Pralinen, Dessert mit Blaubeeren und hervorragendes Eis.
ul. Konstytucji 3 Maja 45-A
Tel. 603 181 224

---

## ❙ Szklarska Poręba · Schreiberhau

### Im Glasreich

Im Winter tummeln sich an den schneebedeckten Hängen rund um den Ferienort Skifahrer und Rodler. Im Sommer locken weite Wanderungen in Schluchten mit dramatischen Wasserfällen. Neben Karpacz ist Szklarska Poręba der bedeutendste Ferienort in den Sudeten. Das Städtchen besteht aus mehreren Weilern im **Tal des Zacken** (Kamienna) und seiner Nebenflüsse zwischen dem Riesen- und dem Isergebirge. Das Gemeindegebiet des ehemals flächenmäßig größten Dorfes in Preußen umfasst 74,7 km² mit den Ortsteilen Niederschreiberhau (Szklarska Poręba Dolna), Mittelschreiberhau (Szklarska Poręba Średnia) und Oberschreiberhau (Szklarska Poręba Górna). Zu Oberschreiberhau gehört Jakuszyce (Jakobsthal) mit dem Grenzübergang nach Tschechien. Schreiberhau wird 1366 erstmal urkundlich erwähnt;

*Sommer- und Wintersport*

## SZKLARSKA PORĘBA ERLEBEN

**TOURISTENINFORMATION**
ul. Jedności Narodowej 1-A
Tel. 75 754 77 40
www.szklarskaporeba.pl

**GLAS**
Mundgeblasenes Glas bester Qualität bekommt man in den Fabrikläden der Julia-Hütte in Piechowice (▶ Huta Julia, S. 140).

**SCHLOSS WERNERSDORF €€€**
7 km nordöstlich Szklarska Poręba an der Straße nach Jelenia Góra kann man im Schlosshotel fürstlich ruhen und tafeln. Für Entspannung sorgen ein Spa mit Pool und Sauna sowie die großartige Bibliothek (viele deutsche Titel!); hervorragend ist das Frühstücksbüfett Der Park mit mehreren Teichen lädt zu Spaziergängen ein.

Pałac Pakoszów, Pakoszów-Piechowice | ul. Zamkowa 3
Tel. 75 769 37 17
www.palac-pakoszow.pl

**BLUE MOUNTAIN RESORT €€**
Das moderne Hotel ist eine gute Adresse für Familien mit Kindern, es bietet In- und Outdoor-Spielplatz, einen Aquapark für alle Altersklassen mit Pools und Saunen. Fahrräder und Skier kann man ausleihen, der »Kochelfall« ist auch zu Fuß gut erreichbar.
ul. 1 Maja 51
Tel. 48 756 199 399
https://blue-mountain-resort.pl

**MŁYN ŚW. ŁUKASZA €–€€**
Im Lokal in der »Lukasmühle« an der Brücke über den Kamieńczyk kommt deftige polnische Küche auf den Tisch. Abends wird Tanzmusik aufgelegt.
1 Maja 16
Tel. 75 713 93 34
www.mlynlukasza.pl

---

bereits damals existierte im heutigen Niederschreiberhau eine Glashütte. Im Laufe der Zeit entstanden weitere **Glashütten** und im 16. Jh. auch ein Pyritbergwerk sowie eine Schwefelsäurefabrik. Die 1842 von Graf Leopold Christian von Schaffgotsch (1793–1864) gegründete **Josephinenhütte** entwickelte sich schnell zur bedeutendsten Glasfabrik Schlesiens; in Preußen war sie lange einziger Hersteller von künstlerisch gestaltetem Kristallglas. Nach dem Zweiten Weltkrieg gründete Franz Schaffgotsch die Hütte in Schwäbisch Gmünd neu (nicht mehr existent); der hiesige Betrieb verlor einen Prozess um die Namensrechte und bestand als »Julia-Hütte« fort. Von US-Investoren um die Jahrtausendwende ruiniert, wird heute ein kleiner Betrieb in polnischem Besitz in Piechowice (Petersdorf) fortgeführt (▶ S.140).

### Architektur des Sudentenlands

Evangelische Kirche
Die evangelische Kirche (Szklarska Poręba Dolna) entstand 1755 und wurde 1817 im neogotischen Stil umgebaut. Ausgestattet ist sie u. a.

## ZIELE
### KARKONOSZE · RIESENGEBIRGE

mit Bildern des Malers **Vlastimil Hofman** (1881 – 1979), der Hauptaltar enthält zwei Bilder aus der Renaissance. Unterhalb der Kirche steht eine mächtige **Gerichtslinde** mit einem Umfang von 6,5 m. In den unteren Teilen der Stadt sind viele alte sudetische Holzhäuser aus dem 18. und 19. Jh. erhalten geblieben.

### Auf Nobelpreisträger-Spuren

In der heutigen ul. 11 Listopada 23 wohnte 1890–1902 der Literaturnobelpreisträger **Gerhart Hauptmann** zusammen mit seinem Bruder Carl, der ebenfalls Schriftsteller war und u. a. ein »Rübezahl-Buch« veröffentlicht hat. Das Haus ist heute Museum.

Carl-und-Gerhart-Hauptmann-Haus

ul. 11 Listopada 23 | Di.–So. 9–17, im Winter 9–16 Uhr
Eintritt: Park u. Museum 18 zł | www.muzeumdomhauptmannow.pl

Blick auf Schreiberhau: Idyll ist gar kein Ausdruck ...

## ZIELE
KARKONOSZE · RIESENGEBIRGE

### Die Schätze der Erde

Mineralien-museum

Im Riesengebirge wurden **130 verschiedene Mineralien** entdeckt. Schon im Mittelalter unternahmen Schatzsucher wagemutige Expeditionen ins Innere der Berge. Was sie einst zutage förderten, präsentiert das Mineralienmuseum.

**Muzeum Mineralogiczne:** ul. Kilińskiego 20 | Mai –Sept. tgl. 10–18 Uhr, Okt. –April Mo. geschl. | Eintritt: 20 zł | www.sokolowski-muzea.pl

### Zu Fuß unterwegs

Wanderungen

Herrliche Wanderungen führen zu den Wasserfällen der Szklarka und des Kamieńczyk. Den **Kochelfall** (Wodospad Szklarki) erreicht man von Oberschreiberhau aus entlang der Kamienna in etwa einer Stunde. Der 27 m hohe **Zackelfall** (Wodospad Kamieńczyka) wird vom Kamieńczyk (Zackerle) gebildet und ist von Oberschreiberhau aus über die Julia- Hütte in einer knappen Stunde zu erreichen.

### Ausblicke, Heilquellen und gute Luft

Świeradów Zdrój

Die alte Sudetenstraße nach Świeradów Zdrój (Bad Flinsberg) erreicht das Isergebirge in der berühmten **»Todeskurve«**. Vom nahen Parkplatz eröffnet sich ein großartiger Blick auf Schreiberhau und das Riesengebirge. Nach insgesamt 22 km ist Bad Flinsberg erreicht, wichtigster Ferienort im Isergebirge, am Osthang des 1107 m hohen Heufuder (Stóg Izerski) gelegen. Im polnischen Namen Świeradów verbirgt sich »Świerk« (»Fichte«): Tatsächlich ist der Ort von Nadelwald umzingelt,. Dazu kommen eisen- und radonhaltigen Quellen, die hier ans Tageslicht treten – Grund genug, den Ort im Dreiländereck Deutschland, Polen und Tschechien zum Kurbad zu erklären. Die Stadtverwaltung hat sich etwas einfallen lassen, um Urlauber anzulocken: Öffentliche Verkehrsmittel sind kostenlos, an Wochenenden kann man gratis bis Szklarska Poręba und über die tschechische Grenze fahren. Eine besondere Attraktion ist der 850 m lange **Sky Walk** hinauf zum 62 m hohen Aussichtsturm mit einer gläsernen Plattform hoch über den Baumwipfeln.

**Sky Walk:** ul. Dąbrowskiego 8 | Eintritt: 69 zł | www www.visitsky-walk.today/de

### Glaskunst

Julia-Hütte in Piechowice

Als die Schaffgotsch-Familie die Josephinenhütte gründete, wurde das vom Glaskünstler Franz Pohl hergestellte Glas in aller Welt berühmt. Josephines Nachfolgerin sitzt heute in Piechowice (Petersdorf) und heißt »Julia«. Im Rahmen einer Führung erlebt man die **Glasbläser in Aktion** und verfolgt die weitere Verearbeitung. Das hier produzierte Kristallgeschirr ist sehr hochwertig: Sogar aus dem britischen Königshaus trafen Bestellungen ein.

ul. Kryształowa 73 | Mo.–Fr. 9.30–17 Uhr, Sa./So. 9.30–16 Uhr | Eintritt: ab 35 zł | www.hutajulia.com

**ZIELE**
KARTUZY · KARTHAUS

Ganz aus Lärchenholz: die Kur- und Wandelhalle in Świeradów Zdrój

# KARTUZY · KARTHAUS

Wojewodschaft: Pomorskie | Höhe: 215–220 m ü.d.M.
Einwohner: 14 700

*Eingebettet in eine hügelige Moränenlandschaft, umgeben von Wäldern und Seen liegt die alte »Hauptstadt« Kaschubiens vor den Toren Danzigs.*

Das schon früh von Pommern besiedelte Gebiet stand vom Beginn des 14. Jh.s an unter der **Herrschaft der Deutschen Ordens**. 1380 gründete der Karthäuserorden hier ein Kloster, das während der Re-

Kaschubische Kultur

## KARTUZY ERLEBEN

**TOURISTENINFORMATION**
ul. Klasztorna 1
Tel. 58 6 84 02 01
http://citkartuzy.pl

**MIŁOSZ KASZUBY €**
Neben gemütlichen Zimmern bietet das Hotel Sauna, Swimmingpool und Fitnesscenter. Im hauseigenen Restaurant wird u.a. schmackhafter Borschtsch serviert.
ul. 3 Maja 36
Tel. 5 16 24 24 11
www.hotelkaszuby.pl

---

formation ausgeraubt und niedergebrannt wurde. Die Siedlung, im Schutz des Klosters entstanden, entwickelte sich erst im 19. Jh. richtig. Das Stadtrecht erhielt Kartuzy 1923. Ende 1939 verübte die SS mehrere Massaker in der Umgebung, worauf sich die erste kaschubische Partisanengruppe bildete.

## Wohin in Kartuzy und Umgebung?

### Die strenge Welt der Kartäusermönche

*Karthäuserkloster*

Im Norden des Orts liegt das mittelalterliche Karthäuserkloster »Marienparadies«. Vor allem wegen seiner gotischen Kirche, im späten 14. Jh. erbaut, lohnt es einen Besuch. Ihr ungewöhnliches **barockes Walmdach** erinnert von der Form her an einen Sarg. Die Kirche besitzt eine qualitätvolle Ausstattung, beispielsweise einen spätgotischen, geschnitzten Altaraufsatz und ein mit aufwendiger Schnitzerei gestaltetes Chorgestühl (um 1675). Von den Konventsgebäuden blieb nur das 21 m lange Refektorium mit einem gotischen Sterngewölbe erhalten.

### Kaschubische Volkskunst im Fünf-Seen-Land

*Kaschubisches Freilichtmuseum*

Etwa 60 km südöstlich von Kartuzy dehnt sich der Jezioro Wdzydze aus, ein Komplex von fünf Seen. Das Feriendörfchen Wdzydze Kiszewskie besitzt seit fast hundert Jahren einen **Kaschubischen Volkskundlichen Park**, ein Freilichtmuseum mit vollständig eingerichteten Gehöften alten Windmühlen und Scheunen sowie einer umfassenden Sammlung von kaschubischem Kunsthandwerk.
**Kaszubski Park Etnograficzny:** April-Juni u. Sept. Di.-Fr. 9.-16, Sa./So. 10-18; Juli/Aug. Di.-So. 10-18; Jan. - März, Nov./Dez. Mo.-Fr. 10-15 Uhr | Eintritt: 22 zł | www.muzeum-wdzydze.gda.pl

**ZIELE**
KATOWICE · KATTOWITZ

# ★ KATOWICE · KATTOWITZ

**Wojewodschaft:** Śląskie | **Höhe:** 260–350 m ü.d.M.
**Einwohner:** 298 000

M/N 12

*Die Hauptstadt Oberschlesiens überrascht: Kattowitz ist längst nicht mehr die graue »Kohle- und Stahlstadt« Polens, sondern lebhafte Business- und Kulturmetropole. Prächtige Jugendstilhäuser mischen sich mit futuristischer Architektur, Konzertsäle locken, und in den Lokalen an der ul. Mariacka trifft sich eine quirlige junge Szene.*

Bis Ende des Ersten Schlesischen Kriegs (1740–1742) stand der Ort unter habsburgischer Herrschaft und gehörte dann bis 1921 zu Preußen. Bereits 1757 wurde das erste **Tagebau-Kohlebergwerk** in Betrieb genommen. Mit der Eröffnung der Eisenbahnlinie nach Breslau 1846 setzte die Entwicklung der Region zum **»schlesischen Ruhrgebiet«** ein. Im Streit um Oberschlesien nach dem Ersten Weltkrieg sprach der Völkerbund im Oktober 1921 Polen zwar »nur« ein Viertel des strittigen Gebiets zu, dieses machte aber den Kernbereich der Industrieregion mit sämtlichen Eisenerzgruben aus. Während der deutschen Besatzung war Kattowitz von 1941 an Hauptstadt des Gaus Schlesien. Am 25. Januar 1945 befreite die Rote Armee die Stadt.

Nach der politischen Wende Anfang der 1990er-Jahre und dem Wegbrechen der traditionellen Absatzmärkte mussten viele Betriebe schließen, mehr als 100 000 Menschen wurden arbeitslos. Den Systemwechsel überstanden jedoch die meisten kulturellen und wissenschaftlichen Institutionen. Auf sie setzt die Stadt: Kattowitz verabschiedet sich von der Schwerindustrie, etabliert sich als **Dienstleistungs-, Wissenschafts- und Kulturmetropole**.

*Kultur statt Kohle*

## ▎ Wohin in Katowice?

### Statt Zeche nun Konzerthaus und Museum

Auf dem Gelände der ehemaligen Zeche »Katowice«, immer noch vom Förderturm überragt, wurde 2014 das Konzerthaus des Polnisch-Nationalen Radiosinfonieorchesters eröffnet, ein Jahr später – weitgehend unterirdisch – das neue Schlesische Museum. Der **spektakuläre Bau** beherbergt neben Sammlungen polnischer Kunst des 19. und 20. Jh.s eine große Ausstellung zur schlesischen Geschichte.

**Muzeum Śląskie:** ul. T. Dobrowolskiego 1 | Di.–So. 10–20 Uhr | Eintritt: 24 zł | www.muzeumslaskie.pl

★ Schlesisches Museum

# ZIELE
## KATOWICE · KATTOWITZ

Architektur
Im Stadtzentrum Śródmieście stehen noch viele Jugendstilgebäude, so Mietskasernen an der ul. Mickiewicza oder das Monopol-Hotel an der ul. Dworcowa 5 (▶ S. 146). Das **Arbeiterviertel Nikiszowiec** entstand bis 1918: große Zweckbauten aus rotem Ziegelstein. »UFO« tauften die Kattowitzer die 1971 eröffnete Mehrzweckhalle **Spodek**.

Historisches Museum
Das Gebäude des Historischen Museums ist ebenfalls ein anschauliches Beispiel für die Jugendstilarchitektur. In dem dreistöckigen ehemaligen Mietshaus von 1908 findet man eine große Ausstellung zur Stadtgeschichte, möblierte Räume zur bürgerlichen Wohnkultur eine Abteilung über die Arbeiterkultur in Nikiszowiec.
**Muzeum Historii Katowic**: ul. Ks. J. Szafranka 9 | Di./Do. 10-15, Mi./Fr. 10-17.30, Sa. 10-16, So. 11-15 Uhr | Eintritt: ab 15 zł www.mhk.katowice.pl

### Kirchenschätze

Kathedrale, Erzbischöfliches Museum
Die **König-Christus-Kathedrale** (Katedra pod wezwaniem Chrystusa Króla) ist mit 101 m Länge, 50 m Breite und 64 m Höhe eines der größten sakralen Gebäude Polens. Sie wurde 1927 bis 1955 errichtet. Das **Erzbischöfliche Museum** zeigt sakrale Kunst Schlesiens vom Mittelalter bis zum Barock.
**Muzeum Archidiecezjalne**: Wita Stwosza 11 | Di.-Fr. 9-15.30, Sa. 9-13 Uhr | Eintritt frei, Spende erbeten | https://muzeum.katowicka.pl

### Ganz aus Holz

Erzengel-Michael-Kirche
Die Kościół Rzymskokatolicki pw. św. Michała Archaniołasteht südwestlich der Innenstadt im Park Kościuszki. Die 1510 errichtete Holzkirche mit frei stehendem **hölzernen Glockenturm** aus dem 17. Jh. wurde aus der Nähe von Wodzisław Śląski (Coslau) hierher gebracht.

## Rund um Katowice

### Auf Bootsfahrt »unter Tage«

»Stollen der Schwarzen Forelle« in Tarnowskie Góry
Das Industriestädtchen Tarnowskie Góry liegt 25 km nordwestlich von Kattowitz in einem der ältesten Bergbaugebiete Polens. Seinen Marktplatz säumen Bürgerhäuser aus dem 16. und 17. Jh. mit Laubengängen. In der historischen Weinstube »Sedlaczka« kehrten schon **August der Starke** und **Goethe** ein. Spannend ist die Besichtigung des **Blei- und Silberbergwerks** (Zabytkowa Kopalnia Srebra). Teilweise stehen die Stollen unter Wasser und sind daher nur mit Booten zu erreichen. Die Temperatur in den 40 m unter der Erde liegenden Gängen beträgt ganzjährig ca. 10 °C.
Der **»Stollen der Schwarzen Forelle«** im Stadtteil Repty ist der 600 m lange Abschnitt eines Abbauhohlraums; auch hier findet die Besichtigung als Kahnfahrt unter Tage statt. Der Stollen diente dazu, Wasser aus dem Bergwerk abzuleiten.

## ZIELE
### KATOWICE · KATTOWITZ

🍴 
❶ Patio
❷ Len Arte

🏠
❶ Monopol
❷ Mercure Katowice Centrum

**Zabytkowa Kopalnia Srebra:** ul. Szczęść Boże 81 | Führungen: Jan. Di.–So. 9–15; Feb.–Mai, Sept.–Dez. tgl. 9–15; Juni–Aug. Mo.–Fr. 9–15, Sa./So. 9–16 Uhr | ab 69 zł, online buchen! **Stollen der Schwarzen Forelle:** ul. Śniadeckiego 1 (Repty) | Führungen Jan.–April Mo.–Fr. 12, Sa./So. 12, 13; Mai–Sept. Mo.–Fr. 11, 12, 13, Sa./So. stdl. 9–16; Okt.–Dez. Mo.–Fr. 12, stdl. Sa./So. 9–14 Uhr | ab 55 zł, online buchen! | http://kopalniasrebra.pl

# KATOWICE ERLEBEN

**TOURISTENINFORMATION**
Rynek 13
Tel. 32 2 59 38 08
www.katowice.eu

**❶ MONOPOL €€€€**
Eine feine Adresse: Avantgarde-Architektur in historischem Gemäuer, ausgedehnter Wellnessbereich und Feinschmeckerrestaurant.
ul. Dworcowa 5 | Tel. 32 7 82 82 82
https://monopolkatowice.hotel.com.pl

**❷ MERCURE KAZOWICE CENTRUM €€**
Ein modernes Viersternehaus in bester Lage mit 268 Zimmern und gutem Büfett-Frühstück. Zum Bahnhof geht man nur fünf Minuten.
ul. Mlynska 6
Tel. 32 797 88 00
www.accor.com

**❶ PATIO €€**
Rustikales Lokal mit schönem Sommergarten und bunter Speisekarte, die auch Vegetarier glücklich macht.
ul. Stawowa 3
Tel. 32 7 81 55 55
www.restauracjapatio.pl

**❷ LEN ARTE €**
Beliebtes italienisches Lokal in einer der lebhaftesten Straßen der Stadt. Riesige Pizzen sind die Spezialität.
ul. Mariacka 25
Tel. 32 308 84 30
www.lenarte.it

---

**Das »Große Hauptquartier«**

Pszczyna

37 km südlich von Kattowitz begegnet mit dem **Jagdschloss von Pszczyna** (Pleß; Ende des 19. Jh.s neobarock umgebaut) wieder einmal deutsche Geschichte. Es war von 1915 bis 1917 »Großes Hauptquartier« der Ostfront; die k.u.k Heeresleitung residierte im nahen Teschen (▶ Cieszyn). Auch Wilhelm II. nahm hier Quartier; sein Apartment kann ebenso besichtigt werden wie der mondäne Spiegelsaal wie weitere original ausgestattete Räume. Sehenswert sind auch die Wirtschaftsgebäude und der weitläufige Park.
April-Okt. Di. 10-14, Mi.-Fr. 9 -16, Sa./So. 10-17 Uhr | Eintritt: ab 30 zł | www.zamek-pszczyna.pl

**Auf Dichterspuren**

Łubowice

Mit Lubowitz, ca. 70 km südlich von Kattowitz, verbinden Literaturfreunde den Namen des hier geborenen **Joseph von Eichendorff** (1788–1857). Eine Schlossruine blieb vom Wohnsitz der Familie. Mehr über ihn erfährt man im »Oberschlesischen Kultur- und Begegnungszentrum Joseph von Eichendorff« mit Eichendorff-Gedenkstube.
Górnośląskie Centrum Kultury i Spotkań im. Eichendorffa:
ul. Zamkowa 1-3 | http://www.eichendorff.pl

# 6x UNTERSCHÄTZT

*Genau hinsehen, nicht dran vorbeigehen, einfach probieren!*

## 1.
### WARSCHAUS PRAGA
Jahrzehntelang war das Viertel am rechten Weichselufer eingegraut. Heute ist **Praga** neues Szenequartier der Hauptstadt mit Galerien, Museen und Kulturzentren. (▶ **S. 309, 314**)

## 2.
### UNTERIRDISCH
In Polens Unterwelt gibt es einiges zu entdecken: In **Wieliczka und Chelm** kann man Labyrinthe aus Salz bzw. aus Kreide durchwandern. Und im Kohlebergwerk von Tarnowskie Góry schippert man sogar im Boot durch dunkle Stollen. (▶ **S. 61, 144, 186**)

## 3.
### KUNSTSZENE
Junge Kunst in neuen Museen an ungewöhnlichen Plätzen: das **MS in Łódź** in einer ehemaligen Textilmanufaktur oder das **MOCAK in Krakau** in einer Emaille-Fabrik. Auch Posens »Alte Brauerei« und Breslaus »Vierkuppel-Pavillon« überraschen. (▶ **S. 183, 195**)

## 4.
### KULTURPALAST
Stalins Geschenk war in Polen lange unbeliebt. Heute ist er **Warschaus** höchstes (242 m) und **variabelstes Gebäude**: Museen, Kinos, Hallenbäder und mehr finden Platz in rund 3000 Räumen. Und im Keller gehen Palastkatzen auf Mäusejagd … (▶ **S. 315**)

## 5.
### SCHLESISCHES MUSEUM
Katowice hat sich vom Industriemoloch zum spannenden Städteziel gemausert. Spektakulärstes Vorzeigeobjekt: eine **ehemalige Zeche** – revitalisiert als spannendes Museum unter Tage. (▶ **S. 143**)

## 6.
### KONZERTHÄUSER
Die **Philharmonie von Stettin** muss sich vor Hamburgs »Elphie« nicht verstecken. Ihre milchigen Spitzgiebel ragen so eindrucksvoll in den Himmel, dass es Architekturpreise hagelte. (▶ **S. 282**)

**ZIELE**
KAZIMIERZ DOLNY

**Polnische Braukunst**

Tychy
Eines der beliebtesten polnischen Biere, das »Tyskie«, stammt aus der königlichen Brauerei in Tychy, 1629 gegründet und damit eine der ältetsen in Europa. Im **Biermuseum** wird ihre Geschichte erzählt. Ein 3D-Film im Kinosaal und ein frisch gezapftes Bier im angeschlossenen Pub vermitteln authentisch die polnische Braukunst.
**Tyskie Browarium:** ul. Mikołowska 5 | Anmeldung zur Besichtigung: Tel. 32 327 84 30 oder wycieczki.tyskie@kp.pl | www.tyskie-pils.de

# ★ KAZIMIERZ DOLNY

**Wojewodschaft:** Lubelskie | **Höhe:** 120–150 m ü. d. M.
**Einwohner:** 2600

*Ein herausgeputztes Städtchen, ein mächtiger Fluss und ein reizvolles Hinterland: Das sind die Zutaten, die aus dem Weichselort einen Besuchermagnet machen. Im Mittelalter lag im Hafen eine Flotille, die Waren bis zur Ostsee transportierte – der Handel blühte. Mächtige Speicher und prächtige Kaufmannshäuser erzählen heute noch vom einstigen Wohlstand.*

*Wohlstand dank Flusshandel*

Das Gebiet um Kazimierz Dolny wurde bereits vor dem 12. Jh. besiedelt, um 1175 erhielten Norbertaner aus Krakau das Land von Kazimierz II., nach dem die Stadt später benannt wurde. Seit Kazimierz dem Großen war sie **Königsstadt**, in der sich viele jüdische Familien niederließen. Im 15. und 16. Jh. entwickelten sich der Getreidehandel und die Frachtschifffahrt auf der Weichsel; Patrizierfamilien ließen sich in der Renaissancezeit prächtige Paläste bauen. Doch die Feldzüge der Schweden Mitte des 17. Jh.s, Epidemien und Überschwemmungen ließen die Stadt verarmen; zwischen 1867 und 1927 war Kazimierz wieder ein Dorf. Erst 1927 erhielt es wieder das Stadtrecht. Von 1800 Juden, gut 40 % der Einwohner 1939, überlebten weniger als 20 den Holocaust.

## Wohin in Kazimierz Dolny?

**Bürgerstolz**

Marktplatz
Die Altstadt liegt hoch über der Weichsel; einen prächtigen Ausblick hat man von einer Burgruine auf dem Drei-Kreuz-Berg und vom gegenüberliegenden Weichselufer. Den Marktplatz dominiert das prächtige **Doppelpalais der Patrizierfamilie Przybył**. Die Renais-

# ZIELE
## KAZIMIERZ DOLNY

sancebauten von 1615 besitzen Laubengänge, dekorative Attiken und reichen Reliefschmuck. Daneben steht das spätbarocke »Danziger Haus«. Auf der anderen Seite des Platzes präsentiert das **Goldschmiedemuseum** seine Schätze.

**Muzeum Sztuki Złotniczej:** Rynek 19 | tgl. 10-17 Uhr | Eintritt: 15 zł www.mnkd.pl

### Erinnerungen ans »Schtetl«

Vom »großen« Marktplatz sind es nur ein paar Schritte zum »kleinen«: Auf dem Mały Rynek steht die ehemalige **Synagoge**, heute ein Gästehaus der jüdischen Gemeinde Warschau (▶ S. 150). Im angeschlossenen Buchladen werden Judaica verkauf. — Kleiner Marktplatz

### Renaissance – sakral und profan

Die Pfarrkirche entstand 1586 bis 1613 nach den Plänen des Lubliner Architekten Jakub Balin aus einem gotischen Vorgängerbau. Charakteristisch für die **»Lubliner Spätrenaissance«** sind die manieristischen Stuckarbeiten an den Gewölben. Die prächtige Orgel, 1607–1620 gebaut, gilt als die älteste vollständig erhaltene in Polen. — Pfarrkirche, Kaufmannshäuser und Speicher

# KAZIMIERZ DOLNY ERLEBEN

## TOURISTENINFORMATION
Rynek 27
Tel. 81 881 00 46
www.kazimierzdolnypttk.pl

## FESTIVALS
Ende Juni Treffen der besten Folkloregruppen des Landes, im Juli zahlreiche Klezmerkonzerte

### ❶ DOM ARCHITEKTA SARP €-€€
Preiswert und direkt am Rynek wohnt man im »Haus des Architekten«. Nach einem Zimmer mit Blick auf die Kaufmannshäuser am Rynek fragen!
Rynek 20
Tel. 81 883 55 44
www.domarchitektasarp.pl

### ❷ DOM GOŚCINNY BEITENU €
In der ehemaligen Synagoge bietet die jüdische Gemeinde Warschau vier Zimmer an. Im Café Esterki wird koscher gekocht.
ul. Lubelska 4
Tel. 692 578 677
www.beitenu.pl

### ❶ STARA ŁAZNIA €€
Das stilvolle Lokal im ehemaligen städtischen Badehaus liegt zwischen Marktplatz und Weichselufer und erinnert mit Walmdach, markanten Giebeln und Torbögen an ein Gutshaus. Heute wird hier gute altpolnische Kost serviert, im Sommer werden im Garten oft Filme gezeigt.
ul. Senatorska 21
Tel. 81 889 13 50
www.restauracjalaznia.pl

### ❷ HERBACIARNIA U DZIWISZA €
Beliebte Teestube mit einer Fülle von Sorten, dazu gibt es leckere Kuchen.
ul. Krakowska 6
Tel. 81 881 02 87
http://herbaciarniaudziwisza.pl

---

Das 1635 erbaute Haus der **Familie Celej** (Kamienica Celejowska) ist eines der schönsten Renaissancegebäude der Stadt. Es hat eine prächtig gestaltete Fassade mit einer hohen, reich verzierten Attika. Mindestens so schön ist das Doppelhaus der Brüder Mikołaj und Krzysztof Przybyl: selbe Fassade, unterschiedliche Giebel.
In der »Danziger Vorstadt«, in Richtung Puławy gelegen, stehen die **größten Speicheranlagen der Renaissance** auf polnischem Boden. Ein ca. 4 km langer Rundweg erschließt die ehemaligen Kornspeicher. In einem der schönsten ist das Naturkundemuseum (Muzeum Przyrodnicze) eingerichtet.
**Kamienica Celejowska**: ul. Senatorska 11/13 | Eintritt: 15 zł tgl. außer Do. 10–17 Uhr | www.mnkd.pl
**Naturkundemuseum**: ul. Puławska 54 | tgl. 10–17 Uhr | Eintritt: 15 zł | www.mnkd.pl

# ZIELE
## KAZIMIERZ DOLNY

Nicht viel ist mehr geblieben von der Burg der Familie Firlej.

## Rund um Kazimierz Dolny

**Was für ein Blick!**

Am gegenüberliegenden Weichselufer, erreichbar mit der Fähre, liegt das alte Städtchen Janowiec mit der vor 1537 entstandenen **Burg der Familie Firlej**. Von den Burgruinen aus bietet sich ein schöner Blick auf Kazimierz Dolny. Die Pfarrkirche besitzt mit dem Grabmal für Barbara und Andrzej Firlej von **Santi Gucci** (1586/87) ein herausragendes Kunstwerk der Spätrenaissance.

Janowiec

**Schloss:** tgl. 10 – 17 Uhr | Eintritt: 15 zł | www.mnkd.pl

**Die Welt des Adels**

In Puławy, 10 km nördlich von Kazimierz Dolny, steht die 1676 bis 1679 errichtete **Schlossanlage der Magnatenfamilie Czartoryski**. Einige romantische Bauten vom Anfang des 19. Jh.s finden sich im 30 ha umfassenden Schlosspark. Im »Sybillentempel« und im »Gotischen Haus« waren die ersten öffentlichen Museen Polens eingerichtet. Ihre wertvollen Sammlungen sind heute im Czartoryski-Museum in Krakau zu sehen, die hiesige Zweigstelle beleuchtet die Geschichte und das Erbe der Familie.

Puławy

**Muzeum Czartoryskich:** tgl. 9-17 Uhr | Eintritt: 20 zł
http://muzeumczartoryskich.pulawy.pl

## ZIELE
KĘTRZYN · RASTENBURG

### Schöner Platz

Radom

In Radom, ca. 70 km westlich von Kazimierz Dolny, wurde im April 1941 ein Ghetto eingerichtet, dessen Bewohner – 20 000 bis 24 000 Menschen – im August 1942 in Treblinka ermordet wuurden.
Ihr Zentrum bildet der Mitte des 14. Jh.s unter König Kazimierz Wielki angelegte Rynek. Den Platz säumen und das Rathaus, erbaut 1848 nach einem Entwurf des Warschauer Architekten Enrico Marconi, und die Gebäude eines ehemaligen Piaristenklosters und einer Piaristenschule aus dem 18./19. Jh., heute **Regionalmuseum**. Das Richtung Kielce gelegene **Freilichtmuseum Wsi Radomskiej** zeigt ca. 50 alte Holzbauten aus der Umgebung Radoms.
**Regionalmuseum:** Rynek 11, Di.–Do. 9-15, Mi. 9-16, Fr. 10-16, Sa./So. u. So. 11-16 Uhr | Eintritt: 30 zł | www.muzeum.edu.pl
**Freilichtmuseum:** tgl. ab 9 bzw. 10 Uhr | Eintritt: 20 zł
www.muzeum-radom.pl

### Polnische Bildhauerkunst

Orońsko

In Orońsko, knapp 15 km weiter südlich an der E 77 gelegen, ist in einem historischen Hofkomplex, ehemals im Besitz des Malers Józef Brandt, das **Zentrum der polnischen Plastik** (Centrum Rzeźby Polskiej) untergebracht. Es zeigt Werke polnischer Bildhauer.
**Centrum Rzeźby Polskiej:** Topolowa 1 | April-Okt. tgl. außer Mo. 10 bis 17, Sa./So. 10-18 Uhr | Eintritt: 15 zł | www.rzezba-oronsko.pl

# ★ KĘTRZYN · RASTENBURG

**Wojewodschaft:** Warmińsko-Mazurskie | **Höhe:** 140 m ü. d. M.
**Einwohner:** 31 000

R 4

*Für die meisten ist das Städtchen an der Łyna nur Durchgangsort zum nahen »Führerhauptquartier Wolfsschanze«. Darauf sollte man es aber nicht reuduzieren, denn es kann es sich durchaus sehen lassen mit seiner mächtigen Ordensburg. Und auch die nahen Masurischen Seen locken.*

Mehr als »Führerbunker«

1329 errichtete der Deutsche Orden in dieser Region einer Handelsniederlassung der Pruzzen eine Burg. Die im Bereich der Burg entstandene Siedlung Kętrzyn erhielt schon 1345 das Stadtrecht; später entwickelte sie sich zu einem wichtigen regionalen Handels- und Industrieort.

**ZIELE**
KĘTRZYN · RASTENBURG

# Wohin in Kętrzyn und Umgebung?

### Eine wehrhafte Stadt
Die wuchtige **Burg des Deutschen Ordens**, heute eine Rekonstruktion aus der Nachkriegszeit, beherbergt ein Museum zur Stadtgeschichte. In der gotischen Georgskirche (Kościół św. Jerzego), einer von Mauern umgebenen **Wehrkirche**, sind schöne Kristallgewölbe im Chor vom Anfang des 16. Jh.s, Grabplatten aus dem 17. Jh. und Fragmente von Deckenmalereien vom Anfang des 19. Jh.s erhalten. Daneben steht eine Anfang des 16. Jh.s gebaute Kapelle.

*Burg und Georgskirche*

### Verschanzt im Wald
Inmitten der masurischen Wälder, 8 km östlich von Kętrzyn, verrotten bei dem Dörfchen Gierłoż die Überreste des »Führerhauptquartiers Wolfsschanze« (Wilczy Szaniec), **einer der bevorzugten Aufenthaltsorte Hitlers** während des Zweiten Weltkriegs.

*Wolfsschanze*

Im Zuge der Vorbereitungen für den Überfall auf die Sowjetunion am 22. Juni 1941 wurde schon im November 1940 das Terrain ausgewählt, bald darauf begannen die Bauarbeiten, die die »Organisattion Todt« mit Zwangsarbeitern ausführte. Insgesamt über 80 Gebäude und Bunker, einschließlich Bahnhof, Kraftwerk und eigener Wasserversorgung, verteilten sich auf dem durch einen 50 m breiten Minengürtel und Drahthindernisse abgesicherten Gelände. In den innersten Kreis, den »Führersperrkreis«, gelangten selbst hohe Offiziere, Parteileute und ausländische Besucher nur nach strengster Kontrolle. Die größten Bunker besaßen 6–8 m dicke Decken und 4–6 m hohe Wände. Hitler, der der Anlage selbst ihren Namen gab, war am 24. Juni 1941 erstmals in der Wolfsschanze, wohnte aber zunächst im Gästebunker, da sein eigener Bunker erst im Oktober 1944 fertiggestellt war. Schon bald darauf am 20. November 1944 hielt er sich zum letzten Mal hier auf – die Rote Armee war schon zu nahe gerückt. Nachdem das Hauptquartier nach Berlin verlegt worden war, wurden im Januar 1945 die meisten Bunker von der Wehrmacht gesprengt. Die Überreste waren wegen der zahlreichen Minen lange Zeit nicht zugänglich.
In die Lagebaracke schmuggelte **Oberst Graf Schenck von Stauffenberg** am 20. Juli 1944 jene Bombe, die Hitler töten sollte, ihn jedoch nur leicht verletzte. Eine Gedenktafel am Ort der nicht mehr existierenden Baracke erinnert daran.
Heute gibt es innerhalb der eintrittspflichtigen Bereiche drei markierte Besichtigungswege, die man nicht verlassen darf; andere Bereiche im Waldgebiet sind frei zugänglich. In einem der Bunker kann man sogar übernachten, und wer es partout nicht lassen kann, kann sich sogar in alten Wehrmachtsfahrzeugen herumfahren lassen.

**Wilczy Szaniec:** tgl. 8 Uhr bis zur Dämmerung | Eintritt: 25 zł
https://wolfsschanze.pl

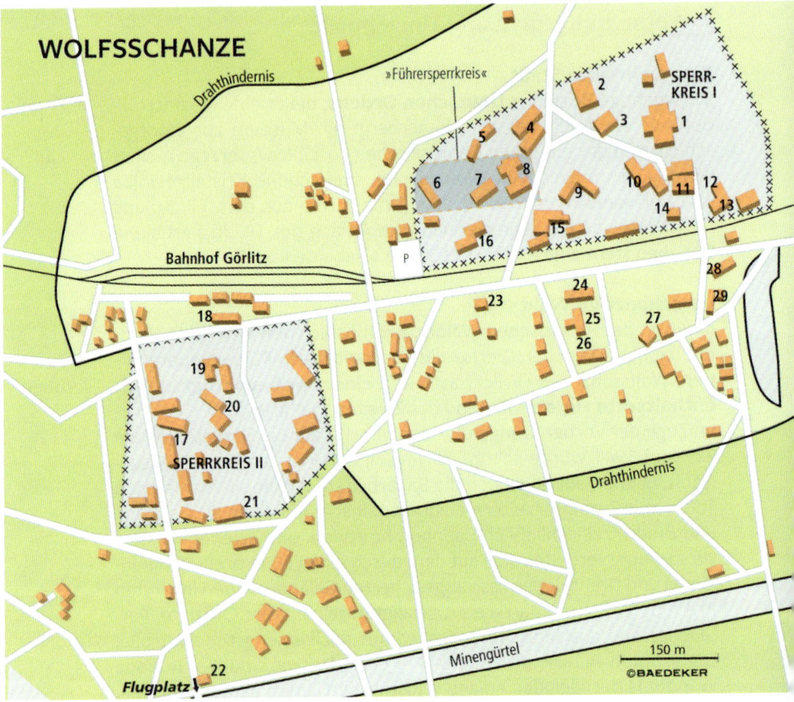

## ZIELE
### KĘTRZYN · RASTENBURG

**WOLFSSCHANZE**

1 Hitlers Bunker
2 Bormanns Bunker
3 Bormanns Haus
4 Reichssicherheitsdienst, Stenografen und Poststelle
5 Reichssicherheitsdienst und SS-Begleitkommando
6 SS-Begleitkommando (heute Hotel und Restaurant)
7 Lagebaracke (Ort des Attentats vom 20. Juli 1944)
8 Gästebunker
9 Persönliche Adjutanten
0 Adjutantur der Wehrmacht
11 Chef des OKW (Keitel)
12 Görings Haus
13 Görings Bunker
14 Chef Wehrmacht Führungsstab (Jodl)
15 Kino, Garagen, Fahrerunterkünfte
16 Reichspressechef
17 Gebäude des Wehrmachtführungsstabes
18 Wache I
19 Kasino Wehrmacht Führungsstab (früheres Kurhaus)
20 Kommandant FHQ
21 Nachrichtenbunker
22 Wache Süd
23 Wache II
24 Verbindungsstab Außenministerium
25 Organisation Todt
26 Führerbegleitbataillon
27 Allgemeiner Luftschutzbunker
28 Verbindungsstab Luftwaffe
29 Verbindungsstab Marine
P Parkplatz und Kasse

Wallfahrtskirche Heiligelinde

### Barocke Schönheit

Ein ungewohntes Bild in der masurischen Landschaft bietet die üppige, sehr an italienisshe Vorbilder erinnernde Barockarchitektur der Wallfahrtskirche Heiligelinde in **Święta Lipka**, 13 km südwestlich

## KĘTRZYN ERLEBEN

**TOURISTENINFORMATION**
pl. Piłsudskiego 10/1
Tel. 89 751 47 65
www.it.ketrzyn.pl

**ZAJAZD POD ZAMKIEM €€**
Im Restaurant des soliden Hotels neben der Deutschordensburg serviert man traditionelle polnische Gerichte.
ul. Struga 3 A
Tel. 89 7 52 31 17
www.zajazd.ketrzyn.pl

---

von Kętrzyn. Die durch Säulen, Pilaster und Skulpturen reich gegliederte Fassade beherrscht die 1730 geschaffene Darstellung der Muttergottes mit der heiligen Linde. Die Ausstattung der dreischiffigen Basilika steht großenteils unter dem Thema der Marienverehrung, so der dreistöckige barocke Hauptaltar von 1712 und die 1722 bis 1727 geschaffenen Fresken. Ein Werk des Königsbergers **Johann Mosengel** ist die gewaltige, 1721 gebaute Orgel mit über 4000 Pfeifen, von der im Sommer täglich Kostproben zu hören sind.
www.swlipka.org.pl

# KIELCE

**Wojewodschaft:** Świętokrzyskie | **Höhe:** 260 m ü. d. M.
**Einwohner:** 185 000

*Die Hauptstadt der Provinz Heilig-Kreuz-Berge (Świętokrzyskie) hat sich herausgeputzt: Die Straßen rund um Bischofspalast und Basilika erstrahlen in neuem Glanz. Nach dem Sightseeing lohnt die Natur: Die Heilig-Kreuz-Berge vor den Toren von Kielce, eines der ältesten Gebirge Europas, überraschen mit bizarren Formen.*

Die erste Niederlassung entstand im 11. Jh., um 1360 erhielt Kielce das Stadtrecht. Bis 1789 war die Stadt im Besitz der Krakauer Bischöfe, die hier eine Residenz hatten. Seit dem Mittelalter wird in der Umgebung Kupfer-, Blei- und Eisenerz abgebaut.
In Kielce richteten die deutschen Besatzer ein Ghetto ein, in dem im August 1942, als es liquidiert wurde, 27 000 Menschen zusammengepfercht waren; 21 000 von ihnen wurden ins Vernichtungslager Treb-

*Kultur und Natur*

linka abtransportiert. Am 4. Juli 1946 verübten polnische Armee- und Milizangehörige ein Pogrom an Holocaust-Überlebenden, dem ca. 40 Menschen zum Opfer fielen.

## Wohin in Kielce?

### Barocke Prestigebauten

Bischofs-palast und Basilika
Der ehemalige Palast der Krakauer Bischöfe auf einer Anhöhe im südlichen Teil der Stadt wurde 1637 bis 1641 erbaut und zeigt den **typischen Wasa-Stil** am Übergang von der Renaissance zum Barock. Der Speisesaal ist mit bemalten Deckenbalken, einem »Fries« mit Porträts Krakauer Bischöfe und originalem Mobiliar ausgestattet.
Neben dem Bischofspalast steht die frühbarocke **Basilika Mariä Himmelfahrt**, errichtet 1632 bis 1635 und im 19. Jh. umgestaltet. Bedeutend ist die spätbarocke Ausstattung mit Schnitzarbeiten vaus Krakau und dem Gemälde »Mariä Himmelfahrt« (1730), ferner das um 1555 geschaffene Grabmal für Elbieta Zebrzydowska. Zum Kirchenschatz gehören ein Kelch von ca. 1360 sowie ein Büstenreliquiar der hl. Maria Magdalena.

## Rund um Kielce

### Ein polnischer Dichter

Oblęgorek
In Oblęgorek, ca. 15 km nordwestlich von Kielce, erhielt 1900 der Schriftsteller **Henryk Sienkiewicz** (▶ Interessante Menschen) als »Dank der Öffentlichkeit« ein Palais geschenkt. Hier entführt ein kleines Sienkiewicz-Museum in die Welt des Dichters.
April-Okt. Di.-So. 9-17, Nov.-März 8-16 Uhr | Eintritt: 10 zł | http://mnki.pl

### Eine weltentrückte Mönchswelt

Wąchock
Mit seiner 1179 gegründeten **Zisterzienserabtei** nahe dem Rynek besitzt Wąchock, ca. 40 km nordöstlich von Kielce, ein einzigartiges Architekturdenkmal: eine romanische Kirche vom Beginn des 13. Jh.s und ein Klostergebäude mit zwei Innenhöfen. Der Kapitelsaal im Ostflügel gilt mit seinem Gewölbe und den reich ornamentierten Säulen als einer der schönsten romanischen Räume in Polen. In einem der Kreuzgänge steht die Urne mit der Asche des Offizires der polnischen Heimatarmee und Partisanenführers **Jan Piwnik** (1912 bis 1944), an den ein Denkmal auf dem Marktplatz erinnert.

### Geschützte Bergwelt

Heilig-Kreuz-Nationalpark
Die **Heilig-Kreuz-Berge** (Góry Świętokrzyskie), ein niedriger, von Lärchen- und Tannenwäldern bedeckter, geologisch sehr alter Höhenzug, liegen nur wenige Kilometer östlich von Kielce. Das beliebte Wan-

## KIELCE ERLEBEN

**TOURISTENINFORMATION**
ul. Sienkiewicza 29
Tel. 41 348 00 60
https://kielce.travel
http://swietokrzyskie.travel

🏠

**SŁONECZNY ZDRÓJ €€€**
Angenehmes Hotel mit Pool und modernem Wellnessbereich. Behandlungen mit dem schwefelhaltigem Heilwasser des Orts.
ul. Bohaterów Warszawy 115,
Busko Zdrój, Tel. 41 378 88 00
www.slonecznyzdroj.pl

**VICTORIA €€**
Mitten im eleganten Kurpark genießt man auf einer der Terrassen des Restaurants feine polnische und internationale Speisen. Spezialität des Hauses sind Fischgerichte.
Park Zdrojowy 28
Tel. 41 378 33 84
www.victoria.busko.com.pl

**WINNICA €**
Eine Abwechslung von der polnischen Küche bieten die ukrainischen Spezialitäten des Lokals.
ul. Winnicka 4
Tel. 41 344 45 76
https://restauracjawinnica.pl

---

der- und Naherholungsgebiet durchziehen markierte Wege sowie Naturlehrpfade. Zum Schutz der Flora mit sehr seltenen Gebirgspflanzen besteht seit 1950 der **Heilig-Kreuz-Nationalpark** (Świętokrzyski Park Narodowy), der den bis zu 612 m hohen Bergzug der Łysogóry mit den Klöstern Święty Krzyż und Święta Katarzyna umfasst.
www.swietokrzyskipn.org.pl

### Nostalgisches Kurgefühl
Der 48 km südlich von Kielce gelegene Kurort Busko-Zdrój lockt mit würziger Luft und Mineralquellen. Der **Kurpark** mit vielen einheimischen und exotischen Bäumen wurde 1836 angelegt. Seinen Mittelpunkt bildet das Sanatorium Marconi, ein klassizistisches Gebäude mit Säulenfront nach einem Entwurf von Enrico Marconi (1792 bis 1863). Es enthält eine Trinkhalle und einen Konzertsaal.

Busko-Zdrój

### Eine der ältesten Synagogen
Das 16 km westlich von Busko-Zdrój gelegene Pińczów war in früheren Zeiten ein wichtiges künstlerisches und intellektuelles Zentrum. 1568 wurde im dortigen calvinistischen Gymnasium **die erste polnische Grammatik** verfasst. Später etablierte sich hier ein Paulinerkloster mit prachtvoller Barockkirche, das zum Hort der Gegenreformation wurde. Die **Synagoge**, an der Wende vom 16. zum 17. Jh. gebaut, ist eine der ältesten erhalten gebliebenen in Polen (heute Teil

Pińczów

# ZIELE
KŁODZKO · GLATZ

des Regionalmuseums). Vor dem deutschen Einmarsch waren 70 % der Einwohner jüdischen Glaubens; nur wenige überlebten den Holocaust. Von der manieristischen St.-Anna-Kapelle (Kaplica św. Anny), bietet sich ein weiter Blick über das Nida-Tal.

**Das polnische Carcassone**

Szydłów

Szydłów, 37 km nordöstlich von Busko-Zdrój, ist der einzige Ort in Mittelpolen, dessen mittelalterliche Stadtmauern – mit dem Krakauer Tor (Brama Krakowska) – noch erhalten sind. Beachtenswert sind die zweischiffige Ladislauskirche (Kościół św. Władysława) aus dem 14. Jh., das Schloss von Kazimierz III. und die ehemalige Synagoge von 1564, damit noch älter als die in Pińczów.

# ★ KŁODZKO · GLATZ

**Wojewodschaft:** Dolnośląskie | **Höhe:** 300–370 m ü. d. M.
**Einwohner:** 26 400

*Das Eingangstor zum Glatzer Bergland gefällt mit einer restaurierten Altstadt, über der eine mächtige Festung thront. Nicht weit ist es ins Heuscheuer und Reichensteiner Gebirge mit mehreren traditionsreichen Kurorten.*

Der böhmische **Fürst Slavnik** († 981), Vater des hl. Adalbert, gilt als Gründer der Stadt, die durch ihre Lage seit jeher eine bedeutende strategische Funktion hatte und über Jahrhunderte hinweg eine mächtige Festung besaß. Das Stadtrecht erhielt Glatz 1337. Im Jahr 1534 wurde das Glatzer Land an die Habsburger verkauft, nach dem Ersten Schlesischen Krieg (1740–1742) wurde es preußisch, seit 1945 gehört es zu Polen.

## ▍ Wohin in Kłodzko?

★

**Die »Kleine Karlsbrücke«**

Altstadt

In die auf einer Insel gelegene Altstadt führt die steinerne gotische **»Brücktorbrücke«** über den Mühlgraben, 1281 bis 1390 nach dem Vorbild der berühmten Prager Karlsbrücke erbaut und daher oft auch »Kleine Karlsbrücke« genannt. Den Mittelpunkt der Altstadt bildet der Rynek mit dem neogotischen Rathaus, dem Löwenbrunnen von 1700 und der Pestsäule von 1682. In den engen Altstadtgassen stehen Bürgerhäuser aus dem 17. und 18. Jh. mit barocken und klassizistischen Fassaden. Die **Pfarrkirche Mariä Himmelfahrt**, eine 1344 errichtete

## ZIELE
### KŁODZKO · GLATZ

und um 1430 vom Prager Baumeister Peter Parler umgestaltete gotische Basilika, wurde im 17. Jh. von italienischen Künstlern aufwendig barockisiert. Im prächtigen Hochaltar, 1727–1729 von dem Innsbrucker Künstler Christoph Tausch geschaffen, steht die gotische **»Glatzer Gnadenmadonna«** aus Zedernholz von 1350. Von der Pfarrkirche bis zur Festung führt die **»Route des Tausendjährigen Jubiläums des Polnischen Staats«**, ca. 600 m der mittelalterlichen Gänge unter der Altstadt, die zu begehen sind. Man bekommt einen Eindruck von den unterirdischen Verteidigungsanlagen und Lagerplätzen der Stadt.
**Unterirdische Gänge**: ul. Zawiszy Czarnego 3 | tgl. 9–17 Uhr
Eintritt: 18 zł | www.podziemia.klodzko.pl

**ZIELE**
KŁODZKO · GLATZ

## SPAZIERGANG IN DIE UNTERWELT

Wo vor Urzeiten Höhlenbären hausten, leben heute nur noch Fledermäuse. Faszinierend ist das 2,5 km lange Höhlensystem wie eh und je. Tasten Sie sich durch die Stollen mit Tropfsteingebilden, die von der Decke baumeln, aus dem Boden wachsen, sich zu Säulen verdichten, und lauschen Sie den Höhlenführern, wie sie Jahrtausende Erdgeschichte zum Leben erwecken. Und lauschen Sie auch einfach mal in die Stille hinein. (▶ S. 163).

Festung **Preußische Trutzburg**
Die das Stadtbild beherrschende Festung wurde ab 1742 unter **Friedrich II.** modernisiert; ein Vorgängerbau ist um das 11. und aus dem 13. Jh. bezeugt, der nach dem Dreißigjährigen Krieg erweitert wurde. Zur Zeit der preußischen Herrschaft hatte die Festung 3000 Mann Besatzung, die aber nicht verhindern konnten, dass die Österreicher sie 1760 einnahmen. Ein Besichtigungsweg durch Bastionen und unterirdische Anlagen führt vom Rynek aus hinauf zur Festung.
ul. Grodzisko 1 | April–Okt. tgl. 9–19, Nov.–März 9–16 Uhr
Eintritt: 30 zł | www.twierdza.klodzko.pl

## Rund um Kłodzko

**Wilde Schluchten, schroffe Gipfel**
Góry-Stołowe-Nationalpark
Mit zerklüfteten Felsformationen und tiefen Schluchten, seltenen Pflanzen und Torfmooren ist das **Heuscheuer-Gebirge** am Nordwestrand des Glatzer Kessels ein abwechslungsreiches, wenn auch **teilweise recht schwieriges Wanderrevier**. Es wurde 1993 zum Góry-Stołowe-Nationalpark erklärt. Wind und Wasser formten hier im Laufe von Jahrmillionen **märchenhaft-pittoreske Felsfiguren** aus dem Sandstein; im Bereich der Błędne Skały (Wilde Löcher) entstand ein Felslabyrinth mit verwinkelten Gängen. Höchster Berg ist die Große Heuscheuer (Szczeliniec Wielki) mit 919 m.

**Wo schon Goethe kurte**
Lądek-Zdrój
Lądek-Zdrój (Bad Landeck), der nach Cieplice älteste Kurort Schlesiens, 24 km südöstlich von Glatz, besitzt einen historischen Stadtkern

# ZIELE
KŁODZKO · GLATZ

## KŁODZKO ERLEBEN

**TOURISTENINFORMATION**
ul. Czeska 24
Tel. 74 8 65 64 77
www.um.klodzko.pl

**❶ PRZY ŻELAZNYM MOŚCIE €**
Das nette kleine Hotel unweit vom Bahnhof Kłodzko-Miasto bietet gut ausgestattete Zimmer – meist mit Terrasse oder Balkon. In der Küche treffen sich Polen und Mitteleuropa.
ul. Grottgera 7
Tel. 608 443 677

**❶ PIZZERIA DARIA €**
Leckere Pizzen, Pastagerichte und gutes Eis – auch zum Mitnehmen.
pl. Bolesława Chrobrego 6
Tel. 74 8 67 00 18
www.pizzeriadaria.pl

---

mit einem schönen, von Laubenhäusern aus Renaissance und Barock gesäumten Marktplatz; neben dem Rathaus aus dem 18. Jh. steht eine um 1740 geschaffene Dreifaltigkeitssäule von **Michael Klahr d. Ä.**, der lange in dieser Gegend tätig war. Außerhalb des Stadtkerns liegen die stattlichen **klassizistischen Kuranlagen,** wo schon Friedrich der Große, Johann Wolfgang von Goethe und Zar Alexander I. zu Gast waren.

### Wasserfall-Wandern
Attraktion des 15 km südöstlich gelegenen Erholungsorts Międzygórze (Wölfelsgrund) ist der berühmte **Wölfelsfall** (Wodospad Wilczki), dessen 27 m hohe Kaskade in eine enge, mehrere Hundert Meter lange Felsschlucht fällt. Das Dorf ist Ausgangspunkt für schöne Wandertouren, z. B. zur 1742 geweihten Wallfahrtskapelle Maria Schnee auf dem 847 m hohen Spitzigen Berg (Igliczna). — Międzygórze

### Zur Krippe pilgern
Wambierzyce (Albendorf), ca. 10 km nordwestlich von Kłodzko, ist seit dem 13. Jh. einer der **meistbesuchten Wallfahrtsorte in Schlesien** und besitzt eine reich ausgestattete, Anfang des 18. Jh.s errichtete, monumentale barocke Kirche, zu deren über 50 m breiter, prächtiger Front 33 Stufen führen und damit das an das Lebensalter Jesu symbolisieren. — Wambierzyce

Als Kreuzwegstationen liegen knapp 100 Kapellen und Grotten im Ort verstreut. Unterhalb der Kirche steht eine große **mechanische »Krippe«** (Ruchoma Szopk) mit biblischen Szenen.

**Ruchoma Szopka:** Mai–Sept. tgl. 9–19 Uhr | Eintritt: 10 zł
www.wambierzyce.pl

# ZIELE
## KŁODZKO · GLATZ

Was Zaren und Dichterfürsten recht war, ist dem Normalmenschen heute nur billig: Entspannung in den Kuranlagen von Lądek-Zdrój.

**Klavierkunst trifft Industriekunst**

Duszniki-Zdrój  Der Kurort Duszniki-Zdrój (Bad Reinerz), 22 km westlich von Glatz, besitzt noch einen alten Stadtkern. Hier sind v. a. die barocke Kirche **St. Peter und Paul** vom Anfang des 18. Jh.s mit der berühmten, 1720–1722 vom Glatzer Künstler Michael Kössler in Walfischform geschaffenen Kanzel und das 1844 in barocken Formen erbaute Rathaus sehenswert. Am Ortseingang wurde in einer Papiermühle aus dem Jahr 1605, einem der wertvollsten alten Industriebauten Polens, ein **Papiermuseum** (Muzeum Papiernictwa) eingerichtet. Demonstriert wird auch die Papierherstellung nach alten Verfahren.

Im Kurtheater gab 1826 der sechzehnjährige **Frédéric Chopin** sein erstes öffentliches Konzert; alljährlich findet hier Anfang August das Chopin-Festival statt.

Muzeum Papiernictwa: ul. Kłodzko 42 | Mai–Aug. Mo.–Sa. 9–18, So. 9–16; Sept./Okt. Mo.–Sa. 9–17, So. 9–16; Nov.–April Di.–So. 9–15 Uhr | Eintritt: ab 22 zł | www.muzpap.pl

**ZIELE**
KOŁOBRZEG · KOLBERG

**Die fantastische Welt der Höhlenbären**
In der »**Bärenhöhle**« (Jaskinia Niedźwiedzia) bei dem Weiler Kletno (Klessengrund), 40 km südöstlich von Kłodzko, wurden 1966 nicht nur Knochen eiszeitlicher Höhlenbären entdeckt, sondern auch eine fantastische Welt aus Kalk: Im 45 m hohen »Palastsaal« hängen Tropfsteine von der Decke, die Wände sind mit steinernen Draperien behängt. Der Eingang liegt südlich von Kletno am Wanderweg zum Glatzer Schneeberg.
Führungen: Di.–So. 9–16.40 Uhr, Sept.–April Mo. u. Do. geschl.
Eintritt: 25 –40 zł saisonabhängig, vorab buchen unter
Tel. 74 814 12 50 o. www.jaskinia.pl

Bärenhöhle

# KOŁOBRZEG · KOLBERG

**Wojewodschaft:** Zachodnio-Pomorskie | **Höhe:** 0–10 m ü. d. M.
**Einwohner:** 46 200

*Breite Strände mit puderfeinem Sand, dahinter eine Flanierpromenade, ein Kurpark und eine »neue« Altstadt – kein Wunder, dass Kołobrzeg zu den Stars unter den Ferienorten der polnischen Ostseeküste zählt.*

Die im 12. Jh. gegründete deutsche Siedlung Kolberg bekam 1255 das Stadtrecht und trat im 14. Jh. der Hanse bei. Während des Siebenjährigen Kriegs wurde Kolberg dreimal von den Russen belagert und 1761 eingenommen. Nach der Schlacht bei Jena und Auerstedt, die mit der Niederlage Preußens endete, belagerten Napoleons Truppen sechs Monate lang die Stadt, ohne sie einzunehmen. Diese Geschichte diente als Vorlage für den im Januar 1945 in die Kinos gekommenen nationalsozialistischen **Durchhaltefilm »Kolberg«** mit Heinrich George. Beim Vormarsch der Roten Armee 1945 wurde Kolberg zu 90 % zerstört. Die Altstadt ist teilweise wieder aufgebaut.

*Strand-schönheit*

## ❚ Wohin in Kołobrzeg?

### Phönix aus der Asche
Das herausragende Baudenkmal im Stadtzentrum ist die Marienkirche (Kolegiata N. P. Marii), eine monumentale Backsteinkirche mit wehrhafter Westfassade. Die 1321 bis 1331 erbaute dreischiffige Kollegiatskirche wurde in der zweiten Hälfte des 14. Jh.s um zwei niedrigere Seitenschiffe erweitert; ein mächtiges Satteldach fasst die fünf Schiffe zu einer »Staffelhalle« zusammen. Der nach dem Zweiten

Marienkirche und Rathaus

## ZIELE
### KOŁOBRZEG · KOLBERG

Baden, in die Ferne schauen, eine Schiffspartie machen am Strand von Kołobrzeg

Weltkrieg wiederhergestellte Sakralbau besitzt noch wertvolle Stücke seiner ursprünglichen Ausstattung, so das bronzene Taufbecken (1355) von Johann Alart, gotische Altäre und Reste der Wandmalerei. Das **Rathaus**, ein neugotischer Dreiflügelbau nordöstlich der Marienkirche, entstand 1829 bis 1832 nach Plänen von **Karl Friedrich Schinkel** an der Stelle eines gotischen Vorgängerbaus.

Waffenmuseum
Das Waffenmuseum (Muzeum oręża polskiego) zeigt große Mengen Kriegsgerät vom Mittelalter bis heute, von Armbrust bis Panzer.
ul. Armii Krajowej 13 | tgl. ab 9 Uhr | Eintritt: 28 zł
www.muzeum.kolobrzeg.pl

Strandleben und Fischermuseum
**Badespaß und harte Arbeit**
Längs der Küste führt ein **Spazierweg** mehrere Kilometer am hellen und feinsandigen Strand entlang. Das Wasser ist sauber und klar, Baden ein Vergnügen. Vom 26 m hohen **Leuchtturm** genießt man den Ausblick aufs Meer, auf einer 220 m lange Mole spaziert man über die Ostseewellen. Schiffsausflüge starten an der Parsęta-Mündung.
An der Promenade macht das Muzeum 6D mit der **Lebenswelt der Fischer vor 100 Jahren** vertraut. Besucher werden mit einer 3D-Brille ausgestattet und dürfen Überraschungen aus allen Richtungen erwarten: Es bläst der Wind, die Möwen kreischen – und dazu Geschichten vom harten Alltag der Fischer, auch auf Deutsch.
**Muzeum 6D:** ul. Rodziewiczówny 15 | tgl. 10.30–16.30 Uhr
Eintritt: 20 zł | www.muzeum6d.pl

# ZIELE
KOŁOBRZEG · KOLBERG

## KOŁOBRZEG ERLEBEN

### TOURISTENINFORMATION
ul. Armii Krajowej 12
Tel. 94 355 13 20
https://kolobrzeg.de

### FIDDLER'S GREEN TAWERNA
Stilvoller Pub mit Livemusik in der Altstadt Burger und Pizza.
ul. Dubois 16c
tel. 94 354 60 73

### UNDERGROUND
In dem beliebten Pub geht freitags und samstags die Post ab.
ul. Dworcowa 10
Tel. 711 29 44
www.discounderground.pl

### SHUUM BOUTIQUE WELLNESS HOTEL €€€
In Kolberg gibt es längs des Parkgürtels viele gute Hotels, doch besonders erholsam ist ein Urlaub im Viersternehaus Shuum. Der Service ist perfekt, das Frühstücksbüfett ist reich an Bioprodukten, der große Indoor-Pool, die Massagen und verglasten Saunen halten den Körper in Schwung. Und zum Meer sind es nur wenige Schritte.
ul. T.Kościuszki 17
Tel. 94 355 40 13
www.shuumhotel.pl

### NEW SKANPOL €€
Von außen präsentiert sich das zwischen Bahnhof und Altstadt gelegene Mittelklassehotel als graue Eminenz, von innen licht und freundlich in den Farben des Meeres. Für einen Schuss Witz sorgen originelle Plakate polnischer Künstler an den Wänden.
ul. Dworcowa 10
Tel. 94 3 52 82 12
https://newskanpol.pl

### DOMEK KATA €€
Im ehemaligen Henkerhaus beim Rathaus wird auf drei Etagen fantasievoll gekocht – Fisch- und Fleischspezialitäten stehen im Fokus.
ul. Ratuszowa 1
Tel. 94 3 54 66 35

### MIKADO BEACH CLUB €–€€
Bei Sonnenschein sitzt man auf der Dachterrasse oder an der Promenade, sonst im ersten Stock mit Meerblick. Gute Fischgerichte, Salate und hausgemachte Desserts.
Bulwar J. Szymańskiego 10
Tel. 609 000 125
www.mikado-restauracja.pl

## | Rund um Kołobrzeg

### Jachten bestaunen
Cammin (Kamień Pomorski), der ruhige Kurort am Camminer Haff, ca. 60 km westlich von Kołobrzeg gelegen, ist allein schon wegen seines neuen **Jachthafens** und seiner gotischen Kathedrale einen Abstecher wert. Nordöstlich des Rynek, der mit spätgotischem Rathaus und umliegenden Bürgerhäusern originalgetreu rekonstruiert

*Kamień Pomorski*

## ZIELE
KOŁOBRZEG · KOLBERG

wurde, steht auf einer Anhöhe die **St.-Johannes-Kathedrale** (Katedra św. Jana). Sie blieb von den Zerstörungen des Zweiten Weltkriegs verschont. Von der überwiegend barocken Ausstattung fällt die 1669 gebaute, reich verzierte Orgel auf. Sie erklingt beim alljährlich im Sommer stattfindenden Orgelmusik-Festival genießen.

**Spaziergang durch die Vergangenheit**

Koszalin  Die mittelpommersche Industriestadt Koszalin (Köslin), 44 km östlich von Kołobrzeg, konnte nach Stadtbränden im Spätmittelalter und Zerstörungen in den Weltkriegen einige wenige historische Bauwerke bewahren. In der gotischen Marienkirche sind ein gotisches Kruzifix, ein Taufbecken aus dem 13. Jh. sowie die Heiligenfiguren des Hochaltars vom Anfang des 16. Jh.s erhalten.

In einer ehemaligen, noch vollständig ausgestatteten **Wassermühle** aus der Mitte des 19. Jh.s ist das **Stadtmuseum** (Muzeum w Koszalinie) mit Exponaten zur Geschichte Köslins und Pommerns untergebracht. Das angeschlossene Freilichtmuseum zeigt typische Bauernhäuser und Fischerkaten aus der Region.

**Muzeum w Koszaline:** ul. Młyńska 37 | Di.–So. 10–17, im Winter 10 bis 16 Uhr | Eintritt: 10 zł | www.muzeum.koszalin.pl

**ZIELE**
KRAKÓW · KRAKAU

»Majestätisch« ist die passende Bezeichnung für den Rynek von Krakau: von links nach rechts die Marienkirche, die Tuchhallen und der Rathausturm.

# ★★ KRAKÓW · KRAKAU

**Wojewodschaft:** Małopolskie | **Höhe:** 220 m ü.d.M.
**Einwohner:** 780 000

*Alte Steine und junge Leute, mehr als 100 Kirchen und überschäumende Lebenslust, urpolnische Traditionen und multikulturelles Flair – all das ist Krakau, die ehemalige Hauptstadt des Landes und das beliebteste Reiseziel in Polen. Seit mehr als 1000 Jahren wird an Krakaus Schönheit gefeilt, und kein Krieg hat die Stadt je zerstören können. So kann man an den Ufern der Weichsel ein wunderbar harmonisches Stadtensemble entdecken.*

O/P 12

Erstmals erwähnt wird Krakau 965/966 von Ibrahim Ibn Jakub, einem Kaufmann aus dem andalusischen Córdoba. Nach der Gründung eines Bistums um 1000 entstand auf dem Wawel-Hügel die erste Kathedrale. Mitte des 11. Jh.s, unter Fürst Kazimierz Odniwiciel dem

Heimliche Hauptstadt

## ZIELE
KRAKÓW · KRAKAU

Erneuerer, avancierte Krakau zum politischen Zentrum des Landes, das Stadtrecht kam 1257. Mit der Krönung von **Władysław Łokietek**, der die Teilfürstentümer zu einem polnischen Staat vereinte, wurde Krakau 1320 offizielle Hauptstadt. Besonders großartig entwickelte sich die Stadt unter König **Kazimierz Wielki** (1333 bis 1370): Mit nahezu ganz Europa pflegte man intensive Handelsbeziehungen, und 1364 wurde hier die erste Hochschule Polens, die **Akademia Krakowska**, gegründet. Das »goldene Zeitalter« Krakaus waren die Jahre 1506 bis 1572, die Zeit der letzten Jagiellonen-Könige Zygmunt I. Stary (▶ Interessante Menschen) und dessen Sohn Zygmunt August. Zygmunt I. baute das Königsschloss auf dem Wawel aus; neben der Kathedrale errichtete er für seine Familie eine Grabkapelle. 1596 verlegte Zygmunt III. die Hauptstadt nach Warschau, näher zu den litauischen Reichsteilen; Krakau blieb aber **Krönungsstadt** und Grablege der polnischen Könige.

Durch die dritte Teilung Polens 1795 fiel Krakau an **Österreich**. Der Wawel wurde zur Kaserne, die meisten Basteien abgerissen. Bis 1918 blieb die Stadt – mit Unterbrechung von 1809 bis 1846 – Teil des Habsburgerreichs.

Im September 1939 wurde Krakau Ssitz des **»Generalgouvernements«** (▶ S. 385); auf dem Wawel residierte Generalgouverneur Hans Frank. Die jüdische Bevölkerung, ca. 20 % der Einwohnerschaft, wurde ermordet; die polnische Intelligenz eliminiert: Am 6. November 1939 wurden mit der »Sonderaktion Krakau« 183 Hochschullehrer in Konzentrationslager deportiert.

Kurz vor Kriegsende wollten die Deutschen die Stadt sprengen, was die Sowjets verhinderten, sodass Krakau fast unbeschädigt aus dem Krieg hervorging. 1978 wurde die Altstadt von der UNESCO als erste städtische Anlage Europas zum **Weltkulturerbe** erklärt.

## ★★ Rynek Główny

**Der Platz der Plätze**

Hauptmarkt   Der Hauptmarkt Krakaus, **einer der größten mittelalterlichen Plätze Europas**, bildet das Herz der Stadt. Im Jahr 1257 angelegt, hat er bis heute seine authentische architektonische Anlage behalten. Viele Jahrhunderte lang war der Rynek Zentrum des öffentlichen Lebens und des Handels sowie Ort der Gerichtsbarkeit.

**Historisches Ambiente für die Kunst**

Tuchhallen   Die einstigen Tuchhallen (Sukiennice), 1257 gebaut, stehen in der Mitte des Rynek. Nach dem Brand von 1555 wurden sie mit Attiken im Stil der Spätrenaissance ausgestattet und 1875 bis 1879 mit **neugotischen Arkaden** versehen. Heute befinden sich hier Geschäfte und Cafés. Im ersten Stock ist eine Abteilung des Polnischen Natio-

## ZIELE
### KRAKÓW · KRAKAU

nalmuseums untergebracht: die **Galerie Polnischer Malerei und Plastik des 18. und 19 Jh.s**, u. a. mit Werken von Jan Matejko, Józef Chełmoński und Henryk Siemiradzki.

# KRAKÓW ERLEBEN

**TOURISTENINFORMATION**
pl. Wszystkich Świętych 2
Tel. 12 354 27 23
auch in den Tuchhallen
http://www.krakow.travel/de
http://infokrakow.pl

**KRAKAU ZU FUSS**
Fast alle Sehenswürdigkeiten konzentrieren sich in der Altstadt und können zu Fuß erkundet werden. Führungen auf Deutsch bietet der lizenzierte Stadtführer Christian Vogt.
www.stadtfuehrung-krakau.de

Unterhalb der Burg starten Ausflugsschiffe zu Fahrten auf der Weichsel, u.a. nach Tyniec (▶ S.185)
Mai – Sept. tgl. ab 9.30 Uhr

Highlight im Sommer ist das »Festival der Jüdischen Kultur« (Ende Juni/Anfang Juli), danach Events wie das »Festival des Straßentheaters« und »Musik im Alten Krakau«.

Viele nette Läden mit originellen Mitbringseln, Mode & mehr findet man in den Tuchhallen (Sukiennice) sowie in der ul. Floriańska und der ul. Grodzka.

**❶ ARIEL €€**
Das stimmungsvolle Kneipenrestaurant war das erste, das in den 1990er-Jahren im jüdischen Viertel Kazimierz öffnete. Jeden Abend gibt es Livemusik – meist Klezmer, i.d.R. um 20 Uhr – es empfiehlt sich, spätestens am Nachmittag einen Platz zu reservieren. Zur Musik gibt es gute polnische Küche.
ul. Szeroka 18
Tel. 512 093 205
www.ariel-krakow.pl

**❶ QUBUS €€€**
Viersterne-Glaspalast am südlichen Weichselufer im Viertel Podgórze, eine Fußgängerbrücke führt ins jüdische Kazimierz. Von vielen Räumen blickt man auf die Weichsel, aussichtsreich (auf Augenhöhe mit dem Wawel!) ist auch der Innenpool im obersten Stock. Ein Gratis-Bootsshuttle fährt zur Königsburg.
ul. Nadwiślańska 6
Tel. 12 3 74 51 00
www.qubushotel.com

**❷ WARSZAWSKI €**
Am schick gestalteten Platz vor dem Hauptbahnhof, unmittelbar vor den Pforten der Altstadt, steht seit 1891 das Warszawski. Für wenig Geld wird hier viel geboten: Blitzblanke, komfortable Zimmer, Marmorbäder mit verspiegelter Decke, ein üppiges Frühstücksbuffet und liebenswertes Personal.
ul. Pawia 6
Tel. 12 4 24 21 00
www.hotelwarszawski.pl

**❶ WIERZYNEK €€€**
Bereits 1364 lud Mikołaj Wierzynek Könige und Fürsten zum Gipfeltreffen. In der sozialistischen Zeit Polens dinierten hier Staatsgäste von Bush senior über Michail Gorbatschow bis Fidel Castro. Und noch immer speist

## ZIELE
### KRAKÓW · KRAKAU

man in den stilvollen Sälen vorzüglich auf altpolnische Art.
Rynek Główny 16
Tel. 695 066 066
http://wierzynek.pl

❷ SZARA €€
Elegantes Bistro am Hauptplatz in Kazimierz. Spezialitäten sind Hering auf dreierlei Art, Lachs auf Kartoffelpuffer und die gehaltvolle Fischsuppe.
ul. Szeroka 39 | Tel. 12 4 29 12 19

❸ JAREMA €–€€
Wie in der guten Stube: Die Tische sind mit Blümchendecken und frischen Rosen eingedeckt. Auch beim Essen wird die Zeit zurückgedreht. Frau Elżbieta serviert Gerichte aus Polens verlorenen Ostgebieten, u. a. litauische Kaltschale, Wild auf Weißrussisch und ukrainische Klöße, dazu »kwas chlebowy«, ein Brotteiggetränk. Abends Folkmusik live.
pl. Matejki 5, Stadtteil Kleparz
Tel. 12 4 29 36 69
www.jarema.pl

❹ CAMELOT €
Nah am Rynek, trotzdem fernab vom Trubel: Café mit schöner Terrasse uund günstigen kleinen Gerichten.
Św. Tomasza 17
Tel. 12 4 21 01 23

❺ BOTTIGLIERIA 1881 €€€
Seit Michelin an das Restaurant in Kazimierz zwei Sterne vergab, ist es nötig zu reservieren. Probieren Sie das Degustationsmenü, jedes Gericht ein kleines Kunstwerk!
Ul. Bochenska 5
Tel. 660 661 756
www.1881.com.pl

---

Das größte unterirdische Museum Polens (Podziemia Rynku) erstreckt sich direkt unter den Tuchhallen. Als **Zweigstelle des Historischen Museums** stellt es multimedial die Geschichte der Stadt vor und präsentiert archäologische Funde aus tausend Jahren großer Vergangenheit.
**Kunstgalerie:** Di.-So. 10-18 Uhr | Eintritt: 32 zł | http://mnk.pl
**Podziemia Rynku:** April-Okt. Mo. 10-20, Di. 10-16, Mi.-So. 10-22, Nov.-März Mo. u. Mi.-So. 10-20, Di. 10-16 Uhr | Eintritt: 19 zł | www.podziemiarynku.pl

Der bei den Tuchhallen 70 m hoch aufragende Turm ist einziger Rest des mittelalterlichen gotischen **Rathauses**, das Anfang des 19. Jh.s abgerissen wurde. Sein barocker Turmhelm stammt vom Ende des 17. Jahrhunderts. Im Obergeschoss stellt das Krakau-Museum aus; im Untergeschoss gibt es ein Café. Benachbart war das Gefängnus mit Folterkammer. Todesurteile wurden auf dem Platz zwischen Marienkirche und Grauem Haus (Rynek 6) vollstreckt.  *Rathausturm*
**Rathausturm:** Mo. 11-15, Di.- So. bis 18 Uhr | Eintritt: 18 zł inkl. Palais Krzysztofory | https://muzeumkrakowa.pl/en

### Eiin merkwürdiges Trompetensignal
Die **Marienkirche** (Kościół Mariacki) in der Nordostecke des Rynek zählt zu den schönsten gotischen Kirchen Polens. Chor und Schiff stammen aus dem 14. Jh.; im 15. Jh. wurden Seitenkapellen angebaut

Marienkirche

# 6x ERSTAUNLICHES

*Überraschen Sie Ihre Reisebegleitung: Hätten Sie das gewusst?*

## 1.
### MAMMUT-CHRISTUS
In **Świebodzin** breitet ein 36 m hoher und 440 Tonnen schwerer Christus auf einem 16,5 m hohen Hügel seine Arme aus. Er übertrumpft damit sein Vorbild – Christo Redentor in Rio de Janeiro! (▶ **S. 355**)

## 2.
### PANORAMA VON RACŁAWICE
Mit 114 m Länge – kreisförmig aufgespannt – gehört das **Breslauer Gemälde** zu den größten der Welt. Detailreich bebildert es den Sieg der Polen über die Russen 1794. (▶ **S. 344**)

## 3.
### POSENER BAMBERGER
Hinter dem Posener Rathaus steht eine schwer beladene **»Bamberka«** – die Skulptur einer Bambergerin mit Wassertrögen, die an süddeutsche Migranten erinnert, die im 18. Jh. beim Aufbau der kriegszerstörten Region halfen. (▶ **S. 249**)

## 4.
### TURMBLÄSER
Zu jeder vollen Stunde bläst ein Posaunist auf dem **Turm der Krakauer Marienkirche** ins Horn. Ein Klang, der täglich um 12 Uhr mittags im nationalen Radio übertragen wird. (▶ **S. 171**)

## 5.
### CHOPINS HERZ
An einer Säule der **Warschauer Heiligkreuzkirche,** unweit der letzten Wohnung des Komponisten, steht: »Wo dein Schatz ist, dort ist auch dein Herz«. Das Herz des in Paris bestatteten Chopin ruht in einer Urne in der Kirche. (▶ **S. 320**)

## 6.
### ESPERANTO
Der jüdische Arzt Ludwik Zamenhof aus dem multikulturellen **Białystok** schuf mit Esperanto eine »Sprache der Hoffnung«. Die Kunstsprache sollte Menschen über alle Sprachgrenzen hinweg verbinden und Kriege verhindern. (▶ **S. 51**)

und Mitte des 18. Jh.s eine spätbarocke Vorhalle, durch die man die Kirche betritt. Zwei Türme besitzt die Kirche: Während im niedrigeren vier Glocken hängen, wird vom höheren jede Stunde ein sonderbares Trompetensignal geblasen: Der **»Hejnal Mariacki«**, eine anmutige Melodie, bricht im schönsten Moment unvermittelt ab. Mit dieser Dissonanz wird an jenen Turmwächter erinnert, der die Krakauer 1241 vor den nahenden Mongolen warnen wollte, doch mitten im Alarm von einem feindlichen Pfeil durchbohrt wurde. Man kann die vielen Stiegen hinaufsteigen und wird mit einem fantastischen Blick über ganz Krakau belohnt.

Im Chor steht der berühmte **Veit-Stoß-Altar**. Der mehrflügelige Altar aus Lindenholz wurde 1477–1489 vom Bildhauer und Bildschnitzer Veit Stoß (1447–1533) geschaffen, der aus Horb am Neckar stammte und von 1477 bis 1489 in Krakau tätig war. Die knapp 3 m hohen Skulpturen im mittleren Teil stellen den Tod Mariens dar, die Felder der Seitenflügel Szenen aus dem Leben Marias und Jesu, im Altaraufsatz ist die Krönung Mariens zu erkennen. In einem barocken Altar des südlichen Seitenschiffs befindet sich eine weitere Skulptur von Veit Stoß, ein steinernes Kruzifix von 1489, eine Auftragsarbeit für den Münzmeister Heinrich Slacker. Daneben steht der Renaissancealtar des Hl. Sakraments – ein Werk aus Marmor und Alabaster des italienischen Architekten **Gian Maria Padovano**. Die Wandgemälde (1889–1891) wurden von **Jan Matejko** entworfen und von seinen Schülern ausgeführt.

Kirche: Eingang Mariacki-Platz | Mo. – Sa. 11.30 – 18, So. 14 – 18 Uhr Eintritt: 15 zł | **Wächterturm:** Juni – Okt. Di. – Sa. 10 – 17.30, So. 13 – 17.30 alle 30 Min. | Eintritt: 20 zł | https://mariacki.com/en

### Klein, aber mit Barockorgel

Die kapellenartige, barock ausgestattete **Adalbertkirche** (Kościół św. Wojciecha), steht nahe beim Adam-Mickiewicz-Denkmal südöstlich der Tuchhallen. Sie ist Adalbert von Prag gewidmet, dem Schutzpatron Polens. Ihre Mauern aus Kalksteinblöcken und das Portal zur ul. Grodzka hin sind Reste eines romanischen Vorgängerbaus aus dem 12. Jh., die höheren Partien der Wände und die ovale Kuppel stammen aus dem 17. Jh.; die Orgel wurde 1740 eingebaut.

Adalbertkirche

### Krakauer Stadtgeschichte

Das im barocken Palais Krzysztofory in der Nordwestecke des Platzes untergebrachte **Historische Museum** wird umfassend saniert. Nach Abschluss der Arbeiten präsentiert es dann wieder kostbare Exponate aus Geschichte und Kultur Krakaus, u. a. das erste bekannte Panorama der Stadt aus Hartmann Schedels »Weltchronik«, die 1493 in Nürnberg erschien.

Historisches Museum

Rynek Główny 35 | Mi. – So. 10 – 17 Uhr | Eintritt: 28 zł
https://muzeumkrakowa.pl

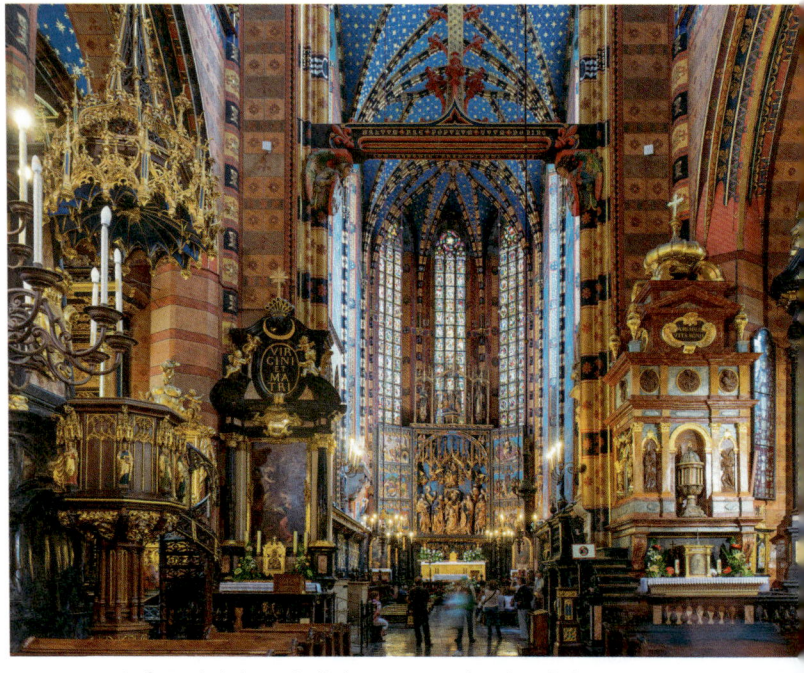

Große Pracht in der Marienkirche. Im Zentrum der Veit-Stoß-Altar

**Ehrwürdige Hallen für Lehre und Forschung**

Collegium Maius und St.-Anna-Kirche

Das **älteste noch erhaltene Gebäude der alten Universität** in der ul. Jagiellońska, um einen Arkadenhof gruppiert, entstand Ende des 15. Jh.s als Unterrichtsgebäude und Wohnhaus für die Professoren. In den Sälen finden Vorlesungen statt, in der früheren Bibliothek tagt der Senat, die Aula wird für akademische Feiern genutzt. In dem Gebäude ist auch das **Universitätsmuseum** (Muzeum Universytetu Jagiellońskiego) untergebracht. Gezeigt werden neben Dokumenten und Exponaten zur Geschichte der Hochschule alte Forschungsapparate und astronomische Instrumente. Der seit 1487 bestehende und lange vernachlässigte **Professorengarten** wurde restauriert.

Die **St.-Anna-Kirche** (Kościół akademicki św. Anny), eines der schönsten Baudenkmäler in Krakau, steht in der vom Rynek nach Westen abgehenden ul. Św. Anny. Sie entstand 1689 bis 1703 als Universitätskirche. Der Bau wurde von dem niederländischen Architekten Tylman van Gameren entworfen und mit herrlichem Stuck des italienischen Künstlers Baldassare Fontana geschmückt. Die Fresken stammen von dem schwedischen Maler Karl Dankwart. Der Hauptaltar zeigt ein Bild der hl. Anna von Jerzy Eleuter Siemiginowski, dem Hofmaler Jan Sobieskis. Im rechten Schiff ist das interessant gestaltete **Grabmal des hl. Jan** zu sehen; den Sarg mit den sterblichen Überresten des Heiligen (1390–1472) stützen allegorische Figuren, die die Fakultäten der Lehranstalt symbolisieren.

Muzeum Uniwersytetu Jagiellońskiego: ul. Jagiellońska 15 | Mo.–Fr. 10–15.30, Sa bis 14.30 Uhr | Eintritt: 15 zł | **Professorengarten:** tgl. 9–16 Uhr | https://maius.uj.edu.pl

### Grüngürtel

Der mit zahlreichen, vorwiegend aus dem späten 19. Jh. stammenden Denkmälern ausgestattete Planty-Park, ein etwa 3 km langer und 20 ha großer Grüngürtel rund um die Altstadt, ist ein beliebter Spazierweg. Er wurde Mitte des 19. Jh.s anstelle der abgerissenen Wehrmauern auf aufgefüllten Gräben angelegt.

Planty-Park

### Tempel der Kunst

Das **Nationalmuseum**, in östlicher Richtung, jenseits des Planty-Parks gelegen, zeigt eine umfangreiche Sammlung von Kunst und Kunsthandwerk. Die Exponate reichen von Waffen und Rüstungen bis hin zu Möbeln, Vasen, Schmuck- und Reliquienkästchen bis zur **Galerie polnischer Kunst des 20. Jh.s** mit Werken polnischer Malerei und Bildhauerei von 1890 bis zur Gegenwart.

Nationalmuseum

al. 3 Maja 1 | Di.–So. 10–18 Uhr | Eintritt: 32 zł | http://mnk.pl

## Nördlich vom Rynek

### Tore und Türme

Die Befestigungsanlagen entstanden ab dem Ende des 13. Jh.s; im 18. Jh. waren es sieben Tore und 47 Basteien. Anfang des 19. Jh.s wurde ein Großteil der zerfallenden Mauern abgerissen, erhalten blieb nur ihr nördlicher Teil mit drei Basteien, dem runden gotischen Wehrturm **Barbakane** aus dem ausgehenden 15. Jh. und dem **Florianstor** (Brama Floriańska).

Reste der Stadtbefestigung

### Ein berühmtes Gemälde

Das Czartoryski-Museum, eine Abteilung des Nationalmuseums, zeigt Waffen, Kunsthandwerk, Antiken aus Griechenland und Rom sowie herausragende Werke europäischer Malerei von der Renaissance bis ins 18. Jh., darunter »Hl. Lucretaia« von Lucas Cranach d. Ä. und als Höhepunkt **»Die Dame mit dem Hermelin« von Leonardo da Vinci**. »Generalgouverneur« Hans Frank nahm es bei seiner Flucht 1944 mit, US-Truppen fanden es in seinem Landhaus in Bayern und brachten es zurück nach Krakau.

Czartoryski-Museum

ul. św. Jana 19 | Di.–So. 10–18 Uhr | Eintritt: 60 zł | http://mnk.pl

## ZIELE
KRAKÓW · KRAKAU

### Auf einen Kaffee

Floriansgasse
Die vom Florianstor nach Süden abgehende **Floriansgasse** (ul. Floriańska) – im Mittelalter die bedeutendste Handelsstraße Krakaus – säumen Bürgerhäuser mit schmuckvollen Fassaden und prächtigen Portalen. Im Haus Nr. 45 wartet **das berühmteste Kaffeehaus Polens**, das Café »Jana Michalika«.

Das Geburtshaus des **Historienmalers Jan Matejko** (1838 – 1893) im Haus Nr. 41 birgt zahlreiche Erinnerungsstücke, Skizzen und Zeichnungen, ferner alte Trachten, Militaria und Kunsthandwerk aus den Sammlungen des 1838 in Krakau geborenen und dort 1893 auch gestorbenen Künstlers.

**Dom Jana Matejki:** ul. Floriańska 41 | Di. 10–18, Mi.–So. bis 16 Uhr Eintritt: 18 zł | http://mnk.pl

### Eine große Schlacht

Jan-Matejko-Platz
Durch das Florianstor und jenseits des Planty kommt man zum Jan-Matejko-Platz. Hier erinnert das 1910 zum 500. Jahrestag enthüllte **Denkmal** an den Sieg der polnisch-litauischen Truppen über den Deutschen Orden in der Schlacht bei Grunwald (▶ S. 221). Dargestellt sind König Władysław Jagiełło und der litauische Großfürst Witold, zu dessen Füßen der tote Großmeister des Deutschen Ordens liegt, Ulrich von Jungingen. Dem Denkmal gegenüber liegt das Grab des Unbekannten Soldaten.

Am Jan-Matejko-Platz begann vor Jahrhunderten der **Droga Królewska**, der Königsweg: Von hier aus machten sich die Gefolgsleute des Königs zur Krönung oder zu einer Beisetzung auf.

## Südlich vom Rynek

### Überschwang und Strenge

Pfarrkirche St. Peter und Paul, Andreaskirche
Die **Pfarrkirche St. Peter und Paul** ist die erste Barockkirche in Krakau. Sie wurde 1605 bis 1619 von Giovanni Trevano nach dem Vorbild der römischen Kirche Il Gesù erbaut. Der Platz vor der Kirche ist von der Straße durch Steinfiguren der zwölf Apostel, Kopien von Skulpturen aus dem 18. Jh., abgetrennt. Die Stuckdekoration stammt von Gian Battista Falconi.

Die **Andreaskirche** (Kościół św. Andrzeja) ist mit der Kirche St. Peter und Paul durch eine gemeinsame Einfriedung aus dem 18. Jh. verbunden. Diese **älteste Kirche Krakaus**, die ohne Unterbrechung genutzt wurde, wurde 1079 bis Ende des 12. Jh.s erbaut und ist zugleich eines der am besten erhaltenen romanischen Baudenkmäler in Polen. Ihre strenge romanische Fassade weist zwei Türme mit Helmen aus dem Jahr 1639 auf. Anfang des 14. Jh.s kam die Kirche zum Klarissinnenorden, der sie noch heute unter seiner Obhut hat. Die Ausstattung ist spätbarock.

**ZIELE**
KRAKÓW · KRAKAU

## ⭐⭐ Wawel-Hügel · Wzgórze Wawelskie

**Burg:** Besucherzentrum tgl. 9–19 Uhr | Tel. 12 422 51 55
Ticketverkauf im Besucherzentrum Mo. 9–12.20 u. Di.–So. 9–16.20,
am Herbowa-Tor Mo. 9–12.15 u. Di.–So. 9–16.15 oder online | Audioguides auch auf Deutsch | https://wawel.krakow.pl
**Kathedrale und Kathedralmuseum:** Mo.–Sa. 9–17, So. (nur Kathedrale) 12.30–17, Nov.–März jew. bis 16 Uhr | Eintritt 22 zł
www.katedra-wawelska.pl/en

### Der Weg auf den Wawel

Der Wawel, der Burgberg mit Schloss und Kathedrale am südlichen Stadtrand von Krakau, war bis 1596 der Sitz der Herzöge und Könige Polens. Üblicherweise ersteigt man ihn von der ul. Kanonicza aus, entlang einer Ziegelmauer mit grauen Platten, den sog. **»Wawel-Ziegeln«**: Sie nennen Namen von Institutionen und Personen, die die Erneuerung des Wawel nach dem Ersten Weltkrieg unterstützten.
Von Oktober 1939 bis Anfang 1945 war die Burg Amtssitz des »Generalgouverneur«s Hans Frank, der 1946 bei den Kriegsverbrecherprozessen in Nürnberg zum Tod verurteilt wurde.

*Burgberg*

### Krönungskirche und Mausoleum

Die Kathedrale (Kościól Katedralny św. św. Wacława i Stanisława) wurde als dritte Kirche an dieser Stelle im 14. Jh. erbaut, gestiftet von König **Władysław Łokietek**. Seit seiner Regierungszeit wurden die polnischen Herrscher, mit wenigen Ausnahmen, auf dem Wawel

*Kathedrale*

### EIN SPIRITUELLER KRAFTORT

Hindu-Gott Shiva warf sieben magische Steine,
die Chakren, und einer davon landete an der Weichsel –
dort, wo heute Polens wichtigste Kathedrale thront.
Noch heute vermuten New-Age-Jünger hier einen
der wichtigsten Kraftorte der Erde. Und so mancher
begibt sich auf die Suche nach dem Stein, der in
der unterirdischen St. Gereon-Kapelle vermauert sein
soll, um spirituelle Energie zu tanken. Mitsuchen?

**ZIELE**
KRAKÓW · KRAKAU

gekrönt und beigesetzt; man zählte 37 Krönungen von Königen und Prinzen. Am Grab des hl. Bischofs Stanisław legten die Könige Kriegstrophäen zum Dank nieder. Vom 19. Jh. an wurden in den Gewölben Nationalhelden und Dichter beigesetzt.

Die stattliche Kathedrale ist umgeben von Kapellen aus mehreren Epochen; die prächtigste, die **Sigismundkapelle** (Kaplica Zygmun-Towska) aus der Renaissance, ist mit einer goldenen Kuppel gekrönt, ein Werk des Florentiners Bartolomeo Berecci. In einer Nische steht das zweistöckige **Grabmal der beiden letzten Könige der Jagiellonen-Dynastie**, Zygmunt I. Stary und dessen Sohn Zygmunt August (16. Jh.). Der Altar dort bezteht teilweise aus getriebenem Silber, ein eindrucksvolles Gemeinschaftswerk Nürnberger Künstler aus dem 16. Jahrhundert.

Im Hauptschiff der dreischiffigen Basilika erhebt sich ein großer Barockaltar, das **Mausoleum des hl. Stanisław**, Bischof und Schutzpatron Polens. Der im 17. Jh. in Danzig angefertigte silberne Sarg mit einer Reliquie des 1079 verstorbenen Heiligen ist mit Reliefs verziert, die Szenen aus seinem Leben zeigen. Zwischen dem Eingang und dem Mausoleum des hl. Stanisław stehen die Sarkophage der Könige.

Zuletzt kann man steile Stiegen zur **Sigismund-Glocke** hinaufsteigen. Die »Zygmunt«, benannt nach ihrem Stifter König Sigismund dem Alten, hängt unter schwerem Eichengebälk. 1520 von dem Nürnberger Hans Beham gegossen, ist sie mit einem Durchmesser von 2,4 m und einem Gewicht von 11 t die größte Glocke Polens. Wer sie berührt, hat einen Wunsch frei – so weiß es die Legende.

Das **Muzeum Katedralne Katedry Wawelskiej** ist in Wohngebäuden aus dem 15. Jh., die zur Kathedrale gehörten, untergebracht. Gezeigt werden liturgische Gegenstände und Gewänder, historische Erinnerungsstücke sowie Kroninsignien und Andenken an Papst Johannes Paul II., vormals Kardinal Karol Wojtyła.

### Der Sitz des Königs

Königs-
schloss

Das Schloss auf dem Wawel war über Jahrhunderte das **Zentrum des politischen und kulturellen Lebens**, zunächst als Residenz der Piasten, dann der Jagiellonen, schließlich der Wasa. Zuerst stand hier ein romanisches Bauwerk, seit dem 14. Jh. eine mächtige gotische Burg. Als diese 1499 abbrannte, ließ König Zygmunt I. Stary ein repräsentatives Schloss im Stil der Renaissance errichten, das Vorbild für zahlreiche Schlösser in Polen wurde. Im 14. und 15. Jh. hat man das Burggelände mit Ringmauern umgeben, von denen noch einige Reste erhalten sind. Hinzu kamen **Backsteintürme**, darunter der Senatorenturm, der Sandomierzer Turm und der Diebesturm.

Das Schloss hat einen **fünfeckigen Innenhof mit Säulenarkaden**, die nur an der Südwestseite durch das Gebäude der königlichen Küche unterbrochen wurden. Ende des 16. Jh.s wurde der Nordflügel des Schlosses im Barockstil umgebaut.

**ZIELE**
KRAKÓW · KRAKAU

Unter der goldenen Kuppel der Grabkapelle der Wawelburg ruhen die letzten Jagiellonenkönige.

Die Besichtigung der »Staatlichen Kunstsammlungen« – bestehend aus den privaten und repräsentativen Königlichen Gemächern, dem Kronschatz, der Rüstkammer, den Ausstellungen »Die Kunst des Orients« und »Der verschollene Wawel« und der Drachenhöhle – führt durch die einstmals nur für die Dienerschaft und die höfische Verwaltung vorgesehenen Säle im Erdgeschoss über die Gesandtentreppe in den ersten Stock zu den Privaträumen des Königs und zu den prunkvollen Repräsentationsräumen im zweiten Geschoss, die von einer umlaufenden Säulengalerie abgehen. Der **Audienzsaal** besitzt eine einzigartige Kassettendecke mit etwa 30 – von ursprünglich 194 – holzgeschnitzten Charakterköpfen. Der schöne Fries unterhalb der Decke ist ein Werk von **Hans Dürer**, dem Bruder Albrecht Dürers.

Die völlig neu gestalteten privaten **Königlichen Gemächer** und die **Repräsentationsräume** im ersten und zweiten Stock zeigen Interieurs wie Textilien, Möbel, Kachelöfen und Porzellan. Zu sehen sind auch einige originale architektonische Details wie Portale, Kamine, Friese und Stuckdekorationen. Besondere Aufmerksamkeit verdienen die **»Arazzi«**: Die nach der französischen Stadt Arras benannten Bildteppiche, gefertigt im 15. und 16. Jh. v. a. in Arras und Brüssel, zeigen u. a. biblische Szenen und idealisierte Landschaften. Von den ursprünglich etwa 350 Teppichen sind 137 erhalten.

Der **Kronschatz**, ausgestellt im Erdgeschoss, zeigt u. a. das Schwert, das seit 1320 bei der Krönungszeremonie benutzt wurde. Die **Rüstkammer** versammelt neben einer Nachbildung des Banners des Deutschen Ordens, das 1410 in der **Schlacht bei Grunwald** erobert wurde, Waffen verschiedener Epochen, wertvolle Rüstungen, Schilde und mittelalterliche Henkerbeile.

Die Ausstellung **»Die Kunst des Orients«**, im Westflügel präsentiert orientalische Textilien, Keramiken und Waffen. Ein Highlight der Ausstellung sind **türkische Fahnen und Zelte**, die 1683 bei der Belagerung von Wien durch die Osmanen von König Jan III. Sobieski, dem Führer des polnischen Entsatzheeres, erbeutet wurden.

Die Dauerausstellung **»Der verschollene Wawel«** mit archäologischen Fundstücken sowie Modellen und Schautafeln wurde in den Kellerräumen der ehemaligen königlichen Küchen eingerichtet.

Über eine Wendeltreppe am Diebesturm ist die **Drachenhöhle** (Smocza Jama) an der Westseite des Wawel-Hügels zu erreichen. Hier soll der Legende nach der Wawel-Drache gehaust haben. Etwa 80 m der 270 m langen **Kalksteinhöhle** mit ihren geheimnisvollen Kammern und schlotartigen Felsspalten können besichtigt werden.

##  Kazimierz

### Vom Ghetto zum Szeneviertel

Geschichte  1335 bis 1791 war das von Kazimierz Wielki gegründete Kazimierz eine eigene Stadt. Der Marktplatz stand dem Krakauer Hauptmarkt nur wenig nach; von ihm ist nur ein Teil erhalten (pl. Wolnica).

Ende des 15. Jh.s ließ König Jan Olbracht die jüdische Bevölkerung Krakaus, die bis dahin in der Gegend des heutigen Universitätsviertels lebte, vertreiben und in Kazimierz in einem ummauerten Ghetto ansiedeln. Schon 1497 bauten sie eine erste Synagoge, 1521 folgte die erste hebräische Druckerei Polens. Bis 1939 war Kazimierz ein **jüdisches Viertel mit eigener Kultur und unverwechselbarem Charakter**. All das wurde während des Zweiten Weltkriegs zerstört, als zwischen 1941 und 1943 die deutschen Besatzer fast die gesamte jüdische Bevölkerung in den Konzentrationslagern Auschwitz und dem im Stadtgebiet liegenden **Plaszów** (ul. Jerozolimska 3) ermordeten und ihre Kunstdenkmäler zerstörten. Nach Kriegsende wurden nur die wertvollsten Geäude und Objekte restauriert. Seit der Wende hat man ganze Straßenzüge saniert, und heute ist Kazimierz Krakaus Szene-Viertel. Mit der Gründung des **Zentrums für Jüdische Kultur** (Fundacja Judaica) knüpfte man 1993 an die Vergangenheit des Viertels an. Es versteht sich als Treffpunkt für Juden aus aller Welt und macht durch Vorträge und andere Veranstaltungen, nicht zuetzt auch im Café, mit jüdischer Kultur vertraut.

ul. Rabina Meisela 17 | Programm unter www.judaica.pl

## ZIELE
KRAKÓW · KRAKAU

OBEN: Die Tempelsynagoge ist die jüngste der Krakauer Synagogen.
UNTEN: Eine ganz andere jüdische Kultur bieten die Restaurants von Kazimierz wie das Ariel (▶ S. 170).

## ZIELE
### KRAKÓW · KRAKAU

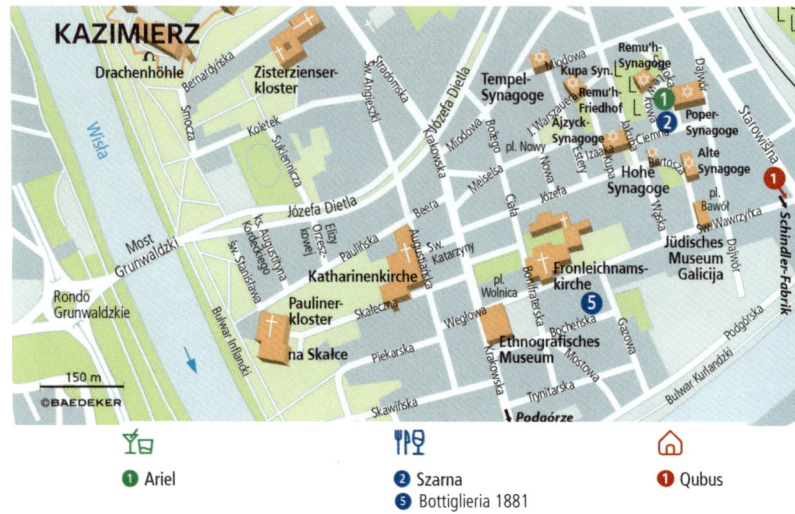

🍴 ❶ Ariel   🍽 ❷ Szarna   🏠 ❶ Qubus
        ❺ Bottiglieria 1881

### Jüdische Glaubenswelten

Synagogen
Die im 15./16. Jh. erbaute **Alte Synagoge** gehört zu den bedeutendsten Denkmälern sakraler jüdischer Architektur in Polen. In der Nachkriegszeit wurde sie im Stil der Gotik und Renaissance restauriert und darin mit dem **Jüdischen Museum** eine Abteilung des Nationalmuseums eingerichtet. Dokumentiert wird die Geschichte und Kultur der Krakauer Juden sowie die Judenverfolgung im Zweiten Weltkrieg.
1553 stiftete der Kaufmann Israel Isserle Auerbach die **Remuh-Synagoge** in der ul. Szeroka 40. Ihre Einrichtung wurde im Zweiten Weltkrieg zerstört und 1957 rekonstruiert. Seitdem dient sie wieder als jüdisches Gotteshaus. Ihren Namen erhielt sie zu Ehren des Sohnes des Stifters, des Philosophen und Rabbiners **Moses Isserle**, genannt **Remuh**. Der **Friedhof Remuh** wurde bereits 1533 angelegt und 1799 geschlossen. Das Grab des Rabbiners Remuh († 1572) ist Wallfahrtsstätte für orthodoxe Juden aus aller Welt.
Der Kaufmann Isaak Jakubowicz ließ die barocke **Isaak-Synagoge** gegen Mitte des 17. Jh.s erbauen. Prächtige Stuckelemente und Fresken im orientalisch-mauretanischen Stil zieren sowohl Decke als auch Frauenempore der Tempelsynagoge. Sie ist die jüngste, erst in der zweiten Hälfte des 19. Jh.s erbaute Synagoge Krakaus.

**Alte Synagoge:** ul. Szeroka 24 | Mo. 10-14, Di.-Fr.10 – 18 Uhr | Eintritt: 18 zł | www.mhk.pl | **Remuh-Synagoge und Friedhof:** ul. Szeroka 40 | tgl. außer Sa. ab 10 Uhr | Eintritt: 12 zł | https://gwzkrakow.pl | **Isaak – Synagoge:** ul. Kupa 18 | So.-Do.10 – 18, Fr. 9–14 Uhr | Eintritt: 12 zł | **Tempelsynagoge:** ul. Miodowa 24/ul. Podbrzezie tgl. 10 – 18 Uhr | Eintritt: 12 zł

Das Jüdische Museum Galicja erinnert in einem alten Mühlengebäude an das Leben und die Kulttur im jüdischen Galizien.
ul. Dajwór 18 | tgl. 10 – 18 Uhr | Eintritt: 20 zł | http://galiciajewishmuseum.org/en

Jüdisches Museum Galicja

### Zeugen religiöser Toleranz

Die **Fronleichnamskirche**, Mitte des 14. Jh.s unter König Kazimierz dem Großen erbaut, war die **Hauptpfarrkirche in Kazimierz** und gehört zu den prächtigsten gotischen Bauwerken des Landes. Ihr mächtiger Turm erhielt im 17. Jh. einen barocken Turmhelm. Die barocke Ausstattung des gotischen Innenraums ist ein wertvolles Zeugnis der Krakauer Schnitzkunst des 17. und 18. Jahrhunderts.

Christliche Kirchen

Gotische Architektur in reinster Form präsentiert die im 14. Jh. erbaute **Pfarrkirche St. Katharina** (Kościół św. Katarzyny) an der ul. Skałezna. Die prächtige Vorhalle vom Anfang des 15. Jh.s besitzt reichen Skulpturenschmuck, den frühbarocken Hauptaltar stifteten die Bürger von Kazimierz. Südlich schließt ein Kreuzgang an mit gotischen Wandmalereien aus dem 14. bis 16. Jahrhundert.

Nur wenig entfernt erhebt sich auf einem Skałka« genannten Kalkfelsen die **Paulinerkirche** (Kościół i klasztor paulinów na Skałce), auch »Kirche auf dem Felsen« genannt. 1079 soll an diesem Ort Bischof Stanisław von König Bolesław II. ermordet worden sein. Nach der Heiligsprechung Stanisławs 1253 entwickelte sich die »Skałka« zu einer viel besuchten Pilgerstätte. Das heutige barocke Gotteshaus entstand im 18. Jh. an der Stelle des gotischen Vorgängerbaus.

## Podgórze

### Ort ohne Wiederkehr

Auch Podgórze, das Viertel »unter dem Berg« am linken Weichselufer, ist eng mit der jüdischen Geschichte Krakaus verknüpft. Hierher wurden ab 1941 alle Juden aus Kazimierz, Krakau und dem Umland umgesiedelt, insgesamt 15 000 Menschen, und in einem streng bewachten Ghetto eingeschlossen. Sie hatten u.a. im Steinbergwerk Zwangsarbeit zu leisten, bevor sie in mehreren Schüben nach Auschwitz und Plaszów deportiert und ermordet wurden. Die **Adler-Apotheke** (Apteka pod Orłem), von Tadeusz Pankiewicz betrieben, der als einziger christlicher Krakauer das Ghetto betreten durfte, war Treffpunkt und Nachrichtenbörse und berichtet heute vom Alltag im Ghetto. Auf dem »Platz der Ghettohelden« davor symbolisiert eine Installation bizarrer Bronzestühle nicht nur zurückgelassenes Hab und Gut – die Leere um sie herum verweist auf die Nimmerwiederkehr der Bewohner des Viertels.

Platz der Ghettohelden

**Apteka pod Orłem**: pl. Bohaterów Getta 18 | Mo. 10 – 14, Mi.-So. 9-17 Uhr | Eintritt: 18 zł

# ZIELE
KRAKÓW · KRAKAU

In der ehemaligen Fabrik von Oscar Schindler lebt die Erinnerung an diesen »Gerechten unter den Völkern« und an das jüdische Krakau weiter.

**Schindlers Emaille-Fabrik**

### Ein »Gerechter unter den Völkern«

Vom Ghetto in Podgórze handelt Steven Spielbergs oscargekrönter Film »Schindlers Liste«, der 1993 am Originalschauplatz gedreht wurde. Bis heute trägt die Fabrik den Namen von Oskar Schindler, der im Gefolge der deutschen Besatzer nach Krakau kam und mit jüdischer Zwangsarbeit reich wurde. Rund 1000 Juden rettete er vor dem sicheren Tod, indem er den Nazis ihren kriegswichtigen Einsatz plausibel machte. Heute ist die Fabrik Museum und dokumentiert die nationalsozialistische Besatzung in Krakau. O-Töne und Bilder erzählen vom Kriegsalltag, der Ghettoisierung und vom Widerstand.

**Fabryka Schindlera:** ul. Lipowa 4 | Mo. 10–14, Di.–So. 9–19 Uhr, 1. Di. im Monat geschl., letzter Einlass 90 Min. vor Schließung | Eintritt: 32 zł
www.muzeumkrakowa.pl

**MOCAK und Kantor-Museum**

### Kunst der Moderne

In den Werkhallen von Schindlers Fabrik widmet sich das Muzeum Sztuki Współczesnej, kurz **MOCAK**, in wechselnden Ausstellungen der zeitgenössischen Kunst. Moderne Kunst zeigt auch das **Kantor-Museum** unmittelbar am Weichselufer. Das ehemalige Elektrizitätswerk, durch pompöse Anbauten erweitert, bildet den Rahmen für das

Werk vonn Tadeusz Kantor (1915 – 1990) des wichtigsten polnischen Theaterregisseurs im 20. Jh.; er leitete während der Besatzung das Untergrund-Theater Niezależny Teatr (Unabhängiges Theate.
**MOCAK:** ul. Lipowa 4 | Di.– So. 11-19 Uhr | Eintritt: 20 zł | www.mocak.pl
**Muzeum Tadeusza Kantora/Cricoteca:** ul. Nadwiślańska 2-4
Do..–So. 11-19 Uhr | Eintritt: 20 zł | www.news.cricoteka.pl

## Außerhalb des alten Krakau

### Mix der Kunststile

Die Kirche der Zisterzienserabtei an der ul. Klasztorna im Stadtteil Nowa Huta entstand im 13. Jh. und hat ihren **frühgotischen Charakter** bewahrt. Ihre schlichte spätbarocke Fassade stammt aus dem 18. Jahrhundert. Das Hauptschiff und die Seitenschiffe wurden zu Beginn des 20. Jh.s ausgemalt; in Chor und Querschiff sowie im Kreuzgang des Klosters findet man schöne **Renaissancemalereien** von Stanisław Samostrzelnik, Ordensbruder und bedeutender Maler des 16. Jahrhunderts. Das **älteste Bauenkmal aus Holz** in Krakau, eine im 15. Jh. errichtete und im 18. Jh. umgebaute Kirche, steht auf der gegenüberliegenden Seite der ul. Klasztorna.

Zisterzienserabtei

### Hommage an die Gottesmutter

Die **Kirche der Muttergottes, Königin von Polen** (Kościół Matki Boskiej Królowej Polski) in Nowa Huta wurde 1967–1977 zur Tausendjahrfeier der Christianisierung Polens errichtet und von Kardinal **Karol Wojtyła** geweiht. Im Fundament der Kirche ist ein Stein aus dem Grab des hl. Petrus in Rom eingemauert, ein Geschenk Papst Pauls VI. Die architektonische Gestalt der Kirche erinnert an die Arche Noah; zur modernen Innenausstattung gehören ausdrucksvolle Skulpturen.

Kirche der Muttergottes, Königin von Polen

## Rund um Kraków

Das **Benediktinerkloster** des 13 km südwestlich von Krakau gelegenen Städtchens Tyniec steht etwas außerhalb auf einem steilen Kalkfelsen hoch über der Weichsel; sehr hübsch ist die Anfahrt mit dem Boot von Krakau. Das Kloster wurde im 11. Jh. vom polnischen Königs Bolesław Śmiały, dem Tapferen, gestiftet und im 17. Jh. barockisiert. Die Klosterkirche mit ihren beiden Türmen wurde im 17. Jh. grundlegend umgebaut. Beachtenswert sind die Kanzel in der Form eines Schiffs und der Hauptaltar aus schwarzem Marmor. Im Kreuzgang des Klosters sind Fragmente und Skulpturen des ursprünglich romanischen Gebäudes zu sehen. Von Krakau aus fahren Ausflugsboote hierher (▶ S. 170).

Tyniec

**ZIELE**
KRAKÓW · KRAKAU

 **Pilgerziel**

Kalwaria Zebrzydowska
Das kleine Städtchen, 40 km südwestlich von Krakau, ist – nach dem Jasna Góra in Tschenstochau (▶ Częstochowa) – das **zweitgrößte Marienheiligtum in Polen**. Keimzelle war ein Anfang des 17. Jh.s von Mikołaj Zebrzydowski auf dem Berg Żar gegründetes Bernhardiner-(Zisterzienser-)Kloster. Die zugehörige Kirche, ein barocker Prachtbau, birgt ein gotisches Marienbildnis, dem allerlei Wunder zugeschrieben werden. Vom Kloster geht es auf markierten Wegen 6 km in den Wald hinauf, wo 42 Kapellen den Jerusalemer **Kalvarienberg** nachahmen. Das Ensemble aus Kloster, Kirche und Kalvarienberg wurde von der UNESCO zum **Weltkulturerbe** erklärt.

 **Die Heimat des Karol Wojtyła**

Wadowice
Wadowice, der Geburtsort von Papst Johannes Paul II. (▶Interessante Menschen), liegt ca. 15 südwestlich von Kalwaria Zebrzydowska. Im Haus ul. Kóscielna 7 wurde am 18. Mai 1920 Karol Wojtyła, von 1978 bis zu seinem Tod Papst Johannes Paul II., geboren. Er lebte bis 1938 hier, bis er mit seinem Vater nach Krakau umzog.

Heute dokumentiert in seinem Geburthaus das Muzeum Jana Pawła II. multimedial den Lebensweg des 2005 verstorbenen Oberhaupts der katholischen Kirche. Für polnische Katholiken ist das Haus geradezu zu einem Wallfahrtsort geworden.

**Dom Rodzinny Jana Pawła II:** ul. Kościelna 7 | Mai-Okt. tgl. 10-18 Uhr | Eintritt: 30 zł | www.domjp2.pl

 **Das weiße Gold**

Wieliczka
Über eine Million Besucher strömt jedes Jahr ins 15 km südöstlich von Krakau gelegene Wieliczka, um das berühmte **Salzbergwerk** (Kopalnia Soli) zu besichtigen, ein herausragendes technisches Denkmal und seit 1978 auf der Liste des Welterbes der UNESCO. Salz wird hier bereits seit 1251 gewonnen. Auf einer 5 km² großen Fläche entstanden über 2000 Kammern in 57–342 m Tiefe, die Schächte und Stollen sind insgesamt 350 km lang. Heute allerdings ist der Salzabbau weniger wichtig als der historisch-museale Wert des Bergwerks und das in 211 m Tiefe eingerichtete **Sanatorium**.

Von den **neun Ebenen** des Bergwerks kann man die drei oberen im Rahmen einer dreistündigen Führung besichtigen. Der Rundgang beginnt in 64 m Tiefe auf der ersten Ebene. Man steigt immer im Kreis herum über Treppen im Daniłowicz-Schacht aus dem 17. Jh. hinab. Die Route führt vorbei an unterirdischen Sole-Seen bis in eine Tiefe von 136 m durch 22 Kammern. Viele sind mit Plastiken aus Salz geschmückt. Mit Salzskulpturen und -reliefs ausgestattet ist auch die 50 m lange und 12 m hohe **»Kapelle der Seligen Kinga«**. Auf der dritten Ebene informiert ein **Bergbaumuseum** über die Technik des Salzabbaus und die Geologie von Salzlagerstätten. Mit dem Fahrstuhl geht es dann wieder an die Oberfläche.

ZIELE
ŁAŃCUT

Noch älter als das von Wieliczka ist das 35 km östlich von Krakau gelegene **Salzbergwerk von Bochnia**. Dort wurde schon drei Jahre früher das »weiße Gold« gefördert. Besucher fahren mit dem Aufzug 250 m unter Tage und wandern durch labyrinthartige Gänge und hohe Säle. Sogar übernachten kann man im salzhaltigen Mikroklima, inkl. Disco und Spielplatz.

Bochnia

Kopalnia Soli: Touristenroute tgl. 8.30 – 17.30, Bergmannsroute tgl. 10 – 17 | deutschsprachige Führung 14.15, englischsprachige Führung 10.30 u. 14 Uhr, je 126 zł
Kopalnia Soli Bochnia: ul. Solna 2 | Mo. – Fr. 12.30, Sa./So. 10.15, 12.30, 14.15 Uhr | Eintritt: ab 71 zł | www.kopalnia-bochnia.pl

# ★★ ŁAŃCUT

**Wojewodschaft:** Podkarpackie | **Höhe:** 235 m ü. d. M.
**Einwohner:** 17 600

*Das verschlafene Städtchen lockt mit einem prächtigen Schloss und einer restaurierten Synagoge. Alljährlich im Mai findet ein hochkarätiges Musikfestival statt.*

T 12

Das Stadtrecht erhielt der Ort im Karpartenvorland wahrscheinlich Mitte des 14. Jahrhunderts. Immer wieder wurde er von Tataren angegriffen. Besuchermagnet der kleinen Industriestadt ganz im Südosten des Landes ist vor allem das wieder aufgebaute Schloss aus dem 17. Jh., eines der schönsten Bauwerke Polens.

*Klein, aber fein*

## Wohin in Łańcut?

### Der feine Lebenstil des Adels

Das Schloss (Zamek w Łańcucie) wurde 1629 bis 1642 als Residenz für den Adeligen Stanisław Lubomirski (1583 – 1649) im Palazzo-in-Fortezza-Stil mit vier Ecktürmen und einem fünfzackigen Verteidigungswall errichtet. Nach mehreren Umbauten durch verschiedene Besitzer erhielt es seine heutige Gestalt Ende des 19., Anfang des 20. Jahrhunderts. Letzter Bewohner des Schlosses war **Alfred Potocki III.**, einer der reichsten Männer Polens, der das Schloss 1944 vor der heranrückenden Roten Armee verließ – nicht ohne zuvor einen Großteil der Schätze außer Landes geschafft zu haben.

Schloss Łańcut mit Museen

Die Räume des Schlosses präsentieren sich als **Museum adeliger Wohnkultur**. Über eine große Barockdiele mit von der örtlichen jüdischen Gemeinde gestifteter Menorah gelangt man in den Saal Pod

# ZIELE
## ŁAŃCUT

# ŁAŃCUT ERLEBEN

### TOURISTENINFORMATION
ul. 3 Maja 15
Tel. 795 204 210
www.lancut.pl

### ZAMEK €–€€
Die normalen Zimmer des Hotels in einem Seitenflügel des Schlosses sind meist einfach. Elegant sind dagegen die mit Stilmöbeln eingerichteten Suiten. Ein dicker Pluspunkt für alle: Beim Spaziergang durch den weitläufigen Park mit seinen jahrhundertealten Bäumen kann sich jeder wie Schlossherr und -herrin fühlen.
ul. Zamkowa 1
Tel. 17 225 01 65
https://visavis-lancut.pl

### PAŁACYK €€
In dem mit Jagdtrophäen dekorierten Hotelrestaurant in einer hübschen Villa aus dem 19. Jh. wird neben altpolnischer auch internationale Küche serviert.
ul. Paderewskiego 18
Tel. 17 225 20 43
www.palacyk-lancut.pl

---

Stropem (»Unter der Decke«), dessen Holzbalken bunt bemalt sind. Anschließend besichtigt man den Sommer- und den Wintersalon sowie ein komfortables Bad mit Kamin. Neben dem Hoftheater aus dem 18. Jh., dem Speisesaal, einer Skulpturengalerie, der Bibliothek mit ca. 22 000 Bänden und dem Spiegelkabinett gibt es auch einen klassizistischen Ballsaal – hier findet im Mai eine Woche lang das renommierte »Festival Alter Musik« statt.

Das Schloss ist von einem im 17. Jh. angelegten Park umgeben; auch ein **Orchideenhaus** gehört ddazu. In den herrschaftlichen Ställen und der Wagenremise stehen in Polens größtem **Kutschenmuseum** (Stajnie i Wozownia) etwas mehr als 80 Prachtkarossen, darunter die Pferdewagen der Familie Potocki. Im Seitenflügel des Marstalls ist ukrainisch-orthodoxe Sakralkunst (Sztuka Cerkiewna) ausgestellt.

**Schloss** (Erdgeschoss, 1. Stock), Stallungen, Remise: Mo. 12–16, Di.–Fr. 9–16, Sa./So. 10–18 Uhr | Eintritt: 40 zł | **Park**: tgl. ab 8 Uhr
www.zamek-lancut.pl | Infos zu weiteren Tickets (Orchideenhaus, Kutschenmuseum, Sakralkunst) s. https://bilety.zamek-lancut.pl
**Festival Alter Musik**: www.filharmonia.rzeszow.pl

### Prächtige Bilderwelt
Synagoge

Für die 1761 gebaute Synagoge vor den Toren des Schlosses gab der Urururenkel von Stanisław Lubomirski das Geld. Als eines der wenigen jüdischen Gotteshäuser überstand sie den Zweiten Weltkrieg und wurde aufwendig restauriert, v.a. auch die prächtige Bemalung der Wände und der Bimah: Neben Landschaften, Pflanzen- und Tier-

ZIELE
LEGNICA · LIEGNITZ

Auch in den eher abseitig gelegenen Vorkarpaten wusste der Landadel, wie man standesgemäß lebt.

motiven entdeckt man Musikinstrumente, Adam und Eva sowie die Arche Noah. Grabsteine, die vor den deutschen Besatzern gerettet werden konnten, sind ebenfalls aufgestellt.
pl. Jana III Sobieskiego 16 | Mai –Sept. tgl. 11–18 Uhr

# LEGNICA · LIEGNITZ

**Wojewodschaft:** Dolnośląskie | **Höhe:** 108 m ü. d. M.
**Einwohner:** 98 000

*Viele rauschen auf der Autobahn Görlitz – Breslau an Legnica vorbei, doch ein Abstecher ins Zentrum der Industriestadt lohnt: Im historischen Stadtkern gibt es ein Piastenschloss, elegante Kirchen und prächtige Bürgerhäuser zu erkunden. Und in der Umgebung kann man manches »Goldstück« entdecken.*

G 10

**ZIELE**
LEGNICA · LIEGNITZ

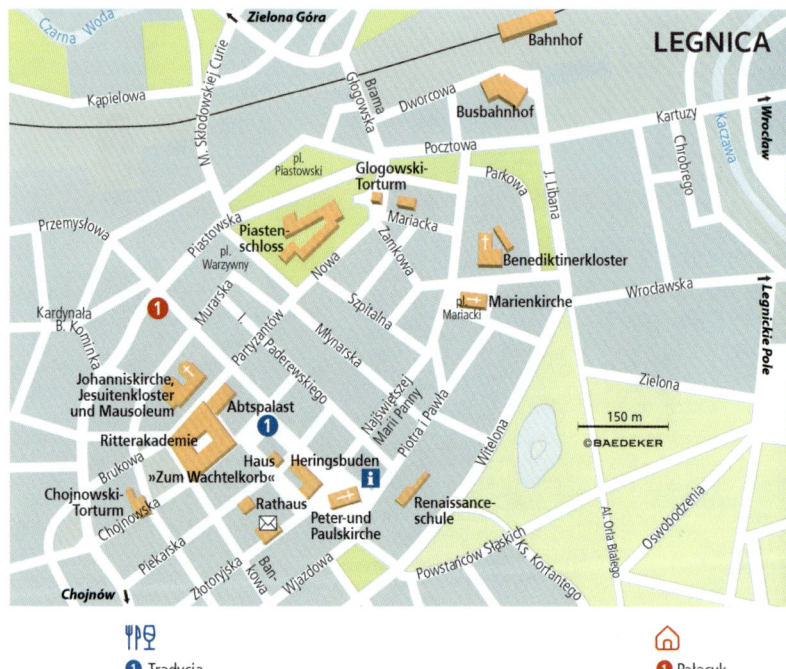

🍴 ❶ Tradycja  　　　　　　　　　　　　　　🏠 ❶ Pałacyk

Für 1149 ist in Liegnitz eine **Piastenburg** bezeugt; 1248 avancierte der Ort zum Sitz eines unabhängigen Fürstentums und erhielt repräsentative Bauten. Mit dem Tod des jungen, kinderlosen Georg Wilhelm erlosch 1675 die Piastendynastie, das Fürstentum fiel an Habsburg und nach dem Ersten Schlesischen Krieg 1742 an Preußen. Zu Zeiten des Kalten Kriegs Besitz war Legnica wichtigste Garnison der Sowjetarmee: »Klein-Moskau« belegte ein Drittel der Stadtfläche.

*Im Goldland*

## Wohin in Legnica?

### Residenz ohne Herrscher

Schloss　Die unter Heinrich dem Bärtigen errichtete Burg wurde Anfang des 16. Jh.s zu einem stattlichen Renaissanceschloss ausgebaut. Das Portal von 1533 zeigt die Wappen und Porträts des Erbauerpaars, **Friedrich II. von Liegnitz** und seine Frau **Sophie von Ansbach-Hohenzollern**. Der Südflügel entstand aus dem einstigen Palast Heinrichs. In einem zweiten Innenhof auf der Westseite erhebt sich der Hedwigsturm (Wieża św. Jadwigi) mit einem unteren romanischen und einem oberen gotischen Teil.

## ZIELE
### LEGNICA · LIEGNITZ

**Die letzten Piasten**

Die barocke, doppeltürmige **Johanniskirche** (Kościół św. Jana} wurde 1714–1729 auf den Fundamenten eines gotischen Gotteshauses erbaut, einzig die darin eingerichtete **Piastenkapelle** von 1675 wurde in den Barockbau integriert. Dort stehen die Silbersarkophage der letzten Angehörigen der Piastendynastie; vier Alabasterfiguren sie »beim letzten Gespräch«. Der **Palast der Äbte von Leubus** (Lubiąż) gegenüber der Johanniskirche entstand 1728.
Die Kirche **St. Peter und Paul** am Marktplatz entstand 1328–1340 und wurde Ende des 19. Jh.s im neugotischen Stil neu gestaltet. Das **Tympanon** des Nordportals mit der Anbetung der Hl. Drei Könige, flankiert von den Kirchenpatronen, datiert aus der zweiten Hälfte des 14. Jahrhunderts. Unter der Ausstattung fallen ein spätromanisches Bronzetaufbecken und eine 1588 geschaffene-Sandsteinkanzel auf.

*Johanniskirche, St. Peter und Paul*

**Glanz des Bürgertums**

Das barocke **Rathaus** mit reich geschmückter Fassade und eleganter Doppeltreppe, erbaut 1737 bis 1741, wird heute als Theater genutzt. Aus dem 16. Jh. stammen die Heringsbuden auf dem Rynek, eine **Gruppe von acht Bürgerhäusern** mit verzierten Giebeln und Lauben. Die Häuser Nr. 54 und 55 haben eine prächtige Dekoration: Sie wurde 1934 unter dem Putz entdeckt und freigelegt. Das Haus **»Zum Wachtelkorb«** (Markt Nr. 46) – der Name rührt von dem zylindrischen Eckerker her – trägt herrlichen **Sgraffitoschmuck**.

*Profanbauten*

## Rund um Legnica

**Niederlage und Sieg**

In der unmittelbaren Umgebung fanden zwei historische Schlachten statt: Bei Legnickie Pole (Wahlstatt), 10 km südöstlich, unterlag am **9. April 1241** die deutsch-polnische Armee den Tataren. Dabei fiel auch Heinrich der Fromme (Henryk II. Pobożny); seine auf eine Lanze aufgespießten Kopf präsentierten die Sieger vor den Stadttoren von Liegnitz. In der Kirche, die im 13./14. Jh. am Fundort seines Leichnams erbaut wurde und in der viele in der Schlacht Gefallene begaraben sind, erzählt heute ein Museum (Muzeum Bitwy Legnickiej) die Ereignisse – die politisch folgenlos blieben, da die Tataren nicht weiter nach Westen vordrangen. Der Kirche gegenüber steht die **Benediktinerabtei**, 1723–1729 von **Kilian Ignaz Dientzenhofer** erbaut und von **Cosmas Damian Asam** ausgemalt. Die der hl. Hedwig geweihte Klosterkirche gilt manchen als schönste Barockkirche Schlesiens. Ein Bild im Hauptaltar zeigt die Auffindung des Leichnams Heinrichs des Frommen auf dem Schlachtfeld.
Über 500 Jahre später schlug das preußische Heer unter Friedrich dem Großen am **15. August 1760** bei Bienowice (11 km nordöstlich),

*Historische Schlachten*

# LEGNICA ERLEBEN

**TOURISTENINFORMATION**
ul. Rynek 29
Tel. 76 851 22 80
https://portal.legnica.eu/

**❶ PAŁACYK €€**
Das stilvoll eingerichtete kleine Hotel in einer ehemaligen Fabrikantenvilla aus dem Jahr 1906 bietet allen Komfort, ein exzellentes Restaurant und einen bewachten Parkplatz.

ul. Kościuszki 37
Tel. 76 851 25 35
www.hotelpalacyk.lca.pl

**❶ TRADYCJA €€**
Spezialität des nostalgisch und mit viel Holz eingerichteten Restaurants sind Gerichte aus dem Ofen. Wer es weniger fleischig mag, kann auf Kartoffelpfannkuchen mit Steinpilzen oder russische Piroggen ausweichen.
Rynek 9 | Tel. 76 852 35 33
http://www.tradycja.legnica.p/

---

ein weit überlegenes österreichisches Heer. Dieser Sieg nach mehreren Niederlagen stärkte v. a. die Moral der Preußen.
**Muzeum Bitwy Legnickiei:** pl. Henryka Pobożnego 3 | Juni – Sept. Mi. – Fr. 10–17, Sa./So. 11–17 Uhr; Okt.– Mai auch Di. geöffnet | Eintritt: 10 zł | www.muzeum-miedzi.art.pl

### Fachwerk trifft auf barocke Pracht

*Jawor*  Die **Friedenskirche zum Heiligen Geist** (Kościół Pokoju św. Ducha) in der Kleinstadt 20 km südlich von Liegnitz ist eine von drei Kirchen, die den schlesischen Protestanten nach dem Ende des Dreißigjährigen Kriegs 1648 zugestanden worden waren. Wie die Friedenskirche von ▶ Świdnica ist auch sie in schlichter Holzbauweise gehalten, entfaltet aber innen barocke Pracht: Mehrgeschossige, bunt bemalte Galerien, eine ornamentale Decke und ein vergoldeter Altar trugen der Kirche das UNESCO-Prädikat **Weltkulturerbe** ein.

### »Vernichtung durch Arbeit«

*Rogoźnica*  In **Groß-Rosen**, 36 km südlich von Legnica, wurde 1940 ein Konzentrationslager gegründet, um der SS-Firma Deutsche Erd- und Steinwerke im Granitsteinbruch Arbeitssklaven zuzuführen. Bis 1945 durchliefen 130 000 Menschen das Lager, 40 000 überlebten nicht.
**Gedenkstätte**: Mai –Sept. tgl. 8–17, übrige Monate bis 16 Uhr | Eintritt frei | https://de.gross-rosen.eu

### Goldrausch

*Złotoryja*  Rund 20 km südwestlich von Liegnitz liegt Goldberg (Złotoryja). Dort wurde im Jahr 1200 Gold entdeckt. Das **Goldmuseum** (Muze-

# ZIELE
## LEGNICA · LIEGNITZ

um Złota) im ehemaligen Henkersturm macht mit den Techniken des Goldabbaus vertraut und zeigt eine Fülle von Goldschmiedearbeiten. Zwar wurde die letzte Goldmine bereits 1925 geschlossen, dennoch findet hier jedes Jahr am zweiten Augustwochenende ein Wettbewerb im Goldwaschen statt.

**Muzeum Złota:** Mai-Sept. Di.-Fr. 9.30-16.30, Sa. bis 15.30, So. 10-15; Okt.-April Di.-Fr. 9.30-16.30, Sa. 9.30-13.30 Uhr | Eintritt: 10 zł | www.villagreta.pl/de

### Vorzeigekomplex der Zisterzienser
Das herrlich an der Oder gelegene ehemalige **Zisterzienserkloster Lubiąż**, ca. 33 km östlich von Liegnitz, wurde als erste Niederlassung dieses Ordens in Schlesien 1175 gegründet. Der heutige barocke Klosterbau war zur Zeit seiner Entstehung 1672–1679 der größte auf dem Kontinent. Der riesige Komplex besitzt eine Grundfläche von 223 x 118 m, in den die 1307–1340 erbaute und später barockisierte Kirche einbezogen ist. In einigen Klosterräumen, etwa im Fürstensaal, sind noch Fresken erhalten.

Lubiąż

Von außen mit schlichtem, wenn auch schönem Fachwerk, schwelgt die Friedenskirche von Jawor innen in goldenstem Barock.

ZIELE
ŁÓDŹ

# ★ ŁÓDŹ

**Wojewodschaft:** Łódzkie | **Höhe:** 233 m ü. d. M. | **Einwohner:** 672 000

N/O 9

*Die drittgrößte Stadt des Landes ist immer in Bewegung: Paläste und alte Textilfabriken, die das Stadtbild prägen, werden aufpoliert. Neue architektonische Glanzstücke entstanden rund um Polens modernsten Bahnhof.*

Stadt im Wandel

Das im 14. Jh. gegründete Dorf Łódź erhielt Anfang des 15. Jh.s das Stadtrecht. 1823 entstand eine erste Niederlassung der Tuchindustrie. Nach und nach entstanden riesige Textilfabriken und Arbeitersiedlungen, und das **»polnische Manchester«** verwandelte sich rasch in eine große Stadt mit Zehntausenden von Einwohnern. Heute sind die Textilfabriken weitgehend in Museen verwandelt. Von den Hochschulen muss man besonders die staatliche Film- und Fernsehschule hervorheben, die Regisseure wie **Roman Polański** und **Andrzej Wajda** hervorbrachte. Auch die Philharmonie genießt einen guten Ruf; benannt ist sie nach dem in Łódź geborenen Pianisten und Komponisten **Arthur Rubinstein**.

Nach dem deutschen Einmarsch wurde Łódź dem Reichsgau Posen (Wartheland) und damit dem Deutschen Reich eingegliedert und 1940 nach einem NSDAP-Reichtagsabgeordneten und General des Ersten Weltkriegs in »Litzmannstadt« umbenannt. Vor 1939 waren ca. **30 % der Einwohner jüdischen Glaubens**, über 220 000 Menschen. Sie wurden ab Frühjahr 1940 im Viertel Baluty in einem der größten Ghettos im NS-Herrschaftsbereich zusammengepfercht. Nur ca. 900 haben überlebt.

## ▌ Wohin in Łódź?

EC1 Łódź

Unmittelbar südlich des 2016 fertiggestellten Bahnhofs **Łódź Fabryczna** entstand auf dem Gelände des 1907 in Dienst gestellten und 2001 stillgelegten Heizkraftwerks EC 1 ein großes Kulturzentrum, wo u. a. das Nationale Zentrum für Filmkultur und die Łódź Film Commission untergekommen sind. Für Besucher interessant sind v. a. das **Wissenschafts- und Technologiezentrum**, wo rund um die alten Originalmaschinen, Öfen und Kessel eine multimediale Ausstellung die Geschichte der Energiegewinnung erzählt. Zu ihm gehört auch das **EC1-Planetarium**, das modernste seiner Art in Polen. Ein Comic- und interaktives Erzählzentrum ist geplant.

*Eingang: ul. Dowborczyków/ul. Tuwima | Di.-Fr. 10-18, Sa./So. 11.-19. Uhr | Eintritt: Technologiezentrum 23 zł (Di.-Fr.)/29 zł (Sa./So.), Planetarium 18 zł (Di.-Fr.)/20 zł (Sa./So.) | www.ec1lodz.pl*

# ZIELE
## ŁÓDŹ

Arthur Rubinstein greift auf der Piotrkowska in die Tasten.

### Flaniermeile
Vom Reichtum, den der Manchester-Liberalismus einigen Unternehmerfamilien brachte, zeugen prachtvolle **Fabrikantenvillen**, erbaut in historisierenden Stilen Mitte des 19. bis Anfang des 20. Jahrhunderts. Einige der schönsten stehen an der schnurgeraden, 5 km langen ul. Piotrkowska. Die Straße ist weitgehend verkehrsberuhigt.

ul. Piotrkowska

### Eine Stadt erfindet sich neu
Das monumentalste Bauwerk der Altstadt ist die **Fabrikanlage des »Baumwollkönigs« Izrael Poznański** aus dem 19. Jh., im Stil des Historismus erbaut. Anfang des 21. Jh.s wurden die Gebäude auf dem 27 ha großen Gelände der einstigen Textilfabrik renoviert und in ein gigantisches **Kultur- und Shoppingzentrum** namens »Manufaktura« verwandelt. Darin finden sich mehr als 1000 Geschäfte, Restaurants, Cafés und Kinos, ein Luxushotel und mehrere Museen, darunter eine Filiale des Kunstmuseums (s.u.) namens **MS2**. Herausragend allerdings ist das **Museum für Stadtgeschichte** im Privatpalast der Familie Poznański. Die prachtvoll ausgestatteten Innenräume des neubarocken Baus illustrieren die Stadtgeschichte. Besondere Aufmerksamkeit gilt dabei der Filmstadt Łódź.

Manufaktura

Muzeum Historii Miasta Łodzi: ul. Ogrodowa 15 | Di.–Do. 9–17, Fr.–So. 11–19 Uhr | Eintritt: 22 zł | www.muzeum-lodz.pl

## ZIELE
## ŁÓDŹ

🍴
❶ Anatewka
❷ Imber

🏠
❶ Vienna House Andel's
❷ Grand Hotel

### Kunst in Fabrikantenvillen

Kunstmuseum (MS1)
Im Palais des Fabrikanten Poznański zeigt das Stammhaus des Kunstmuseums (MS1) **Werke revolutionärer Künstler** der 1930er-Jahre, u.a. von Władysław Strzemiński, Katarzyna Kobro und Theo van Doesburg. In der **Kindermann-Villa**, einem der interessantesten **Jugendstilbauten** Polens (1903), gibt es regelmäßig Kunstausstellungen.

Muzeum Sztuki (MS1): ul. Więckowskiego 36 | Di. 9–16, Mi.–So. 12–18.30 Uhr | Eintritt: 30 zł | www.msl.org.pl

Kindermann-Villa (Galeria Willa): ul. Wólczańska 3 | Di.–Fr. 11–16, Sa./So. 11–17 Uhr| Eintritt 6 zł | www.mgslodz.pl

# ŁÓDŹ ERLEBEN

## TOURISTENINFORMATION
ul. Piotrkowska 28
Tel. 42 208 81 81
https://lodz.travel

## MANUFAKTURA
Mehr als 200 Boutiquen stehen zur Wahl, auch zwei Supermärkte.
ul. Jana Karskiego 5
Mo.–Sa. 10–22, So. 10–21 Uhr
www.manufaktura.com

## ❶ VIENNA HOUSE BY WYNDHAM ANDEL'S LODZ €€€
Das Viersterne-Designhotel mit 278 Zimmern und Suiten in der einst größten Textilfabrik der Stadt ist mit seinen industriellen Reminiszenzen und dem großartigen Pool im ehemaligen Wassertank eine außergewöhnliche Wohnadresse. In den Hallen erlebt der Gast auf Schritt und Tritt junge polnische Kunst, insgesamt 130 groß- und kleinformatige Werke. Thematische Wechselausstellungen werden im hoteleigenen »Andel's Quarter« gezeigt.
ul. Ogrodowa 17
Tel. 800 407 98 32
www.wyndhamhotels.com/vienna-house

## ❷ GRAND HOTEL €€€
Nostalgiker werden das historische Flair des 1888 eröffneten Hotel lieben, und die zentrale Lage ist ein echter Pluspunkt.
ul. Piotrkowska 72
Tel. 42 633 99 20
www.grand.hotel.com.pl

## ❶ ANATEWKA €€– €€€
Das Restaurant erinnert an die Zeit, als in Łódź noch viele Juden lebten. Serviert werden u. a. »Jüdischer Kaviar«, Sahnehering und Karpfen in Aspik. Filiale in der Manufaktura.
ul. 6 Sierpnia 2/4
Tel. 519 303 635
www.anatewka.pl

## ❷ RESTAURACJA IMBER €€
Im Hinterhof des Jugenstilgebäudes kommt jüdische Küche mit Anspruch nach Rezepten der Fernnsehköchin Magda Gessler auf den Tisch.
ul. Piotrkowska 43
Tel. 48 508 778 887

---

**Industriegeschichte**
In der ehemaligen **»Weißen Fabrik«** ist das Webereimuseum (Centralne Muzeum Włókiennictwa) untergebracht. Das Gebäude wurde 1835 für den Fabrikanten Ludwig Geyer errichtet; der Betrieb bestand von 1828 bis 2002 Hier ist die erste Dampfmaschine der Stadt betrieben worden. Ausgestellt sind Geräte, Maschinen und Materialien rund ums Textilwesen von der Steinzeit bis in die Gegenwart. *Webereimuseum*
ul. Piotrkowska 282 | Do.–Sa. 12–19, So. 12–17 Uhr | Eintritt: 19–39 zł | https://cmwl.pl/public

# HOLLYŁÓDŹ

*Łódź ist Polens Hollwood. Alle wichtigen polnischen Regisseure, Kameraleute und Schauspieler haben in der hiesigen Film- und Fernsehhochschule ihr Handwerk erlernt, mögen sie nun Roman Polański, Andrzej Wajda oder Krzysztof Kieślowski heißen.*

Auf vielen wichtigen Festivals der Welt haben sie Preise eingeheimst und so zum Ruhm der **»Polnischen Filmschule«** beigetragen. An mehreren Orten der Stadt wird man daran erinnert: In einem ehemaligen Fabrikantenpalast wurde ein Filmmuseum eingerichtet, von einer Hauswand an der ul. Piotrkowska (Nr. 71) blicken Porträts von Star-Regisseuren herab, und vor dem Grand Hotel (Nr. 72) sind Sterne von Filmstars ins Straßenpflaster eingelassen.

## Wie alles anfing

Die Ursprünge der Łódźer Filmschule reichen ins Jahr 1945 zurück. Da Warschau völlig zerstört war, gingen die Filmleute ins benachbarte Łódź, wo Ende des Jahres der »Polski Film« aus der Taufe gehoben wurde.
Nach einer stalinistischen Phase bis 1956 forderte der Hochschulabsolvent **Andrzej Wajda** selbstbewusst »weniger ideologische Verklärung« und »mehr Wahrheit«. In seinem Film **»Der Kanal«** aus dem Jahr 1956, der in Cannes preisgekrönt wurde, setzte er diese Losung in die Tat um. Schauplatz der Handlung ist das von deutschen Truppen besetzte Warschau während des Aufstands 1944: Ein versprengter Trupp geschlagener Polen versucht, durch die Kanalisationstunnel ans rettende Ufer zu gelangen, doch nur wenigen gelingt es. Was im Film zur Sprache kommt, ist nicht nur die Frage nach der Legitimität von Gewalt, sondern auch die Bedeutung eines bedingungslosen, typisch polnischen Widerstands, der weder nach den Erfolgsaussichten noch nach dem zu zahlenden Preis fragt.

### Generationenkonflikt

Auch **Roman Polańskis** Debütfilm **»Das Messer im Wasser«** (1962) berührt noch heute: Gezeigt wird der Generationenkonflikt zwischen den damals Zwanzigjährigen (die im Krieg Kinder waren) und deren Eltern. Während die Kinder unbewusst an der Last des Kriegs tragen, sucht die ältere Generation die Erinnerung auszulöschen, indem sie sich mit Konsum betäubt. Da Polańskis Kritik an der »kleinen Stabilisierung«, der polnischen Version des Wirtschaftswunders, der Politführung missfiel, beschloss er zu emigrieren. Erst 2002 kam er nach Polen zurück, um **»Der Pianist«** zu drehen, die Verfilmung der Autobiografie des polnischen Pianisten Wladyslaw Szpilman (1911–2000).

### Ende der Blütezeit

Die Blütezeit des »Kinos der denkenden Bilder« war Ende der 1960er-Jahre vorbei. Zunehmender politischer Druck engte den Spielraum der Regisseure derart ein, dass sie auf »unverfängliche« Historienfilme auswichen oder emigrierten. Einzig Andrzej Wajda produzierte noch Filme, die Diskussionsstoff lieferten. Dazu gehörte u. a. das **»Gelobte Land«** (1974), eine bitterböse Studie über die kapitalistischen Gründerjahre von Łódź. Außer Wajda prägten zwei weitere Regisseure das polnische Kino der 1980er- und frühen 1990er-Jahre: **Krzysztof Zanussi** und **Krzysztof Kieślowski** mit verstörenden, intellektuellen Werken.

Nach Kieślowksis Tod 1996 verarmte Polens Kino, und zunehmend produzierte man kommerzielle Filme. In Polen freilich hielt man am Autorenkino fest. So werden zum **Festival Camerimage** heute noch neben viel Prominenz auch Outsider aus aller Welt **nach Toruń** (Thorn) eingeladen. Als Preise werden Frösche in Gold, Silber und Bronze verliehen, was auf eine alte Legende aus der Stadt zurückgeht: Sie wurde von einer Froschplage heimgesucht, und der Geige spielende Flößer Ivo lockte sie mit seinem Spiel wie der Rattenfänger von Hameln vor die Stadttore. Zur Belohnung bekam er die Tochter des Bürgermeisters zur Frau.

https://camerimage.pl/en

Einer der Großen und mittlerweile auch einer der Umstrittensten des Metiers: Roman Polański bei der Arbeit

**ZIELE**
LUBLIN

Filmmuseum
### Die Welt des polnischen Kinos
Im **Palast des Textilbarons Karol Scheibler** wurde 1986 das einzige Filmmuseum (Muzeum Kinematografii) Polens eingerichtet. Es umfasst ein Filmarchiv, mehrere tausend Filmplakate, unzählige Ausstellungsstücke aus der Kinogeschichte, eine große Sammlung von Drehbüchern und Skripten, Bühnenbilder für Spiel- und Animationsfilme.
pl. Zwycięstwa 1 | Mi.-Fr. 9-16, Sa./So. 11-18 Uhr | Eintritt: 28 zł
https://muzeumkinematografii.pl

Jüdischer Friedhof
### Jüdische Grabkultur
Łódź besitzt mit dem 1892 angelegten Nowy Cmentarz Żydowski den (nach Zahl der Grabstätten) **größten erhaltenen jüdischen Friedhof in Europa**: 180 000 Gräbr mit ca. 65 000 Grabmälern, darunter das riesige Mausoleum für Israel Poznański und viele Grabplatten im Jugendstil. Wenig nördlich des Friedhofs wird im **Bahnhof Radegast** (Stacja Radegast) an die Geschichte des Ghettos erinnert. Von dort gingen die Züge in die Vernichtungslager.
**Friedhof:** Eingang ul. Zmienna 40 | April – Okt. tgl. außer Sa. 9 – 17, sonts bis 15 Uhr | www.jewishlodzcemetery.org
**Gedenkstätte Stacja Radegast:** al.a Pamięci Ofiar Litzmannstadt Getto 12 | tgl. ab 10 Uhr | Eintritt: 20 zł | https://muzeumtradycji.pl

## | Rund um Łódź

Tum
### Die schlichte Schönheit der Romanik
Die 1141-1161 erbaute romanische **Stiftskirche der hl. Jungfrau Maria und des Hl. Alexius** (Kóscioł N. P. Marii i św. Aleksego) in Tum, rund 40 km nördlich von Łódź, ist die **größte romanische Kirche Polens**. Die Pfeilerbasilika besitzt ein bemerkenswertes Relief des Christus Pantokrator und um 1160 entstandene Fresken.

# ★ LUBLIN

**Wojewodschaft:** Lubelskie | **Höhe:** 168 m ü.d.M.
**Einwohner:** 340 000

T/U 10

*Polens größte Stadt östlich der Weichsel besitzt eine Altstadt, die mit ihren verwinkelten Gassen und den efeuüberwucherten Fassaden den Charme längst vergangener Zeiten versprüht. Im Mittelalter kreuzten sich hier Handelswege, und Lublin wurde zum multikulturellen und multireligiösen Schmelztiegel. Internationales Flair hat die Stadt noch heute.*

**ZIELE**
**LUBLIN**

Als Handelssiedlung, die die Zerstörungen durch Pruzzen, Mongolen, Litauer und Jatwinger im 12. Jh. überwunden hatte, erhielt das an der Via Regia von Breslau nach Kiew gelegene Lublin 1317 von König **Władysław Łokietek** das Stadtrecht; die Burg entstand unter Kazimierz dem Großen. Bereits 1471 konnte sich die Stadt eine Wasserleitung leisten. In der Renaissance erlebte sie eine kulturelle Blüte. In die Geschichte ging die **Lubliner Union** 1569 ein, mit der die Personalunion zwischen Polen und Litauen beschlossen war. 1795 wurde Lublin österreichisch, ab 1809 gehörte es zum napoleonischen Fürstentum Warschau und stand ab 1815 unter russischer Kuratel.

*Einstige jüdische Hochburg*

Lublin war eine Hochburg jüdischen Lebens und seit Ende des 18. Jh.s **Zentrum des Chassidismus**. 1865 waren ca. 60 % der Bevölkerung jüdischen Glaubens, bei Kriegsausbruch lebten ca. 40 000 Juden in Lublin, was etwa 40 % entsprach. Sie alle wurden ermordet, v. a. in Majdanek (▶ S. 203), das jüdische Wohngebiet in der Umgebung des Schlosses zerstört. 1930 wurde mit der **Chachmei Lublin Jeschiwa** die damals **größte Talmudschule Europas** gegründet. Die deutschen Besatzer funktionierten das Gebäude in der Lubartowska Nr. 85 zum Militärhospital um; nach Kriegsende übernahmen es die Sowjets, dann die Lubliner Universität, und erst 2003 wurde es der Jüdischen Gemeinde Warschau übergeben, die heute hier neben der Synagoge mit Museum zum Chassidismus auch das Hotel Ilan betreibt (▶ S. 203).

## Wohin in Lublin?

**Rund um den Marktplatz**
Den Altstadtkern bilden mittelalterliche Straßenzüge mit Resten der Stadtmauer, dem **Krakauer Tor** (Brama Krakowska) aus dem 16./17. Jh. und dem Trinitarier-Turm (Wieża Trynitarska). Am **Marktplatz** mit dem im 16. Jh. errichtete **Alte Rathaus** und in den benachbarten Straßen stehen prächtige Bürgerhäuser aus dem 16. bis 18. Jahrhundert. Hier haben sich einige Cafés und Weinstuben angesiedelt.

Altstadt

**Glaubensgeschichte(n)**
Die **Kathedrale Johannes der Täufer und Johannes der Evangelist** war eine der ersten Barockkirchen in Polen. Der einschiffige Bau entstand 1586–1604 und besitzt eine spätbarocke illusionistische Ausmalung, u. a. mit der Darstellung der Apokalypse, sowie »**Flüstersakristei**« mit ihrer Geräusche verstärkenden Akustik.
Die **Dominikanerkirche** (Bazylika Dominikanów), im 14. Jh. von Kazimierz dem Großen gestiftet, erhielt um 1575 Bau seine dreischiffige Anlage, die Kapellen kamen im 17. Jh. dazu. Besonders interessant ist die Kapelle der **Familie Firlej** von 1615. In der Maria-Magdalena-Kapelle zeigt das 1740 geschaffene Bild »**Der Brand von Lublin**« das damalige Stadtbild.

Kirchen

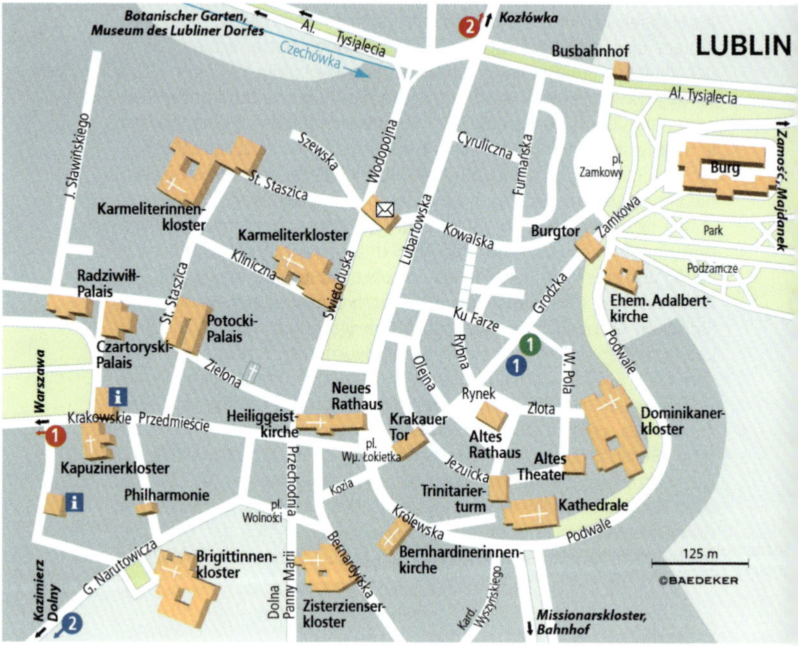

# ZIELE
## LUBLIN

| | | |
|---|---|---|
| ❶ Irish Pub | ❶ Browar Grodzka 15<br>❷ Pyzawa Chata | ❶ Mercure<br>❷ Hotel Ilan |

### ★ Über der Stadt

Burg  Auf dem Burghügel östlich der Altstadt entstand 1823 an der Stelle einer Festung aus dem 9. Jh. ein Gefängnis in neogotischem Stil, das während des Zweiten Weltkriegs die Besatzer nutzten. Von der alten Burg ist lediglich ein Rundturm aus dem 13. Jh. erhalten geblieben. Der kunsthistorisch wertvollste Bau auf dem Burggelände ist die 1395 von Władysław Jagieło gestiftete **Dreifaltigkeitskapelle**. Ihr Gewölbe ruht nur auf einem einzigen Pfeiler und ist vollständig mit russisch-byzantinischen Wandmalereien des ukrainischen Meisters Andrzej (1418) bedeckt. Sie sind für ihr Alter außerordentlich gut erhalten und vereinen westliche und orthodoxe Elemente. Auf der Burg residiert auch das **Muzeum Lubelskie** mit seinen Ausstellungen zur Stadtgeschichte.
**Zamek Lubelski**: Di. – So. 10 – 18 Uhr | Eintritt: 45 zł |
www.mnwl.pl

# LUBLIN ERLEBEN

**TOURISTENINFORMATION**
ul. Krakowskie Przedmieście 6
Tel. 81 532 44 12
www.lublintravel.pl

**❶ IRISH PUB U SZEWCA**
Seit vielen Jahren angesagte Adresse für Nachtschwärmer mit Lust auf Live-Musik.
ulica Grodzka 18
www.uszewca.pl

**❶ MERCURE LUBLIN €€**
Gute Adresse etwas außerhalb des Zentrums mit freundlichem Service.
al. Racławickie 12
Tel. 81 533 20 61
https://all.accor.com

**❷ HOTEL ILAN €€**
An historischem Ort in der ehemaligen Schule der Chassidim. Jüdisch-polnische Küche im Restaurant Olive.
ul. Lubartowska 85
Tel. 81 745 03 47
www.hotelilan.pl/en/

**❶ BROWAR RESTAURACJA GRODZKA 15 €€**
Lublins erstes Brauerei-Restaurant liegt mitten in der Altstadt – mit gemütlichem Interieur und Biergarten.
ul. Grodzka 15
Tel. 691 250 101
www.grodzka15.pl

**❷ PYZATA CHATA €**
Deftig-polnisch von Piroggen über Burger bis zu Haxe und Rippchen
ul. Okopowa 5
Tel. 81 472 15 15
https://pyzatachata.pl

---

**Jugendstil trifft Gotik**

Im 19. Jh. wurde das Stadtzentrum weiter nach Westen verlegt. Neben Ämtern, Büros, Warenhäusern, Geschäften, Hotels und Cafés stehen hier interessante **Jugendstilhäuser**, darunter das Radziwiłł-Palais. Einen Besuch lohnt die **Bernhardinerkirche**, ursprünglich eine spätgotische Hallenkirche, die Anfang des 17. Jh.s im Stil des Manierismus umgebaut und 1827 mit einer neoklassizistischen Fassade versehen wurde. Ausgestattet ist sie mit einem barocken Hauptaltar und einem meisterhaften Chorgestühl. — Neues Zentrum

**Ein weiterer Teil der Vernichtungsmaschinerie**

Im südöstlichen Vorort Majdanek errichtete die Waffen-SS ab Oktober 1941 ein Lager für sowjetische Kriegsgefangene. Ab Ende 1941 wurden zunehmend auch Polen sowie Juden aus anderen Teilen Europas und dann aus dem »Generalgouvernement« eingeliefert; v. a. von Frühjahr bis Herbst 1943 war Majdanek Teil der Vernichtungsmaschinerie des Holocaust. Bis Mitte 1944 wurden hier insge- — Majdanek

# ZIELE
## LUBLIN

78 000 Menschen wurden in Majdanek ermordet.

samt ca. 78 000 Menschen ermordet, davon etwa 59 000 Juden. Ungefähr 60 % aller Opfer starben an Auszehrung. Gleich nach Ende des Zweiten Weltkriegs wurde in einer der erhalten gebliebenen Lagerbaracken das **Museum der Leidensgeschichte** (Muzeum Martyrologii) eingerichtet.
**Gedenkstätte:** ul. Droga Męczenników Majdanka 67 | April - Okt. Di.-So. 9-18, Nov.-März 9-16 Uhr | Eintritt frei | www.majdanek.eu

## Rund um Lublin

### Sozialistischer Realismus im Adelspalais

Kozłówka
Die 1742 errichtete und von einem hübschen Park umgebene einstige Residenz der **Adelsfamilie Zamoyski** in Kozłówka, 27 km nördlich von Lublin, besticht mit ihrer prachtvollen Fassade, ihrer historischen Inneneinrichtung und mit einer umfangreichen Gemäldegalerie des Sozialistischen Realismus (Galeria Sztuki Socrealizmu).
Mai-Nov. Di.-Fr. 10-15, Sa./So. 10-16 Uhr | Eintritt: 40 - 58 zł
www.muzeumzamoyskich.pl

### Blütezeit in der Spätrenaissance

Biała Podlaska
Ca. 100 km nördlich von Lublin eine Stadt mit ruhmreicher Vergangenheit: 1569 wurde sie Eigentum der Familie Radziwiłł und erlebte unter ihrer Herrschaft eine Blütezeit. Ein Schloss im Stil der Spätre-

## ZIELE
MALBORK · MARIENBURG

naissance wurde erbaut, von dem heute aber nur noch Teile der Befestigungsbastionen (Mitte 17. Jh.) und der Schlossturm (18. Jh.) erhalten sind. Die Gemäuer beherbergen heute u. a. eine Bibliothek, das Kulturzentrum und das **Museum von Südpodlachien** mit Ausstellungsstücken zur Stadtgeschichte und zum regionalen Kunsthandwerk, einer umfangreichen Ikonensammlung und einer großen Gemäldegalerie.

**Muzeum Południowego Podlasia:** ul. Warszawska 12 | Juli-Aug. Di.-Fr. 10.30-16.30, Sa./ So. 11-16.30, Sept.- Juni Mo.-Fr. 10-16, So. 10.30-16 Uhr | Eintritt: 15 zł | www.muzeumbiala.pl

# ★★ MALBORK · MARIENBURG

**Wojewodschaft:** Pomorskie | **Höhe:** 20-30 m ü.d.M.
**Einwohner:** 38 000

*Hier werden mittelalterliche Träume wahr: Eine Ritterburg am Fluss, errichtet aus Millionen Ziegeln, mit Türmen, Bastionen und Erkern. Was von außen wuchtig wirkt, entfaltet innen höfische Pracht: In lichtdurchfluteten Sälen mit fantasievollen Säulenkonstruktionen, filigranen Fenstern und farbenfrohen Wandmalereien kann man in die Geheimnisse der größten Backsteinfestung Europas eintauchen.*

N 4

Um die Burg, die ab dem 13. Jh. am Ufer der Nogat errichtet wurde, entstand eine Siedlung, die 1276 das Stadtrecht erhielt. 1457 ging Marienburg an den polnischen König, in der ersten Polnischen Teilung 1772 an Preußen. Im Zweiten Weltkrieg wurde die Stadt zerstört, und innerhalb der alten Mauern zog man hastig Neubausiedlungen hoch.

*Monument der Macht und des Glaubens*

## ★★ Ordensburg
ul. Starościńska 1 | tgl. 9-17 Uhr | Eintritt: 80 zł inkl. Audioguide oder deutscher bzw. englischsprachiger Führung | www.zamek.malbork.pl

Der **Deutsche Orden** (▶ Baedeker Wissen, S. 222) hatte sich während der Kreuzzüge im Heiligen Land zu einer schlagkräftigen Truppe entwickelt. 1226 holte der polnische **Herzog Konrad von Masowien** die Ordensritter ins Land, um ihn bei der Unterwerfung und

Geschichte

# ZIELE
## MALBORK · MARIENBURG

## MALBORK ERLEBEN

**TOURISTENINFORMATION**
ul. Tadeusza Kościuszki 54
Tel. 55 6 47 47 47
www.visitmalbork.pl

**GROT €€**
Auf halbem Weg zwischen Bahnhof und Schloss schläft man ruhig, stilvoll und gut umsorgt.
ul. Kościuszki 22
Tel. 55 6 46 96 60
www.grothotel.pl

**PIWNICZKA €€**
Auch das Untergeschoss der Burg kann erkundet werden! Im Nordflügel steigt man ins »Kellerchen« (piwniczka) hinab, wo unter schweren Gewölben deftige Klassiker der altpolnischen Küche serviert werden. Wie wäre es mit Geflügelrouladen und dazu einen Krug Bier?
ul. Starościńska 1
Tel. 55 2 73 36 68
www.piwniczkamalbork.pl

---

Christianisierung der Pruzzen zu unterstützen. In der zweiten Hälfte des 13. Jh.s begann der Orden an der strategisch wichtigen Stelle am Ufer der Nogat mit dem Bau einer bewehrten Anlage, die 1309 offiziell **Sitz ihres Hochmeisters** wurde. Bis zu diesem Jahr hatten die Ritter so viele erfolgreiche Feldzüge geführt, dass sie das erbeutete Land zu ihrem Besitz erklärten – sehr zum Missfallen der Polen. Die Feindschaft zwischen den neuen Nachbarn wurde kriegerisch ausgetragen. 1457 fiel die Marienburg mitsamt der Stadt schließlich an Polen; Königsbeg wurde der neue Sitz des Hochmeisters. Im Zweiten Weltkrieg wurde die Burg schwer beschädigt, doch nach dem Krieg mustergültig restauriert und 1997 in die Liste des **UNESCO-Weltkulturerbes** aufgenommen.

### Die Welt der christlichen Ritter

*Besichtigung* Den Mittelpunkt der Festung bilden das Hochschloss und das Mittelschloss mit dem sich südwestlich anschließenden Hochmeisterpalast. Im Nordosten des Burgkomplexes sind die Reste der ehemaligen Vorburg zu finden, die Laurentiuskapelle und das Zeughaus sowie Wirtschaftsgebäude. Ein eindrucksvoller Überrest des mächtigen Befestigungssystems mit doppeltem, turmbesetztem Mauerring ist das Brückentor am Ufer der Nogat.

Das **Hochschloss** ist das älteste Gebäude. Mit dem Bau des Nordflügels wurde 1274 begonnen; um 1300 war die Vierflügelanlage fertiggestellt. Beim Umbau im 14. Jh. erhielt der Hof Wandelgänge, die Schlosskapelle wurde zur Schlosskirche St. Marien ausgebaut. Im Parterre des Hochschlosses sind u. a. noch die Gefängniszellen erhalten.

# ZIELE
## MALBORK · MARIENBURG

Das aus drei Flügeln bestehende **Mittelschloss** (Zamek średni) entstand zwischen 1310 und 1330 nordwestlich des Hochschlosses und nahm die Wohnräume des Großkomturs, eine Badestube, das Hospital und Gästezimmer auf. Im Westflügel liegt der große Rittersaal mit Sterngewölbe.

An den Westflügel des Mittelschlosses schließt sich, durch eine kleine Kapelle getrennt, der Ende des 14. Jh.s erbaute **Hochmeisterpalast** (▶Baedeker Wissen, S. 208) an. Das äußerlich ebenso wehrhafte wie repräsentative Gebäude, vermutlich von Nikolaus von Fellenstein entworfen, gilt als ein **Meisterwerk profaner gotischer Backsteinarchitektur**. Besonders beeindrucken die beiden Refektorien, Sommer- und Winterremter, mit ihren großen, ursprünglich bunt verglasten Fenstern und den feinen, auf grazilen Säulen ruhenden Sterngewölben.

Das nach dem Wiederaufbau in der Burg eingerichtete **Schlossmuseum** (Muzeum Zamkowe) zeigt neben Dokumenten und Exponaten zur Geschichte des Schlosses auch mittelalterliche Plastik,

Die Marienburg, eine Machtdemonstration aus rotem Ziegelstein

# DENKMAL FÜR DIE EWIGKEIT

*Als im Jahr 1398 – genau 20 Jahre nach Grundsteinlegung – der Bau des Hochmeisterpalasts abgeschlossen war, bedeutete dies auch das Ende der über 120 Jahre dauernden Bauarbeiten an der Marienburg. Damit war der Burgkomplex der drittgrößte in Europa nach dem Prager Hradschin und dem Kreml in Moskau. Mit dieser gewaltigen Anlage demonstrierte der Deutsche Orden seine Macht und setzte sich zugleich ein Denkmal für die Ewigkeit.*

### ❶ Sommerremter
In dem 14 x 14 m großen und knapp 10 m hohen Raum, der durch spätgotische Doppelfenster erhellt wird, empfingen die Hochmeister im Sommer ihre Gäste und feierten Feste. Als Remter bezeichnete man die Speisesäle in Burgen und Schlössern.

### ❷ Ein einziger Stützpfeiler
Der gesamte Saal wird nur durch diesen einen Pfeiler gestützt. Angeblich soll auf diesen Pfeiler mit jener Steinkugel gezielt worden sein, die in die Wand über dem Kamin eingemauert wurde.

### ❸ Winterremter
Der Winterremter war – wie auch der Sommerremter – in erster Linie zu Repräsentationszwecken eingerichtet worden. Zwar war er weniger prachtvoll ausgestattet als der Sommerremter, doch dafür konnte dieser Raum beheizt werden.

# ZIELE
## MALBORK · MARIENBURG

Keramik, Kunsthandwerk, Porträtmalerei und Schlachtengemälde, Schmuck und Waffen sowie **eine der größten Bernsteinkollektionen in ganz Europa**.

## Rund um Malbork

### Wuchtige Mauern, filigrane Fresken

Kwidzyn  Rund 25 km weiter südlich liegt das Industriestädtchen Marienwerder (Kwidzyn) im Tal der unteren Weichsel auf dem Gebiet des historischen Dolne Powiśle. Sehenswert ist der im 14. Jh. über dem rechten Liwa-Ufer entstandene **Burgkomplex für das Domkapitel**, eine quadratische, von Ecktürmen gefasste Vierflügelanlage. Erhalten sind der Nord- und Westflügel der Burg und der mächtige Dansker (Abtritt) – ein frei stehender, durch einen Gang mit der Burg verbundener Turm. Die gotische Kathedrale, die **Pfarrkirche St. Marien** (Kościół Farny N. P. Marii), schließt sich an die Burg an. In den Seitenschiffen der Mitte des 14. Jh.s erbauten dreischiffigen Hallenkirche sind noch Reste der gotischen Bemalung erhalten; die Wandmalereien unter der Fensterzone im Chor stammen aus der Zeit um 1500.

### Meisterwerk der Ingenieurskunst

Tczew  Das Städtchen Tczew (Dirschau) am Weichselufer hat einen hübschen Marktplatz, doch berühmt ist es für seine **Weichselbrücke**. Dieses einzigartige technische Denkmal besitzt eine Spannweite von fast 1000 m und wurde 1857 für die von Berlin nach Königsberg führende Preußische Ostbahn gebaut.

**ZIELE**
MAZURY · MASUREN

# ★★ MAZURY · MASUREN

**Wojewodschaft:** Warmińsko-Mazurskie, Podlaskie

*Eine Sehnsuchtslandschaft mit Tausenden von Seen in einem sanft gewellten Land – darüber ein weit gespannter Himmel. Masuren ist menschenleer, aber reich an Alleen, Pferdekoppeln und Wiesen. Kein Wunder, dass die Region Naturliebhaber magisch anzieht! Aktivurlauber genießen viel Platz zum Rudern, Paddeln, Segeln, Windsurfen oder Angeln. Ganz entspannt kann man per Ausflugsschiff die Seenlandschaft erkunden.*

Masuren umfasst den südlichen Teil des Baltischen Höhenrückens, eine hügelige Moränenlandschaft, die in der Dylewska Góra (Kernsdorfer Höhe) bis zu 312 m, im Wzgórze Szeskie (Seesker Berg) bis zu 309 m ansteigt und sich im mittleren Teil zur **Masurischen Seenplatte** absenkt. Ausgedehnte, überwiegend noch sehr ursprüngliche Waldgebiete und viele größere und kleinere Seen – insgesamt über 1800 –, die durch Flüsse und Kanäle miteinander verbunden sind, bestimmen das Landschaftsbild. Zum Schutz von Flora und Fauna sind große Teile der Region als Reservate ausgewiesen.

*Land der tausend Seen*

Die **Hauptferienorte** mit der besten touristischen Infrastruktur sind Giżycko, Mikołajki, Węgorzewo und Mrągowo sowie Ruciane-Nida und Ryn. Auch die ermländischen Orte Ostróda und Iława sind ganz auf Tourismus eingestellt. Die historische Landschaft **Ermland** (Warmia) im Norden Polens am Zusammenfluss der Pasłęka und der Łyna (Alle) ist heute mit der Wojewodschaft Warmińsko-Mazurskie vereint, obwohl es streng genommen nicht zu Masuren gehört. Seine Wald- und Seenlandschaft gleicht jedoch der Masurens und bildet zusammen mit dem Nachbarn ein in Europa einzigartiges Urlaubsgebiet.

### Deutsche und polnische Einflüsse

Im 13. Jh. wurden die hier ansässigen Pruzzen vom Deutschen Orden unterworfen und christianisiert. Deutsche und polnische Einwanderer aus Masowien besiedelten das Gebiet ab dem 14. Jh. und vermischten sich mit der ansässigen Bevölkerung. Der Kampf der Polen gegen die Herrschaft des Deutschen Ordens führte 1525 zur Umwandlung des Ordensstaats in das säkularisierte Herzogtum Preußen. Ab 1618 war das Herzogtum durch Personalunion mit Brandenburg verbunden. 1701 wurde Preußen souveränes Königreich, und 1815 wurde die Provinz Ostpreußen eingerichtet, zu der die Region bis 1945 gehörte. Am Ende des Zweiten Weltkriegs fiel Masuren samt dem Ermland an Polen.

Geschichte

## ZIELE
MAZURY · MASUREN

## ZIELE
MAZURY · MASUREN

Die Krutynia ist eines der unzähligen masurischen Gewässer. Man muss sie mit dem Boot erleben.

## ZIELE
MAZURY · MASUREN

 **Wielkie Jeziora Mazurskie · Masurische Meere**

### Ein Traum in Blau

*Große Seen*    Die Großen Seen, auch »Masurische Meere« genannt, bilden das Zentrum der Seenplatte. Spirdingsee (Jezioro Śniardwy) und Mauersee (Jezioro Mamry) haben insgesamt eine Fläche von über 200 km² und sind **Polens größte Binnengewässer.** Rings um die beiden »Meere« liegen sieben weitere, miteinander verbundene Seen. Hier, im Herzen Masurens, laden Urlauberzentren wie Giżycko und Mikołajki zum Baden, Segeln und Surfen, zu Dampferpartien, zum Kajakfahren, Tauchen und Angeln ein. Doch auch zu Fuß oder mit dem Rad kann man auf Wander- und Fahrradwegen die Region erkunden.

### Unter Naturschutz

*Geschütztes Gebiet*    Eine 70 000 ha große Fläche etwas südlich von Mikołajki rund um den Jezioro Śniardwy wurde 1977 zum **Mazurski Park Krajobrazowy** erklärt. Innerhalb des Naturparks sind **Reservate** ausgewiesen, die man nicht betreten darf, z. B. das Reservat um den See Jezioro Łabędzie Łukajno, 2 km südöstlich von Mikołajki, mit einer der größten Schwanenkolonien Europas, oder die Vogelinseln auf dem Mamry-See.
www.mazurskipark.pl

 **Olsztyn (Allenstein) und Umgebung**

### Masurens Hauptstadt

*Quirliges Herz Masurens*    Die Hauptstadt Masurens (171 000 Einw.) ist ein idealer Ausgangspunkt für Ausflüge in die Hügellandschaft der Seenplatte. Und wenn man abends zurückkommt, genießt man das quirlige Leben der Altstadt. Die 1348 erstmals erwähnte Siedlung entstand im Schutz einer Burg, die wenige Jahre zuvor von den Domherren des Bistums von Ermland errichtet worden war, und besaß ab 1353 das Stadtrecht. Im 16. Jh. gab es im gesamten Ermland einen Zustrom polnischer Siedler, vor allem aus Masuren. Durch die erste Polnische Teilung 1772 kam Allenstein zu Preußen. Zu Beginn des 20. Jh.s entwickelte sich hier eine starke polnische Bewegung; es gab polnische Schulen, Geschäfte und Zeitungen. Das Plebiszit 1920 bestätigte aber die Zugehörigkeit zu Deutschland. Im Januar 1945 besetzten sowjetische Truppen die Stadt.

### Von der Burg zur Kathedrale

*Altstadt*    Von Kriegszerstörungen weitgehend verschont blieb die im 14. Jh. errichtete Burg an der Łyna. Das gotische, mehrflügelige Gebäude wurde im 18. Jh. umgebaut. Hier wohnte u. a. **Nikolaus Kopernikus** (▶ Interessante Menschen): Er übte das Amt eines Verwalters des Kapitels von Ermland aus. Vorbei an der Wysoka Brama, dem einzigen erhaltenen von ursprünglich drei Stadttoren, geht es Richtung

# ZIELE
## MAZURY · MASUREN

# MAZURY · MASUREN ERLEBEN

## TOURISTENINFORMATION
ul. Ratuszowa 5
Mrągowo
Tel. 89 544 40 90
www.it.mragowo.pl

## TOURISTENINFORMATION OLSZTYN
ul. 1 Maja 10 (im Rathaus)
Tel. 89 521 03 98
www.olsztyn.eu

## TOURISTENINFORMATION GIŻYCKO
ul. Generała Józefa Zajączka 2
Tel. 87 428 52 65
ttps://centrum-promocji-i-it.business.site/

## TOURISTENINFORMATION MIKOŁAJKI
pl. Wolności 7
Tel. 87 4 21 68 50
https://mikolajki.eu/

## CLASSIC LADY
Über das Masurische Meer kreuzt von Mai bis September die »Classic Lady« (20 Einzel- und Doppelkabinen) des deutschen Reiseveranstalter DNV-Tours: Tagsüber erkundet man die Landschaft per Rad (auf den »Schlemmerreisen« auch per Bus), zum Schlafen kehrt man auf das Schiff zurück. Start und Endpunkt der einwöchigen Reise ist Mikolajki.
Buchung: DNV-Tours,
Tel. 07154 13 18 30
www.dnv-tours.de/ms-classy-lady

## ŻEGLUGA MAZURSKA
In **Giżycko** legen vom Hafen am Jezioro Niegocin legen die Schiffe der Reederei »Żegluga Mazurska« für Fahrten über die Großen Masurischen Seen ab.
ul. Kolejowa 9, 11-500 Giżycko
Tel. 87 428 25 78/www.zeglugamazurska.com.pl

## BOOTSCHARTER
In Wilkasy südwestlich von Giżycko gibt es viele Snbieter von Segelbooten, z. B:
Lucky Czarter
ul. Niegocińska 5
Tel. (mobil) 509 31 21 46
www.lucky-czarter.pl

Beste Stimmung herrscht in den Kneipen der **Altstadt von Olsztyn**, in den Parkanlagen rund um die Burg und am Fluß Łyna. Im Amphitheater am Fuß der Burg gibt es im Sommer Konzerte und Theateraufführungen.

## EVENTS
Im Juli gibt es in **Giżycko** Kostproben masurischer Gerichte beim »Fest der drei Brassen«, dann ein Shanty-Festival und zuletzt die Segelwoche großer Regatta. Zahlreiche Veranstaltungen auf der Freilichtbühne der Festung Boyen im August.

## DYPLOMAT €€€
Einst diente die Villa vor den Toren der Altstadt als Generalkonsulat. Heute ist das restaurierte Haus Viersternehotel mit 29 behaglich-eleganten Zimmern, kleinem Spa und bestens sortierter Whisky-Bar. Unbedingt Zeit lassen fürs üppige Frühstücksbuffet!

# ZIELE
## MAZURY · MASUREN

ul. Dąbrowszczakow 28,
Olsztyn
Tel. 89 512 41 41
http://hoteldyplomat.com/de

### KRASICKI €€€
Romantisch liegt das Schlosshotel zwischen zwei Flüssen. Die Zimmer verteilen sich im gotischen und barocken Flügel des Hauses, ein Kuriosum ist die zum Hotel gehörige kleine Sternwarte.
pl. Zamkowy 1/7
Lidzbark Warmiński
Tel. 89 537 17 00
www.hotelkrasicki.pl

### ZAMEK RYN €€–€€€
Im Schlosshotel nächtigt man in stilvollen Apartments, die nach den Rittern und Komturen des Deutschen Ordens benannt sind. Besonders schön ist der Wellnessbereich im Kellergewölbe.
pl. Wolności 2, Ryn
Tel. 87 429 70 00
www.zamekryn.pl

### EUROPA €€
Das Hotel am See mit eigenem Anlegesteg. Komfortable Zimmer mit Balkon. Verleih von Mountainbikes, Tret-, Ruder- und Paddelbooten. Im Sommer wird am Lagerfeuerplatz gegrillt.
al. Wojska Polskiego 37
Giżycko
Tel. 87 4 29 30 01/03
www.hoteleuropa-gizycko.pl/

### MAZURSKIE SIEDLISKO KRUKLIN €€
Naturhotel im Grünen, 12 km von Giżycko. Perfekt für Reiter und Radler. Mit Pool und kleinem Spa.
Kruklin 47
Giżycko
Tel. 87 734 12 00
www.mazurskiesiedliskokruklin.p

### AMAX €€
Das kleine Hotel liegt romantisch am Westufer des Mikołajskie-Sees, fernab vom Trubel des Städtchens. Es besteht aus einem Haupthaus mit stilvoll eingerichteten Zimmern sowie sechs masurischen Häuschen mit Kamin und Küche; eine ideale Unterkunft (nicht nur) für Familien.
al. Spacerowa 7, Mikołajski
Tel. 87 421 90 00
http://hotel-amax.pl

### STAROMIEJSKA €€
Das »altstädtische« Café am Markt ist stets bestens besucht und bietet eine große Auswahl an Speisen. Im Sommer öffnet eine überdachte Terrasse.
ul. Stare Miasto 4/6, Olsztyn
Tel. 89 5 27 58 83
www.staromiejska.olsztyn.pl

### KARCZMA WARMIŃSKA €€
In Gietrzwałd, knapp 20 km westlich von Olsztyn, gibt's Schmalzbrot, Schlachtplatte, Gurken vom Fass und Riesenportionen Bigos und Piroggen: In der »Ermländischen Schenke« isst man »wie ein Bauer am Feiertag«, lauscht masurischen Liedern und schwingt das Tanzbein, sofern man dazu nach dem vielen Essen noch in der Lage ist.
ul. Kościelna 1, Gietrzwałd
Tel. 89 512 34 23
https://karczma.pl/strona-glowna

### CUDNE MANOWCE €–€€
Kleines Lokal mit Terrasse und Parkblick. Auf der Speisekarte findet sich alles von Fisch bis Pizza. Das Preis-Leistungs-Verhältnis stimmt.
ul. Boleslawa Chrobrego 4
Olsztyn
Tel. 89 535 03 95

Auch größere Schiffe sind auf den Masurischen Seen unterwegs.

**BAEDEKER ÜBERRASCHENDES**

# 6x TYPISCH

*Dafür fährt man nach Polen.*

## 1.
**EISSEGELN**
Segeln im Winter? Ein Vergnügen, das auf den **Masurischen Seen** Tradition hat. Unter das Segelboot schraubt man einfach Kufen, und schon kann die rasante Fahrt übers Eis beginnen.

## 2.
**WISENTE**
Einst waren die massigen Tiere überall in Europa zuhause. Heute findet man sie in freier Wildbahn nur noch in Polen: im **Nationalpark Białowieża** an der Grenze zu Weißrussland sowie in den Waldkarpaten. (▶ **S. 258**)

## 3.
**SKANSEN**
Den Namen des ältesten schwedischen Freilichtmuseums »**Skansen**« übernahm man in Polen für alle Freilichtmuseen, die den bäuerlich-ländlichen Architekturstil für die Nachwelt bewahren. Ein besonders schönes gibt es bei Sanok (▶ **S. 121**)

## 4.
**TATRA-STIL**
Aus Baumstämmen zimmert man im **Tatra-Gebirge** Häuser mit Veranda, Säulen und Spitzdächern. Und schmückt sie mit geometrischen und floralen Ornamenten. Eine Augenweide! (▶ **S. 291**)

## 5.
**KRIPPEN**
Keine schlichten Ställe, sondern prachtvolle Gebilde mit viel Glanz und Glitter – je glamouröser, desto besser! Jedes Jahr werden die schönsten Weihnachtskrippen auf dem **Krakauer Marktplatz** ausgestellt. (▶ **S. 168**)

## 6.
**MILCHBARS**
Milch gibt es in den Milchbars **(Bar Mleczny)** selten. Dafür bieten die während der sozialistischen Ära gegründeten, staatlich subventionierten Kantinen bis heute polnische Hausmannskost zu unschlagbar günstigen Preisen.

## ZIELE
### MAZURY · MASUREN

#### TAWERNA MARINA €–€€
Hafenlokal mit Terrasse und freundlichem Ambiente. Auf der Speisekarte viele Fischgerichte und gute Suppen.
ul. Dąbrowskiego 14, Giżycko
Tel. 87 428 47 34
www.tawernamarina.pl

#### KARCZMA U KOMTURA €
Masurische Küche, und das heißt auch Süßwasserfisch und hiin und widder Wild. Mt Sommerterrasse.
ul. Woznice 74, Mikolajki
Tel. 691 47 93 76

#### PRZECHOWALNIA MARZEN BISTRO €
Frühstück (von 9 bis 11.30 Uhr) – aber was für eines! Äußerst liebevoll gemacht, ob vegetarisch oder nicht. Von 14 bis 19 Uhr gibt es Kaffee, Kuchen und Eis. Schließlich noch vier sehr schöne Zimmer (€€€)
Os. na Gorce 29 Wejście, Mikolajki
Tel. 87 608 86 54 59
https://przechowalniamarzen.com

---

Altstadt. Sie schmiegt sich südwestlich des Hohen Tors in eine Biegung der Łyna. Nach Restaurierungen zeigt sie sich, insbesondere rund um den Marktplatz mit den durch Laubengänge verbundenen Bürgerhäusern, wieder in ihrem historisches Erscheinungsbild. Zwei Querstraßen östlich erhebt sich die **Kathedrale św. Jakuba** mit einem 60 m hohen Westturm. Der in der zweiten Hälfte des 14. Jh.s begonnene Bau war um die Mitte des 15. Jh.s vollendet, im 16. Jh. wurden die herrlichen Zellen- und Netzgewölbe eingezogen und der Turm erhöht.

### Mächtige Burg der Ordensritter

Lidzbark Warmiński

Lidzbark Warmiński (Heilsberg) liegt, umgeben von einigen kleinen Seen, knapp 50 km nordöstlich von Olsztyn. Mit seiner mächtigen, in der zweiten Hälfte des 14. Jh.s errichteten Burg besitzt der Ort ein eindrucksvolles Beispiel für die Baukunst des Deutschen Ordens. Das Burgmuseum (Muzeum Warmińskie) zeigt neben mittelalterlichen Kunstwerken Dokumente und Exponate zur Geschichte von Burg und Stadt.
**Muzeum Warmińskie:** pl. Zamkowy 1 | Juni-Sept. Di. – So. 10 – 17, Okt. – Mai Di. – So. 9 – 16 Uhr | Eintritt: 26 zł | http://lidzbark.muzeum.olsztyn.pl

### Ein Name, zwei Schlachten
Grunwald

Das kleine, knapp 20 km südwestlich von Olsztynek gelegene Dorf Grunwald (Grünfeld) war Schauplatz einer der entscheidenden **Schlachten der polnischen Geschichte**: Am 15. Juli des Jahres 1410 trafen zwischen Grunwald und dem nordöstlich gelegenen Stębark (**Tannenberg**) – nach dem diese Schlacht ebenfalls benannt ist – die vereinigten Armeen der Polen, Litauer, Russen, Tataren und Böhmen unter Führung von König **Władysław Jagiełło** auf das Heer des Deutschen Ordens, angeführt vom Hochmeister **Ulrich von Jungingen**. Die Schlacht, eine der größten des Mittelalters, endete

# ZIELE
## MAZURY · MASUREN

mit einer schweren Niederlage des Deutschen Ordens, dessen Macht fortan gebrochen war. Das **Museum der Schlacht bei Grunwald** (Muzeum Bitwy pod Grunwaldem) stellt die Ereignisse dar.

In der zweiten Schlacht bei Tannenberg (eigentlich bei Hohenstein / Olsztynek) vom 28. bis 30. August 1914 schlug die deutsche 8. Armee die in Ostpreußen eingedrungenen Russen. Dieser Sieg wurde im Kaiserreich propagandistisch überhöht und von Armeeführer Paul von **Hindenburg**, der auch die Benennung durchsetzte, als Revanche für die Niederlage von 1410 gesehen. 1927 eröffnete man ein riesiges Nationaldenkmal mit Hindenburg-Gruft, das die Wehrmacht 1945 teilweise sprengte; die Reste wurden 1952/1953 beseitigt.

**Muzeum Bitwy pod Grunwaldem:** Stębark 1 | April–Sept. tgl. 9.30 bis 18.30 Uhr | Eintritt: 28 zł | https://muzeumgrunwald.pl

### Dorado für Freizeitkapitäne

Ostróda — Ostróda (Osterode) liegt in der **Eylauer Seenplatte** (Pojezierze Iławskie), 36 km westlich von Olsztyn. Die Stadt am Jezioro Drwęckie ist ein **lebhafter Ferienort** mit einer gut ausgebauten Infrastruktur. Ein System von Flüssen und Kanälen verbindet den Drewenz-See mit anderen Gewässern – ideale Bedingungen für Kajakfahrer. Eine besondere Attraktion ist die zehnstündige, über 80 km lange **Schifffahrt auf dem Oberländischen Kanal** nach ▶ Elbląg.

Beim jährlichen Reenactment der Schlacht von Grunwald geht es unblutig zu.

# ZIELE
## MAZURY · MASUREN

## ▌ Giżycko (Lötzen) und Umgebung

### Masurens Sommerhauptstadt

Zwischen zwei Seen räkelt sich Giżycko (30 000 Einw.), Masurens »Sommerhauptstadt«. Die Seen und Kanäle rund um die Stadt machen sie zu einem In-Treff der Wassersportler; viele Wanderwege führen am Ufer entlang. Und die Infrastruktur für Urlauber ist perfekt. Durch die Lage auf der Landenge zwischen Niegocin- und Kisajno-See hatte Giżycko immer strategische Bedeutung. Die Burg der Pruzzen wurde im 14. Jh. vom Deutschen Orden eingenommen und zerstört. In den Urkunden erscheint die Stadt 1340 als Lezcen, 1572 erhielt sie das Stadtrecht. Mitte des 19. Jh.s entstand die Feste Boyen, benannt nach dem preußischen Kriegsminister General Hermann von Boyen. Nach 1925 wurden die Anlagen Giżyckos Teil der Befestigungsregion Lötzen. Im Zweiten Weltkrieg wurde das Städtchen völlig zerstört.

*Masurisches Urlaubsparadies*

### Flaniermeile am Wasser

An der Öko-Marina haben viele Segler festgemacht; Ausflugsschiffe starten zu Rundfahrten auf den umliegenden Seen. Die **Promenade** ist im Sommer ein belebter Anziehungspunkt für Touristen.
www.ekomarinagizycko.pl

*Öko-Marina*

### Fotogene Trutzburg

Ein sternförmiges Polygon von Wällen, Bastionen, Gräben und Kasematten bildet die Festung aus dem 19. Jahrhundert. Nahebei erhebt sich der **»Hügel des heiligen Bruno«** (Wzgórze św. Brunona), wo der Legende nach der Bischof und Missionar Bruno von Querfurt von den Pruzzen ermordet wurde.
tgl. ab 9 Uhr | Eintritt: 18 zł | http://twierdza.gizycko.pl

*Feste Boyen und Märtyrerhügel*

##  Mikołajki (Nikolaiken) und Umgebung

### Ab aufs Wasser!

Im Sommer liegen Hunderte von Booten und Schiffen im Jachthafen, Kanuten starten zu ausgedehnten Touren, und weniger sportliche fahren mit Ausflugsschiffen hinaus aufs »Masurische Meer« – keine Frage, das von mehreren Seen umgebene Städtchen (3800 Einw.) ist ein lebhaftes Wassersportzentrum mit viel Charme.
1726 erhob Preußens König **Friedrich Wilhelm I.** die kleine Fischersiedlung Nikolaiken zur Stadt. Er ließ Kanäle anlegen, damit Holz aus der Johannisburger Heide über den Śniardwy- und Mamry-See in Richtung Norden transportiert werden konnte. Damit sicherte er der Bevölkerung in und um Mikołajki einen bescheidenen Wohlstand. Heute haben Fischerei und Flößerei ausgedient. Stattdessen setzt man auf Tourismus.

*Paradies der Freizeitkapitäne*

# DER DEUTSCHORDENSSTAAT

*BAEDEKER WISSEN*

*1225 rief Konrad von Masowien den Deutschen Ritterorden zu Hilfe gegen die heidnischen Pruzzen, die seine Nordgrenze bedrohten. Im Gegenzug versprach er den Rittern das Kulmer Land (heute Chelmno). Von dort aus eroberten sie seit 1226 das heutige Ostpreußen und das Baltikum und errichteten einen Staat, der im 13. und 14. Jh. eine der beherrschenden Mächte des Ostseeraums war.*

▶ **Geschichte des Ordens**
1990 feierte der Deutsche Orden sein 800-jähriges Bestehen.

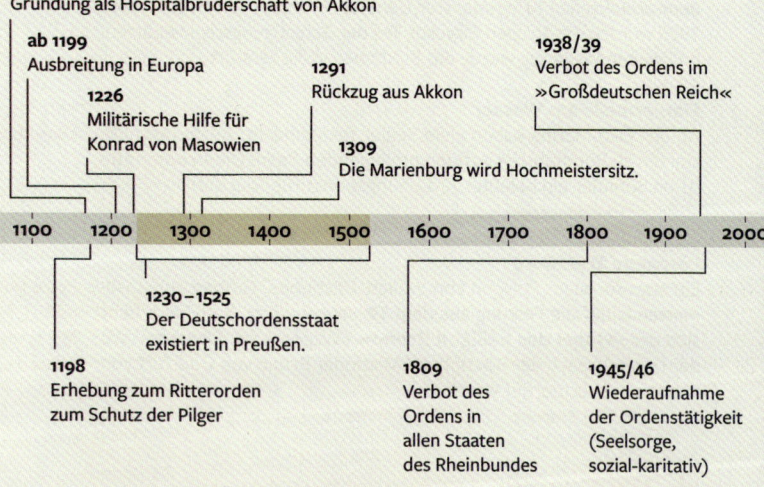

**1190**
Gründung als Hospitalbruderschaft von Akkon

**ab 1199**
Ausbreitung in Europa

**1226**
Militärische Hilfe für Konrad von Masowien

**1291**
Rückzug aus Akkon

**1309**
Die Marienburg wird Hochmeistersitz.

**1938/39**
Verbot des Ordens im »Großdeutschen Reich«

**1230–1525**
Der Deutschordensstaat existiert in Preußen.

**1198**
Erhebung zum Ritterorden zum Schutz der Pilger

**1809**
Verbot des Ordens in allen Staaten des Rheinbundes

**1945/46**
Wiederaufnahme der Ordenstätigkeit (Seelsorge, sozial-karitativ)

▶ **Wichtige Persönlichkeiten**

**Heinrich Walpot von Bassenheim**
Erster Hochmeister von 1198 bis 1200

**Hermann von Salza**
Der vierte Hochmeister (1210–1239) führte den Orden nach Preußen und errichtete den Ordensstaat.

**Ulrich von Jungingen**
Der 26. Hochmeister führte das Ordensheer in der Schlacht bei Tannenberg, in der er fiel.

▶ **Ordensstaat 1402**
Maximale geografische Ausdehnung des Ordensstaates und die Grenzen aktueller Staaten

▶ **Mythos Tannenberg**
In der Schlacht bei Tannenberg am 15. Juli 1410 brachte ein polnisch-litauisches Heer dem Orden eine vernichtende Niederlage bei. Als »Schlacht von Grunwald« gilt sie als die militärische Vorwegnahme der polnisch-litauischen Union, die bis 1795 bestand. Bis zur erneuten Staatsgründung 1918 entstand ein regelrechter Kult um die Schlacht, der sich literarisch im 1900 erschienenen Roman »Die Kreuzritter« von Henryk Sienkiewicz niederschlug. Für preußisch-deutsche Nationalisten war der Sieg über die russische Armee beim ostpreußischen Allenstein im August 1914 als »zweite Schlacht bei Tannenberg« die Revanche für die »Schmach« von 1410.

| Königreich Polen / Großfürstentum Litauen | Parteien | Deutscher Orden |
|---|---|---|
| u.a. Tataren, Belarussen, Ruthenen (Russen) | Verbündete | u.a. Böhmen, Schlesier, Ungarn |
| König Władysław II. Jagiełło / Großfürst Vytautas | Befehlshaber | Hochmeister Ulrich von Jungingen *(fiel in der Schlacht)* |
| 32 000 bis 39 000 Mann, davon 2000 tatarische Reiter | **Truppenstärke** *(geschätzt)* | ca. 20 000 bis 27 000 Mann, ca. 100 Geschütze |
| unbekannt | **Opfer** *(genaue Zahlen sind unbekannt)* | 209 der 250 Ordensritter fielen |

Wer mit dem eigenen Boot unterwegs ist, kann im Yachthafen Mikołajki anlegen.

### Wo Fische zu Hengsten werden

*Uferpromenade und Marktplatz*

Längs der Uferpromenade reihen sich Fachwerkhäuser mit mächtigem Satteldach aneinander, Freitreppen führen zum Hauptplatz, dem pl. Wolności, den Bürgerhäuser säumen. Hier sind Souvenirläden, Bars und Cafés eingezogen. In der Mitte des Marktplatzes plätschert ein Brunnen mit der Figur des **»Stinthengsts«**, Mikołajskis Wahrzeichen. Dieser war nicht etwa ein Pferd, sondern ein gewaltiger Fisch, der im Legenden- und Sagenschatz der Region eine wichtige Rolle spielt.

Schmuckstück Mikołajkis ist die **Evangelische Kirche** (Parafia Ewangelicko Augsburgski). Sie wurde 1842 nach einem Entwurf von Karl Friedrich Schinkel gebaut und besticht durch einen hohen Kirchturm. Innen wirkt sie licht und hell – auch das weiße, mit Goldfarbe abgesetzte Chorgestühl trägt zu diesem Eindruck bei.

### Die Reformation in Polen

*Museum der polnischen Reformation*

Neben der Kirche, im Gebäude der evangelischen Pfarrei, befindet sich das kleine Museum der polnischen Reformation. Es ist das einzi-

# ZIELE
## NOWY SĄCZ · NEU SANDEZ

ge in Polen, das diesem Thema gewidmet ist. Die Ausstellungsobjekte wurden 2002 aus dem ehemaligen Gebäude des Marion-Gräfin-Dönhoff-Gymnasiums hierher verlegt.

**Muzeum Reformacji Polskiej w Mikołajkach:** pl. Kościelny 4
tgl. 9–17 Uhr | Eintritt frei | www.mikolajki.luteranie.pl

### Fernglas nicht vergessen!

5 km östlich von Mikołajki liegt der fast kreisrunde Lucknainer See mit einer in Europa einmaligen **Kolonie von Wildschwänen**: Zur Brutzeit im April und Mai finden sich hier ca. 1200 Höckerschwäne ein, die man im Frühherbst, wenn sich das Laub gelichtet hat, von mehreren Hochsitzen am Ufer beobachten kann. Der See wurde von der UNESCO zum Biosphärenreservat erklärt.

Jezioro Łuknajno

### Masurische Lebensart

Im **Masurischen Bauernhausmuseum** (Muzeum Mazurski) im Dörfchen Sądry (Zondern), knapp 20 km nordwestlich von Mikołajki, hat eine deutschstämmige Familie Interessantes aus der Region zusammengetragen: altes Bauern- und Handwerksgerät, bemalte Möbel und volkstümliche Bilder. Danach stärkt man sich im Café der zugehörigen Pension Christel mit hausgemachtem Kuchen oder einem »Bärenfang«.
Sądry 3 | tgl. 10–18 Uhr | www.christel.com.pl

Sądry

# NOWY SĄCZ · NEU SANDEZ

**Wojewodschaft:** Małopolskie | **Höhe:** 272–387 m ü. d. M.
**Einwohner:** 84 000

*Stolz der Stadt im Vorland der Beskiden ist einer der größten Marktplätze Polens - mit zierlichem Rathaus und restaurierten Bürgerhäusern. Nowy Sącz ist Zwischenstation auf dem Weg ins ältere Stary Sącz und in den traditionsreichen Kurort Krynica in den waldreichen Beskiden.*

Q 13

1292 wurde der Ort von König Wacław II. Czeski, dem Böhmen, angelegt, das Stadtrecht erhielt er im 14. Jh. von Władysław Łokietek-Ellenlang. Die von Kazimierz Wielki gewährten Privilegien bewirkten einen raschen Aufstieg der Stadt. Ab 1772 österreichisch, fiel sie 1918 an Polen zurück. Die ca. 11 000 jüdischen Einwohner und 8000 weitere aus

*Mit Kuranschluss*

dem Generalgouvernement wurden 1941 in einem Ghetto eingeschlossen und im August 1942 an Ort und Stelle oder im Vernichtungslager Bełżec umgebracht.

## ❘ Wohin in Nowy Sącz?

### Putziges Städtchen

Altstadt  Die Altstadt liegt am Zusammenfluss von Kamienica und Dunajec an einem steilen Hang. Den **Rynek** säumen Bürgerhäuser mit Elementen aus Gotik und Renaissance. In der Mitte des Platzes steht das Rathaus, erbaut Ende des 19. Jahrhunderts. Flaniermeile ist die ul. Jagiellońska mit Geschäften, Restaurants und Galerien. Die **Margaretenkirche** (Kościół św. Małgorzaty) wurde im 16. Jh. erbaut und im 19. Jh. umgestaltet. Der aus Ziegeln und Stein errichtete Bau besitzt zwei Türme und gotische Portale. Ältestes Ausstattungsstück ist eine Figur der Muttergottes aus dem 14. Jahrhundert.
Das **Stadtmuseum** (Muzeum Okręgowe) verteilt sich auf mehrere Standorte. Am Hauptsitz geht es um die Geschichte von Nowy Sącz.
**Stadtmuseum:** ul. Jagiellońska 56 | Di.–So. 10–17 Uhr | Eintritt: 12 zł | www.muzeum.sacz.pl

### Traditionelle Baukunst

Freilicht-  Auch das Freilichtmuseum (Sądecki Park Etnograficzny) in der Vormuseum  stadt Falkowa gehört zum Stadtmuseum. Hier sind Bauernkaten, Höfe, Specher und kleine Kirchen versammelt, die die traditionelle Baukunst der Sandezer Landes, der Gegend von Łącko und des westlichen Łemków-Gebiets zeigen.
ul. Długoszowskiego 83-B | Mai –Mitte Okt. Di.–So. 10–18, übrige Monate 9–15 Uhr | Eintritt: 20 zł | www.muzeum.sacz.pl

## ❘ Rund um Nowy Sącz

### Kirche und Kloster

Stary Sącz  Das altertümliche Stary Sącz, 7 km südlich von Nowy Sącz, besitzt einige kunsthistorisch interessante Baudenkmäler. Die **Klarissinnenkirche** mit von hohen Steinmauern umgebenen Klostergebäuden entstand im 13. Jh., im 18. Jh. wurde sie erweitert. In die Fassade sind die Statuen der Stifterin Kinga und ihres Mannes, Herzog Bolesław V., eingelassen. Am kopfsteingepflasterten Rynek und den Straßen ringsum stehen schön erhaltene Gebäude.

### Kurort mit nostalgischem Schwarm

Krynica  Krynica, etwa 35 km südöstlich von Nowy Sącz nahe der Grenze zur
Zdroj  Slowakischen Republik gelegen, ist **einer der bekanntesten Kuror**

# ZIELE
NOWY SĄCZ · NEU SANDEZ

## NOWY SĄCZ ERLEBEN

**TOURISTENINFORMATION**
ul. Szwedzka 2
Tel. 18 444 24 22
www.ziemiasadecka.info

**MERCURE KRYNICA ZDRÓJ RESORT €€€**
Das vom traditionellen Bergstil inspirierte Viersternehotel mit 100 Zimmern steht gegenüber dem Kurpark. Die Zimmer sind groß, haben einen aussichtsreichen Balkon Richtung Berge und allerlei Extras (z. B. Fußbodenheizung). Toll ist das Spa mit Innen-Pools, Trocken- und Feuchtsauna, Latschenkiefer-Kabinett, Eisgrotte und künstlichem Schneeregen.

ul. Leśna 1, Krynica Zdrój
Tel. 18 477 75 00
www.mercurekrynica.pl

**HOTEL BESKID €€**
Von allen Zimmern hat man einen schönen Ausblick auf die Beskiden. Bowlingbahn, Restaurant, Spa.
ul. Limanowskiego 1
Tel. 18 443 57 70
www.hotelbeskid.pl

**4 PORY ROKU €-€€**
In dem gemütlichen Lokal wird traditionelle polnische Küche serviert. Im Sommer öffnet die Gartenterrasse.
4 Pory Roku
ul. Witosa 10
Tel. 18 447 67 68
www.restauracja.sacz.pl

---

te Polens. Die über hundert Jahre alten, meist im Schweizer Stil erbauten Holzvillen konnten ihren nostalgischen Charme bewahren. Krynica bietet sehr gute Wintersportmöglichkeiten mit zahlreichen Liften, einer Rodel- und einer Kunsteisbahn und v. a. mit guten Schneeverhältnissen. Ein beliebtes Skigebiet ist der 741 m hohe **Góra Parkowa**, auf den eine Standseilbahn führt.
Im **Nikifor-Museum** (Muzeum Nikifora) werden die Werke von Nikifor Krynicki (»aus Krynica«; 1895–1966) ausgestellt. Er war einer der bedeutendsten naiven Maler Polens.
**Muzeum Nikifora:** Bulwary Dietla 19 | Di.–So. 10–13 u. 14–17, So. 10–15 Uhr | Eintritt: 21 zł | www.muzeum.sacz.pl

## Pieniny

**Auf ins Abenteuer**
Mit nur 35 km Länge und 5 km Breite gehört der Gebirgszug südlich von Nowy Sącz nordöstlich der Tatra zu Polens meistbesuchten Regionen. Zerklüftete Zacken und mittendrin das dramatische Dunajec-Durchbruchstal, das man mit dem Floß befahren kann, versprechen jede Menge Abenteuer! Die Pieniny, durchschnitten vom **Dunajec**,

*Gebirgszug*

## ZIELE
### NOWY SĄCZ · NEU SANDEZ

einem Nebenfluss der Weichsel, sind ein Teil der Karpaten an der Grenze zur Slowakischen Republik. Im Norden grenzt das Gebirge an die Beskiden, im Süden an die Höhen der Spišská Magura, die bereits auf slowakischem Staatsgebiet liegen. Zum Schutz dieses Gebirges wurde 1954 der rund 2300 ha umfassende **Pieniny-Nationalpark** (Pieniński Park Narodowy) angelegt. Auf den markierten Wanderwegen lässt er sich gut erkunden.

### Hohe Gipfel, tiefe Schluchten

Drei Teile — Die Pieniny gliedern sich in drei Abschnitte: Am weitesten nach Westen vorgeschoben sind die **Pieniny Spiskie** zwischen Czorsztyn und dem Fluss Białka. Zwischen Czorsztyn und Szczawnica erstrecken sich die Pieniny im engeren Sinn mit dem 982 m hohen Gipfel der **Trzy Korony** (Drei Kronen) – mit schluchtartigen Tälern der landschaftlich interessanteste Teil des Gebirges. Die Nordhänge fallen zum Flusstal der Krośnica hin sanft ab, nach Süden zum Dunajec hin sind es bis zu 300 m hohe Kalkwände. Die Kleinen bzw. **Małe Pieniny**, der dritte Teil, sind – entgegen ihrem Namen – mit dem 1052 m hohen Wysoka der höchste Gebirgsabschnitt.

Kuren mit einem Hauch Nostalgie ist in Krynicai angesagt.

**ZIELE**
NOWY SĄCZ · NEU SANDEZ

## PIENINY ERLEBEN

**TOURISTENINFORMATION**
ul. Jagiellońska 107b
Krościenko
Tel. 18 262 56 01
www.pieninypn.pl

**MODRZEWIE PARK HOTEL €€€€**
Eine feudale Villa birgt das erste Luxushotel der Pieniny, dazu umgeben von in einem 15 ha großen Park. Außen prägt Neue Sachlichkeit den Stil, innen Art déco. Die 17 suitenartigen Zimmer mit Balkonen hinaus zum Grünen, ein feines Frühstücksbuffet mit Butler-Service und ein stimmungsvoller Spa sorgen für einen angenehmen Aufenthalt.
Park Górny 2
Szczawnica
Tel. 18 540 04 04
www.mparkhotel.com

### Almen, Wälder und eine bunte Vogelwelt

Typisch für die Pieniny sind Buchenwälder, durchsetzt mit Tannen und Laubmischwäldern. An den steilen Felswänden am Dunajec wächst der **Sadebaum**, eine Wacholderart, die zwar auch auf dem Balkan vorkommt, in Polen aber nur an dieser Stelle wächst, eine von neun endemischen Pflanzenarten. Besonders schön sind die Almen mit ihren vielen Blumen, u. a. Orchideen. Außerdem flattern dort unzählige Arten von Schmetterlingen umher, darunter der seltene Apollofalter. Die Pieniny sind überdies Lebensraum für viele Vogelarten, u. a. für Uhus und Schelladler.

### Ein nostalgischer Kurort

Szczawnica erstreckt sich im Tal des Flüsschens Grajcarek bis zur Mündung in den Dunajec. Mit reich verzierten Holzvillen und Goralenkaten konnte sich der kleine Kurort seinen anheimelnden Charme bewahren. Besonders sehenswert sind die **Alte Trinkhalle** und die 1892 gebaute, prächtig ausgemalte neugotische Pfarrkirche St. Adalbert. Sie umgeben 14 Holzkapellen mit Passionsszenen, ein Werk des einheimischen Bildhauers Ryszard Hamarski. Markierte Wanderwege führen ins Pieniny-Gebirge und in die Sandezer Beskiden.

### Holz-Gotik

Dębno, nur wenige Kilometer westlich der Pieniny, besitzt mit der **Erzengel-Michael-Kirche**, einer aus dem 15. Jh. stammenden Holzkirche, eines der wertvollsten Baudenkmäler in Polen. Ein Großteil der gotischen Ausstattung ist erhalten geblieben und der ganze Innenraum mit Malerei aus der Zeit um 1500 ausgeschmückt. Ein Triptychon vom Beginn des 16. Jh.s am Hauptaltar steht stilistisch für den Übergang von der Gotik zur Renaissance.

## ZIELE
NOWY SĄCZ · NEU SANDEZ

**Wanderweg zur Schlossruine**

Burg Czorsztyn

Ein Wanderziel sind auch die 740 m hoch gelegenen Ruinen des Zamek Pieniński auf dem schwer zugänglichen Hang des Zamkowa Góra nördlich der Trzy Korony. Größer und bekannter sind die Ruinen der Burg Czorsztyn (Zornstein) im westlich gelegenen gleichnamigen Ort auf einem Felsen über dem Dunajec. Im 14. Jh. entstanden, bewachte sie einst den Grenzübergang zwischen Polen und Ungarn.
Mai – Sept. tgl. 9 – 18, Okt. – April tgl. außer Mo. 10 – 15 Uhr | Eintritt: 10 zł | www.zamekwczorsztynie.pl

### FLUSSFAHRT PER FLOSS
Mit kräftigem Schlag trotzen die Flößer auf der Dunajec der Strömung und bugsieren ihre Gäste in ruhige Gewässer, wo die Flöße wie von selbst dahingleiten. Man passiert Wiesen und schindelgedeckte Höfe genauso wie hohe Klippen, die sich zu Canyons verengen. Abfahrt April bis Oktober in Sromowce Kąty oder Sromowce Niżne.

# ZIELE
## NYSA · NEISSE

# NYSA · NEISSE

**Wojewodschaft:** Opolskie | **Höhe:** 185 m ü. d. M. | **Einwohner:** 57 500

*»Wahrhaft paradiesisch«, nannte der Romantiker Joseph von Eichendorff, der hier seine letzten Lebensjahre verbrachte, die Stadt. Damals trug sie auch den Namen »Schlesisches Rom«. Einige rekonstruierte historische Bauwerke erinnern an die einstige Schönheit des Ortes.*

J 12

Fast 600 Jahre – zwischen dem 12. und dem 18. Jh. – gehörte Neiße den Breslauer Bischöfen. Als Breslau protestantisch wurde, machten sie Nysa als »Schlesisches Rom« sogar zu ihrem Hauptsitz. So erklärt sich, dass sich in der relativ kleinen Stadt Kirchen und Paläste geradezu drängen. Mit der geistlichen Hauptstadt war es allerdings vorbei, als Nysa 1742 ans protestantische Preußen fiel: Aus der Bischofswurde eine Festungsstadt. Im März 1945 wurde die von den Einwohnen geräumte Stadt von der Roten Armee eingenommen und während der ersten Besatzungszeit zu 80 % zerstört.

Schlesisches Rom

Aus Neiße stammen u. a. der Zoologe und Direktor des Frankfurter Zoos Bernhard Grzimek (1909–1987) und der Schriftsteller Max Herrmann-Neiße (1886–1941).

## ▍Wohin in Nysa und Umgebung?

### Eine alte Bischofsstadt

Rund um den riesigen Marktplatz (Rynek) wurden nur wenige Gebäude rekonstruiert, u. a. die **Stadtwaage** von 1604, später Kämmerei. Die gotische **Jakobskirche** (Kościół św. Jakuba), eine der schönsten Kirchen Polens, überragt den Rynek. Sie entstand im frühen 15. Jh. als dreischiffige Hallenkirche mit Chorumgang und Seitenkapellen für Grabmälern Breslauer Bischöfe. Zur Ausstattung gehören in gotisches Taufbecken sowie ein gotischer Flügelaltar, der heutige Hauptaltar. Im Turm wird der **Jakobsschatz** aufbewahrt – Silber- und Goldarbeiten einheimischer Kunsthandwerker, die nach dem Krieg verschollen waren und erst 2003 bei Bauarbeiten zufällig wiederentdeckt wurden.

Unweit der Kirche steht in der ul. Wrocławska der Schöne Brunnen aus dem Jahr 1686 mit einem kunstvoll geschmiedeten Gehäuse. Die Straße wird vom Breslauer Torturm (Brama Wrocławska) abgeschlossen, einem Überbleibsel der mittelalterlichen Stadtbefestigung. Seine heutige Bekrönung erhielt er erst um 1600.

Südöstlich der Jakobuskirche liegt das ehemalige **geistliche Viertel** der Stadt. Über die ul. Jarosława gelangt man zum Bischofspalast. Der Barockbau mit reich gegliederter Fassade wurde 1729 fertiggestellt.

Altstadt

## ZIELE
NYSA · NEISSE

Auf der gegenüberliegenden Straßenseite steht der mittelalterliche Bischofshof, dessen älteste Teile aus dem 14. Jh. stammen. Läuft man an der frühbarocken ehemaligen Jesuitenkirche – heute Mariä-Himmelfahrt-Kirche – vorbei, kommt man zum **Jesuitenkolleg Carolinum**, erbaut Mitte des 17. Jh.s und heute ein Gymnasium. Zu seinen berühmtesten Schülern zählten die polnischen Könige Michał Korybut Wiśniowiecki und Jan III. Sobieski. Am Ende der ul. Bracka erhebt sich **St. Peter und Paul** (Kościół św. Piotra i Pawła, 18. Jh.) mit reicher Barockausstattung. Folgt man der ul. Bracka in Richtung Rynek, gelangt man zum Neptunbrunnen (Fontanna Neptuna), 1701 nach dem Vorbild der Fontana di Trevi in Rom errichtet.

Auf dem Jerusalemer Friedhof, Teil des Städtischen Friedhofs nordwestlich jenseits der Neiße, ist Joseph von Eichendorff begraben. Er starb 1857 während eines Aufenthalts auf dem Sommersitz von Fürstbischof Heinrich Förster, dem heute in Tschechien liegenden Schloss Johannisberg (Jánský Vrch; 32 km östlich).
**Jakobsschatz**: nur nach Voranmeldung, Tel. 77 433 25 05 21

Joseph von Eichendorff und seine Frau sind auf dem Jerusalemer Friedhof begraben.

# ZIELE
NYSA · NEISSE

## NYSA ERLEBEN

**TOURISTENINFORMATION**
ul. Piastowska 19
Tel. 77 4 33 49 71
www.informacja-turystyczna.nysa.pl

**FRYDERIK HOTEL €€**
Zentral, mit gutem Frühstücksbuffet und gelobtem Restaurant
ul. Chopina 12
Tel. 77 421 04 26
https://hotel.nysa.pl/de

**KAZAMATY €**
Auf der Speisekarte entdeckt man neben deftigen polnischen Gerichten auch vegetarisches wie Rokostsalate Speisen. Montags bis freitags spreiswertes Mittagsmenü, abends am Wochenende auch Livemusik
Piastowska 19
Tel. 77 4 33 44 84
https://kazamatypubrestaurant.eatbu.com

### Das Schloss Wilhelm von Humboldts

In Otmuchów (Ottmachau), 10 km westlich von Neiße am Fuß des Reichensteiner Gebirges (Góry Złote) gelegen, blieben einige historische Baudenkmäler erhalten. Das **Schloss** auf dem Burgberg gehörte einmal Wilhelm von Humboldt, heute beherbergt es ein Hotel. An dem 1575 erbauten Rathaus mit einem schönen barocken Turmhelm ist eine **Sonnenuhr** angebracht, gestiftet vom Breslauer Bischof Martin Gerstmann. Oberhalb des Marktplatzes erhebt sich die zweitürmige, prächtig ausgemalte **Pfarrkirche** (Kościół Farny; 17. Jh.), einer der schönsten Barockbauten Schlesiens.

Otmuchów

### Das »Polnische Carcassonne«

Etwa 25 km westlich von Neiße liegt das Städtchen Paczków (Patschkau) zwischen dem Reichensteiner Gebirge (Góry Złote) und der Glatzer Neiße im Sudetenvorland. Im 13. Jh. wurde die Stadt auf ovalem Grundriss angelegt und im 14. Jh. mit einer bis heute erhaltenen **Stadtmauer** umgeben. Drei Tore bieten Einlass in das das einstige »Schlesische Rothenburg« und heute »Polnische Carcassonne: das Neißer Tor (Brama Wrocławska Nyska), das Glatzer Tor (Brama Kłodzka) und das Frankensteiner Tor (Brama Ząbkowicka). Den zahlreichen nach innen offenen Mauertürmen verdankt die Stadt ihren Beinamen. Sehenswert ist auch die wuchtige, etwas erhöht liegende katholische Pfarrkirche aus der zweiten Hälfte des 14. Jahrhunderts. 1529 wurde sie mit Wehrgängen und den charakteristischen Dachzinnen ausgestattet.

Paczków

**ZIELE**
OPOLE · OPPELN

# OPOLE · OPPELN

**Wojewodschaft:** Opolskie | **Höhe:** 176 m ü. d. M. | **Einwohner:** 130 000

K 11

*Die Altstadt mit ihren Häusern am Mühlengraben brachte Oppeln den Beinamen »schlesisches Venedig« ein. Dank vieler Studierender ist die Stadt aber keinesfalls in Würde erstarrt, sondern verströmt jede Menge jugendliches Flair.*

»Schlesisches Venedig«

»Opole« steht im Slawischen für eine Gemeinschaft auf einem umgrenzten Gebiet. Der sog. Bayerische Geograf, eine Handschrift asu der zweiten Hälfte des 9. Jh.s, berichtet über den Stamm der Opoloni im Norden Oberschlesiens. Dank ihrer günstigen Lage anm östlichen Oderufer entwickelten sich Handel und Handwerk rasch. 1327 erteilte **Herzog Boleslaus II.** Oppeln das Stadtrecht, gleichzeitig wurde es unter böhmische Lehenshoheit gestellt. 1532 fiel die Stadt an die Habsburger, 1742 an Preußen.
Bei der Volksabstimmung im März 1921 votierten über 90 % der Oppelner für den Verbleib im Deutschen Reich. Ende 1944 wurde die Stadt zur Festung erklärt, im April 1945 aber aufgegeben. Fast zwei Drittel waren zerstört, nach Kriegsende aber wieder aufgebaut. Ein großer Teil der deutschen Bevölkerung wurde vertrieben; dennoch lebt heute v.a. in den Dörfern rundum eine ansehnliche deutsche Minderheit. Zu ihr gehörte auch der hier geborene Fußball-Weltmeister von 2014, **Miroslav Klose**.

## ▌ Wohin in Opole?

### Ruinen und Gesang auf der Oderinsel

Pasieka

Vier Brücken führen über den Mühlgraben auf die **Oderinsel Pasieka**, wo Archäologen eine slawische Wehrsiedlung aus dem 8. bis 12. Jh. freilegten. Längst wurde der größte Teil der Insel in einen Park umgestaltet. An eine mittelalterliche Piastenburg erinnert noch ein Aussichtsturm (Wieża Piastowska). Die Fundamente der Burg wurden in ein Amphitheater integriert, in dem seit 1963 jedes Jahr das landesweit populäre »Festival des polnischen Liedes« stattfindet.
**Wieża Piastowska:** Mo.–Fr. 9–17, Sa./So. 11–16 Uhr | Eintritt 12 zł
www.wiezapiastowska.pl
**Festival:** https://festiwalopole.tvp.pl

### Die gute Stube der Stadt

Rund um den Rynek

Den Marktplatz säumen einige z. T. rekonstruierte Bürgerhäuser. Nr. 37, das **Piastenhaus** neben der Franziskanerkirche, gehörte bis 1532 den Herzögen. Das **Rathaus** wurde 1822 bis 1824 von einem

## ZIELE
OPOLE · OPPELN

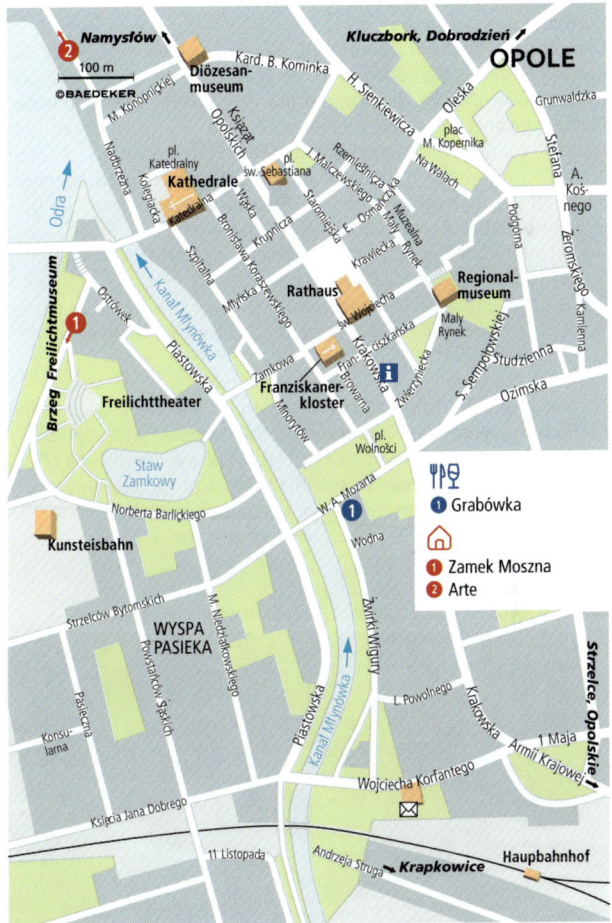

italienischen Baumeister nach dem Vorbild des Palazzo Vecchio in Florenz errichtet; sein Turm stürzte 1934 bei Restaurierungsarbeiten ein und war 1936 wiederhergestellt. Cafés und Restaurants rund um den Rynek machen ihn zum beliebten Treffpunkt in der Stadt.

Südlich des Rynek erhebt sich das **Franziskanerkloster zur Hl. Dreifaltigkeit**. Seine Gebäude im gotischen Stil stammen aus dem 14. Jahrhundert. Ältester Bauteil ist die St.-Anna-Kapelle, auch Kapelle der Piasten (Kaplica św. Anny, bzw. Kaplica Piastów), von 1309, in der die Verstorbenen in aufwändig gestalteten Sarkophagen ruhen.

## ZIELE
OPOLE · OPPELN

Kathedrale zum Hl. Kreuz

**Zentrum des Glaubens**
Die gotische **Kathedrale zum Hl. Kreuz** (Kościół katedralny św. Krzyża) in der ul. Katedralna gefällt mit einer neugotischen Doppelturmfassade. Durchs Hauptportal mit dem Wappen der Oppelner Piasten gelangt man ins Kirchenschiff, wo Buntglasfenster, der Hauptaltar von 1755 und ein Bild mit dem Stammbaum der Piasten von 1700 an mehrere hundert Jahre Kirchengeschichte erinnern. Nördlich der Kathedrale zeigt das **Diözesanmusem** (Muzeum Diecezjalne) sakrale Kunst aus Schlesien. Das wertvollste Stück ist ein der Riemenschneider-Schule zugeschriebenes Kruzifix von 1480.
Muzeum Diecezjalne: ul. Kardynała Kominka 1a | Sept.-Juli Di. u. Do. 10-12 u. 14-17, 1. So. im Monat 14-17 Uhr | Eintritt: 10 zł, nach vorheriger Anfrage per E-Mail muzeum.diecezja.opole@gmail.com

Freilichtmuseum des Oppelner Dorfs

**Ein Dorf aus Holz**
An der Straße in Richtung Breslau stehen im überaus sehenswerten **Freilichtmuseum des Oppelner Dorfs** (Muzeum Wsi Opolskiej) mehrere bäuerliche Holzbauten, eine Holzkirche aus dem frühen 17. Jh. sowie eine funktionierende Wassermühle aus dem 18. Jahrhundert.
ul. Wrocławska 174 | April-Okt. Mo. 10-15, Di.-Fr. 10-17 Sa./So. 10-18, Nov.-März Mo.-Fr. 10-15 Uhr | Eintritt: 16 zł
www.muzeumwsiopolskiej.pl

Ab und zu schreiten sogar Engel durch die Kathedrale zum Heiligen Kreuz.

**ZIELE**
OPOLE · OPPELN

## Rund um Opole

### Renaissancestädchen für Kunstliebhaber
Das 44 km nordwestlich von Oppeln gelegene Brzeg (Brieg) ist seiner prächtigen **Renaissancebauten** wegen einen Abstecher wert. Sein Piastenschloss mit reich geschmückter Fassade und dem mehrgeschossigen Arkadenhof wird nach dem Krakauer Vorbild **»Klein-Wawel«** genannt. Es beherbergt das Piastenmuseum (Muzeum Piastów Śląskich) mit schlesischer Kunst und Kunsthandwerk. Daneben steht die 1369 erbaute Privatkirche der Herzöge, schräg gegenüber die ehemalige, prachtvoll ausgemalte Jesuitenkirche von 1739.

 Brzeg

**Muzeum Piastów Śląskich:** pl. Zamkowy 1 | Di.–So. 10–16 Uhr | Eintritt: 18 zł | www.zamek.brzeg.pl

### Wallfahrt zur hl. Anna
Der weithin sichtbare **Basaltkegel** des Chełm, ca. 40 km südöstlich von Oppeln, mit dem Kloster Góra św. Anny (St. Annaberg) ist ein **religiöser und nationaler Wallfahrtsort**. Das Franziskanerkloster wurde 1656 für eine bereits bestehende Wallfahrt zur Figur der hl. Anna Selbdritt aus dem 14. Jh. in der Klosterkirche gegründet.

St. Annaberg

## OPOLE ERLEBEN

**TOURISTENINFORMATION**
Krakowska 15
Tel. 77 541 19 87
www.opole.pl

### ❶ MOSZNA ZAMEK €€€
Der deutsche Industrielle Hubert von Tiele-Winckler schuf hier 1896 ein Schloss mit 99 Türmen und Erkern und exakt 365 Räumen in einem weitläufigen englischen Park. Es beherbergt heute ein Sanatorium und einige Zimmer werden auch an Urlauber vermietet, z. B. das »Schwarze Apartment« mit geschnitzten Möbeln.
ul. Zamkowa 1, Zielina
Tel. 77 552 07 77
https://mosznazamek.pl

### ❷ ARTE €€
Sehr schön wohnt man im Nachbarort Brzeg im Boutique-Hotel neben dem Schloss, das sich in Stil und Architektur an die Renaissance anlehnt. Man kann auf altpolnische Art gut essen, und abreisende Gäste bekommen als Wegzehrung ein Stück Kuchen!
Zamkowy 8, Brzeg
Tel. 77 424 02 90
www.hotelarte.pl

### ❶ GRABÓWKA €
Beliebter Treff an der Pfennigbrücke: Im Sommer sitzt man lauschig unter der Pergola mit Blick auf den Fluss und wählt zwischen drei Dutzend Varianten von Crêpes, süß oder salzig.
ul. Mozarta 2
Tel. 77 454 17 96
www.grabowkanalesniki.pl

**ZIELE**
OŚWIĘCIM · AUSCHWITZ

Der Annaberg ist auch ein Symbol für das schwierige deutsch-polnische Verhältnis: Nach der Volksabstimmung von 1921, bei der über 80 % der Annaberg für den Anschluss an Deutschland optierten, kam es hier zu blutigen Kämpfen zwischen polnischen Freischärlern und dem sog. »Selbstschutz Oberschlesien«. Diese Ereignisse wurden sowohl in Hitlerdeutschland als auch im kommunistischen Polen mythisch verklärt.

# ★★ OŚWIĘCIM · AUSCHWITZ

**Wojewodschaft:** Śląskie | **Höhe:** 240 m ü. d. M. | **Einwohner:** 37 500

N 12

*Auschwitz. Die deutsche Entsprechung des Namens der kleinen Industriestadt südlich von ▶Katowice, ist in aller Welt das Synonym für eines der größten Verbrechen der Menschheit: den Holocaust (▶ Baedeker Wissen S. 240).*

*Die Hölle auf Erden*

Das erstmals im 13. Jh. erwähnte Oświęcim gehörte ursprünglich zu Schlesien und wurde im 16. Jh. an Kleinpolen angeschlossen. Bei der ersten Polnischen Teilung 1772 fiel es an die habsburgische Monarchie und kam nach dem Ersten Weltkrieg wieder zu Polen. Wenige Monate nach dem deutschen Einmarsch in Polen begann der Bau des Konzentrationslagers. Der Ort lag günstig an Bahnlinien nicht weit vom oberschlesischen Industrierevier. In den fünf Jahren seiner Existenz wurden im Lager Auschwitz weit über eine Million Menschen ermordet.

## ★★ Państwowe Muzeum w Oświęcimiu · Staatliches Museum Auschwitz

### Vorab reservieren

Besuch

Der Zugang zur Gedenkstätte ist reguliert in Zeiten, in der die Besichtigung nur mit Führung möglich ist, und in Zeiten für die freie Besichtigung. Für beides ist eine **Online-Reservierung** möglichst einen Monat im Voraus unter **https://visit.auschwitz.org** obligatorisch. Kinder unter 14 Jahren sollten die Gedenkstätte nicht besichtigen.

### Aufbau und Ende

Geschichte

Auf Befehl des »Reichsführers SS« Heinrich Himmler wurde im April 1940 bei Auschwitz ein 40 km² großes Gebietsdreieck zwischen Sola und Weichsel als Standort ausgewählt. Zunächst entstand in einer

## ZIELE
### OŚWIĘCIM · AUSCHWITZ

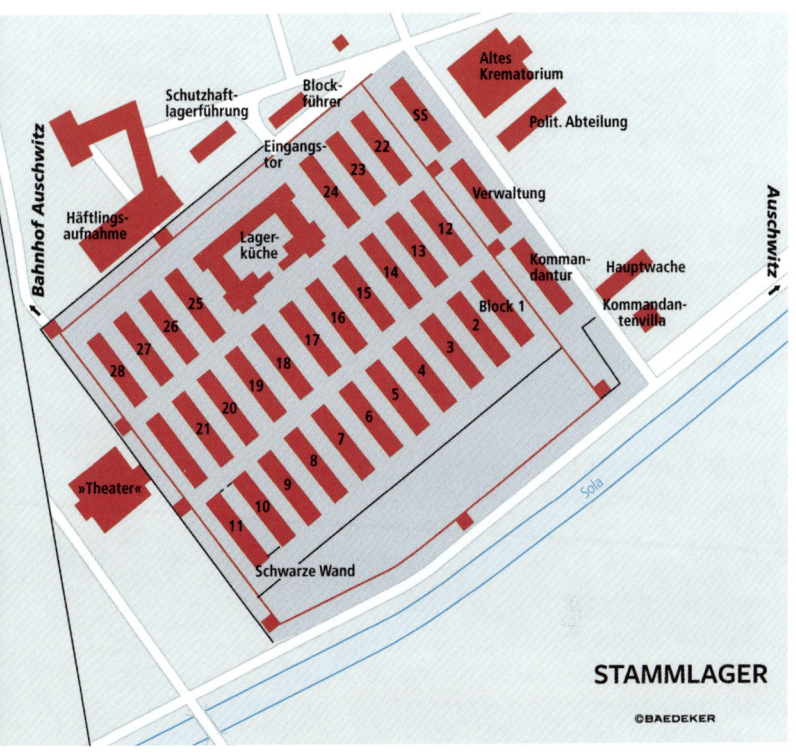

STAMMLAGER

©BAEDEKER

**Museum (Stammlager):** ul. Więźniów Oświęcimia 55 | Jan./Nov. tgl. 7.30–15, Feb. 7.30–16, März/Okt. 7.30–17, April/Mai/Sept. 7.30–17, Juni–Aug. 7.30–19, Dez. 7.30–14 Uhr; Schließung jeweils 90 Min. später | **Freie Besichtigung:** Jan./Nov. ab 13, Feb. ab 14, März/Okt. ab 15, April–Aug. ab 16, Dez. ab 12 Uhr
**Bus »M«:** April–Okt. 9–16 Uhr vom Bahnhof zum Park & Ride beim Museum | **Shuttle-Bus:** zwischen Auschwitz I und dem 3,5 km entfernten Auschwitz II-Birkenau alle 10 Min., Nov.–März alle 30 Min.
**Von Krakau:** mit Lajkonik SL Bus ab Bahnhof (ul. Bosacka 18)
**Von Katowice:** mit Buzz Bus ab Busbahnhof (ul. Skargi 1)

polnischen Kaserne das **Stammlager Auschwitz I**. Im März 1941 erging der Befehl, Außenlager zu errichten: das 3,5 km entfernte Vernichtungslager **Birkenau** (Brzezinka) bzw. **Auschwitz II**, und das 6 km abseits gelegene Arbeitslager **Buna-Monowitz (Auschwitz III)**, auf Initiative und Kosten gebaut von der IG Farben AG für

# SCHAUPLÄTZE DES HOLOCAUST

*Schon in den ersten Monaten nach der Besetzung Polens 1939 ermordeten SS- und Wehrmachtsangehörige Zehntausende polnische Juden. Am 22. Juni 1941 marschierten im Gefolge der Wehrmacht vier SS-Einsatzgruppen in die Sowjetunion ein und erschossen dort bis Ende 1941 ca. 500 000 Juden. Auf der Wannsee-Konferenz in Berlin im Januar 1942 wurde dann der organisatorische Weg bereitet für die systematische Ermordung der europäischen Juden in den Vernichtungs- und Konzentrationslagern.*

▶ **Der Völkermord an den europäischen Juden**
Insgesamt fielen dem NS-Regime ca. sechs Millionen Juden zum Opfer. Schätzungen nach Ländern:

- Belgien **28 500**
- Deutsches Reich **165 000**
- Frankreich **76 100**
- Griechenland **59 200**
- Italien **6 500**
- Jugoslawien **65 000**
- Lettland **67 000**
- Litauen **220 000**
- Niederlande **102 000**
- Österreich **65 500**

Was in Polen unmittelbar nach der Besetzung mit der Armbinde begann, führten die Nazis auch in Deutschland und den besetzten Ländern ein: die Stigmatisierung durch »Judensterne«.

Polen: 1.9.1939
Deutschland: 1.9.1941
Frankreich: Mai 1942
Benelux: Juni 1942

- Polen **3 000 000**
- Rumänien **270 000**
- Sowjetunion **1 000 000**
- Tschechoslowakei **260 000**
- Ungarn **200 000**
- Dänemark **116**, Estland **1000**, Luxemburg **1200**, Norwegen **760**

▶ **Chronologie des Massenmords**

**Februar/April 1940**
Einrichtung des ersten Ghettos in Łódź/Litzmannstadt

**Mitte Oktober 1941**
Beginn der Deportationen: zunächst aus Deutschland, ab Febr. 1942 aus Süd- und Westeuropa, ab Juli 1942 aus dem übrigen besetzten Europa

**Ende 1941**
Fast alle Juden im besetzten und angegliederten Polen leben in Ghettos.

**Dez. 1941**
Erste Massentötungen in Chełmno mit Gaswagen

▶ **Das Warschauer Ghetto**
Am 2. Oktober 1940 erging der Befehl zur Errichtung des Ghettos, ab November wurde es mit einer 3 m hohen Mauer umgeben. Mitte 1941 lebten ca. 350 000 Menschen auf engstem Raum, die Sterberate lag bei 4000–5000 pro Tag. Am 22. Juli 1942 begann der Abtransport ins Vernichtungslager Treblinka. Am 19. April 1943 erhoben sich jüdische Kämpfer gegen die SS. Der Aufstand wurde am 16. Mai endgültig niedergeschlagen, die überlebenden Kämpfer ermordet und das Ghetto zerstört.

Größe bei Abriegelung 1940

Größe bei Beginn der Deportationen im Juli 1942

Restliches Gebiet. In ihm lebten nach der Massendeportation am 21.9.1942 ca. 60 000 Menschen, offiziell 35 000.

● »Umschlagplatz«: Sammelstelle am Danziger Bahnhof für den Abtransport

- Ghetto
- Konzentrationslager
- Vernichtungslager
  Aktive Zeit des Lagers
  Opferzahlen

**20. Januar 1942**
Wannsee-Konferenz: Organisation des Massenmords

**März 1942**
Erste Vergasungen in Auschwitz

**Juli 1942 – Oktober 1943**
»Aktion Reinhardt«: Ermordung von über 1,5 Mio. Juden und ca. 50 000 Roma im »Generalgouvernement«

**11. Juni 1943**
Himmler befiehlt die Liquidierung aller Ghettos.

**27. Jan. 1945**
Die Rote Armee befreit Auschwitz.

**24. Nov. – 22. Dez. 1947**
Krakauer Auschwitz-Prozess

**1963–1965**
Erster Auschwitz-Prozess in Deutschland (Frankfurt a.M.)

## ZIELE
OŚWIĘCIM · AUSCHWITZ

die angeforderten Arbeitssklaven. Hinzu kamen über 40 Nebenlager. Beim Anrücken der Sowjetarmee wurden die Lager ab dem 15. Januar 1945 geräumt; die gehfähigen Häftlinge trieb man in **Todesmärschen** Richtung Westen durch Ober- und Niederschlesien, die anderen ließ man zurück. Sowjetische Soldaten befreiten sie am **27. Januar 1945**. Dieser Tag wurde von der UNESCO zum »Internationalen Tag des Gedenkens an die Opfer des Holocaust« erklärt. Die Krematorien wurden gesprengt, was aber nicht völlig gelang. So zeigt sich das Lager Auschwitz heute zumindest teilweise so, wie es zwischen 1942 und 1944 aussah. Über die Zahl der Opfer gibt es keine genauen Angaben, da die SS die meisten Unterlagen vernichtete. Wahrscheinlich wurden z**wischen 1,1 und 1,5 Mio. Menschen ermordet** – Juden, Kriegsgefangene, Sinti, Roma, Homosexuelle, politische Häftlinge. Ungefähr 60 000 Menschen überlebten die Hölle von Auschwitz.

**Die Täter**: Kommandant Rudolf Höß wurde 1947 in Warschau zum Tode verurteilt ebenso wie der Großteil der Angeklagten im Krakauer Auschwitzprozess im selben Jahr; Verantwortliche der IG Farben AG wurden 1947/1948 vor ein US-Militärgericht gestellt. In der Bundesrepublik Deutschland kam es erst zwischen 1963 und 1968 zu drei großen Prozessen gegen Wachpersonal, Ärzte und Sanitäter. Seit 2015 sind nach Änderung der Rechtsgrundlage – es muss nicht mehr eine direkte Tat nachgewiesen werden, es genügt die Beihilfe – wieder Prozesse in Gang gekommen. Viele Täter sind wegen der früheren Rechtslage nie zur Rechenschaft gezogen worden, viele sind entkommen; der prominenteste war sicher Lagerarzt Josef Mengele, der die grausigsten Experimente durchführte und sich nach Argentinien absetzte.

### Häftlingsblöcke

Auschwitz I

Das so genannte **Stammlager Auschwitz I** wurde in den Gebäuden einer ehemaligen polnischen Artilleriekaserne eingerichtet. Insgesamt lebten in dem Lager ca. 18 000 Häftlinge gleichzeitig. In jedem der »Häftlingsblöcke« waren über 600 Gefangene unter katastrophalen hygienischen Verhältnissen zusammengepfercht. Die Blöcke 19, 20, 21 und 28 waren Krankenblöcke; in Block 20 wurden Häftlinge massenweise mit Phenol-Injektionen getötet. Block 10 war der Ort grauenhafter medizinischer Experimente, Block 11 der berüchtigte **»Bunker« oder »Todesblock«**, in den Häftlinge u. a. tagelang in Stehzellen (vier Menschen auf einem Quadratmeter) eingesperrt wurden. In den unteren Zellenräumen dieses Blocks wurden im Herbst 1941 erstmals sowjetische Kriegsgefangene mit Blausäuregas getötet, später dann im Leichenraum des alten Krematoriums. Zwischen Block 10 und 11 steht die »Schwarze Wand«, an der Tausende getötet wurden. Im sog. »Theatergebäude« sortierte man die Habseligkeiten der Opfer.

## ZIELE
OŚWIĘCIM · AUSCHWITZ

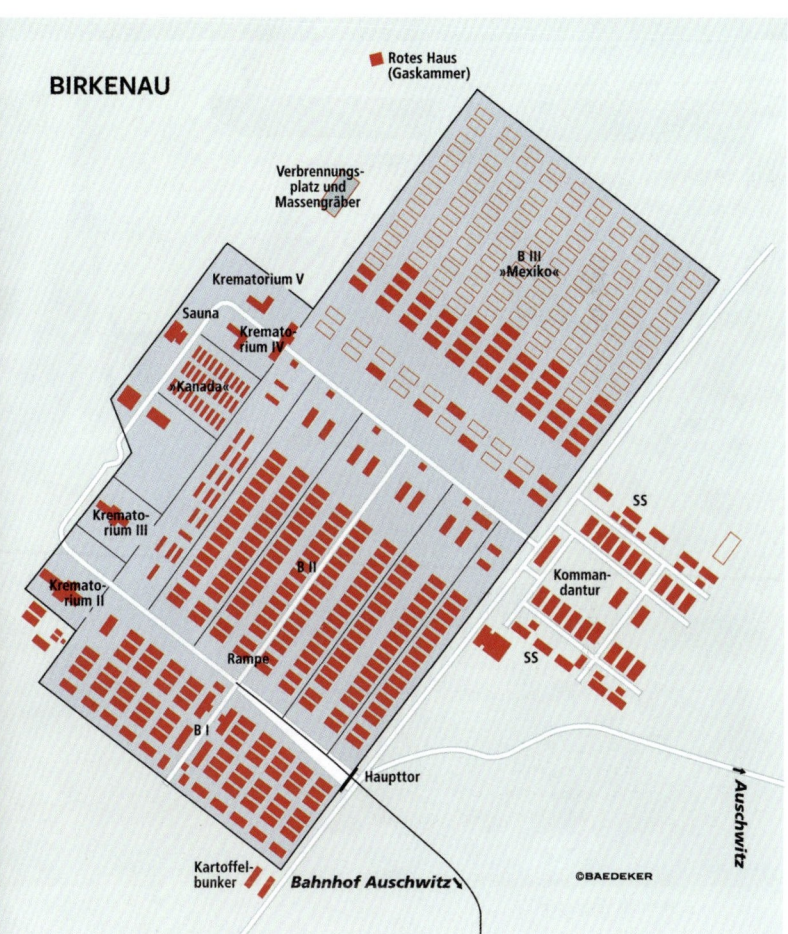

**Todeslager Birkenau**

Das Lager Birkenau wurde **einzig zu dem Zweck der Tötung von Menschen** errichtet. Durch das Haupttor fuhren die aus ganz Europa eintreffenden Züge zur »Rampe«, an der die Insassen »selektiert«, d. h. in Arbeitsfähige und Nicht-Arbeitsfähige eingeteilt wurden. Die Nicht-Arbeitsfähigen wurden sofort vergast, die anderen kamen in das Lager, eingeteilt in ein »Frauenlager« (B I), ein »Männerlager« (B II), ein »Familienlager« und ein »Zigeunerlager«. Sie wurden zur Zwangsarbeit herangezogen und später ermordet,

Auschwitz II

## ZIELE
OŚWIĘCIM · AUSCHWITZ

Niemals vergessen

wenn sie nicht zuvor schon an völliger Erschöpfung gestorben waren. Der Bauabschnitt III (»Mexiko«) wurde nur teilweise verwirklicht. Ab Frühjahr 1943 sind in den großen Krematorien II und III täglich bis zu 2000 Menschen verbrannt worden; zuvor wurden ihnne die Goldzähne und -kronen ausgebrochen. Vor der Errichtung der Krematorien hat man die Leichen verscharrt, später wieder ausgegraben und im Freien verbrannt. Mitte 1943 waren in den 250 Baracken von Birkenau 140 000 Menschen zusammengepfercht; ihre Habe wurde im »Effektenlager« (»Kanada«) sortiert und nach Deutschland abtransportiert.

ZIELE
PŁOCK

# PŁOCK

**Wojewodschaft:** Mazowieckie | **Höhe:** 45 m ü. d. M.
**Einwohner:** 118 000

*Die über der Weichsel thronende Stadt profitiert von der Nähe zu Warschau. Fein herausgeputzt hat sie sich, und am Fluss entstand ein kleiner Hafen mit einem weit aufs Wasser führenden Steg. Sogar die Trabantenviertel, in denen Płocks Chemiearbeiter und die Angestellten der Traktorfabrik New Holland leben, bekamen einen farbenfrohen Anstrich.*

Bereits im 9. Jh. existierte eine kleine Siedlung, im 10. Jh. wurde eine Burg errichtet. Um 1000 kamen Benediktiner hierher; ab 1075 war Płock Sitz des Bistums und ab Mitte des 12. Jh.s Hauptstadt des Fürstentums Masowien. 1237 erhielt Płock Stadtrecht und entwickelte sich zu einer wohlhabenden Handelsstadt. Von 1793 bis 1807 war es preußisch, fiel dann an das Herzogtum Warschau und im Jahr 1815 an Kongresspolen. Die ca. 9000 Juden von Płock wurden 1940 in ein Ghetto getrieben; nur wenige übelebten.

## ▎ Wohin in Płock?

### Spaziergang durch die Baugeschichte

Die auf dem Domhügel thronende **Basilika** entstand in den Jahren 1126 bis 1141. Nach mehrfachen Veränderungen wurden Anfang des 20. Jh.s die mittelalterlichen Formen wiederhergestellt; somit repräsentiert die Kirche Romanik (Baukörper), Gotik (Türme und Gewölbe) und Renaissance (Kuppel). Die Basilika war vom 11. bis 15. Jh. Garbelege der Piastenkönige; in der **Königskapelle** (Kaplica Królewska) sind in einem klassizistischen Sarkophag aus schwarzem Marmor Władysław Herman und Bolesław Krzywousty beigesetzt, die übrigen in der Krypta. In der **Schatzkammer** ist derKirchenschatz zu sehen.

Domhügel

Die Reste der **Burg** wurden in den 1960er-Jahren als Vierflügelanlage wiedererrichtet. Erhalten war nur der Westtrakt mit dem Adelsturm und dem spätgotischen Uhrturm, der zum Glockenturm der Kathedrale umgewandelt wurde.

**Basilika:** https://maryjny.org

### Bürgerliche Pracht

Barocke und klassizistische Bürgerhäuserprägen das Bild der Altstadt. Besonders sehenswert sind das spätgotische Haus **»Zu den Trompeten«** (Dom pod Trąbami), das im 17. Jh. entstandene Jesu-

Altstadt

**ZIELE**
PŁOCK

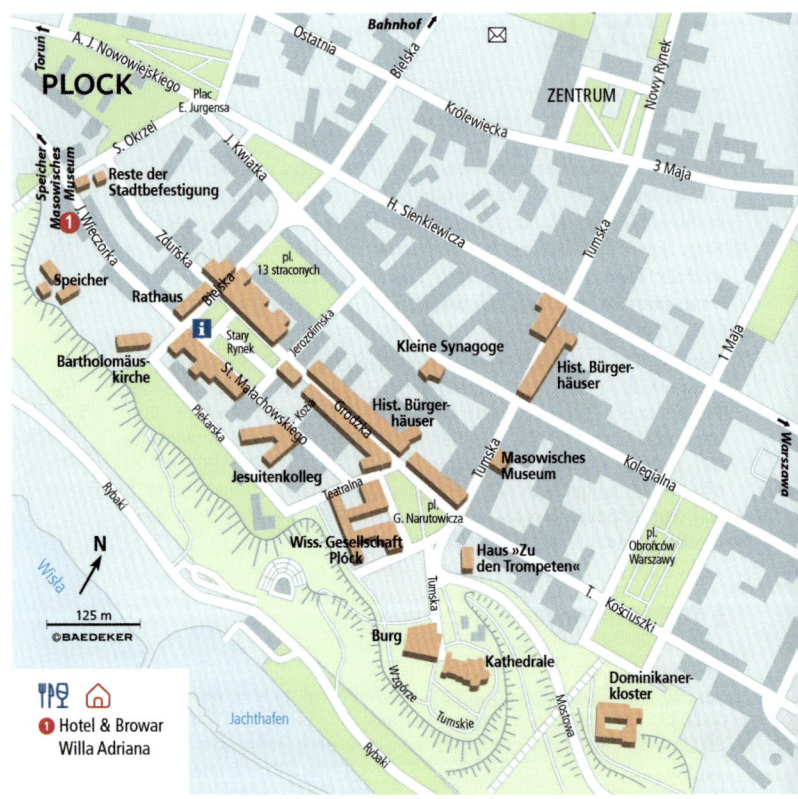

itenkolleg mit der St.-Michael-Kirche und dem klassizistischen **Rathaus** aus der Zeit um 1825. Zur Weichsel hin liegt die 1356 errichtete gotische, barock umgebaute Pfarrkirche (Kolegiata św. Bartłomieja)

### Sehen und gesehen werden

Hafen  Am Fuß der Altstadt wurde ein kleiner Jachthafen angelegt, der an warmen Tagen gern besucht wird. Hier führt ein langer, schicker Steg aufs Wasser, der heute Płocks **Flaniermeile** ist. Am Ende des Stegs lockt das Café Molo mit Blick auf vorbeifahrende Schiffe.

Masowisches Museum  Das Masowische Museum (Muzeum Mazowieckie) verteilt sich auf drei Standorte: Am Hauptsitz (ul. Tumska 8) wird die Geschichte von Płock dargestellt und eine Sammlung von Jugendstil- und Art-déco-Interieur gezeigt; im Speichergebäude (ul. 11B Kazimierza Wielkie-

## PŁOCK ERLEBEN

**TOURISTENINFORMATION**
Stary Rynek 8
Tel. 24 364 99 90
www.turystykaplock.eu

Unterhalb der Burg, am Strand Sobótka, gibt es im Juli bei Feuerschein Musik der Sinti und Roma beim Liederfestival »Cygańska Noc«.

❶ **WILLA ADRIANA €**
Gepflegtes Mittelklassehotel mit geschmackvoll eingerichteten Zimmern in zentraler Lage mit eigener Brauerei, in der man auch gut speisen kann. Der Clou: kostenlose Bierproben!
ul. Kazimierza Wielkiego 13
Tel. 516 705 555
www.willaadriana.pl

---

go) gibt es Ausstellungen sowohl zur masowischen als auch zur fernöstlichen Kultur und in der Kleinen Synagoge (ul. Kwiatka 7) geht es um die jüdische Geschichte von Płock.
Mai – Mitte Okt. Di. – So. 10 – 17, übrige Monate bis 16 Uhr | Eintritt: 7 –20 zł | www.muzeumplock.eu

## | Rund um Płock

### Von Renaissance bis Jugendstil

50 km nordwestlich von Płock, im Süden begrenzt vom Landschaftspark Gostynińsko-Włocławski, liegt diese Industriestadt an der aufgestauten mittleren Weichsel. Schmuckstück Włocławeks ist die 1340–1365 erbaute **Backsteinbasilika** mit einer wertvollen Ausstattung: Renaissance- und Barockkapellen, ein barockes Chorgestühl, ein spätbarocker Silberaltar von 1744, Jugendstilfenster und eine Sonnenuhr, die der lokalen Überlieferung zufolge von **Nikolaus Kopernikus** (▶ Interessante Menschen) entworfen wurde.

*Włocławek*

### Schmuckstück der Romanik

Rund 48 km südöstlich von Płock liegt – hoch über der Weichsel – das Dorf Czerwińsk nad Wisłą. Die Ortschaft kam um 1100 in den Besitz der Bischöfe von Płock, etwa 50 Jahre später ließen sie eine **monumentale Chorherrenabtei** erbauen. DerenKirche, als dreischiffige Basilika mit Doppelturmfassade angelegt, zählt zu den bedeutendsten romanischen Kirchen in Masowien. Im Zweiten Weltkrieg stark zerstört, gelang es beim Wiederaufbau den ursprünglichen Charakter weitgehend zu wahren, dabei kamen im südlichen Teil der Kirche romanische Wandmalereien aus dem 12. Jh. zutage.

*Czerwińsk nad Wisłą*

ZIELE
POZNAŃ · POSEN

# ★ POZNAŃ · POSEN

**Wojewodschaft:** Wielkopoiskie | **Höhe:** 52–104 m ü. d. M.
**Einwohner:** 540 000

*Posen ist Polens Messestadt, hat aber weit mehr als Ausstellungshallen zu bieten: Die Altstadt mit ihrer tausendjährigen Kathedrale ist stimmungsvolle Kulisse fürs Studentenleben. Und auch das Kulturleben ist kunterbunt: Von Jazz im Kaiserschloss bis zur Oper, von zeitgenössischer Kunst in der Alten Brauerei bis zum Performancefestival Malta reicht das Spektrum.*

Die im 12. Jh. am linken Wartheufer entstandene Handelsniederlassung erhielt 1253 das Stadtrecht. Mit der Entwicklung der Tuchweberei und Gerberei im 14. Jh. begann der wirtschaftliche Aufschwung Posens. Im 16. Jh. war die Stadt eines der wichtigsten Kultur- und Handelszentren des Landes. 1793 wurde sie in der zweiten Polnischen Teilung Preußen zugeschlagen, zwischen 1807 und 1815 gehörte sie zum Herzogtum Warschau. Nach dem Wiener Kongress wurde sie **Hauptstadt des Großfürstentums Posen**, einer Provinz Preußens mit Sonderrechten für die polnischen Bürger, die 1871 wieder aufgelöst als »Posener Provinz« Preußen zugesprochen wurde. 1919 fiel die Stadt wieder an Polen. Bei Ausbruch des Zweiten Weltkriegs wurde Posen zum Zentrum des »Warthegaus«, die polnische Bevölkerung Ziel des nationalsozialistischen Terrors und zwangsumgesiedelt. Beim Kampf um die Stadt im Januar und Februar 1945 wurde Posen zur Hälfte zerstört.

*Elegant und kunterbunt*

## | Altstadt

★
Alter Markt

**Die gute Stube**
Der weitläufige Stary Rynek, der **Alte Markt**, ist das Herz der Altstadt, öffentliches Wohnzimmer und Bühne. Die wiederaufgebauten Bürgerhäuser, meist aus dem 15.–17. Jh., verleihen mit ihren harmonischen Proportionen, den Ziergiebeln und bunten Farben reichlich Flair. Hingucker: die Stadtwaage, ein Renaissancebau aus dem 16. Jh. und heute Standesamt sowie das das klassizistische Dzyaliński-Palais mit Pelkian auf dem Giebel.
Beherrscht wird der Stary Rynek vom **Rathaus**, einer **»Perle der polnischen Renaissance«**. Der Vorgängerbau aus dem 14. Jh. wurde zwischen 1550 und 1560 in einen prächtigen Renaissancepalast mit Attiken und einer dreistöckigen, arkadengeschmückten Loggia

Der Altmarkt ist in seiner ganzen Pracht wiedererstanden.

## ZIELE
POZNAŃ · POSEN

umgewandelt. Jeden Mittag um 12 Uhr erklingt das Turmlied, dann öffnen sich die Türchen über der Uhr und die Posener Böckchen springen heraus. Schmuckstück ist der **Rokokosaal** im ersten Stock, der – zusammen mit weiteren Räumen – das **Stadtmuseum** beherbergt. Seine Exponate illustrieren die Stadtgeschichte seit ihren Anfängen. Neben einer Porträtsammlung findet man im Königszimmer kunsthandwerkliche Kostbarkeiten, u. a. die älteste Tischuhr Polens von 1580. Im großen Renaissancesaal mit kunstvoller Kassettendecke, einst Ort der Ratsversammlung, stehen prächtige Marmorbüsten römischer Kaiser des 3. und 4. Jahrhunderts. Neben dem Rathaus stehen die Krämerhäuscen aus dem 16. Jh.; dahinter zeigt ein Brunnen die »**Bamberka**«, eine Bambergerin mit zwei Wassereimern als Erinnerung an das Völkchen der Bamberger, die in der ersten Häfte des 18. Jh.s in die durch Krieg und Seuchen entvölkerte Stadt kamen.

In den Häusern Nr. 42–45 ist das **Museum für Musikinstrumente** untergebracht, eines der an der Ostseite größten in Europa mit Instrumenten aus Europa, Asien, Afrika, Amerika und Ozeanien.

Nach Westen hin steht die 1787 erbaute **Alte Stadtwache**, heute Sitz des Museums des Großpolnischen Aufstands. In der modernen Passage dahinter zeigt das Großplnische Militärmuseum Waffen, Rüstungen und sonstiges Gerät, darunter auch Stücke von Napoleons polnischer Garde.

**ZIELE**
POZNAŃ · POSEN

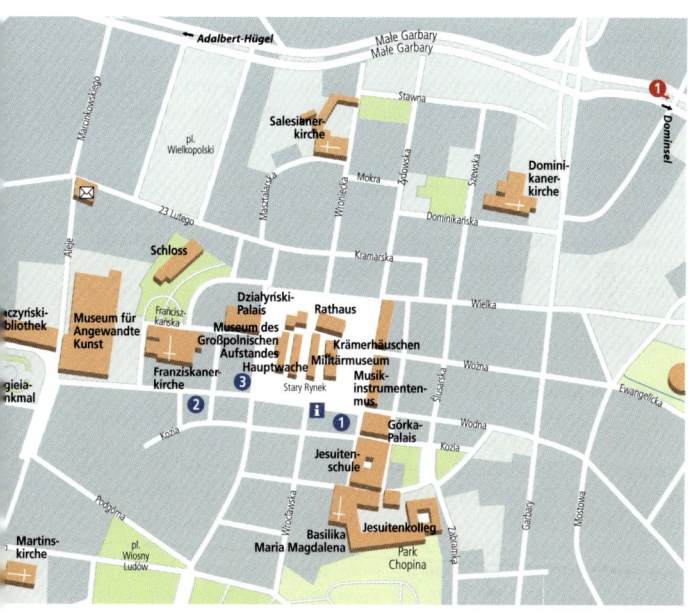

Stadtmuseum: wg. Renovierung bis auf Weiteres geschlossen
www.mnp.art.pl
Musikinstrumentenmuseum: Di./Mi. 10-16, Do. bis 18, Fr. bis 20,
Sa./So. bis 17 Uhr | Eintritt: 15 zł | www.mnp.art.pl
Museum des Großpolnischen Aufstands: März-Okt. Di.-Sa. 9-17,
So. 10-16; übrige Monate jew. 10-16 Uhr | Eintritt: 12 zł
www.wmn.poznan.pl
Militärmuseum: Di.-So. 10-17 Uhr | Eintritt: 15 zł | www.mnp.art.pl

### Der Geist der Gegenreformation

Südlich des Stary Rynek steht in der ul. Gołębia die Stiftsbasilika **Maria Magdalena** (Bazylika kolegiacka św. Marii Magdaleny), **einer der schönsten Barockbauten Polens**. Ausgestattet ist die Kirche u. a. mit Säulen aus rotem Stuckmarmor und Fresken von **Karl Dankwart**. An die Pfarrkirche schließt sich das **Jesuitenkolleg** an, 1701–1733 errichtet; heute ist hier die Stadtverwaltung untergebracht.
Die **Dominikanerkirche**, nordöstlich des Alten Markts, eine der ältesten Kirchen der Stadt, wurde Mitte des 13. Jh.s errichtet. Um 1500 fügte man die spätgotische Rosenkranzkapelle hinzu, Anfang des 18. Jh.s erhielt sie ihre barocke Ausstattung. Zwischen der Kapelle und dem Langhaus der Kirche liegen zwei Flügel des Dominikanerklosters mit einem gotischen Kreuzgang aus dem 15. Jahrhundert.

Barockkirchen

## ZIELE
POZNAŃ · POSEN

Die barocke **Franziskanerkirche** etwas westlich des Marktplatzes entstand von 1674 bis 1728. Der mit Stuck und Wandmalerei reich verzierte Kirchenraum besitzt eine barocke Ausstattung und eine große Kollektion altpolnischer Porträts aus dem 17. und 18. Jahrhundert.

### Kunsttempel

*Museum für Angewandte Kunst*

Das Museum für Angewandte Kunst (Muzeum Sztuk Użytkowych) zeigt seine Stücke im monumentalen Raczyński-Bau an der ul. Marcinkowskiego und im Przemysłiden-Schloss. Zu sehen ist Kunsthandwerk vom Mittelalter bis heute: Möbel, Schmuck, Waffen, Textilien, Glas und Metall.

Góra Przemysła 1 | Di./Mi. 10–16, Do. bis 18, Fr. bis 20, Sa./So. bis 17 Uhr | Eintritt: 20 zł | www.mnp.art.pl

### Große Architektur für die Kunst

*Theater und mehr*

Auf dem Plac Wolności (Siegesplatz) steht die 1822 bis 1828. erbaute, nach ihrem Stifter Eduard Raczyński (1786 –1845) benannte **Raczyński-Bibliothek** (Biblioteka Raczyńskich). Als die deutschen Besatzer das Gebäude mit monumentalem Gang aus 24 korinthischen Säulen zerstörten, gingen auch 90 % der Bestände verloren; 1956 war es wieder aufgebaut.

Das eklektizistische Gebäude des **Polnischen Theaters** (Teatr Polski) entstand 1873 bis 1875 mit Spenden der polnischen Bevölkerung. Während der preußischen Germanisierungspolitik führte man hier polnische Theaterstücke auf. An der Fassade ist die Inschrift »Naród sobie« (»Das Volk für sich«) zu erkennen.

1910 errichtete der Max Littmann, der u. a. auch die Stuttgarter Staatsoper entwarf, das neoklassizistische Gebäude in der ul. Fredry, in dem heute das **Große Theater** (Teatr Wielki) untergebracht ist. Vom dreieckigen Walmdach grüßt ein Pegasus.

Der neuromanische **Kulturpalast** (Pałac Kultury) entstand 1905 bis 1910 unter der Leitung von Franz Schwechten, der auch den Anhalter Bahnhof und die Kaiser-Wilhelm-Gedächtniskirche in Berlin entwarf, als »Kaiserschloss« für Wilhelm II.. 1939 bestimmte Hitler es zur »Führerresidenz«. So präsentiert es sich in einem Stilmix von Neoromanik und Postromantik, Neoklassizismus von Albert Speer und sozialistischer Neuer Sachlichkeit. Heute ist das Palais Veranstaltungszentrum und beherbergt das Palais mehrere kulturelle Einrichtungen, u. a. das Puppen- und Schauspielertheater »Marcinek«.

**Teatr Polski:** ul. 27 Grudnia 8/10 | www.teatr-polski.pl
**Teatr Wielki:** ul. Fredry 9 | www.opera.poznan.pl
**Pałac Kultury:** ul. Św. Marcin 80/82 | https://ckzamek.pl

### »Brot, Wahrheit und Freiheit!«

*Mickiewicz-Platz*

Das monumentale stählerne Denkmal mit zwei Kreuzen und einem stilisierten Adlerkopf am pl. Mickiewicza erinnert an den gewaltsam

## ZIELE
POZNAŃ · POSEN

niedergeschlagenen **Posener Arbeiteraufstand** im Juni 1956, als die Arbeiter mit der Losung »Brot, Wahrheit und Freiheit« gegen die schlechte Versorgungslage und gleichzeitige Normerhöhungen protestierten. 57 Menschen kamen dabei ums Leben. Enthüllt wurde das Denkmal 1981 am 25. Jahrestag dieser Ereignisse. Namensgeber des Platzes ist der Nationaldichter **Adam Mickiewicz** (▶Interessante Menschen), ihn zeigt das benachbarte Standbild von 1960. Der Granitsockel zeigt Reliefs mit Themen aus seinem Werk, er selbst wird mit einem Buch in der Hand dargestellt.

#### Probelauf zum Massenmord
Als »Fort Colomb« war Fort VII Teil der im 19. Jh. gebauten preußischen, aus 18 Forts bestehenden Festung Posen. Schon wenige Tage nach dem deutschen Einmarsch richteten SS und Gestapo hier ein Gefängnis ein, das als Durchgangslager geführt wurde. Hier wurde seit Oktober 1939 eine provisorische Gaskammer betrieben, an der sich Himmler die **Tötung von psychisch Kranken** mit Kohlenmonoxid vorführen ließ, wie sie ab 1940 bei der sog. Aktion T 4 angewendet wurde, der Ermordung von über 70 000 Patienten aus deutschen Heilanstalten. In Fort VII selbst wurden bis Ende 1939 ca. 400 Insassen polnischer Psychiatrien umgebracht. Das Lager wurde bis April 1944 betrieben.
Muzeum Martyrologii Wielkopolan – **Fort VII**: Di.–Sa. 10–17, So. 10–16 Uhr | Eintritt: 6 zł | www.wmn.poznan.pl

Fort VII

## Ostrów Tumski · Dominsel

#### Posens alter Kern
Die Most Bolesława Chrobrego führt auf die Dominsel in Posens altem Stadtkern mit der Kathedrale. Sie entstand in der zweiten Hälfte des 11. Jh.s als romanische Basilika, Mitte des 14. Jh.s folgte die gotische Umgestaltung, im 15. Jh. die Kapellen um das Langhaus. und schließlich 1790 bis 1795 der Umbau der Westfassade im klassizistischen Stil. Nach dem Zweiten Weltkrieg wurde die Kathedrale im gotischen Stil wiedererrichtet. Zur Ausstattung zählenter ein spätgotisches Polyptychon von 1512 im Hauptaltar, ein spätgotisches Chorgestühl und eine reich verzierte Kanzel von 1720. Die Goldene Kapelle (Złota Kaplica) auf achteckigem Grundriss wurde von 1825 bis 1841 im neobyzantinischen Stil als **Mausoleum** für die ersten polnischen Herrscher Mieszko I. und Bolesław Chrobry errichtet.
Neben der Kathedrale steht die **Marienkirche (**Kościół Najświętszej Panny Marii)von 1438 mit Sterngewölbe und gotischen Holzschnitzereien (15. Jh.). Das benachbarte **Psalterium**, ein spätgotisches Wohnhaus, entstand 1518 für die Psalmensänger der Kathedrale.

Kathedrale und ihre Nachbarn

## ZIELE
POZNAŃ · POSEN

## POZNAŃ ERLEBEN

**TOURISTENINFORMATION**
Stary Rynek 59
Tel. 61 8 52 61 56
www.poznan.travel
ul. Ratajczaka 44
Tel. 61 851 96 45
www.cim.poznan.pl

**STARY BROWAR**
**Einkaufs- und Kulturzentrum** auf dem Gelände der alten Hugger-Brauerei. Atemberaubendes Atrium.
ul. Półwiejska 42
https://starybrowar5050.com/en

**❶ BLUE NOTE JAZZ CLUB**
Jazzclub in einem wilhelminischen Prunkbau, der heute Kulturpalast ist
ul. Św. Marcin 80-82
(Eingang ul. Kościuszki 79)
Tel. 61 8 51 04 08
http://bluenote.poznan.pl

**❷ PARK €€–€€€**
Das Hotel liegt 4 km vom Zentrum entfernt am Malta-See. Viele Zimmer bieten Seeblick, vom Restaurant schaut man ins Grüne.
ul. abpa A.Baraniaka 77
Tel. 61 8 74 11 00
https://hotelepark.pl/poznan

**❶ RATUSZOWA €€€**
Das »Rathauslokal« am Ring ist mit historischen Fotos geschmückt – passend zur feinen altpolnischen Küche.
Stary Rynek 55
Tel. 61 8 51 05 13
https://ratuszova.pl

**❷ WERANDA ZIELONA €**
Nur wenige Minuten vom Altstadtmarkt entfernt: die Grüne Veranda, ein gemütliches Café mit Frühstücksgedeck und leckeren Kuchen.
ul. Paderewskiego 7
Tel. 61 8 53 25 87
https://werandafamily.com

**❸ BROVARIA €–€€**
Das Lokal mit Bar und Terrasse direkt am Markt gehört zur gleichnamigen Brauerei. Zu kleinen Gerichten wie Posener Knödel oder Eisbein schmeckt das frische Bier.
Stary Rynek 74
Tel. 61 8 58 68 68
www.brovaria.pl

---

**Posens erste Hochschule**, die ehemalige Akademia Lubrańskiego, wurde 1518 bis 1530 erbaut und um 1700 umgestaltet. Heute ist das Gebäude Sitz des Archivs und des **Museums der Erzdiözese** (Muzeum Archidiecezjalne), das weit mehr als nur Kirchengerät präsentert, sondern auch Stilzimmer, Kunst und Kunsthandwerk
Ein wenig weiter zeigt das Ausstellungszentrum **Brama Poznania** multimedial das Werden des polnischen Staats, während die Augsrabungsstätte **Genius Loci** Funde aus den Anfängen Posens ausstellt und multmedial erklärt.

## ZIELE
POZNAŃ · POSEN

**Muzeum Archidiecezjalne:** Di.-Fr. 11-17, Sa. 11-16, So. (nur Mai bis Okt.) 11-15 Uhr | Eintritt: 20 zł | www.muzeum.poznan.pl
**Brama Poznania:** Di.-Fr. 9-18, Sa./So. 10-19 Uhr | Eintritt: 28 zł
https://bramapoznania.pl
**Genius Loci:** Di.-Do. 10-16, Sa./Fr. 10-18 So. 10-15 Uhr
Eintritt: 15 zł | https://rezerwat.muzarp.poznan.pl
**Kombiticket Dominsel:** 44 zł

# Wohin noch in Poznań?

### Neue Heimat für exotische Tiere und Pflanzen

Posen besitzt einen der **ältesten zoologischen Gärten Polens.** Der ca. 5 ha große **Alte Zoo** wurde bereits 1874 angelegt.
Schöner und umfassender ist allerdings der **Wielkopolski Park Zoologiczny**, der Neue Zoo. Dieser 1967 gegründete Tierpark im Tal der Cybina ist in verschiedene Landschaftsformen unterteilt: Wald, Wüste, Tundra, Taiga, Steppe und Savanne; hier leben etwa 3000 Tiere aus 600 Arten.
Der 1834 angelegte Park Wilsona ist seit 1903 als Botanischer Garten öffentlich zugänglich. Am Eingang steht **eines der größten Palmenhäuser Europas** mit etwa 17 000 Pflanzen von 700 Arten und Unterarten aus südlichen und tropischen Ländern.
Der **Botanische Garten** (Ogród Botaniczny) wurde 1925 als Lehrgarten angelegt; heute gedeihen hier über 7000 Arten und Unterarten heimischer und fremder Pflanzen.

*Zoologische und Botanische Gärten*

**Alter Zoo:** ul. Zwierzyniecka 19 | März u. Okt. tgl. 9-17, April-Sept. 9-19, Nov.-Feb. 9-16 Uhr | **Wielkopolski Park Zoologiczny:** ul. Krańcowa 81 | März u. Okt. tgl. 9-17, April-Sept. 9-19, Nov.-Feb. 9-16 Uhr
Eintritt: 45 zł (inkl. Aler Zoo) | www.zoo.poznan.pl
**Ogród Botaniczny:** ul. Jarosław Dąbrowskiego | tgl. ab 9 Uhr
www.obuam.robia.pl/

# Rund um Poznań

### Liebevoll zusammengetragen

Polens **größte Sammlung von Bienenkörben** findet sich in einem Freilichtmuseum (Skansen) 11 km östlich von Poznań: Rund 200 fantasievoll geschnitzte und bunt bemalte »Körbe« sind im Museumspark versammelt, darunter zahlreiche historische Stücke aus deutscher Zeit. Ein Kuriosum am Rande ist die Ausstellung »Posen en miniature« mit einer originalgetreuen Nachbildung der gesamten Altstadt.

*Freilichtmuseum*

**Skansen i Muzeum Pszczelarstwa:** ul. Poznańska 35 | April-Okt. Di.-Fr. 9-17, Sa./So. 10-18, Nov./Feb./März Di.-So. 9-15 Uhr |
Eintritt: 15 zł | https://muzeum-szreniawa.pl

## ZIELE
POZNAŃ · POSEN

### Altpolnischer Königssitz

Ostrów Lednicki
Auf der größten der vier Inseln im See Jezioro Lednickie, gut 30 km östlich von Posen, finden sich Reste der **ältesten Steinburg Polens**, Ostrów Lednicki, aus dem 10. Jahrhundert. Zu sehen sind die Ruinen eines ringförmigen Burgwalls und einer Rotundenkapelle. In dem einstigen Königssitz kam Bolesław Chrobry, der Tapfere, zur Welt. 1038 wurde die Burg vom böhmischen Fürsten Brestislaw zerstört und danach nicht wiederaufgebaut. Am Ostufer des Ledniczka-Sees liegt malerisch ein **Freilichtmuseum** mit historischen Holzbauten Großpolens, darunter eine Windmühle von 1585.

### Dorado für Pferdeliebhaber

Gestüt Racot
Etwa auf halber Strecke zwischen Poznań und Leszno liegt etwas abseits der E 261 in **Kościan** das weithin berühmte Gestüt Racot. Es züchtet die Großpolnische Rasse (Wielkopolski). Die Verwaltung logiert in einem 1775 erbauten klassizistischen Palast, den ein französischer Park umgibt. Angeschlossen ist ein kleines Wagenmuseum. Das Gestüt betreibt auch ein schönes Hotel mit Restaurant und bietet Reitunterricht und Freizeitreiten an.
www.racot.pl

### Barocke Eleganz

Rydzyna
Knapp 10 km südöstlich von Leszno kommt man in das zum Teil denkmalgeschützte Barockstädtchen Rydzyna (Reisen). Bedeutendste Sehenswürdigkeit ist das auf eine mittelalterliche Burg zurückgehende **Schloss der Familie Sułkowski**, umgeben von einem tiefen Burggraben und einem französischen Park. Die spätbarocke **Stanislauskirche**, um 1750 (wie das Schloss) nach Entwürfen von Karl Martin Frantz entstanden, besitzt eine barockklassizistische Ausstattung von 1786.

### Mit einer Prise Orient

Kórnik
In Kórnik (Kurnik), ca. 20 km südöstlich von Poznań am Kórnickie-See gelegen, lohnt das von einem wunderschönen Park umgebene **Pałac Kórnik** einen ausgedehnten Besuch. Der von einem Wassergraben umgebene neogotische Palast entstand 1845–1860 nach einem Entwurf von **Karl Friedrich Schinkel** aus einem Renaissancebau für den Grafen Tytus Działyński. Der **Maurische Saal** im ersten Stock ist dem Saal der Gesandten in der Alhambra von Granada nachempfunden. Zu sehen sind im Palais historische Möbel, Gemälde, Waffen, Kunsthandwerk, Jagdtrophäen sowie natur- und völkerkundliche Sammlungen aus Australien, Polynesien und Madagaskar. Im Nachbargebäude ist eine kleine, aber sehenswerte Kutschensammlung aus der Mitte des 19. Jh.s untergebracht; sie stammt vom einstigen Schlossbesitzer Jan Działyński.

**Pałac Kórnik:** Di.–So. 10–16 Uhr | | Eintritt:24 zł | https://kornik.travel

# ZIELE
POZNAŃ · POSEN

### Europas höfische Pracht
Rund 13 km westlich von Kórnik glänzt ein weiterer musealer Prachtbau: das halbkreisförmige, riesige Pałais Rogalin (Palac Rogalin), zwischen 1768 und 1784 für die adelige **Familie Raczyński** erbaut. Zunächst entstand der Hauptbau nach Plänen von J. M. Graff, erst später wurden die Galerien angefügt. Heute ist das barock-klassizistische Schloss eine **Abteilung des Nationalmuseums von Posen** mit französischen, italienischen, deutschen und polnischen Interieurs des 17. bis 19. Jh.s, mit Gobelins, Porzellan und Gemälden, darunter Werke von Arnold Böcklin, Claude Monet und Jan Matejko.
Juni-Aug. Di.-So. 10-17, Sept.-Mai Di.-So. 9-16 Uhr | Eintritt: 45 zł
www.mnp.art.pl

Palais Rogalin

### Vogelparadies
Von Kostrzyn (Küstrin), 46 km westlich von Gorzów, bis etwa zum nördlich gelegenen Dorf Osinów reicht das Gebiet des **Oderbruchs**, eine sumpfige Niederung, die vor allem durch die politischen Verhältnisse im Grenzgebiet weitgehend unberührt geblieben ist und ein bemerkenswertes ökologisches Reservat mit Schwemmwiesen, Flüssen und Kanälen darstellt. Der Park ist die **Heimat zahlreicher, teils seltener Vogelarten** und daher 2001 als Nationalpark Warthe-Mündung (Park Narodowy Ujście Warty) unter Naturschutz gestellt.
www.pnujsciewarty.gov.pl

Nationalpark Warthe-Mündung

In Racot wird das Wielkopolski-Pferd gezüchtet.

ZIELE
PUSZCZA BIAŁOWIESKA · URWALD BIAŁOWIEŻA

# ★★ PUSZCZA BIAŁO-WIESKA · URWALD BIAŁOWIEŻA

**Wojewodschaft:** Podlaskie | **Fläche:** 1418 km²

W 7

*Natur, Natur und nichts als Natur! Wisente – zottelige Riesen, die anderswo längst ausgestorben sind –, Wölfe, Bären und Luchse bevölkern den Urwald von Białowieża. Auf markierten Wegen dürfen Besucher, am besten in Begleitung eines Rangers, in die Wildnis eintauchen.*

Bereits Anfang der 1920er-Jahre wurden große Teile des nie durch menschliche Eingriffe umgestalteten Waldes unter Schutz gestellt. Dieses Areal bildete den Kern des **Białowieski-Nationalparks**. Er wurde 1932 gegründet und 1979 in die Liste des Welterbes der UNESCO aufgenommen. Seit 1945 ist der Nationalpark durch eine Grenze getrennt. Der flächenmäßig größere Teil gehört heute zu Weißrussland; das streng geschützte Gebiet auf polnischer Seite umfasst rund 60 000 ha.

*Naturparadies*

### Es grünt so grün ...

Flora  Im Urwald von Białowieża haben sich verschiedenartige **Pflanzengemeinschaften** herausgebildet. Am stärksten verbreitet ist der Eichen-Hainbuchen-Linden-Wald mit einem Anteil an Ahorn, Fichte, Esche und Ulme, also Bäumen, die auf fruchtbaren Böden wachsen. Eine große Fläche bedecken Mischwälder (Kiefern, Eichen und Fichten); auf großen Sandbodenflächen wächst Kiefern-Fichten-Wald. In abflusslosen Mulden findet man Sumpfwälder mit Schwarzerlen, in sumpfigen Flusstälern Bruchwald aus Erlen, Eschen und Ulmen. Die Puszcza Białowieska zählt **über 4000 Pflanzenarten**, darunter 26 Baumarten wie Hainbuche, Stieleiche, Schwarzerle, Moorbirke, Kleinblättrige Linde und Esche, außerdem etwa 1500 Pilz- und 250 Moosarten und über 200 Arten von Flechten.

### Ein Refugium für den Wisent

Fauna  Der Wald ist Lebensraum für über **60 Arten von Säugetieren**, **230 Vogelarten** und etliche Kriechtier-, Amphibien- und Fischarten. Außer Birk- und Rebhuhn, Eule und Auerhahn leben hier weiße und schwarze Störche, Reiher und Kraniche. Noch imposanter ist die Liste der Säugetiere: Luchse und Dachse, Wölfe und Bären haben einen

Der König der Wälder blickt gelassen drein.

## ZIELE
PUSCZA BIAŁOWIESKA · URWALD BIAŁOWIEŻA

## PUSZCZA BIAŁOWIESKA ERLEBEN

### ⓘ NATIONALPARK
https://bpn.com.pl
Gebühren: Kernzone 6 zł, Radtouren in der Hwoźna-Zone: 10 zł
Eingänge zur Hwoźna-Zone in Narewka, Zamosze, Masiewo

### PTTK BIAŁOWIEŻA
ul. Kolejowa 17
Tel. 85 681 22 95
www.pttk.bialowieza.pl

### ⌂ BIAŁOWIESKI €€€
Recht großes Mittelklassehotel am Ostrand des Orts, mit gutem Frühstücksbüfett, großzügigem Pool und Wellnessbereich, deren Benutzung im Preis inbegriffen ist
ul. Stoczek 218-B
Tel. 85 681 20 22
www.hotel.bialowieza.pl

---

geschützten Lebensraum gefunden. **»König« des Walds** ist der **Wisent** (Europäischer Bison). Nach dem Ersten Weltkrieg sah es so aus, als müsse er zu den ausgestorbenen Spezies gerechnet werden. Als 1919 der letzte Wisent der Puszcza Białowieska erlegt wurde, gab es in den europäischen Zoos nur noch zwölf fortpflanzungsfähige Tiere. Der Urwald wurde unter Schutz gestellt und ein Züchtungsprogramm für die Wisente aufgelegt. 1952 konnten erstmals Wisente ausgewildert werden. Heute leben von weltweit ca. 3200 Wisenten um die 700 in Polen, die meisten davon im Urwald Puszcza Białowieska.

### Die Natur erleben

Erkundung

Alle Wege führen zunächst ins am Südrand gelegene Dorf Białowieża, das mit seinen alten Holzhäusern gut in die waldreiche Umgebung passt. Hier gibt es Unterkünfte und Restaurants, hier starten die Touren in den Nationalpark. Der Park ist unterteilt in eine **Kernzone** im Süden, in der keinerlei menschliche Eingriffe stattfinden und die man nr mitb einem Führer betreten darf, und die **Hwoźna-Schutzzone** weiter im Norden, wo man ohne Führer wandern und radfahren kann. Dort gibt es drei **markierte Wanderwege** (Gebühr: 10 zł rot: 5,5 km, grün: 11,5 km, schwarz: 4 km) und zwei **Radwege** (Gebühr 12 zł; grün: 36 km, rot: 20 km) möglich. Längere Touren sowie in die Kernzone sind nur organisiert mit der Naturkundeorganisation PTTK möglich.   Höhepunkt ist ein **Besuch im Wisent-Schaugehege** (Rezerwat Pokazowy Żubra) 3 km westlich, wo neben Europas größten Säugetieren – ein Wisent wiegt um die Tonne – auch Elche, Wölfe und **Konikponys** leben. Im Natur- und Waldmuseum (Muzeum Przyrodniczo-Leśne) lernt man viel über den Park

**Muzeum Przyrodniczo-Leśne:** Mitte April – Mitte Okt. Mo.–Fr. 9–16.30, Sa./So. bis 17, übrige Monate Di.–So. 9–16 Uhr | Eintritt: 16 zł
**Rezerwat Pokazowy Żubra:** über die Straße 689 oder auf einem Wanderweg ab dem PTTK-Büro | Mitte April – Mitte Okt. tgl. 9–17 übrige Monate Di.–So. 9–16 Uhr | Eintritt: 20 zł

### Orthodoxe Kunst und Musik

22 km westlich von Białowieża liegt Hajnówka. Die meisten Bewohner sind Weißrussen, weshalb es hier seit 1983 die orthodoxe **Kathedrale der hl. Dreifaltigkeit** (św. Trojcy) gibt, mit originell geschwungenen Gewölben und 50 m hohem Glockenturm. Griechische, bulgarische und russische Ikonenmaler schufen farbenprächtige Heiligenbilder. Im Mai kann man ein **Festival Orthodoxer Kirchenmusik** mit Chören aus vielen Ländern erleben.

Hajnówka

www.festiwal-hajnowka.pl

# REWAL

**Wojewodschaft:** Pomorskie | **Höhe:** 20–40 m ü. d. M.
**Einwohner:** 3800

*Zu Füßen der von Kiefern gekrönten Klippen liegen weiße Strände, die sich kilometerlang an der Küste entlangziehen. Im Sommer tummeln sich die Badegäste, in der kühleren Jahreszeit stemmen sich Strandwanderer der steifen Brise entgegen. Und wärmen sich anschließend in den Spas ihrer Hotels wieder auf.*

Die Gemeinde Rewal (Rewahl), hervorgegangen aus einem Fischer- und Bauerndorf, besteht heute aus sieben Teilorten, die sich allesamt entlang der Ostseeküste aufreihen. Sie profitieren vom feinsandigen Strand, der sich unterhalb der Steilküste auftut und vor allem im Sommer für gehörigen Rummel sorgt.

## ▌ Wohin in Rewal und Umgebung?

Eine von Terrassenlokalen gesäumte Flanierstraße führt zum Hauptplatz von Rewal, wo eine Walskulptur aus dem Boden wächst. Ein paar Schritte weiter beginnt der Aussichtssteg, der weit über die Klippen hinausragt – perfekt für den Panoramablick auf Küste und Strand. Unten liegen bunte Fischerboote, mit denen auch heute noch tagtäglich der Fang eingeholt wird.

Rewal

# REWAL ERLEBEN

### TOURISTENINFORMATION
ul. Szkolna 1
Tel. 91 3 86 26 29

### SCHMALSPURBAHN
Von Mai bis September verkehren eine Dampflok und historische Dieseltriebwagen mehrmals zwischen Trzęsac und Pogorzelica fahren
Einfaches Ticket 23–28 zł
www.kolej.rewal.pl

### OASIS RESORT €€€
Eine Top-Adresse an der Ostsee, nahe am schönen Klippenstrand. An die Villa schmiegt sich ein romantischer Garten mit ringsum angelegten Zimmern und Suiten, mal romantisch, mal minimalistisch. Versteckt hinter Zypressen liegt der Pool, ein großes Spa wartet mit Indoor-Infinity-Pool, Jacuzzi, Saunen und Massagen auf – fast immer mit Blick ins Grüne. Viel Lob gebührt der leichten, fantasievollen Küche, die im Wintergarten oder auf der Terrasse genossen wird..
ul. Klifowa 34, Rewal
Tel. 91 386 27 01
https://oasisresort.pl

### WY&SPA €€–€€€
Selber Betrieber, ähnliches Konzept: Ein sympathisches kleines Hotel mit Wohlfühl-Apartments und Spa. Polnische und thailändische Köche sorgen für eine spannende Crossover-Küche: Das Ambiente ist besonders: Von der Terrasse der Villa im Kiefernwald genießt man Meerblick.
ul. Grunwaldzka 32, Pobierowo
Tel. 91 384 76 40
http://wyspa.com.pl

### MUU MUU LODY NATURALNE €
Ein Café mit wunderbaren Desserts, viel gelobtem Baiserkuchen, Eis in Form von Blumen und dazu ein stets freundlicher Service.
Zgody 8, Pobierowo
Tel. 795 787 085

---

**Strandläufer und Leuchtturmspäher**

Niechorze  Von Rewal am Strand entlang bzw. auf der hoch angelegten Promenade ostwärts sind es 4,5 km bis Niechorze (Hoff). Dort steht auf der 45 m hohen Klippe seit 1886 ein **Leuchtturm**, der 40 km weit strahlt. Steigt man die vielen Stufen der Wendeltreppe hinauf, wird man auf der Aussichtsplattform mit **grandiosem Weitblick** belohnt: Nördlich liegt das Meer, südlich – nur durch einen schmalen Landstreifen getrennt – der einstige Gletschersee Liwia Łuża. Zu Füßen des Turms breitet sich ein gepflegter Park aus, in dem alle Leuchttürme der polnischen Küste en miniature im Maßstab 1:10 aufgestellt sind – nicht nur eine Augenweide, sondern auch eine handwerkliche Meisterleistung.
**Park Miniatur Latarni Morskich:** ul. Ludna 16 | tgl. 10–17 Uhr
Eintritt: 45 zł | http://park-miniatur-latarni-pl/de

**ZIELE**
**SANDOMIERZ**

Lyonel Feininger war von der Kirchenruine von Haff sehr angetan.

**Eine abgestürzte Kirche**

Im benachbarte Trzęsacz (Haff) dreht sich alles um eine Kirche, besser gesagt um das, was von ihr übrigblieb: Das Meer hat sich im Lauf der Zeit so viel Land einverleibt, dass das einst 2 km landeinwärts gelegene **Gotteshaus halb in die Fluten stürzte** und nur noch ein Ruinenrest am Abgrund steht. Für **Lyonel Feininger** ein Lieblingsmotiv: In ca. 30 Zeichnungen und Aquarellen hat er die Ruine verewigt.

Trzęsacz

# ★ SANDOMIERZ

**Wojewodschaft:** Podkarpackie | **Höhe:** 145–205 m ü. d. M.
**Einwohner:** 25 000

*Im 1000-jährigen Städtchen am linken Weichselufer geht es unaufhörlich bergab und bergauf – schließlich verteilt es sich auf sieben Hügeln. Davon, dass hier einst Kaufleute gute Geschäfte machten, zeugen prächtige Bürgerhäuser und prunkvolle Kirchen.*

**ZIELE**
SANDOMIERZ

Im 10. Jh. lag Sandomierz an der Handelsstraße von Prag über Krakau nach Kiew, im 11. Jh. gehörte es neben Krakau und Breslau zu den drei wichtigsten Städten Polens. Bei den Tatareneinfällen im 13. Jh. wurde die Stadt zerstört, anschließend schnell wiederaufgebaut und war lange Zeit **Hauptstadt des Fürstentums Sandomierz**. Aus dem Zweiten Weltkrieg ging die Stadt unbeschädigt hervor, da ein sowjetischer Oberst den Befehl zur Beschießung ignorierte und die deutschen Besatzer kapitulierten. Ca. 9500 Juden aus dem Bezirk wurden in Bełżec und Treblinka ermordet.

*Auf sieben Hügeln*

 Altstadt

**Vom Opatower Tor zum Rynek**

Marktplatz — Man betritt die unversehrt gebliebene Altstadt durch das mittelalterliche Opatower Tor (Brama Opatowska). Von der mit einer Renaissance-Attika geschmückten **Aussichtsterrasse** hat man einen weiten Blick auf Stadt und Land. Über die Opatowska-Straße gelangt man zum ringsum von Bürgerhäusern gesäumten **Marktplatz** (Rynek). In seiner Mitte prangt das **Rathaus**, dessen strenge gotische Formen um 1550 durch Renaissanceelemente aufgelockert wurden. Eine **Sonnenuhr** gibt noch heute präzise den Verlauf der Zeit an.
Brama Opatowska: Mai-Sept. tgl. 9-19, übrige Monate Sa./So. 10-15 Uhr | Eintritt: 12 zł | brama-opatowska.pl

**Durch geheimnisvolle Gänge**

Stadtmuseum — Gegenüber vom Rathaus, im ehemaligen **Oleśnicki-Palais**, startet eine **unterirdische Tour durchs Stadtmuseum** (Podziemna Trasa Turystyczna). Im Schein von Fackeln wandert man durch labyrinthische Kellergewölbe, in denen einst die Kaufleute ihre Ware lagerten.
Podziemna Trasa Turystyczna: Rynek 10 | April-Sept. tgl. 9.15-19, Okt.-März bis 17 Uhr | Eintritt: 23 zł

**Ein Geschenk des Königs**

Kathedrale — Ein Vorgängerbau der ehemaligen Kollegiatskirche im Süden der Stadt stand hier bereits 1148, das jetzige Bauwerk stiftete König Kazimierz III. Wielki und entstand 1360–1382. Die Ausstattung besteht u. a. aus byzantinisch-russischen Malereien, einem Rokoko-Seitenaltar und einer Anfang des 18. Jh.s geschaffenen Holztäfelung mit Märtyrerbildern.

**Backstein-Romanik**

Jakobskirche — Die **Jakobskirche** (Kościół św. Jakuba), das **wertvollste Baudenkmal der Stadt** und einer der ältesten Backsteinbauten in Kleinpolen, wurde im zweiten Viertel des 13. Jh.s in spätromanischem Stil errichtete. In Vitrinen sind die Gebeine der Mönche ausgestellt, die von den Tataren ermordet wurden.

## SANDOMIERZ ERLEBEN

### TOURISTENINFORMATION
Rynek 20
Tel. 15 6 44 61 05
https://sandomierz.travel
https://sandomierz.eu

### CAFÉ MALA €
Leckere Crêpes und Snacks nicht weit vom Marktplatz.
ul. Gen. Michala Sokolnickiego 3
Tel. 720 802 241

---

Das frühbarocke Schloss ist aus einer Burg aus dem 14. Jh. entstanden und beherbergt heute das Regionalmuseum. — Schloss
April-Sept. Di.-So. 11-18, Okt.-März Di. 10-14, Mi.-So. 10-17 Uhr
Eintritt: 20 zł | http://www.zamek-sandomierz.pl

## Rund um Sandomierz

### »Kleiner Wawel«
Zu den schönsten Palästen Ostpolens gehört Baranów Sandomierski, auch »Kleiner Wawel« genannt, in einem riesigen Park 28 km südwestlich von Sandomierz. Heute ist es ein Hotel; einige der Räumlichkeiten, der Innenhof und der Park können besichtigt werden. — Schloss Baranów Sandomierski
April-Sept. tgl. 9-18, Okt.-März 9-16 Uhr | Führung: 15 zł
www.baranow.com.pl

### Die Welt der Zisterzienser
Koprzywnica, ca. 17 km südwestlich von Sandomierz, besitzt eine spätromanische **Zisterzienserkirche**, erbaut von 1218 bis 1238. Geradezu prächtig gestaltet ist der sonst bei Zisterzienserbauten so bescheidene Dachreiter. In der Kirche sind beachtenswerte Fragmente gotischer Wandmalerei zu sehen. — Koprzywnica

### Prunk und Pracht des Adels
In Ujazd, 37 km westlich von Sandomier, steht die imposante **Ruine von Schloss Krzyżtopór**, die 1631–1644 von Lorenzo Senes für dWojewoden Krzysztof Ossoliński erbaut wurde. Es war **vor dem Bau von Versailles die größte Residenz in Europa**, besaß einmal so viele Türme, wie es Jahreszeiten gibt, so viele Säle wie Monate, so viele Zimmer wie Wochen und so viele Fenster wie Tage im Jahr. In die Decke des Speisesaals war ein riesiges Aquarium eingelassen. Für seine 365 weißen Hengste ließ Ossoliński Ställe aus schwarzem Marmor bauen. Allerdings konnte er sich nicht lange daran erfreuen, er fiel vier Jahre nach Fertigstellung in einer Schlacht. Sein Geist soll umgehen… — Ujazd

**ZIELE**
SANOK

# SANOK

Wojewodschaft: Podkarpackie | Höhe: 360 m ü.d.M.
Einwohner: 37 000

T 13

*Das geschäftige Städtchen am San ist beliebter Ausgangspunkt für Touren in die urwüchsigen Waldkarpaten. Meist bleibt man in Sanok länger als gedacht, denn mit der hübschen Altstadt, der Burg und einem der größten Open-Air-Museen Polens gibt es reichlich zu erkunden.*

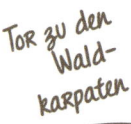
Tor zu den Waldkarpaten

Wie fast alle Städte der Region war auch Sanok zwischen den Nachbarn umkämpft. In der Ruthenischen Chronik wird für das Jahr 1152 eine **ungarische Burg am San** erwähnt, die später an das Fürstentum Halitsch-Ruthenien (in der heutigen Ukraine) fiel. Mit dem Tod Jerzys II., seines letzten Regenten, kam das Gebiet 1340 an Polen, wurde aber nach dem Tod von König Kazimierz II. vorübergehend ungarisch. Die Teilungen brachten Sanok ans Habsburgische Reich, bevor es nach dem Ersten Weltkrieg wieder polnisch wurde. Nahezu die gesamte jüdische Bevölkerung des Kreises, ca. 11 000 Menschen, wurde ermordet.

## ▌Wohin in Sanok?

**Orthodoxes Erbe**

Schloss

Am Hochufer des San erhebt sich das Schloss. Im Mittelalter erbaut, wurde es auf Anregung der Königin Bona Sforza im Renaissancestil umgestaltet. Heute beherbergt es das **Historische Museum** (Muzeum Historyczne) mit **Polens größter Sammlung von Ikonen**, die überwiegend aus den zerstörten orthodoxen Kirchen der Waldkarpaten stammen. Dazu kommt Kunst der griechisch-und römisch-katholischen Kirche und die Galerie des 1929 in Sanok geborenen Malers Zdzisław Beksiński: Seine Gemälde halten in surrealistischer Manier alptraumhafte Visionen fest.
**Muzeum Historyczne:** ul. Zamkowa 2, Sanok | April-Okt. Mo. 8-12, Di.-So. 9-17, Nov.-März Mo. 8-12, Di./Mi. 9-17, Do.-So. 9-15 Uhr
Eintritt: 25 zł | www.muzeum.sanok.pl

**Die Welt der Lemken und Bojken**

Freilichtmuseum

Am rechten San-Ufer, im Stadtteil Biała Góra, erstreckt sich auf weitläufigem Terrain **eines der größten Freilichtmuseen Polens**. Das Museum der Volksbauweise erweckt die untergegangene bäuerliche Welt der Karpatenbewohner wieder zum Leben: die Welt der ukrainischsprachigen Lemken und Bojken. Hier gibt es Bauernhütten und

**ZIELE**
SANOK

Das Freilichtmuseum zeigt, wie das bäuerliche Leben in den Karpaten einst gemeistert werden musste.

Wirtschaftsgebäude, Kirchen, Wasser- und Windmühlen – und eine Gaststätte mit regionalen Spezialitäten.
**Muzeum Budownictwa Ludowego:** ul. Rybickiego 3 | Mai – Okt. Mo. 8 – 12, Di. - So. 8 – 18, Nov. – März Di. – So. 8-14, April Di. – So. 9 – 16 Uhr | Eintritt: 18, mit Führer und Schlüssel 80 zł | Tel. 13 463 16 72

## Rund um Sanok

### Wo der Erdölboom begann

Die Stadt Krosno, ca. 60 km nordwestlich von Sanok am Fluss Wisłok gelegen, ist wirtschaftlicher, kultureller und touristischer Mittelpunkt des Karpatenvorlands. Was kaum bekannt ist: Sie ist Zentrum des ältesten Erdölfördergebiets der Welt. Der **Marktplatz** von Krosno mit prächtigen Bürgerhäusern und Laubengängen ist einer der schönsten in Polen. Die **Pfarrkirche** stammt aus dem Jahr 1512. Nachdem sie 1637 zerstört worden war, baute man sie wieder auf und wenig später im Stil der Renaissance um. Sie besitzt einen Barockaltar aus dem Jahr 1658. Die **Franziskanerkirche** von 1380,

Krosno

## SANOK ERLEBEN

### TOURISTENINFORMATION
Rynek 14
Tel. 13 4 63 60 60
www.sanok.pl

### PTTK
Das PTTK-Büro vermittelt Unterkünfte in Sanok und in den Bieszczaden und organisiert Wandertouren.
ul. Mickiewicza 29
Tel. 13 463 11 29
www.bieszczadypttk.pl

### JAGIELLONSKI €€
Das Mittelklassehotel bietet komfortable Zimmer in zentraler Lage sowie Fahrradverleih und Spa.
ul. Jagiellońska 49
Tel. 13 4 64 12 94
www.hoteljagiellonski.pl

### KARCZMA €€
Das Lokal am Marktplatz serviert regionale Küche in rustikalem Ambiente.
Rynek 12
Tel. 13 4 64 67 00
https://karczmasanok.pl/

---

1407 umgebaut, beherbergt zahlreiche Grabmäler und eine schön gestaltete Barockkapelle der Familie Oświęcim von 1647.
In **Bóbrka**, 8 km südwestlich, gründete Ignacy Łukasiewicz (1822 bis 1882), der als Erster Petroleum aus Erdöl gewann und die dr Petroleumlampe erfand, mit zwei Partnern 1854 die erste Mineralölgrube weltweit. Davon und noch einiges mehr erzählt das große und hochinteressante **Freilichtmuseum**.
**Muzeum Przemysłu Naftowego i Gazowniczego:** Mai – Sept. Di. – Fr. 8 – 17, Sa./So. 10 – 18, April u. Okt. Di. – Fr. 8 – 16, Sa./So. 9 – 17, Nov. – März 7 – 15 Uhr | Eintritt: 25 zł | www.bobrka.pl

### Blutiges Handwerk

Biecz  Biecz, 38 km westlich von Krosno malerisch am Ufer der Ropa gelegen, steht mit gotischer Pfarrkirche und Kloster von 1630 komplett unter Denkmalschutz. Dass das 1023 gegründete Städtchen Sitz einer **Schule für Scharfrichter** war, ist wohl Legende, doch verzeichnet das Bieczer Gerichtsbuch 15 ortsansässige Henker zwischen 1388 und 1398, denn Biecz hatte das »Recht zum Schwert«. Im Keller des Rathausturms kann man jedenfalls einen Folterkeller besichtigen. Rund um Biecz sind auf fünf Soldatenfriedhöfen österreichische, deutsche und russische Gefallene der verlustreichen Schlacht von Gorlice-Tarnów im Mai 1915 begraben.
**Folterkeller:** bis auf Weiteres geschlossen

**ZIELE**
SŁOWIŃSKI PARK NARODOWY

# ★★ SŁOWIŃSKI PARK NARODOWY

**Wojewodschaft:** Pomorskie | **Fläche:** 186 km²

*Auch Polen hat seine Sahara: Im Slowinzischen Nationalpark türmen sich haushohe Wanderdünen auf. Und an den breiten Sandstränden von Łeba sonnen sich die Badegäste.*

Der 1967 gegründete **Slowinzische Nationalpark** erstreckt sich westlich von Łeba entlang der Ostseeküste. Im Nationalpark liegen der 115 m hohe slawische Kultberg Rowokół sowie zwei Küstenseen mit üppiger Flora und Fauna: der 7140 ha große Jezioro Łebsko und der knapp halb so große Jezioro Gardno. Sümpfe und Torfmoore bieten vielen seltenen Vogelarten einen geschützten Lebensraum.

*Im Reich der Sandberge*

## ▌ Wohin im Nationalpark?

**Im Sandmeer**
Die Hauptattraktion der »polnischen Sahara« sind für die meisten Besucher die bis zu 40 m hohen Wanderdünen. Sie schieben sich jährlich mehrere Meter weiter in die Kiefernwälder hinein und begraben die Bäume nach und nach unter sich. Dadurch entsteht eine wüs-

Wanderdünen

### POLNISCHE SAHARA

Sand, Sand, Sand – wäre da nicht die Ostsee, glaubte man sich in Afrika. Attraktion des Slowinzischen Nationalparks sind zweifellos die Wanderdünen, die sich berghoch auftürmen und die Vegetation unter sich begraben. Besteiger der mächtigen Łącka-Düne versinken fluchend knöcheltief im feinen Sand. Oben angekommen, wartet die Belohnung: ein herrliches Panorama zwischen Ostsee-Brandung und glitzernden Binnenseen. Platz nehmen.

**ZIELE**
SŁOWIŃSKI PARK NARODOWY

## DEN NATIONALPARK ERLEBEN

**NATIONALPARK**
www.slowinskipn.pl
Tagesticket: 8 zł (Mai–Sept.)

**ZAMEK LEBA €€€**
Das über 100 Jahre alte Schlösschen am Strandufer bietet stilvolle, individuell eingerichtete Zimmer und einen beheizten Swimmingpool. Im Restaurant Neptun wird polnisch und mediterran gekocht.
ul. Sosnowa 1, Łeba
Tel. 59 8 63 51 20
https://zamekleba.pl

**REZYDENCJA €€**
Kleines, ruhiges Komforthotel am Ufer des naturgeschützten Łebsko-Sees, 4 km von Łeba und abseits des Strandrummels. Janina Gromowska, die charmante Besitzerin, spricht gut Deutsch, und man speist mit Blick auf den See. Mit Badesteg, Rad- und Bootsverleih.
ul. Jeziorna 21-A, Żarnowska
Tel. 59 8 66 28 29
www.rezydencja-porta-baltic.pl

---

tenähnliche Landschaft von einziger Schönheit. Wer sich für die Flora und Fauna des Parks interessiert, sollte das **Muzeum Przyrodnicze** in Smołdzino, zwischen Łeba-See und Garder See, besuchen und ort auch einen Blick vom 25 m hohen Leuchtturm riskieren. 14 markierte **Wanderwege** und der Pommersche Jakosbweg durchziehen den Park, auf der Łupawa und der Łeba kann man paddeln.
**Muzeum Przyrodnicze:** ul. Mostnika 1 | Mai–Sept. Di.–So. 9–17, Okt.–April Di.–Fr. 10–14 Uhr | Eintritt: 6 zł | https://poisslowinskipn.pl
**Leuchtturm:** Mai–Sept tgl. ab 10 Uhr

### Vom Fischerdorf zum Strandbad

*Łeba* Vom einstigen Fischerdörfchen ist außer der kleinen barocken **Nikolauskirche** von 1683 und einigen schlichten **Fischerhäuschen** nicht viel übriggeblieben. Inmitten eines Kiefernwalds auf den Sanddünen stehen als letztes Relikt des an der Küste gelegenen alten Łeba die Reste einer gotischen Kirche aus dem 14. Jahrhundert. Rund um den **Hafe**n, der mit seinen dümpelnden Fischkuttern einen fast südländisch-romantischen Charme versprüht, geht es v.a. im Sommer lebhaft zu. Wer den Trubel scheut, findet an den Stränden außerhalb Łebas jederzeit ein ruhiges Plätzchen.

### Fischeralltag anno dazumal

*Kluki* In dem kleinen Dorf am Westufer des Leba-Sees dokumentiert ein interessantes **Freilichtmuseum**, u. a. mit original eingerichteten Fischerhütten, die traditionelle Lebensweise der Slowinzen, der ehemals hier beheimateten slawischen Volksgruppe.

**Muzeum wsi słowińskiej:** März – Mai Mo. 10 – 13\*, Di. – So. 10 – 16, Juni – Aug. Mo. 10 – 13\*, Di. – So. 10 – 18, Sept./Okt. Mo. 9 – 12\*, Di. – So. 10 – 16, Nov. u. Feb. Di. 9 – 12\*, Mi. – So. 9 – 15 Uhr | Eintritt: 21 zł (\*nur ein Gehöft bei freiem Eintritt) | http://muzeumkluki.pl

# SŁUPSK · STOLP

**Wojewodschaft:** Pomorskie | **Höhe:** 20-30 m ü. d. M.
**Einwohner:** 89 800

*Hinter der Ostseeküste lockt ein städtisches Kleinod mit einer Altstadt zum Flanieren, einer Burg voller Kunstschätze und polnischem Alltag fernab der Ferienwelten. Auch zur kaschubischen Seenplatte ist es nicht weit.*

Bereits im Jahr 1015 ist eine Siedlung, im 12. Jh. eine Kastellanei bezeugt. Im 13. Jh. beherrschten abwechselnd Danziger und großpolnische Fürsten das Gebiet. Das Stadtrecht erhielt Słupsk 1310; nur wenige Jahre zuvor war die Stadt von Brandenburg eingenommen worden. Zeitweilig stand sie auch unter der Herrschaft des Deutschen Ordens. Im 15. Jh. kam sie zum Herzogtum Hinterpommern und im Jahr 1653 zu Brandenburg-Preußen. Die Sowjetarmee nahm Stolp im März 1945 kampflos ein und zerstörte es; bis 1947 wurden die meisten deutschen Einwohner vertrieben. Die Altstadt wurde teils wieder aufgebaut.

*Der Charme der Provinz*

## ▍Wohin in Słupsk?

### Weltliche Schätze im Schloss

In der Südostecke der Altstadt liegt das ursprünglich mit Wassergraben und Mauern befestigte **Schloss der pommerschen Fürsten** (Zamek Ks. Pomorskich). Der Bau der Anlage wurde 1507 begonnen und zum Ende des Jahrhunderts im Stil der Renaissance verändert. Heute sind hier die Sammlungen des Mittelpommerschen Museums (Muzeum Pomorza Środkowego) untergebracht, darunter Kunsthandwerk, Tapisserie, Münzen, Waffen und Gemälde. Zur Schlossanlage gehört auch eine **Wassermühle** aus dem 14. Jh., in der die volkskundliche Abteilung des Museums präsentiert wird.

*Schloss der Pommerschen Fürsten*

**Muzeum Pomorza Środkowego:** ul. Dominikańska 5 | Mai-Okt. Mo. 11-15, Di.-So. 10-18, Nov.-April Mi.-So. 11-16 Uhr | Eintritt: 27 zł | www.muzeum.slupsk.pl

# SŁUPSK ERLEBEN

**TOURISTENINFORMATION**
www.turystycznyslupsk.pl

**GRAND LUBICZ USTKA €€€€**
Das Nobelhotel ist strandnah und kinderfreundlich, beste Noten erhält der Aquapark mit Pools und Saunen. Das gastronomische Angebot: polnisch-international im Chapeau Bas, Frühstück und für den späten Hunger im Fala, Snacks in der Lobby Bar.
ul. Wczasowa 4
Tel. 598 418 200
www.grandlubicz.pl

**ATENA €€**
Das kleine Hotel im geschmackvoll renovierten Altbau liegt superzentral. Im Restaurant wird polnisch-europäisch gekocht..
ul. Kilińskiego 7
Tel. 59 842 88 14
www.hotelatena.ta.pl

---

### Sakrale Schätze

*Kirchen*  Die **Dominikanerkirche St. Hyazinth** (Kościół św. Jacka), bis zur Reformation die Kirche der Dominikaner, ist ein schlichter Bau aus dem 15. Jh. mit einem hohen Westturm. In der Reformation verlor sie ihre Ausstattung. Herausragende Ausstattungsstücke aus späterer Zeit sind die Kanzel und der Hochaltar aus dem ausgehenden 17. Jh. sowie die beiden **barocken Grabmäler** für Herzogin Anna und Herzog Ernst Bogisław von Croy.
In der ul. Łukaszewicza steht die gotische, im 14. Jh. erbaute **Marienkirche** (Kościół N. P. Marii), deren Westfassade ebenfalls von einem mächtigen Turm dominiert wird. Die dreischiffige Basilika birgt eine Kreuzigungsgruppe (Anfang 16. Jh.) und eine frühbarocke Kanzel von 1609.

### Mauern und Tore

*Stadt-befestigung*  Von der ehemaligen Stadtbefestigung aus dem 14./15. Jh. sind noch einige Teile erhalten, so die **Hexenbastei** (Baszta Czarownic), das **Mühlentor** (Brama Młyńska) und das **Neue Tor** (Brama Nowa), in dem heute eine Galerie für moderne Kunst eingerichtet ist.

## | Rund um Słupsk

### Baden gehen

*Ustka*  An der Mündung der Słupia in die Ostsee, 18 km nordwestlich von Słupsk, liegt das Seebad Ustka, ein **beliebter Ferien- und Kurort mit schönen Stränden**. Die Hafenstadt besitzt noch einen Leuchtturm von 1892 und einige historische Häuser in Schachtholzkonstruktion.

**ZIELE**
SUWAŁKI · SUWALKEN

# SUWAŁKI · SUWALKEN

Wojewodschaft: Podlaskie | Höhe: 130 m ü. d. M. | Einwohner: 69 600

*Suwałki liegt ganz imNordosten Polens und ist Durchgangsstation in den Wigry-Nationalpark – die große Wildnis im Nordosten. In der Grenzstadt zu Litauen hinterließen Litauer, Russen, Polen und Juden ihre Spuren; noch ca. 5000 Eiinwohner bezeichnen sich als Litauer. Ein kurzer Bummel, bevor es weitergeht ins Reich der Seen und Wälder.*

Die Stadt inmitten der Suwalker Seenplatte (Pojezierze Suwalskie), dem touristisch und wirtschaftlich noch wenig erschlossenen äußersten Nordosten Polens, entstand im 17. Jh. aus einer Siedlung, die Kamaldulensermönche aus dem nahe gelegenen Wigry hier gegründet hatten. 1715 erhielt sie das Stadtrecht. Heute lebt das Städtchen in erster Linie von der **Holzindustrie**.

## Wohin in Suwałki und Umgebung?

### Zeitreise ins 19. Jahrhundert
Charakteristisch für Suwałki sind die klassizistischen Häuser im Zentrum, insbesondere das **Rathaus** aus der ersten Hälfte des 19. Jh.s sowie einige Gebäude in seiner Umgebung, z. B. die Gymnasialkirche von 1838 und das ehemalige Gymnasium aus dem Jahr 1833. Die Alexanderkirche (Kościół św. Aleksandra) am pl. Wolności, 1820 bis 1845 erbaut, ist ebenfalls klassizistisch; in der Kirche hängt ein ausdrucksstarkes Gemälde aus dem 17. Jh. mit der Kreuzigungsszene.

*Klassizistischer Stadtkern*

### Wilde Tiere und scheue Künstler
Der 1989 gegründete **Wigry-Nationalpark** (Wigierski Park Narodowy) liegt südöstlich von Suwałki beiderseits der Straße nach Sejny. In den ausgedehnten Wäldern des 150 km² großen Parks leben u. a. **Elche**, **Wölfe**, **Dachse und Luchse**, die Seen bieten Bibern und Fischottern Lebensraum. Das Zentrum des Parks bildet der knapp 18 km lange und bis zu 73 m tiefe Wigry-See (Jezioro Wigry) mit dem kleinen gleichnamigen Ort am östlichen Ufer und dem barocken **Kloster der Kamaldulenser**. Seine zwölf Einsiedeleien werden heute als Hotel genutzt. Die Ruhe macht das Kloster zu einem Rückzugsort, allenfalls gestört von den angebotenen kulinarischen Workshops und den Gästen der Taverne.
Nationalpark: **www**.wigry.org.pl
**Pokamedulski Klasztor w Wigrach:** Wigry 11, Stary Folwark
www.wigry.org

*Wigry-Nationalpark*

**ZIELE**
ŚWIDNICA · SCHWEIDNITZ

## SUWAŁKI ERLEBEN

**TOURISTENINFORMATION**
ul. Hamerszmita 16
https://en.um.suwalki.pl

ul. Tadeusza Kościuszki 120
Tel. 87 566 69 00
www.suwalki.hotellogos.pl

**ROZMARINO €**
Die Pizzeria im Zentrum des Städtchens ist immer gut besucht. Und natürlich gibt es viel mehr als nur Pizza.
ul. Kościuszki 75
Tel. 87 563 24 00
www.rozmarino.pl

**LOGOS €–€€**
Neben hübschen Zimmern bietet das kleine Hotel auch eine Bar, ein Restaurant mit verfeinerter polnischer Küche und einen bewachten Parkplatz.

# ★★ ŚWIDNICA · SCHWEIDNITZ

**Wojewodschaft:** Dolnośląskie | **Höhe:** 204 m ü. d. M.
**Einwohner:** 56 200

G/H 11

*Für die meisten Polen ist Świdnica die Stadt mit dem schwindelerregend hohen Kirchturm. Doch berühmter ist eigentlich die evangelische Friedenskirche nebenan, die die UNESCO als Weltkulturerbe adelte. Rundherum breitet sich die geschäftige Altstadt aus.*

Türme und Altäre

Die frühslawische Burg und Wehrsiedlung erhielt 1243 das Stadtrecht und war ab 1291 Sitz des Herzogtums Schweidnitz. 1392 kam die Stadt an Böhmen, nach 1648 zu Österreich und 1742 an Preußen. Die unter Friedrich dem Großen ausgebauten Festungsanlagen wurden 1867 geschleift. Im Zweiten Weltkrieg blieb die Stadt nahezu unversehrt.

## ▎ Wohin in Świdnica?

### Das geschäftige Herz der Stadt

Marktplatz

Den repräsentativen Marktplatz (Rynek) beherrscht das in seiner Mitte aufragende **Rathaus**, ein Bau aus dem 16. Jh., der 1720 grund-

## ZIELE
ŚWIDNICA · SCHWEIDNITZ

legend umgestaltet wurde. An seiner Westseite ist die Renaissancefassade erhalten geblieben. Im Erker an der Nordseite befand sich der Altarraum der einstigen Ratskapelle. Vor dem Rathaus steht der Neptunbrunnen aus dem Jahr 1732 u. a. mit dem Wappen der Stadt.

### Ein schwindelerregendes Wahrzeichen
Vom Ring führt die ul. Staromiejska zur katholischen Pfarrkirche St. Stanislaus und St. Wenzel (św. Stanisława i Wacława), einer gewaltigen gotischen Hallenkirche, die 1325–1488 errichtet wurde. Ihr 104 m hoher Turm – mit dreifacher Renaissancehaube von 1565 – ist das weithin sichtbare Wahrzeichen der Stadt. Der hohe Innenraum beeindruckt durch den Kontrast von gotischer Architektur und üppiger barocker Ausstattung aus der Zeit um 1700. Erhalten ist noch der spätgotische **Altar mit dem Tod Mariens** von einem Veit-Stoß-Schüler.

St. Stanislaus und St. Wenzel

### Hölzener Barock
Vom Rynek gelangt man in nordöstlicher Richtung zur evangelischen Friedenskirche (Kościół Pokoju), die **größte barocke Holzkriche weltweit** und UNESCO-Weltkulturerbe. Entspricht schon die Fachwerkbauweise mit den vielen Anbauten nicht den Erwartungen an eine protestantische Kirche, überrascht das Innere erst recht mit einer »katholischen« barocken Pracht.

Friedenskirche

Im Westfälischen Frieden von 1648 wurden im rekatholisierten Schlesien drei protestantische »Friedenskirchen erlaubt, außer in

Fachwerk außen, prächtiger Barock innen, aus Holz und dann noch protestantisch: Die Friedenskirche ist wirklich außergewöhnlich.

**ZIELE**
ŚWIDNICA · SCHWEIDNITZ

## ŚWIDNICA ERLEBEN

**TOURISTENINFORMATION**
Rynek 2
www.um.swidnica.pl

**PARK €€**
Das kleine, zentrumsnahe Hotel im Landhausstil ist eine gemütliche Bleibe mit Restaurant, in dem traditionell Polnisches serviert wird, und bewachtem Parkplatz.
ul. Pionierów 20

Tel. 74 8 53 77 22
www.parkhotel.swidnica.pl

**RESTAURACJA RYNEK 43 €€**
Das rustikal-elegante Restaurant auf dem Marktplatz serviert im Sommer auch im romantischen Innenhof regionale und saisonale Küche.
Rynek 43
Tel. 74 8 50 10 91
https://pl-pl.facebook.com/Rynek43

---

Schweidnitz in Jauer (Jawor, ▶ S. 192) und in Glogau (Głogów; nicht mehr existent). Die Bauvorschriften waren, eng umrissen: kein Glockenturm, nicht aus Stein, maximal ein Jahr Bauzeit. Militärbaumeister Albrecht von Saebisch erstellte von August 1656 bis Juni 1657 den Fachwerkbau über dem Grundriss eines griechischen Kreuzes. Zwei- bis dreistöckige Emporen umlaufen den **gänzlich ausgemalten Innenraum**, in dem 7500 Menschen Platz finden. Die 28 außen sichtbaren Anbauten sind Sondereingänge, durch die man zu den Logen und Emporen gelangt. Die Emporen sind mit Bibelsprüchen beschriftet, allegorische Szenen daneben stellen die Sprüche dar. Der Altar entstand 1752, darüber befindet sich die zweite, kleine Orgel der Kirche von 1695, Ersatz für die 1666 gebaute Hauptorgel, die häufig ausfiel. Diese wurde um 1780 mit musizierenden Engeln verziert, deren Bewegungen an das Spiel gekoppelt sind. Etwas abseits der Kirche steht ein Glockenturm. Im alten Friedhof sind noch Gräber deutscher Familien erhalten.
**Kościół Pokoju:** pl. Pokoju 6 | April-Okt. Mo.-Sa. 9-18, So. 12-18; Dez.-März Mo.-Sa. 10-15, So. 12-15; Nov. Mo.-Sa. 9-16.30, So. 12-16.30 Uhr Eintritt: 15 zł | http://kosciolpokoju.pl

## ❘ Rund um Świdnica

### Wanderung zum heiligen Berg

Sobótka — Am nördlichen Fuß des weithin sichtbar aus der Ebene ragenden **Góra Ślęża** liegt, 10 km nordöstlich von Świdnica, der Naherholungs-

**ZIELE**
SZCZECIN · STETTIN

ort Sobótka (Zobten). Sein Name leitet sich von dem slawischen Wort »sobota«, Samstag bzw. Markttag, her. Schön ist eine etwa zweistündige **Wanderung** vom Südrand Sobótkas auf den 718 m hohen, bewaldeten Góra Ślęża, einst keltische Kultstätte und heiliger Berg des slawischen Stamms der Slesanen. Danach kann man sich in der Zobtenbergbaude stärken und vom Aussichtsturm einen herrlichen Blick genießen.

### Ein Ort des Widerstands

Gut Krzyżowa (Kreisau) liegt ein paar Kilometer südöstlich von Schweidnitz und gehörte einst **Helmuth James Graf von Moltke.** (1907–1945) Hier trafen sich 1942 und 1943 die Mitglieder der Widerstandsgruppe **»Kreisauer Kreis«**. Ihrem Andenken widmet sich die Stiftung Kreisau (Fundacja Krzyżowa) mit einer Internationalen Jugendbegegnungsstätte, einer Akademie für Erwachsenenbildung und – im sog. Berghaus, wo die Treffen stattfanden – einer **Gedenk- und Forschungsstätte**. Die Dauerausstellung dokumentiert zum einen den Widerstand des »Kreisauer Kreises« gegen das NS-Regime und zum anderen die Opposition gegen die kommunistische Herrschaft in Ost- und Mitteleuropa.

Krzyżowa

**Fundacja Krzyżowa:** Krzyżowa 7 | Führungen nach Voranmeldung unter www.krzyzowa.pl

#  SZCZECIN · STETTIN

**Wojewodschaft:** Pomorskie | **Höhe:** 5–100 m ü. d. M.
**Einwohner:** 408 000

*Einst Hansestadt und Hafen von Berlin, heute eine polnische Stadt zwischen Oder und Haff, die sich als »Floating City« neu erfinden will. Erste ambitionierte Projekte kann man bewundern: neben der rekonstruierten Altstadt zum Beispiel die Philharmonie mit ihren gläsernen Spitzgiebeln, die 2014 den Preis der Europäischen Union für zeitgenössische Architektur erhielt.*

Die im 9. Jh. an der Oder gegründete Fischersiedlung stieg rasch zu einem blühenden Handelsplatz auf und zählte im 12. Jh. fast 10 000 Bewohner. 1121 eroberte Herzog **Bolesław Krzywousty** die Stadt, Pommern geriet unter polnische Oberhoheit. 1181 belehnte Friedrich Barbarossa Herzog **Bogisław I.** mit Pommern. Im 12. Jh. wurde im Süden der slawischen Vorstadt eine deutsche Kaufmannssiedlung gegründet, die gemeinsam mit einer pommerschen Siedlung um 1240

*Eine Stadt erfindet sich neu*

das Stadtrecht erhielt und ab 1275 Mitglied der Hanse war. Durch König **Władysław Jagiełło** mit Handelsprivilegien ausgestattet, zog Stettin deutsche Kaufleute an. Während des Nordischen Kriegs (1700–1721) wurde Stettin von Preußen eingenommen; zu Polen kam es erst wieder 1945, als große Teile der Stadt zerstört waren. 1970 und 1980 war sie Schauplatz von Arbeiteraufständen: Neben Danzig war Stettin eine der Keimzellen der Gewerkschaft **»Solidarność«**.

## Wohin in Szczecin?

### Durch die Stadttore zum Marktplatz

*Stary Rynek*

Von der mittelalterlichen Stadtbefestigung stehen noch Fragmente an der Ecke ul. Pod Bramą/ul. Podgórna sowie die **Bastei der Sieben Mäntel** (Baszta Panieńska Siedmiu Płaszczy) in der ul. Panieńska. An Stelle von gotischen Toren entstanden nach der preußischen Besitznahme das **Königstor** (Brama Królewska) und das **Hafentor** (Brama Portowa). Für beide lieferte der aus Westfalen stammende Gerhard Cornelius von Walrave die Pläne (1692–1773).

Am Stary Rynek erhebt sich das **Altstädter Rathaus**, in dem noch Teile eines aus dem 14. Jh. stammenden Kellergewölbes erhalten sind. Sie werden heute als Weinkeller genutzt. Der Nachfolgebau aus dem 15. Jh., im Barock durchgreifend umgestaltet, erstand nach Kriegszerstörung 1945 wieder in rein gotischen Formen und beherbergt das **Stadtmuseum** (Muzeum Historii Miasta Szczecina), das Teil des Nationalmuseums ist. Anhand von Bildern, Schautafeln, Landkarten und Modellen wird die Geschichte der Stadt bis in die Gegenwart und die Geschichte polnischer Organisationen in Stettin anschaulich vermittelt.

Muzeum Historii Miasta Szczecina: ul. Księcia Mściwoja II 8
Di.–Do., Sa. 10–18, Fr. u. So. 10–16 Uhr | Eintritt: 15 zł
https://muzeum.szczecin.pl

### Schöner Wohnen für Bürgertum ...

*Loitzenhof*

Nur einen Katzensprung entfernt steht das prächtige **Wohnhaus der Kaufmannsfamilie Loitze**. Sie war durch den Salzhandel zu Reichtum gekommen, und die Familienväter standen als Bankiers im Dienst der Pommerschen Herzöge. Das 1547 erbaute, den Stilwandel von der Spätgotik zur Renaissance spiegelnde Haus vertritt exemplarisch die **bürgerliche Architektur Stettins in der frühen Neuzeit.**

### ... und Adel

*Schloss der Pommerschen Herzöge*

Gegenüber residierte der Adel. An der Stelle einer frühmittelalterlichen Festung entstand ab 1346 das **Schloss der Pommerschen Herzöge** (Zamek Książąt Pomorskich). Nach mehrfachen Umbauten erhielt es um 1575 durch den italienischen Architekten **Guglielmo di**

# ZIELE
## SZCZECIN · STETTIN

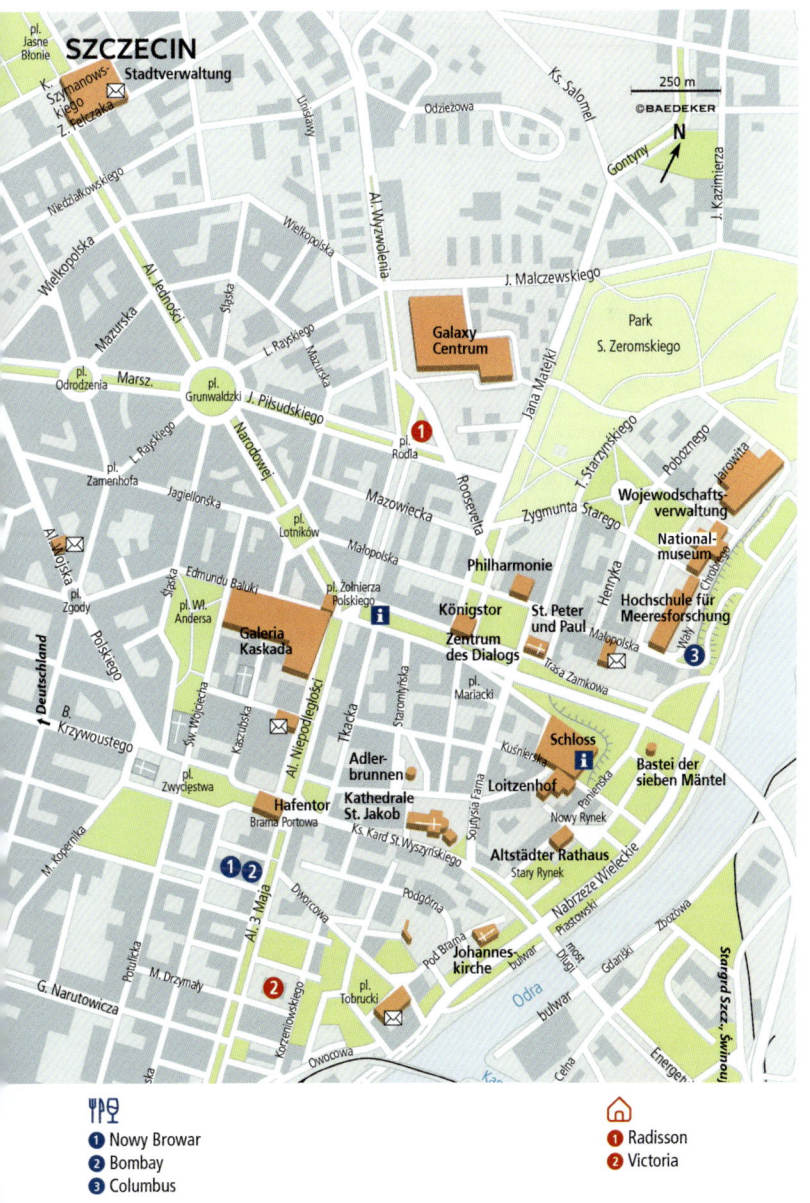

🍴  
❶ Nowy Browar  
❷ Bombay  
❸ Columbus

🏠  
❶ Radisson  
❷ Victoria

## ZIELE
SZCZECIN · STETTIN

# SZCZECIN ERLEBEN

### TOURISTENINFORMATION
pl. Żołnierza Polskiego 20
Tel. 91 434 04 40
ul. Korsarzy 34
Tel. 91 489 16 30
https://visitszczecin.eu

### KULTURSOMMER
im Juni »Tage des Meeres« und Sonnwendfeier, im Juli »Festival des Straßentheaters«, im August internationales Feuerwerksfestival »Pyromagic« und die viertägigen »Tall Ship Races«, dem Treffen der schönsten Großsegler der Welt.

### EINKAUFSZENTREN
Im »Kaskada« und »Galaxy« konkurrieren internationale Marken von Benetton bis Pierre Cardin mit polnischen Labels wie Reserved und Vistula.
Kaskada: al. Niepodległości 38
www.galeria-kaskada.pl
Galaxy: al. Wyzwolenia 18
www.galaxy-centrum.pl

Man trifft sich in den Lokalen an der Hakenterrasse und am Altstädtischen Rathaus.

### ❶ RADISSON €€€
Zentral gelegen im Pazim-Businesscenter mit schönen Superior-Zimmern, gutem Frühstücksbuffet und großem Spa Baltica, in dem Hotelgäste Rabatt erhalten. Mit Feinschmeckerlokal, Nightclub und dem höchstgelegenen Café der Stadt.
pl. Rodła 10
Tel. 91 3 59 55 95
www.radissonhotels.com

### ❷ VICTORIA €€
Familienfreundliches Hotel zwischen Bahnhof und Altstadt. Mit gemütlichem »Altstettiner Restaurant«.
pl. Stefana Batorego 2
Tel. 91 4 34 38 55
www.hotelvictoria.com.pl

### ❶ NOWY BROWAR €€
Rustikales Ambiente und typisch polnische Gerichte, aber auch Pizza aus dem Steinofen und Salate. Dazu schmeckt das frisch gebraute Bier hervorragend!
ul. Partyzantow 2
Tel. 91 433 54 84
http://nowybrowar.pl

### ❷ RESTAURACJA BOMBAY €€
Exotische Abwechslung von der polnischen Küche: Hier tafelt man würzig südindisch.
ul. Partyzantów 1
Tel. 91 812 11 71
www.india.pl

### ❸ COLUMBUS €€€–€€
Ganz dem Namen entspricht die maritime Einrichtung des Restaurant-Pubs an derr Hakenterasse. Maritimes findet sich auf auf den Tellern in Gestalt der Fischgerichte; wer lieber Steaks will, wird auch sehr zufrieden sein.
ul. Wały Chrobrego 1
Tel. 91 489 34 01
http://walychrobrego.com/columbus

## ZIELE
### SZCZECIN · STETTIN

**Zaccari** im Wesentlichen seine heutige Gestalt. Die einen Innenhof umschließende Vierflügelanlage wurde 1616 bis 1619 um den sog. Museumsflügel erweitert, wodurch ein zweiter, kleinerer Hof dazukam. Der im Zweiten Weltkrieg schwer beschädigte Gebäudekomplex beherbergt heuet ein **Museum** mit Gemälden und Kunstgegenständen sowie ein Kulturzentrum mit Konzertsaal und Ausstellungsräumen. Im Nordflügel, dem ältesten Teil der Schlossanlage, steht neben der zu einem Konzertsaal umgestalteten Schlosskapelle der Glockenturm mit der Kopie einer mittelalterlichen Statue des hl. Otto an der Südostseite und einer Aussichtsplattform, von der sich ein schöner Blick über die Stadt eröffnet. Eine Krypta aus der Spätrenaissance mit den Sarkophagen der Pommerschen Herzöge findet sich im Ostflügel.

ul. Korsarzy | Mitte April–Mitte Okt. tgl. 10–18 Uhr, übrige Zeit Mo. geschl. | Eintritt: 16 zł | www.zamek.szczecin.pl

### Zwei berühmte Orgelbauer

Die Kathedrale St. Jakob (Katedra św. Jakuba), eine gotische Hallenkirche, ist eine der größten Kirchen Pommerns und entstand ab dem 14. Jh. an der Stelle eines 1187 gegründeten Vorgängerbaus. Ältester Bauteil ist der Chor, um 1375 entstanden; das Langhaus wurde um 1400 errichtet und der Turm im Jahr 1504 vollendet. Die Orgel stammt vom Dresdner Orgelbauer Matthias Schuler, nach dessen Tod 1697 Arp Schnitger die Arbeit fortsetzte. Eines der Kirchenfenster ehrt die 1942 in Auschwitz ermordete **Edith Stein**, eine Mittlrin zwischen Juden- und Christentum.

*Kathedrale St. Jakob*

### An der Oder flanieren

Zur Oder hin erstreckt sich die berühmte **Hakenterrasse** (Wały Chrobrego) – benannt nach Hermann Haken (1828–1916), dem Oberbürgermeister der Stadt von 1876 bis 1906 – mit einem schönen Blick auf Stadt und Hafen. Direkt gegenüber, auf der Insel Wyspa Grodzka, entstand eine neue, moderne Marina. Die Terrasse wurde seit dem Ausgang des 19. Jh.s zu einer **Prachtstraße** ausgebaut, an der sich repräsentative Gebäude aneinanderreihen, darunter die Hochschule für Meeresforschung und die in einem 1903 errichteten Neorenaissancebau untergebrachte Hauptstelle des **Nationalmuseums** (Muzeum Narodowe) u.a. mit der Kunst Pommerns vom Mittelalter bis zum 17. Jh. sowie Zeugnissen außereuropäischer, vor allem afrikanischer Kultur.

*Hakenterrasse / Wały Chrobrego*

Weitere Abteilungen des Nationalmuseums befinden sich im Altstädter Rathaus (▶ S. 278) und in der ul. Staromłyńska, wo izeitgenössische Kunst ausgestellt ist.

Muzeum Narodowe (Gmach/Hauptgebäude): ul. Wały Chrobrego 3, Kunstmuseum: ul. Staromłyńska 1 | Di.–Do. u. Sa. 10–18, Fr. u. So. 10–16 Uhr | Eintritt: 15 zł | https://muzeum.szczecin.pl

# ZIELE
## SZCZECIN · STETTIN

Die neue Stettiner Philharmonie war der EU einen Architekturpreis wert.

### Triumph der Gotik

St. Peter und Paul und Kathedrale St. Jakob

Die Gründung der Kirche **St. Peter und Paul** (Kościół św. Piotra i Pawła) fällt in die Zeit der Christianisierung Stettins im 12. Jh.: Sie wurde angeblich an der Stelle einer heidnischen Kultstätte errichtet und um 1370 durch eine gotische Backsteinkirche mit Stufengiebel ersetzt. Ihre Fassade schmücken glasierte Ziegel, wie man sie häufig bei gotischen Kirchen der Region findet.

### Eine Ikone der Moderne

Philharmonie

Ein Eisberg? Oder vielleicht eine von Christo verhüllte Kirche? Falsch! Die zwölf weißen Spitzgiebel am Plac Solidarności gehören zu Stettins Philharmonie. Der kühne Entwurf aus dem Studio Barozzi Veiga

## ZIELE
### SZCZECIN · STETTIN

in Barcelona erhielt 2014 den **Preis der Europäischen Union für zeitgenössische Architektur** und wurde damit als eines der aufregendsten Gebäude unserer Zeit geadelt. Die neue Philharmonie steht dort, wo vor dem Krieg das Konzerthaus stand und bildet einen spannenden Kontrast zur historischen Altstadt. Außen Milchglas und Metall, innen geschwungene Freitreppen, viel Licht und Blattgold auf Holz charakterisieren das Bauwerk, das bei abendlicher Beleuchtung seinen besonderen Zauber entfaltet.

Nebenan lohnt das **Centrum Dialogu Przełomy** (Zentrum des Dialogs) einen Besuch. Es ist der Nachkriegsgeschichte gewidmet, setzt ein mit dem Bevölkerungsaustausch von 1945 und endet mit der politischen Wende von 1989.

Centrum Dialogu Przełomy: pl. Solidarności 1 | Di. – Do., Sa. 10 – 18, Fr. u. So. 10 – 16 Uhr | Eintritt: 15 zł | https://muzeum.szczecin.pl

**Vornehme Adressen**
Zwischen 1873 und 1914 entstand im Norden und Nordwesten der Altstadt der Śródmieście genannte, weitläufig angelegte Stadtbezirk rund um den pl. Grunwaldzki, das heutige **Geschäftszentrum von Stettin**. Charakteristisch für den nach Pariser Vorbild und nach Plänen von Baron Haussmann angelegten Stadtteil sind die **breiten Alleen und Straßen**, die sternförmig von großzügigen Plätzen ausgehen und von stattlichen Bürgerhäusern gesäumt sind. Die Hauptachse der Śródmieście, die al. Jedności, führt stadtauswärts direkt auf den Königsplatz (Jasne Błonia). Den schönen Park umgeben Villen aus dem 19. und 20. Jahrhundert.

Śródmieście

# Rund um Szczecin

**Fachwerkstadt am Haff**
Für einen **Abstecher an das Oderhaff** (Zalew Szczeciński) empfiehlt sich Nowe Warpno (Neuwarp), 50 km nördlich von Stettin. Die mittelalterliche Stadt mit schöner Fachwerkarchitektur liegt malerisch auf einer schmalen Halbinsel und bietet einen weiten Blick auf das Haff.

Nowe Warpno

**Fest umschlossen**
Das um 1140 gegründete Stargard, 36 km östlich von Stettin, trat schon 1363 der Hanse bei. Die Stadt wurde im März 1945 zu 70% zerstört und hieß von 1950 bis 2015 Stargard Szczecińskie; 2016 nahm sie offiziell ihren alten Namen wieder an. Rekonstruiert wurden u. a. die Stadtbefestigung auf 1 km Länge, die **Pfarrkirche St. Marien** aus dem 14. Jh., die größte Backsteinkirche in Pommern, sowie das Rathaus von 1569 mit seinem auffallenden Giebel und die 1720 erbaute Wache am Alten Markt.

Stargard

**ZIELE**
SZCZECINEK · NEUSTETTIN

# SZCZECINEK · NEUSTETTIN

**Wojewodschaft:** Zachodnio-Pomorskie | **Höhe:** 130 m ü. d. M.
**Einwohner:** 39 800

H 5

Provinzschönheit

*Eine kleine pommersche Stadt abseits touristischer Routen mitten in der Idylle zwischen Seen und buckeligen Hügeln, wo Wassersportler, Wanderer und Radler ihr Paradies finden.*

Auf dem Gebiet von Szczecinek bestand eine frühmittelalterliche **slawische Siedlung**, die 1310 als Neustettin das Stadtrecht erhielt. Die Burg wurde in den folgenden Jahrhunderten zerstört und verlassen. Bis zum 16. Jh. war die Mehrheit der Bevölkerung slawisch, im 17. Jh. war es nur noch etwa ein Viertel. 1648 wurde die Stadt von Brandenburg eingenommen. Seit 1945 gehört sie zu Polen.

## ▎Wohin in Szczecinek und Umgebung?

**Mittelalter trifft Gründerzeit**

Altstadt  Das kleine Regionalmuseum im alten gotischen Turm der Nikolauskirche (Kościół św. Mikołaja) aus dem 16. Jh. zeigt **Exponate zu Stadtgeschichte und Volkskunde**. Sehenswert sind auch das neogotische Rathaus und die neogotische Marienkirche mit einem 78 m hohen Turm. Die Burg wurde in ein Hotel umgebaut.
**Muzeum Regionalne:** ul. Ks. Elżbiety 6 | tgl außer Mo. ab 10 Uhr| Eintritt: 10 zł | www.muzeum.szczecinek.pl

Bunker  Ganz am westlichen Ortsrand steht mit dem Bunker B-Werk einer
B-Werk  der größten Bunkeranlagen der 1930 bis 1935 gebauten »Pommernstellung«.

## SZCZECINEK ERLEBEN

**TOURISTENINFORMATION**
www.szczecinek.pl

**RESIEDENCE €**
Gemütliches kleines Hotel am Trzesiecko-See mit guter polnischer Küche.
ul. Lelewela 12
Tel. 94 372 88 50

**ZIELE**
TARNÓW · TARNOW

**Sommerfrische**
Szczecinek ist der perfekte Ausgangspunkt für die Erkundung der **Draheimer Seenplatte** (Pojerzierze Drawskie). Zwischen bewaldeten Moränenhügeln – eine der höchsten Erhebungen ist der Wola Góra bei Połczyn Zdrój mit 219 m – liegen zahlreiche Seen mit Inseln, Buchten und reichem Fischbestand, eine malerische Landschaft zum Wandern und Kajakfahren. Das größte Gewässer ist der Jezioro Drawsko, der **Dratzigsee**, mit bis zu 83 m der zweittiefste See Polens. An seiner Südspitze, 43 km von Sczcecinek, liegt der beliebte Ferienort **Czaplinek** mit Schwimmbädern, Pensionen und Campingplätzen.

Pojerzierze
Drawskie

# TARNÓW · TARNOW

**Wojewodschaft:** Małopolskie | **Höhe:** 200 m ü. d. M.
**Einwohner:** 108 000

*Stammt der Name von der Adelsfamilie Tarnowski, der die Stadt einst gehörte? Oder von Tarnina, dem Schlehdorn, aus dem feiner Likör gewonnen wird? Noch streiten sich die Historiker.*

Q/R 12/13

1330 wurden Tarnów die Stadtrechte verliehen, in der Folge kamen viele Siedler aus Krakau und dem heutigen Nowy Sącz, bald auch die ersten Juden und später schottische Händler. Unter Habsburger Herrschaft nahm der Handel einen neuen Aufschwung, Tarnów war die nach Lemberg und Krakau drittgrößte Stadt Galiziens mit wichtigen Bildungseinrichtungen. Im Mai 1915 endete eine Schlacht im Raum Tarnów und Gorlice mit einer katastrophalen Niederlage der russischen Armee, die 100 000 Tote und Verwundete sowie 250 000 Gefangene zu beklagen hatte; die deutsch-österreichischen Truppen zählten 40 000 Tote und Verwundete.

*Galiziens drittgrößte Stadt*

1939 war Tarnów zur Hälfte von Juden bewohnt, daneben gab es starke Minderheiten von Roma, Ukrainern und Deutschen. Ca. 20 000 Juden aus dem Ghetto Tarnów und die Roma der Stadt wurden ermordet, v. a. in Bełżec und im Wald von Buczyna.

## Wohin in Tarnów?

### Adelsleben in der Renaissance
Zentrum der Altstadt ist der **Marktplatz** (Rynek) mit dem **Alten Rathaus**, das von einem Turm und einer prächtigen Attika gekrönt ist. Der Platz entstand Mitte des 14. Jh.s, wurde aber im 16. Jh. im Stil der Renaissance umgebaut. Im Rathaus stellt das **Regionalmuseum**

Rynek

## ZIELE
TARNÓW · TARNOW

Arkadenhäuser umziehen den Marktplatz von Tarnów.

all das aus, was reichen Adelsfamilien einst gehörte: Porzellan, Glas und viele – im 17. Jh. in Polen so beliebte – Darstellungen von Adeligen im orientalischen Stil. Rund um den Platz stehen noch Bürgerhäuser aus dem 16.–19. Jahrhundert.

**Muzeum Okręgowe:** Rynek 1 | Di.–Do. 9–15, Fr. bis 17, Sa./So. 10–15 Uhr | Eintritt: 10 zł | www.muzeum.tarnow.pl

### Die Welt der Roma

Ethnografisches Museum

Das Museum in einem restaurierten Gutshof vor den Toren der Altstadt ist der **Geschichte und Kultur der Roma** gewidmet. Man erfährt, woher sie kommen und warum viele das Nomadenleben lieben, welchen Verfolgungen sie ausgesetzt waren und immer noch sind. Ein wichtiger Teil der Ausstellung erinnert an den Holocaust: 50 000 Roma lebten vor 1939 in Polen, fast alle wurden von den Nazis getötet.

Im Hof des Museums sind Fuhrwerke aufgestellt, die im Juli für mehrere Tage ihr Domizil verlassen. Dann ruft der Kulturverein der Roma in Tarnów zur Teilnahme am »Tabor Pamięci Romów« auf: Eine **»Karawane der Erinnerung«** bewegt sich durch die umliegenden Orte, bei ihrer Rückkehr feiert man ein Fest, bei dem Tänzerinnen mit farbigen Trachten im Mittelpunkt stehen.

**Muzeum Etnograficzne:** ul. Krakowska 10 | Di.–Do. 9–15, Fr. bis 17, Sa./So. 10–15 Uhr | Eintritt: 10 zł | www.muzeum.tarnow.pl

## TARNÓW ERLEBEN

**TOURISTENINFORMATION**
Rynek 7
Tel. 14 688 90 90
www.it.tarnow.pl

Steaks. Bei schönem Wetter sichert man sich einen Platz unter den Arkaden.
Rynek 14
Tel. 14 626 05 64
www.hotelujana.pl

**U JANA €–€€**
Die charmanten, altertümlich anmutenden Apartments sind geräumig und haben teilweise Blick auf den Rynek. Auf den Tisch kommt solide polnische Küche, aber auch hervorragende

**STARA ŁAŹNIA €**
Jüdisch-koschere und polnische Küche in der ehemaligen Mikwe.
pl. Więźniów KL Auschwitz 1
Tel. 14 692 00 39

---

### Sakralkunst der Renaissance
Monumentale **Grabdenkmäler** der Adelsfamilien Tarnowski und Ostrogski kann man in der Kathedrale, einem Gotteshaus aus dem 14. Jh. bewundern. Eine besonders schöne Renaissanceskulptur ist die von Barbara Tarnowska im Südschiff. Ein Denkmal von Johannes Paul II. steht seit 1981 davor. Hinter der Kathedrale, im Mikołajowski-Haus von 1524, fand das **Diözesanmuseum** seinen Platz.

*Kathedrale und Diözesanmuseum*

**Muzeum Diecezjalne:** pl. Katedralny 6 | Di.–Fr. 10.30–15.30, Sa./So. 9–13 Uhr | Eintritt frei | www.muzeum.diecezja.tarnow.pl

### Spuren und Gedenken
Wichtige Zeugnisse der jüdischen Kultur gibt es östlich des Rynek zu entdecken, z. B. in der der ul. Wekslarska und in der ul. Goldhammera, wo in Nr. 1 das letze jüdische Gebetshaus existierte, und in der ul. Żydowska (Judengasse), wo die **Synagoge** aus dem 17. Jh. stand. Von ihr geblieben ist die Bimah. An ihr wird alljährlich Mitte Juni der untergegangenen jüdischen Kultur mit einem mehrtägigen Fest (»Galicjaner Sztetl«) gedacht.

*Jüdisches Viertel*

Der seit dem 16. Jh. bestehende **Jüdische Friedhof** wurde von den deutschen Besatzern verwüstet; dennoch sind ca. 3000 Grabsteine, darunter von angesehenen Rabbinern, nicht zerstört worden und können besichtigt werden. Auch das im maurischen Stil gebaute jüdische Badehaus ist erhalten – heute mit dem Restaurant Stara Łaźnia im ersten Stock.

**Friedhof:** ul. Szpitalna s/n (Schlüssel gegen Kaution in der Touristeninformation und im Bezirksmuseum am Rynek)
**Badehaus:** pl. Więźniów KL Auschwitz

**ZIELE**
TATRY · TATRA

# ★★ TATRY · TATRA

**Wojewodschaft:** Małopolskie | **Infopunkt:** im. Jana Pawła II, Zakopane | tgl. 7.30–15.30 Uhr | Tel. 18 202 33 00 | Tageskarte 9 zł **www.tpn.pl**

O/P14

*Von ewigem Eis bedeckte Grate, steile Hänge und tiefe Täler – die alpine Tatra ist das kleinste Hochgebirge der Welt und der höchste Teil der über 1000 km langen Karpatenkette. Seit dem 19. Jh. zieht sie Aktivurlauber magisch an, die als »Basislager« meist Polens »Winterhauptstadt« Zakopane wählen. Bedingt durch die abgeschiedene Lage entwickelte sich eine ebenso eigenständige wie eigentümliche Architektur, Musik und Kunst.*

*Das kleinste Hochgebirge der Welt*

Die Tatra bedeckt eine Fläche von 785 km², ihr höchster Gipfel ist der 2655 m hohe **Gerlachovský štít** (Gerlsdorfer Spitze) in der Slowakei. In Polen liegt nur etwa ein Viertel der gesamten Gebirgsfläche, der höchste Gipfel auf polnischem Gebiet ist mit 2503 m der **Rysy**. Die polnische Tatra erstreckt sich über einen 75 km langen Bergkamm vom Pass Przełęcz Huciański (904 m ü. d. M.) zum 1076 m hohen Pass Przełęcz Zdziarski. Gegliedert wird das Gebirge in die Westtatra (Tatry Zachodnie), die Hohe Tatra (Tatry Wysokie) und die Belaer Tatra (Belanske Tatry), die ganz in der Slowakei liegt.

Diese Aufteilung folgt dem geologischen Aufbau des Gebirges. Die **Hohe Tatra** besteht hauptsächlich aus Granit und anderem kristallinen Gestein. Hier gibt es die steilsten, bei Kletterern sehr beliebten Felswände, die Tallandschaft ist durch klare, tiefe Seen abwechslungsreich gestaltet. Die **Westtatra**, hauptsächlich die zu Polen gehörenden Nordhänge, besteht aus Kalk (ebenso die Belaer Tatra). Deshalb gibt es in dieser Region keine Seen, dafür viele Höhlen.

★★
Tatra-Nationalpark

### Zum Schutz der Natur

Bereits Ende des 19. Jh.s wurde die »Gesellschaft zum Schutz der polnischen Tatra« gegründet, 1955 schließlich entstand der Tatra-Nationalpark (Tatrzański Park Narodowy). Der Park umfasst nicht nur den 21 000 ha großen polnischen Teil der Tatra, sondern auch den angrenzenden Teil der Slowakei. Einige Teile sind komplett gesperrt, in den übrigen Gebieten sind markierte Wanderpfade angelegt. Die polnische Parkdirektion hat ihren Sitz in Zakopane.

Bis 1000 m ü. d. M. reicht die landwirtschaftlich genutzte Zone, bis auf 1500 m Höhe wachsen Mischwälder aus Tannen und Buchen, im oberen Bereich Fichtenwälder. Oberhalb der Baumgrenze, in etwa 1500 bis 1800 m Höhe, liegt die Krummholz-Zone, an die sich die

**ZIELE**
TATRY · TATRA

OBEN: So schaut es aus im kleinsten Hochgebirge der Welt, ...
UNTEN: ... wo die Goralen ihre Schafe auf die Alm führen.

## ZIELE
TATRY · TATRA

Bergwiesen anschließen, auf denen früher Schafzucht betrieben wurde. Nach der Einrichtung des Nationalparks ist die Schafzucht auf wenige Almen beschränkt. Über dem Almengürtel, ab einer Höhe von etwa 2300 m, liegt die Felszone. Hier wachsen vorwiegend Hochgebirgs- und arktische Pflanzen, darunter 130 streng geschützte Blumenarten wie **Edelweiß**, **Türkenbund** und die stengellose **Silberdistel**. Die beiden Letzteren sind häufige Motive in der regionalen Volkskunst. Nach der Schneeschmelze verwandelt der violette Krokus die Wiesen in zauberhafte Blumenteppiche; berühmt dafür ist das **Chochołowska-Tal** südwestlich von Zakopane.

Die Tatra besitzt eine sehr reichhaltige **Tierwelt**. In den niederen Lagen sind Hirsche, Rehe und Füchse verbreitet, selten sind Luchse, Bären und Adler. Die höheren Lagen, im Bereich der Baumgrenze, sind das Revier der Gämsen und der Murmeltiere, die in Erdlöchern in den Almen in einer Höhe zwischen 1700 und 2000 m leben. Bei Gefahr warnen sich die Murmeltiere mit einem schrillen Pfiff, daher ihr polnischer Name »świstak« (von »świstać«: pfeifen).

### So schmeckt die Tatra

Tatra kulinarisch

Eine Tatra-Spezialität ist der **»Oscypek«**, ein Käse, der aus nicht pasteurisierter Milch polnischer Bergschafe (Polska Owca Górska) hergestellt wird. Der Oscypek wird in zylindrische Formen gepresst, zum Trocknen aufgehängt und dann geräuchert, was ihm seinen charakteristisch würzig-herben Geschmack verleiht. Seit 2007 ist Oscypek eine EU-geschützte Ursprungsbezeichnung. Der Käse wird an kleinen Straßenständen (oft von Goralen), auf dem Markt und im Supermarkt verkauft. Im Restaurant wird er meist gegrillt serviert – eine Variante, die auf der Karte als »Bacoski« erscheint.

## GIPFELSTURM

In der Seilbahn schweben Sie über Almen und Felsarenen. Auf dem Kasprowy Wierch Gipfel angekommen, geht es längs des Kamms, der Polen von der Slowakei trennt, in Richtung Westen. Sobald alle anderen Gipfelstürmer abgehängt sind, können Sie die grandiose Szenerie ungestört genießen: gähnende Abgründe, Gletscher und zerklüftete Grate. Ein unvergessliches Panorama! (▶ S. 294)

ZIELE
TATRY · TATRA

 Zakopane

**Im Winter Ski, im Sommer Wandern**
Am Fuß der Tatra liegt Polens »Winterhauptstadt« Zakopane (27 000 Einw.). Aber auch im Sommer tummeln sich im hübschen Städtchen mit seinen originellen Holzhäusern viele Besucher: Wanderer und Radfahrer starten von hier aus zu Touren. — Hauptort der polnischen Tatra

Zakopane war einmal eine abgelegene Hüttensiedlung, deren Bewohner selbstgenügsam als Hirten und Holzfäller lebten. Kaum ein Fremder verirrte sich ins Bergland. Dann entdeckten Mitte des 19. Jh.s Maler, Schriftsteller und Komponisten die Schönheit der Tatra, und bald schon begann Zakopanes **steile Karriere als Ferienort**.

Die 1873 gegründete **Tatra-Gesellschaft** machte es sich zur Aufgabe, die rückständige Region für den Tourismus zu erschließen und Städter für Ausflüge in die Berge zu begeistern. Zum touristischen Aufstieg trugen die Einheimischen bei, die zum Volk der **Goralen** gehören. In ihren weiten, bestickten Hirtenmänteln, unter denen Wollhosen mit Gamaschen und verzierte Lederschuhe hervorlugten, sahen sie exotisch aus. Auch die Klänge, die sie ihren Musikinstrumenten entlockten, fanden schnell Anhänger. Bis heute widmen sich die Goralen selbstbewusst der Traditionspflege. Alljährlich am letzten Augustwochenende laden sie zum **Festival der Bergfolklore** ein, zu dem Ensembles aus aller Welt anreisen: Indios mit der Panflöte spilen genauso auf wie Schotten mit dem Dudelsack. Ein farbenprächtiges Spektakel.

**Kirchlein der Goralen**
Der 1847 von den Goralen errichtete Holzbau der Pfarrkirche an der ul. Kościeliska, im ältesten Teil Zakopanes, trägt die Namen der Muttergottes von Tschenstochau und des hl. Clemens. Die drei Altäre wurden von dem Goralenbildhauer Wojciech Kułach angefertigt. Neben der Kirche steht das älteste sakrale Bauwerk in Zakopane: eine **Steinkapelle**, 1810 von dem Goralen Paweł Gąsienica erbaut. — Alt-Zakopane

Der **Alte Friedhof** neben der Holzkirche ist Mitte des 19. Jh.s entstanden. Unter den etwa 250 Beigesetzten ist auch der in Litauen geborene Stanisław Witkiewicz (1851–1915), der den »Zakopaner Stil« prägte (s. u.).

**Ein eigenwilliger Architekturstil**
Die meisten Villen der Stadt sind im sog. Zakopaner Stil gebaut, der um die Jahrhundertwende vom 19. zum 20. Jh. vom Maler und Architekten Stanisław Witkiewicz geschaffen wurde. Dieser Stil ist eine den traditionellen Holzbauformen nachempfundene Architektur mit Elementen des Jugendstils. Das beste Beispiel dafür sind die von Witkiewicz entworfenen **Villa Pod Jedlami** (1897) auf dem Koźiniec und **Villa Koliba** (1893) an der ul. Kościeliska, heute als Museum des — Zakopaner Stil

# ZIELE
TATRY · TATRA

🍴 ① Tuberoza  ② STRH Bistro Café   🏠 ① Bukovina  ② Bachleda Kasprowy

Zakopaner Stils zu besichtigen. An der ul. Kościeliska findet man auch alte Goralenkaten, die Straße ist quasi ein »natürliches Freilichtmuseum« der Goralen-Architektur.

# ZAKOPANE ERLEBEN

## TOURISTENINFORMATION
ul. Kościuszki 17
Tel. 18 201 22 11
www.zakopane.pl

## FESTIVAL DER BERGFOLKLORE
Das alljährliche »Internationale Festival der Bergfolklore« am letzten Augustwochenende ist ein farbenprächtiges Spektakel, zu dem Folklore-Ensembles aus allen Gebirgen der Welt anreisen. Stets mit von der Partie sind natürlich die Goralen der Tatra, die – eingehüllt in ihre weiten, bestickten Wollmänteln, den Filzhut tief ins Gesicht gezogen – ihre eigenwilligen Lieder schmettern.

## ❶ BUKOVINA €€€-€€€€
Komfortable Hotelanlage in Bukowina Tatrzańska, 15 km nordöstlich von Zakopane. Der Clou: Zwölf In- und Outdoor-Pools, gespeist vom Thermalwasser aus der Tiefe der Berge. Dazu natürlich ein Spa.
ul. Sportowa 22
Bukowina Tatrzańska
Tel. 18 202 00 70
www.hotelbukovina.pl

## ❶ BACHLEDA KASPROWY €€
Zakopanes größtes und traditionsreichstes Hotel liegt am Fuß des Gubałówka, 3 km westlich der Stadt. Die meisten Zimmer bieten Balkon und Bergblick.
Polana Szymaszkowa
Tel. 18 202 40 00
www.kasprowy.pl

## ❶ TUBEROZA €€
Elegantes Restaurant in ruhiger Lage mit vorwiegend polnischer Küche, z. B. Piroggen und Wildschweingerichte.
ul. Piłsudskiego 31
Tel. 18 201 37 38
www.restauracja.tuberoza.pl

## ❷ STRH BISTRO ART CAFÉ €
Stylisches, helles Künstlercafé und Galerie mit Kuchen und Snacks, auch vegan und vegetarisch.
ul. Krupówki 4 a
Tel. 538 439 130
http://strh.pl

---

Das Gebäude des **Tatramuseums** (Muzeum Tatrzańskie) entstand 1913 bis 1920 und ist ein Beispiel für den Zakopaner Stil in Steinbauweise. Die Anfänge des Museums reichen in das Jahr 1875 zurück. Im Parterre sind Sammlungen zu Volkskunde und Geschichte der Region ausgestellt: Arbeitsgeräte und Trachten der Goralen sowie Einrichtungen von Goralenkaten aus dem 19. Jh.; im ersten Stock werden naturkundliche Sammlungen gezeigt. Dahinter erstreckt sich ein botanischer Garten mit 550 Pflanzenarten aus der Tatra. Das Museum betreibt mehrere Zweigstellen in Zakopane und Umgebung, außer der Villa Koliba z. B. auch die Galerie des Malers Władysław Hasior (1928–1999) und den Hof einer armen Bauersfamilie in Jurgów.

## ZIELE
### TATRY · TATRA

Wer am Kasprowy Wierch wandern will, sollte gut ausgerüstet sein.

Die **Herz-Jesu-Kapelle** in Jaszczurówka, östlich von Zakopane, eine Holzkonstruktion von 1908, entworfen von Witkiewicz, ist ein weiteres herausragendes Beispiel für den Zakopaner Stil. Die Ausstattung ist ebenfalls aus Holz gearbeitet.
**Villa Koliba**: ul. Kościeliska 18 | Mo., Mi., Do., So. 9 –17, Fr./Sa. 11 –19 Uhr | Dauer- und Wechselausstellung 22 zł |
**Muzeum Tatrzański**: ul. Krupówki 10 | Mi –So. 10 –18 Uhr | Dauer- und Wechselausstellung 24 zł | https://muzeumtatrzanskie.pl/de

### Kletternd oder schwebend in die Tatra

Kasprowy Wierch Eine **Schwebebahn** führt auf den 1985 m hohen Kasprowy Wierch, eine Standseilbahn auf die Gubałówka in 1120 m Höhe. An beiden Gipfeln starten markierte Wanderwege in alle Himmelsrichtungen. Die Dörfer der Umgebung sind für ihre ländliche Architektur bekannt, v. a. das nordwestlich gelegene Chochołów und Jurgów, östlich von Zakopane auch Bukowina Tatrzańska.
**Seilbahn**: ul. Kuźnice 14 | Hin- und Rückfahrt: Hochsaison 99 zł, Nebensaison 79 zł | **Standseilbahn**: ul. Na Gubałówkę 4 | Hin- und Rückfahrt: Hochsaison 30 zł, Nebensaison 25 zł | www.pkl.pl, https://tatratravel.com.pl

### Das Auge zum Meer

Morskie Oko Der Legende nach soll der eiskalte **Gletschersee** unterirdisch mit der Adria verbunden sein, weshalb er »Meerauge« (Morskie Oko) heißt. Eine solche Verbindung wurde nie nachgewiesen; tatsächlich

**ZIELE**
TORUŃ · THORN

ist der See in der Weichsel-Kaltzeit (115 000–20 000 v. Chr.) entstanden. Doch von seiner Magie hat er nichts verloren: Eingebettet in ein auf 1395 m Höhe hoch gelegenes Tal, 50 m tief und schwarz schimmernd, ist der früher auch »Fischsee« (Rybie Jezioro) genannte See so klar, dass man bis in 15 m Tiefe Fische entdecken kann.

Mit dem Auto kann man sich dem See, der südöstlich von Zakopane an der Grenze zur Slowakei am Fuß des Rysy liegt, nur auf 8 km nähern. Vom Parkplatz auf der Białczanska Palenica (22 km von Zakopane) geht es zu Fuß weiter – oder im Pferdewagen.

# ★★ TORUŃ · THORN

**Wojewodschaft:** Kujawsko-Pomorskie | **Höhe:** 65 m ü. d. M.|
**Einwohner:** 198 600

*Ziegelrote Kirchen, Bürgerhäuser und Speicher prägen die Stadt schon, als Nikolaus Kopernikus hier 1473 das Licht der Welt erblickte. Und soviel hat sich seitdem nicht geändert: Mittelalterflair genießt man beim Spaziergang durch die Altstadtgassen, beim Konzert in den Ruinen der Ordensburg oder bei einer Bootsfahrt auf der Weichsel mit Blick auf die Stadtmauern. Der Sternengucker ist nach wie vor präsent – als Namensgeber der Universiät und einer Fabrik für die berühmten Thorner Lebkuchen.*

Der Aufstieg Thorns, ab 1280 **Mitglied der Hanse**, zur wohlhabenden Handelsstadt vollzog sich im 14. und 15. Jahrhundert. Zuvor war die slawische Weichselsiedlung in die Hände der Deutschen Ordensritter gefallen, die eine mächtige Burg errichteten. In einem dreizehnjährigen Krieg schüttelten die Bürger der Ordensherrschaft ab, und der **Zweite Thorner Frieden** 1466 besiegelte den Abzug der Ritter. Die Stadt unerstellte sich dem polnischen König. Bis zur Mitte des 17. Jh.s erlebte Thorn eine Blütezeit, die Schwedenkriege machten dem Wohlstand jedoch ein Ende. In der zweiten Polnischen Teilung wurde die Stadt 1793 Preußen zugeschlagen. Durch den Versailler Vertrag wurde sie 1920 wieder polnisch und **Hauptstadt der Pommerschen Wojewodschaft**. Während der deutschen Besetzung Polens kam es auch in Thorn zu Massenverhaftungen, Deportationen, Exekutionen und zur Aussiedlung der polnischen Bevölkerung. Beim Einmarsch der Sowjetarmee Anfang Februar 1945 blieb die Stadt von schweren Zerstörungen verschont und wurde nach Kriegsende wieder polnisch; 1997 erklärte die UNESCO die Altstadt zum Weltkulturerbe.

*Mittelalterliches Schatzkästchen*

## ZIELE
TORUŃ · THORN

##  Altstadt

**Meisterwerk der gotischen Profanarchitektur**

Rathaus

Den Mittelpunkt des Altstadtmarkts, des Rynek Staromiejski, bildet das mächtige gotische Rathaus, das zu den interessantesten Denkmälern der bürgerlichen Architektur in Europa gehört. An seiner Stelle existierten bereits seit der zweiten Hälfte des 13. Jh.s Wirtschafts- und Verwaltungsgebäude wie die Tuchhallen, die Waage, Brotbänke, Krämerläden und die Gerichtslaube. Im Jahr 1385 wurde der um 1250 erbaute Turm von 23 m auf 40 m erhöht und wenige Jahre später die einzelnen Gebäude durch eine großzügige, um einen Innenhof gruppierte Vierflügelanlage ersetzt, die die Handels-, Lager- und Amtsgebäude unter einem Dach vereinte. Sein heutiges Aussehen verdankt das Rathaus dem Umbau zu Beginn des 17. Jh.s durch den flämischen Baumeister Anton van Opbergen (1543 bis 1611). Er erhöhte es um ein Geschoss, setzte den Ecken zierliche Türmchen auf und akzentuierte die Fassaden durch Giebel. Die reichhaltige Innenausstattung mit prächtiger Holztäfelung wurde 1703 zerstört – im Lauf einer Belagerung durch den Schwedenkönig Karl XII. brannte das Rathaus nieder –, aber schon in den Jahren 1722 bis 1737 im spätbarocken Stil wiederhergestellt.

Heute beherbergt das Gebäude das **Bezirksmuseum** (Muzeum Okręgowe) mit einer großen Sammlung mittelalterlicher Kunst und Kunsthandwerk, u. a. Formen der berühmten Thorner Honigkuchen, und Porträts von Thorner Bürgern, darunter ein zeitgenössisches **Bildnis des Astronomen Nikolaus Kopernikus**, an den auch das vor dem Rathaus postierte Denkmal des Berliner Bildhauers Friedrich Tieck (1853) erinnert. Ein Muss ist der Aufstieg zur Aussichtsterrasse – der **Blick über die ziegelrote Altstadt** ist grandios.

Die Heiliggeistkirche gegenüber war seit 1756 die Kirche der Thorner Protestanten; 1945 wurde sie von den Jesuiten übernommen.

Muzeum Okręgowe: Rynek Staromiejski 1 | Mai-Sept. Di.-So. 10-18, Okt.-April 10-16 Uhr | Eintritt: 22,50 zł | www.muzeum.torun.pl

**Die bürgerliche Welt zwischen Mittelalter und Klassizismus**

Bürgerhäuser am Altstadtmarkt

Das im 15. Jh. erbaute und im 16. Jh. umgestaltete **Haus »Zum Stern«** (Kamienica Pod Gwiazdą, Nr. 35) besitzt eine prächtige spätbarocke Fassade mit charakteristischer Blumen- und Fruchtornamentik und gehört damit zu den schönsten Häusern am Altstadtmarkt. In den historischen Räumen hat das **Museum für Kunst des Fernen Ostens** (Muzeum Sztuki Dalekiego Wschodu) seinen Sitz.

Die meisten Bürgerhäuser am Altstadtmarkt waren ursprünglich im gotischen und spätgotischen Stil erbaut worden; heute zeigen die Hausfassaden sämtliche Stilrichtungen zwischen Gotik und Neoklas-

Im Thorner Rathaus wartet heutzutage Kunst des Bezirksmuseums.

297

sizismus. Gegenüber dem Rathaus erhebt sich ein Neorenaissancebau, der 1889 bis 1891 an der Stelle des früheren **Artushofs** (Dwór Artusa) errichtet wurde und heute das Collegium Maximum der Thorner Universität aufnimmt. Im Artushof wurde 1466 der Zweite Frieden von Thorn unterschrieben. Das Haus **»Zum Adler«** aus der Mitte des 17. Jh.s (Pod orłem; Nr. 4) beherbergt die **älteste Apotheke Thorns**. Nach seinem ersten Besitzer, dem Bürgermeister und königlichen Burggraf Jacob Meissner, ist das Gebäude Nr. 7 benannt. Die spätbarocke Fassade des **Palais Meissner** wurde um 1800 durch eine klassizistische ersetzt. Eines der **ältesten Häuser der Stadt** ist das im 14. Jh. errichtete und im 15. und 18. Jh. umgebaute Haus Nr. 17; sein Portal stammt aus dem Jahr 1630.

Das **Patrizierhaus Nr. 17** in der ul. Kopernika entstand im späten 15. Jh. an der Stelle des Geburtshauses von Nikolaus Kopernikus (▶ Interessante Menschen) und beherbergt heute das **Kopernikusmuseum** (Muzeum Mikołaja Kopernika). Die umfangreiche Sammlung dokumentiert Leben und Wirken des berühmten Astronomen. Gezeigt wird auch ein Modell der mittelalterlichen Stadt um 1500.

**Muzeum Sztuki Dalekiego Wschodu:** Rynek Staromiejski 35 | Mai bis Sept. Di.-So. 10-18, Okt.-April 10-16 Uhr | Eintritt: 22,50 zł www.muzeum.torun.pl

**Muzeum Mikołaja Kopernika:** ul. Kopernika 17 | Mai bis Sept. Di.-So. 10-18, Okt.-April 10-16 Uhr | Eintritt: 22,50 zł www.muzeum.torun.pl

### Mittelalterliche Mystik

*Marienkirche und Johanneskirche*

Die **Marienkirche** (Kościół N. P. Marii) in der ul. Panny Marii wurde in der zweiten Hälfte des 14. Jh.s als Klosterkirche eines Franziskanerkonvents errichtet. Die dreischiffige Hallenkirche ist ein ausgezeichnetes Beispiel für die **Gotik des Weichsellands**. Ihre reiche Ausstattung vereint Werke aus mehreren Jahrhunderten. Aus der Erbauungszeit der Kirche finden sich im südlichen Seitenschiff Wandmalereien aus dem späten 14. Jahrhundert. Chorgestühl und Triumphkreuz, beides aus dem 15. Jh., sind eindrucksvolle Zeugnisse mittelalterlicher Holzschnitzkunst. Der 1731 entstandene Hauptaltar mit Baldachin zeigt anschaulich die Kunst des Spätbarocks.

Von Kriegszerstörungen und späteren Umgestaltungen verschont blieb die gotische **Johanneskirche** (Kościół św. Jana). Mit ihrem Bau wurde um 1260 begonnen, das Langhaus noch im 13. Jh. errichtet, die Seitenkapellen im 14. und 15. Jh. angefügt. Im mächtigen, ins Langhaus integrierten Westturm vom Anfang des 15. Jh.s hängt seit 1500 hängt die zweitgrößte Glocke Polens, die sog. **Tuba Dei** (Trompete Gottes). Die Ausstattung der Kirche ist – bis auf die berühmte Thorner Madonna – weitgehend erhalten geblieben, darunter Wandmalereien aus dem 13. Jh., eine gotische Grabplatte des Bürgermeisters Johann Steinwart von Soest, der Hauptaltar mit dem spätgoti-

# ZIELE
## TORUŃ · THORN

🍴 
❶ 4 pory roku
❷ Pierogarnia Stary Toruń
❸ Szeroka No. 9

🏠
❶ Gromada
❷ Spichrz

schen Wolfgangsschrein von 1506 und ein Epitaph von 1589 für Nikolaus Kopernikus in der südwestlichen Kapelle.
Im **Bischofspalast** (Pałac Biskupów Kujawskich) in der ul. Żeglarska residierten die Bischöfe von Kujawien. Aus der Entstehungszeit des Palasts, 1693, stammt noch die reich dekorierte Barockfassade.

### Thorn zum Knabbern
Gleich zwei Museen befassen sich mit dem Thorner Lebkuchen. Eines (Muzeum Piernika) residiert in einem gotischen Giebelhaus in der Altstadt. Besucher können dort miterleben, wie in **einer alten Pfef-**

★ Lebkuchenmuseen

**ZIELE**
TORUŃ · THORN

## TORUŃ ERLEBEN

**TOURISTENINFORMATION**
Rynek Staromiejski 25
Tel. 56 6 21 09 31
www.turystyka.torun.pl

**BELLA SKYWAY FESTIVAL**
Im August kann man in der Altstadt von Thorn eine Woche lang Kunstperformances aus aller Welt erleben.
www.bellaskyway.pl

**❶ GROMADA €€**
Ansprechend ist die Lage in der Altstadt und in Weichselnähe, stilvoll das Ambiente in dem mittelalterlichen Kaufmannshaus. Frühstück gibt es im rustikal-ritterlichen Speisesaal.
ul. Żeglarska 10/14
Tel. 56 6 22 60 60
www.gromada.pl

**❷ SPICHRZ €€**
Romantisches kleines Hotel mit stilvollen Zimmern in einem Speicher am Brückentor aus dem Jahr 1719. Im Sommer frühstückt man auf der Terrasse mit Blick auf die Weichsel. Und im Restaurant geht es bürgerlich-polnisch zu.
ul. Mostowa 1
Tel. 56 6 57 11 40
www.spichrz.pl

**❶ 4 PORY ROKU €€€**
Was kocht ein Argentinier in Polen? Küchenchef Ariel Gomez Carusso bereitet aus den Produkten der umliegenden Höfe eine internationale Küche von mediterran bis polnisch zu – und natürlich argentinisch: Steaks. Die Gäste schwärmen. Und bleiben auch gern im hübschen Hotel 1231.
ul. Przedzamcze 6
Tel. 56 619 09 17
www.hotel1231.pl

**❷ PIEROGARNIA STARY TORUN €€**
Hier ist klar, was vor allem auf den Tisch kommt: Piroggen, für manche die besten in ganz Polen.
ul. Most Pauliński 2/10
Tel. 56 621 10 46
www.pierogarnie.com

**❸ SZEROKA NO. 9 €€**
Anspruchsvolle internationale Küche in leicht kühlem Ambiente. Wer nur auf einen Kaffee oder ein Glas Wein kommt: gerne!
ul. Szeroka 9
Tel. 56 622 84 24
https://szeroka9.pl

---

ferkuchenbäckerei die Spezialität dieser Stadt hergestellt wird. Das andere, deutlich größere (Muzeum Toruńskiego Piernika) zog in die **alte Lebkuchenfabrik** der Familie Weese ein. Auch hier erfährt man, wie Lebkuchen hergestellt werden und kann probieren.
**Muzeum Piernika:** ul. Rabiańska 9 | tgl. 10–18 Uhr | Eintritt: 36 zł | www.muzeumpiernika.pl
**Muzeum Toruńskiego Piernika:** ul. Strumykowa 4 | Mai–Sept. Di.–So. 10–18, Okt.–April 10–16 Uhr | Eintritt: 22,50 zł | www.kopernik.com.pl/en

**ZIELE**
TORUŃ · THORN

### Ein Ring aus Stein
Ab dem 13./14. Jh. war die Altstadt von einem Mauerring umgeben, der im 15. Jh. weiter ausgebaut wurde. Am besten erhalten ist der südliche, an der Weichsel gelegene Abschnitt. Den südwestlichen Eckpunkt der Altstadt bildet der um 1350 entstandene **Schiefe Turm** (Krzywa Wieża), es folgen an der Mündung der ul. Ducha Świętego das **Klostertor** (Brama Klasztorna), das **Seglertor** (Brama Żeglarska), das die ul. Żeglarska beschließt, und in der südwestlichen Ecke das 1432 von Hans Gotland errichtete **Brückentor** (Brama Mostowa). Ein Überrest der östlichen Stadtbefestigung an der ul. Podmurna ist der achteckige Monstranzturm (Wieża Monstrancji) aus dem 15. Jahrhundert. Die im 16. Jh. erbaute **Alte Katzenkopfbastei** (Dawna Baszta Koci Łeb) beim pl. Teatralny wurde 1703 teilweise zerstört und 1900 im neogotischen Stil wiederaufgebaut.

*Stadtbefestigung*

### Festung der christlichen Ritter
Die **Deutschordensburg** gehört zu den ältesten im ehemaligen Ordensstaat. Anstelle einer Holzburg entstand ab Mitte des 13. bis Mitte des 15. Jh.s ein Backsteinbau. Die Burg bestand aus einem Hauptbau mit Innenhof und einem Mauerring mit Wachturm, Gräben und Toren. Die 1454 von den Bürgern Thorns zerstörte Anlage blieb bis ins 19. Jh. Ruine, erhalten blieb nur der Dansker (die Toilettenanlage). Teile der Hauptburg, der Grundriss des Ordenshauses und Fragmente der Wehrmauern konnten freigelegt werden. Das **Burgmuseum** informiert über die Besiedlung des Gebiets vor dem Deutschen Orden, über die Geschichte der Burg und über den Konflikt zwischen den Bürgern und dem Orden im 15. Jahrhundert.

*Deutschordensburg*

ul. Przedzamcze | tgl. 10–18 Uhr | Eintritt: 12 zł

### Noch ein Marktplatz
Das gotische, 1830 im Stil des romantischen Klassizismus umgebaute Gebäude am **Neustädter Marktplatz** (Rynek Nowomiejski) ist Domizil der **1624 gegründeten Löwenapotheke** (Apteka pod Złotym Lwem). Nahe der südöstlichen Ecke des Marktplatzes liegt die **Jakobuskirche** (Kościół św. Jakuba). Mit dem Bau des Chors wurde 1309 begonnen, 1340 entstanden das Langhaus und bis 1424 die Seitenkapellen. Die Ausstattung umfasst u. a. zahlreiche **spätmittelalterliche Fresken** und ein großes Kruzifix vom Ende des 14. Jh.s; aus dem Barock stammen ein Gestühl vom Beginn sowie Altäre.

*Marktplatz*

### Neue Kunst hinter alten Mauern
Ein Kontrast zum Mittelalterambiente bietet das das **Zentrum für zeitgenössische Kunst** (Centrum Sztuki Wspołczesnej, CSW). Hier stellen zeitgenössische polnische Künstler ihre Werke aus.

*Kunst-Zentrum*

ul. Wały gen. Sikorskiego 10 | Di.–Do. 12–18, Fr. 12–20, Sa./So. 12–20 Uhr | Eintritt: 15 zł | http://csw.torun.pl

## Rund um Toruń

**Eine stolze Burg**

Golub Dobrzyń
Der Doppelort Golub Dobrzyń (Gollub), 40 km nordöstlich von Thorn an der Drwęca, besitzt ein gut erhaltenes **Deutschordensschloss** (Zamek Golubski). Zu Beginn des 14. Jh.s errichtete der Orden eine kastellartige Anlage mit vier Flügeln um einen annähernd quadratischen Innenhof. Von den zwei Ecktürmen, die im 15. Jh. der Westfassade angefügt wurden, ist einer erhalten. Zwischen 1616 und 1623 ließ **Anna Wasa von Schweden** (1568–1625, Grab in der Thorner Marienkirche), die Schwester von König Zygmunt III., der Burg ein Attikageschoss mit runden Ecktürmchen im Stil der Spätrenaissance aufsetzen. Die selbstbewusste, unverheiratete Anna, zudem auch noch Protestantin, hatte Burg und Kreis Gollup zu materiellen Absicherung erhalten. In der Burg sind ein Regionalmuseum, ein Hotel und ein Restaurant untergebracht. Im Juli wird ein Ritterturnier veranstaltet.
ul. PTTK 13 | Mai–Sept. tgl. 9–19, Okt.–April 9–16 Uhr
Eintritt: 20 zł | http://zamekgolub.pl

# ★★ WAŁBRZYCH · WALDENBURG

**Wojewodschaft:** Dolnośląskie | **Höhe:** 350 m ü. d. M. |
**Einwohner:** 110 000

G 11

*Die Ära des Steinkohlebergbaus gehört auch in Wałbrzych der Vergangenheit an. Eine Zeche erhielt als Schaubergwerk und Kulturzentrum ein neues Leben – die zweitgrößte Stadt Niederschlesiens erfindet sich neu. Auch Historienfans kommen dank Schloss Fürstenstein und Kloster Grüssau auf ihre Kosten.*

Groß durch Bergbau

Die 1426 erstmals urkundlich erwähnte Siedlung wurde erst gegen Ende des 18. Jh.s als Zentrum der Vermarktung von Leinen bedeutend. Im bereits 1357 erwähnten Stadtteil Altwasser gab es ab dem Mittelalter Silberbergbau; vom 17. Jh. war der Ort Badeort – bis zum Versiegen der Mineralquellen 1873 durch den Kohlebergbau. Die reichen Steinkohlelager der Umgebung werden seit Mitte des 17. Jh.s ausgebeutet, seit Mitte des 19. Jh.s in starkem Ausmaß. Seit den 1990er-Jahren waren die Bergwerke jedoch nicht mehr rentabel und schlossen nach und nach.

**ZIELE**
WAŁBRZYCH · WALDENBURG

OBEN: Imposante Lage, imposante Zahlen: Schloss Fürstenstein besitzt 400 Säle.
UNTEN: Kloster Grüssau steht dem in seiner Pracht in nichts nach.

## ZIELE
WAŁBRZYCH · WALDENBURG

## Wohin in Wałbrzych?

**Neues Leben in alten Stollen**

Altes Bergwerk

Außerhalb des Zentrums mit seinen engen steilen Gassen liegen die unterirdischen Stollen und basteiförmigen Schachttürme, die an die Zeit erinnern, als Wałbrzych das Zentrum des Steinkohleabbaus in Niederschlesien war.

Der **Themenpark Stara Kopalnia** (Altes Bergwerk) in der Zeche Julia erinnert an dieses bedeutende Kapitel der Industriegeschichte. Von 1770 bis 1996 holten hier Bergleute Kohle aus der Erde. Nach der Umgestaltung in ein Schaubergwerk kann man sechs der historischen Gebäude besichtigen und dort die Geschichte des Bergbaus multimedial nachvollziehen. Der 25 m hohe Kühlturm ist heute Aussichtsplattform. An die Zeit von Waldenburg als Porzellanszadt erinnern die die große Keramiksammlung und die Keramikwerksttatt..

ul. Wysockiego 29 | tgl. 10–18, letzter Einlass 16 Uhr | Eintritt: 38 zł www.starakopalnia.pl

**Eine Residenz der Superlative**

Schloss Fürstenstein

Das monumentale Schloss Fürstenstein (Zamek Ksiaz) erhebt sich stolz und höchst fotogen nördlich der Stadt auf einem Bergsporn über der Hellebachschlucht (Zufahrt von der Straße Waldenburg–Świebodzice; Parkplatz). Vom Parkplatz nach dem Tor geht es links zu einem Aussichtspunkt, rechts durch einen schönen Park zum Schloss. Die riesige Anlage mit über 400 Sälen wurde mehrmals umgestaltet, repräsentiert daher Romanik, Gotik, Barock und Jugendstil. Den ältesten Teil erbaute Herzog Bolko I. von Schweidnitz (um 1253–1301). Letzte Schlossherrin war Fürstin **Daisy von Pleß** (1873 bis 1943). Die Tochter eines britischen Offiziers machte Fürstenstein zum Treffpunkt des europäischen Hochadels, doch ebenso legendär wie ihre rauschenden Feste war ihr soziales Engagement. Von den Nazis wurde sie aus ihrem Schloss vertrieben.

Fürstenstein war Teil des geheimen Projekts »Riese«, eines riesigen Gängesystems im südlich gelegenen Eulengebirge, für das 20 000 Häftlinge aus dem KZ Groß-Rosen (▶ S. 192) eingesetzt wurden. Vermutlich sollte hier ein neues »Führerhauptquartier« entstehen.

ul. Piastów Śląskich 1 | Mo. – Fr. 10 – 18, Sa./So. bis 19 Uhr | Eintritt: 55 – 85 zł | www.ksiaz.walbrzych.pl

## Rund um Wałbrzych

**Geburtsort Gerhart Hauptmanns**

Szczawno Zdrój

Der 5 km nordwestlich Waldenburg gelegene Kurort Szczawno Zdrój (Bad Salzbrunn) war von 1509 bis 1934 im Besitz der Familie

# WAŁBRZYCH · WALDENBURG ERLEBEN

**TOURISTENINFORMATION**
Rynek 9
Tel. 74 842 20 00
www.um.walbrzych.pl

**PASAŻ €–€€**
Polnische, deutsche und italienische
Gerichte schmecken gleichermaßen
im kleinen Kellerlokal.
pl. Magistracki 8
Tel. 74 842 29 46
www.restauracjapasaz.pl

---

Hochberg. Er entwickelte sich ab 1815 zu einem der bedeutendsten Badeorte in Schlesien, wovon noch stattliche Parks zeugen. In Ober Salzbrunn, wie der Ort bis 1935 genannt wurde, wurden die Schriftsteller Carl und **Gerhart Hauptmann** geboren, und zwar in »Hauptmanns Hotel zur preußischen Krone«. Heute ist es ein Sanatorium.

### Barocke Klosterpracht

Kloster Krzeszów

In Krzeszów (Grüssau), rund 15 km südwestlich von Waldenburg, steht die zum UNESCO-Weltkulturerbe zählende, **bedeutendste spätbarocke Klosteranlage Schlesiens**. 1242 wurde sie von Anna, der Witwe Herzog Heinrichs II., gegründet und Benediktinermönchen übergeben. Diese waren wirtschafteten so erfolgreich, dass der Klosterbesitz rasch auf 330 km² und 40 Dörfer anwuchs. Grüssaus Blütezeit fällt aber ins 17./18. Jahrhundert, als die gesamte Anlage barock aufpoliert wurde. Der Blickfang ist heute die große **Marienkirche** mit einer Doppelturmfassade und einer Marienfigur im Zentrum. Der prachtvollen äußeren Erscheinung der Kirche entspricht die Innenausstattung mit Stuckelementen, Fresken, prächtigen Altären, beschnitztem Chorgestühl und einem gewaltigen Orgelprospekt. Das Mausoleum der Schweidnitzer Piasten hinter dem Chor ist mit Statuen und Kuppelfresken reich geschmückt.

Nicht weniger eindrucksvoll ist das Innere der benachbarten **Josefskirche**. Hier schuf Michael Willmann (▶ S. 344) zusammen mit seinem gleichnamigen Sohn seine schönsten Werke. In 50 Kompositionen dreht sich alles um den hl. Josef: Im Plafond und in den Lunetten des Gewölbes sieht man seine Vorfahren, an den Wänden des Chors die Anbetung der Heiligen Drei Könige, in den Kapellen seine »sieben Freuden und Leiden« mitsamt der »Flucht nach Ägypten«.

**ZIELE**
WARSZAWA · WARSCHAU

# ★★ WARSZAWA · WARSCHAU

**Wojewodschaft:** Mazowieckie | **Höhe:** 90–115 m ü. d. M.
**Einwohner:** 1 861 975

Q/R 8

*Büro- und Hoteltürme, Shoppingmalls und vielspurige Magistralen – Polens Hauptstadt boomt. Seit der politischen Wende ist Warschau in die Höhe gewachsen und hat den Grauschleier abgelegt. Heute hat die Metropole alles, was man sich für einen Städtetrip wünscht: eine stimmungsvolle Altstadt, schöne Parks und Szeneviertel mit unzähligen Restaurants und Cafés. Und weil es Vordenker, Künstler und Intellektuelle in Massen nach Warschau zieht, ist auch das Kulturangebot spannend und vielfältig.*

*Spannende Hauptstadt*

Gegründet wurde Warschau um 1300 am linken Weichselufer. 1408 begann man mit dem Bau der Neustadt (Nowe Miasto), 1413 erhob der masowische Herzog **Janusz I.** Warschau zur Hauptstadt seines Herzogtums. Nach dem Aussterben der seiner Fürsten kam Masowien 1526 unter polnische Herrschaft und war von 1569 Versammlungsort des Reichstags, des Sejm. Ab 1573 fanden hier die **Königswahlen** statt. Das bedeutendste Datum in der Geschichte Warschaus ist die Verlegung der königlichen **Residenz 1596** durch König Zygmunt III. von Krakau hierher in die Mitte des damaligen Reichs. Seine große Blütezeit erlebte Warschau unter **Jan III. Sobieski** (1674 bis 1696). Unter dem letzten König **Stanisław August Poniatowski** (1764–1795) wurde Warschau endgültig zur Metropole.

In den polnischen Teilungen kam die Stadt 1795 an Preußen, 1807 bis 1815 war sie Hauptstadt des von Napoleon geschaffenen **Fürstentums Warschau** und ab 1815 des von Russland abhängigen »Kongresspolen«. Während des Ersten Weltkriegs war die Stadt von 1915 bis 1918 von deutschen Truppen besetzt. Hauptstadt eines unabhängigen Polen wurde Warschau 1918.

1939 besetzte die Wehrmacht Warschau; 1940 richteten die Besatzer im Zentrum das jüdische Ghetto ein, in dem auf 4 km² 500 000 Menschen zusammengepfercht waren. Die Deportation der jüdischen Bevölkerung begann 1942; die verbliebenen 60 000 unternahmen im April und Mai 1943 einen verzweifelten Aufstand, der mit der **Auslöschung des Ghettos** endete. Gut ein Jahr später, am 1. August 1944, brach der **Aufstand der polnischen Heimatarmee** gegen die Deutschen aus; nach zwei Monaten musste auch sie kapitulieren. Die Bevölkerung wurde ausgesiedelt und die Stadt systematisch, Straßenzug für Straßenzug, zerstört. Warschau verlor im Zweiten Weltkrieg ca. 800 000 Einwohner, **90 % seiner Fläche lagen in Ruinen**.

# ZIELE
## WARSZAWA · WARSCHAU

Vor diesem Hintergrund erscheint Warschaus **Wiederaufbau** beinahe als Wunder. So ist die Wiederherstellung der Altstadt 1980 mit der Erhebung zum Weltkulturerbe ausgezeichnet worden. Doch auch der sozialistische Realismus prägt die Stadt, insbesondere in Gestalt des 1956 eröffneten Kulturpalasts, dem bis heute höchsten Gebäude Warschaus. Ihn übertreffen auch nicht die seit 1989 hochgezogenen Glaspaläste wie die Złote Tarasy (Goldene Terrassen), Warsaw Trade Tower, Rondo I-B oder Złota 44 von Daniel Libeskind.

## Altstadt · Stare Miasto

### Wiedererstanden aus den Trümmern

Altstädter Marktplatz

Nach der Zerstörung im Zweiten Weltkrieg wurde die Altstadt (Stare Miasto) von 1949 bis 1963 originalgetreu wiederaufgebaut. Bis Anfang des 19. Jh.s bildete der **Altstädter Marktplatz** (Rynek Starego Miasta) das Zentrum des politischen, wirtschaftlichen, administrativen und kulturellen Lebens. Heute ist der rechteckige Platz mit den anschließenden Gässchen **eines der schönsten Viertel Warschaus**. Die wiederhergestellten Bürgerhäuser aus dem 17. und 18. Jh. beherbergen Restaurants, Cafés und Museen. Den Marktplatz schmü-

Der Wiederaufbau des Altstädtischen Markts nach der systematischen Zerstörung im Zweiten Weltkrieg kommt fast einem Wunder gleich.

cken zwei gusseiserne Brunnen vom Ende des 18. Jh.s sowie die Statue einer Seejungfer mit Schild und erhobenem Schwert: das Stadtwappen, das die Widerstandskraft Warschaus versinnbildlicht. Das **Warschau Museum** (Muzeum Warszawy) erzählt die Geschichte und die Entwicklung der Stadt.

**Warschau Museum:** Rynek Starego Miasta 28 | Di., Mi, Fr., So. 10-18, Do. bis 20 Uhr | Eintritt: 25 zł | http://muzeumwarszawy.pl

### Prominente Gräber

Rund um den Altstädter Marktplatz

Die **Johanneskathedrale** (Katedra św. Jana) entstand Anfang des 15. Jh.s an Stelle eines um 1300 errichteten Holzbaus und wurde 1836–1840 neugotisch umgestaltet. Beachtenswert sind die Renaissance-Grabplatte der beiden letzten masowischen Herzöge Stanisław und Janusz im rechten Seitenschiff, ferner ein als wundertätig geltendes Kruzifix aus dem 16. Jh. in der Herz-Jesu-Kapelle und die Kapelle des Allerheiligsten Sakraments aus dem 17. Jahrhundert. In der **Krypta** ruhen u. a. die Warschauer Erzbischöfe sowie der Literaturnobelpreisträger von 1905, Henryk Sienkiewicz, Gabriel Narutowicz (1865–1922), der erste Präsident des unabhängigen Polen nach 1918, und Primas Stefan Wyszyński (1901–1981).

Die benachbarte gotische **Martinskirche** (Kościół św. Marcina) mit dem ehemaligen Augustinerkloster aus dem 14. Jh. wurde im 17. und 18. Jh. im Stil des Spätbarock umgebaut. Der Wiederaufbau nach dem Zweiten Weltkrieg gab ihr die letzte spätbarocke Form. Die Innenausstattung ist neuzeitlich.

Die 1548 errichtete **Barbakane Nowomiejska**, die Befestigung des Neustadt-Tor markiert den Übergang von der Altstadt zur nördllich gelegenen Neustadt. Das Tor wurde Anfang des 19. Jh.s in die Wohnhäuser einbezogen und 1952 wieder freigelegt; heute wird die Barbakane für Wechselausstellungen genutzt.

## | Neustadt · Nowe miasto

### Marktplatz Nr. 2

Neustädter Marktplatz

Mit dem Bau der Neustadt begann man bereits 1408. Sie wurde beim Nachkriegsaufabut in den Zustand des 18./19. Jh.s zurückversetzt.

Der **Rynek Nowego Miasto** (Neustädter Marktplatz) war ursprünglich doppelt so groß wie der Altstädter Marktplatz. Auf dem Platz steht die **Sakramentinerinnenkirche** (Kościół Sakramentek), 1688 mit einer Stiftung der polnischen Königin Maria Sobieska für den aus Frankreich kommenden Orden erbaut – als Dank für den Sieg ihres Gemahls Jan III. Sobieski über die Türken bei Wien 1683. In der Kirche ist die Enkelin der Sobieskis, Karolina, begraben, für die Lorenzo Mattielli 1746 ein prächtiges Grabmal aus Marmor schuf. Baumeister der kleinen kuppelbekrönten Kirche war der aus Utrecht stammende

## ZIELE
WARSZAWA · WARSCHAU

**Tylman van Gameren** (1632–1706), der für zahlreiche Bauten in Polen und besonders in Warschau verantwortlich war. Ein **Epitaph** erinnert an die 1000 Menschen, die hier Schutz suchten und beim deutschen Bombardement am 31. August 1944 umkamen.

### Ein Leben für die Forschung
Im Haus ul. Freta 16, 1770 bis 1780 von Simon Zug erbaut, ist das **Curie-Museum** (Muzeum Marii Skłodowskiej-Curie) untergebracht. Hier wurde 1867 die Physikerin Marie Skłodowskiej-Curie (▶ Interessante Menschen) geboren, die 1903 mit ihrem Ehemann den Nobelpreis für Chemie und 1911 allein den für Physik erhielt.
Di.–Sa. 11–19 Uhr | Eintritt: 11 zł | www.mmsc.waw.pl

*Curie-Museum*

### Gedenken
Am 1. August 1944 begann der Aufstand der polnischen Heimatarmee gegen die deutschen Besatzer. Diese schlugen mit äußerster Brutalität zurück. Zum 45. Jahrestag wurde das von Wincenty Kućma und Jacek Budyn entworfene Denkmal neben dem Gebäude des Obersten Gerichts enthüllt.

*Denkmal des Warschauer Aufstands*

### Barocker Überschwang
Das Krasiński-Palais (Pałac Krasińskich), das **schönste Barockpalais Warschaus**, wurde 1677–1682 von Tylman van Gameren erbaut und 1766–1783 von Jacopo Fontana und Domenico Merlini umgebaut; die Risaliten und Skulpturen stammen von Andreas Schlüter. 1776 ging das Palais in staatlichen Besitz über – daher sein zweiter Name: Pałac Rzeczpospolitej, **Palast der Republik**. Das Gebäude beherbergt Abteilungen der Nationalbibliothek.

*Krasiński-Palais*

## | Ulica Miodowa

### Prachtstraße, Machtstraße
Die ul. Miodowa wurde im 15. Jh. als Querverbindung zwischen der ul. Długa und der ul. Senatorska angelegt.
Vom Denkmal des Aufstands kommend, passiert man rechts zunächst das **Borch-Palais** (Pałac Borchów, ul. Miodowa 17), bis 2007 Sitz des Primas von Polen. Der klassizistische Umbau von Domenico Merlini von 1780 gab die Vorlage für die Rekonstruktion.
Das **Pac-Palais** (Pałac Paca, ul. Miodowa 15) baute Tylman van Gameren im Auftrag der Familie Radziwiłł Ende des 17. Jahrhunderts. 1825 kam es in den Besitz des Generals Ludwik Pac, der große Umbauten vornehmen ließ. Nach der Teilnahme des Generals am Novemberaufstand von 1830 wurde das Gebäude beschlagnahmt und zum Sitz des Gouvernements-, später des Kreisgerichts. Heute ist hier das Ministerium für Gesundheit und Soziales untergebracht.

*Von Palast zu Palast*

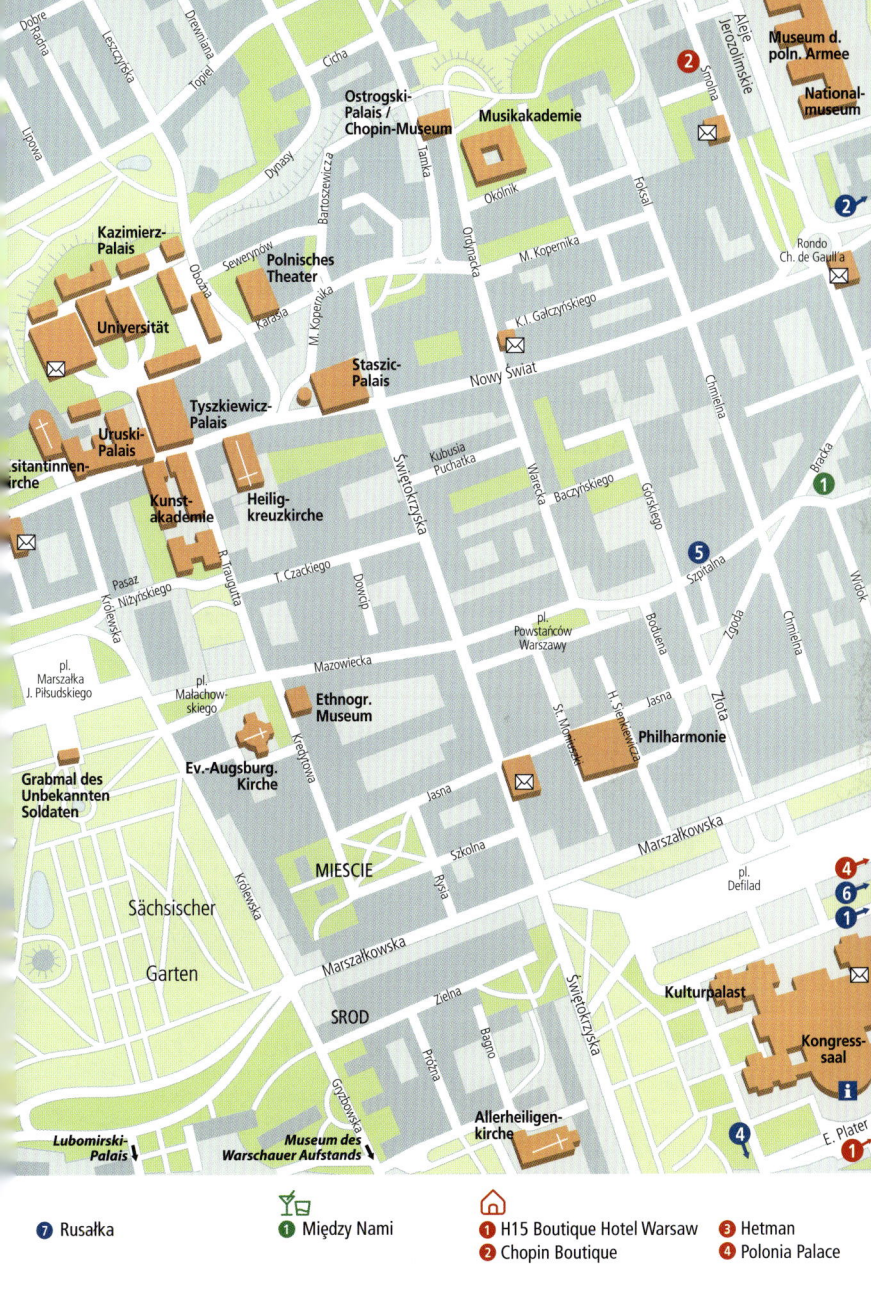

## WARSZAWA ERLEBEN

### TOURISTENINFORMATION
pl. Defilad 1 (Kulturpalast/ Kongresshalle)
pl. Konesera 2 (Praga)
Tel. 503 033 720
https://warsawtour.pl/de
U. a. organisierte Stadtrundgänge. Gratis sind die englischsprachigen Touren von **Orange Umbrella**.
https://orangeumbrella.pl

Einzeltickets für Busse, Stadtbahnen und Metro kosten 4,40 z (max. 75 Min.ł; es gibt auch günstige 24- und 72-Stunden-Tickets. Weitere Infos:
www.wtp.waw.pl/en

Shoppingmeile ist die ul. Nowy Świat und Umgebung. Am pl. Trzech Krzyzy findet man einige exklusive Boutiquen. Wem nach Shopping Malls ist: Złote Tarasy gleich neben dem Hauptbahnhof (ul. Złota 59), Westfield Arkadia (Polens größte, al. Jana Pawła II 82) und Centrum Handlowe Targówek (Głębocka 15).

### MUSIKFESTIVALS
Beethoven-Festival um Ostern
www.beethoven.org.pl
Warschauer Herbst für zeitgenössische Musik im September
http://warszawska-jesien.art.pl
Singer-Festival Ende August – jüdische Lieder, Theater, Tanz
**www.shalom.org.pl/en/fundacja**
Warsaw Summer Jazz Days im Juli und Jazz Jamboree Ende Oktober
https://adamiakjazz.pl

Vor allem im Sommer zieht es viele in die Bars am Bulwar Flotylli Wiślanej an der Weichsel oder in die Pavillons an der ul. Nowy Świat 22/28. Im Szeneviertel Praga auf dem rechten Ufer der Weichsel rund um ul. Ząbkowska und ul. Listopada findet man Livemusik und Kneipen.

❶ **MIĘDZY NAMI**
Etwas versteckt gelegener Szenetreff.
ul. Bracka 20

❶ **SOUL KITCHEN** €€–€€€
... bringt frischen Wind in die polnische Küche: hoher Anspruch, beste Zutaten, französische Anleihen, coole Atmosphäre.
ul. Nowogrodzka 18A
Tel. 51 902 08 88
http://www.soulkitchen.pl

❷ **QCHNIA ARTYSTYCZNA** €€–€€€
Die Gerichte der »artistischen Küche« der Gastronim, Kochbuchautorin und Floristin (!) Marta Gessler im Schloss Ujazdowski sind optisch wie geschmacklich ein Genuss.
ul. Jazdów 2
Tel. 22 625 76 27
https://qchnia.pl/en

❸ **PIWNA KOMPANIA** €€
Das urige Lokal mit großem Sommergarten ist bekannt für gutes Bier, deftiges Essen und üppige Portionen.
ul. Podwale 25
Tel. 22 635 63 14
https://podwale25.pl

❹ **RESTAURACJA UKRAIŃSKA U SIÓSTR** €–€€
Das wollte man doch schon immer gerne mal wissen: Wie kocht man ei-

## ZIELE
## WARSZAWA · WARSCHAU

Hinter den Złote Tarasy (Goldene Terrassen) beim Hauptbahnhof scheint sich selbst der Kulturpalast zu verstecken.

gentlich beim ukrainischen Nachbarn?
ul. Złota 63A
Tel. 22 888 76 94 23
http://usiostr.com

### ❺ WEDEL €
Zu Warschaus beliebter Confiserie gehört eine Trinkstube (pijalnia) im Art-Deco-Stil, wo heiße Schokolade serviert wird
ul. Szpitalna 8
https://wedelpijalnie.pl

### ❻ TEL AVIV URBAN FOOD €
Das Kontrastprogramm zu Piroggen und sonstig Schwerem: Shakshuka, Humus, Fallafel, Taboulé – selbstverständlich alles vegan.
ul. Poznańska 11
Tel. 22 621 11 28
http://telaviv.pl

### ❼ RUSAŁKA €
Dafür geht man gerne nach Praga rüber: prima Hausmannskost in dieser von allen gelobten »Milchbar«, eine der »Volkskantinen« aus sozialistischen Zeiten (▶ S. 417).
Ulica Floriańska 14
Tel. 22 619 52 00

### ❶ H 15 BOUTIQUE HOTEL WARSAW €€€
Fünf-Sterne Suiten, luxuriös und stimmungsvoll, in der ehemaligen Sowjetischen Botschaft. Selten findet man in Warschau schönere und geräumigere Zimmer, man schläft wunderbar und genießt ein mit viel Raffinement angerichtetes Frühstück, dazu einen professionellen Service. Zum Bahnhof läuft man knapp zehn Minuten,

kaum länger fährt man in die historische Altstadt.
ul. Poznańska 15
Tel. www.dobryhotel.com

### ❷ CHOPIN BOUTIQUE BED & BREAKFAST €€€
Die Nachbarschaft zum Chopin-Salon gab diesem Bed & Breakfast den Namen und inspirierte die Einrichtung: Alle Räume sind mit Stilmöbeln aus dem 19. Jh. eingerichtet, im Kammerkonzertsaal gibt es jeden Abend Konzerte. Morgens wird ein Bio-Büfettfrühstück serviert, und auch einen Fahrradverleih gibt es im Haus.
ul. Smolna 14
Tel. 22 829 48 00
www.bbwarsaw.com

### ❸ HETMAN €€
Im Kunst- und Szeneviertel Praga ist dieses Mittelklassehotel in einem sanierten Altbau ein guter Stützpunkt auch fürs abendliche Ausgehen..
ul. Kłopotowskiego 36
Tel. 22 5 11 98 00
www.hotelhetman.pl

### ❹ POLONIA PALACE €€–€€€
Das Viersternehaus mit schöner Jugendstilfassade blieb im Krieg unzerstört. 206 elegante Zimmer, einige auch mit Blick auf den gegenüber liegenden Kulturpalast. Sehr gutes Frühstück.
al. Jerozolimskie 45
Tel. 22 318 28 35
www.poloniapalace.com

---

Die **Kapuzinerkirche** (Kościół Kapucynów, ul. Miodowa 13) geht auf eine Stiftung von König Jan III. Sobieski zurück und wurde 1683 bis 1692 errichtet. Die Königskapelle im rechten Seitenschiff ließ König August III. von Daniel Jauch als **Grablege für das Herz August des Starken**, seines Vaters, ausgestalten. Dieser war als Friedrich August I. Kurfürst von Sachsen sowie von 15. September 1697 bis 1706 und von 1709 bis 1. Februar 1733 in Personalunion als August II. König von Polen. Zar Nikolaus ließ die Kirche 1829 modernisieren.

Das **Palais des Primas** (Pałac Prymasowski, ul. Senatorska 13) wurde 1593 für den Bischof von Płock und Primas von Polen, Wojciech Baranowski, errichtet und Ende des 17. Jh.s von Tylman van Gameren umgebaut. 1789 gab der polnische Architekt und Gartengestalter Simon Zug dem Palast sein heutiges klassizistisches Erscheinungsbild.

Im 19. Jh. mussten die Krakauer Bischöfe ihre Niederlassung in der Hauptstadt abtreten, das spätbarocke **Palais der Krakauer Bischöfe** (Pałac Biskupów Krakowskich, ul. Miodowa 5) wurde in Mietwohnungen aufgeteilt. Im 1740 daneben erbauten **Pałac Branickich** residiert das Ministerium für Wissenschaft, Technik und Hochschulen.

## ❙ Königsweg · Trakt Królewski

### Auftakt vor dem Königspalast

Verlauf  Der über 10 km lange Königsweg beginnt am Schlossplatz (Plac Zamkowy), verläuft entlang der Krakowskie Przedmieście, der Nowy Świat und der aleje Ujazdowskie zum Łazienki-Palast und endet in Wilanów (▶ S. 324ff.).

**ZIELE**
WARSZAWA · WARSCHAU

Der Plac Zamkowy (Schlossplatz) am Ostrand der Altstadt wurde 1644 zur Präsentation der Sigismundsäule ausgestaltet. Der Verlauf der früheren Stadtmauern ist mit einem Streifen farbiger Ziegel gekennzeichnet. Die 22 m hohe **Sigismundsäule** (Kolumna Zygmunta III) wurde ursprünglich 1644 auf Initiative König Władysławs IV. zu Ehren seines Vaters Zygmunt III. (1587–1632) nach Plänen von Agostino Locci und Constantino Tencalla errichtet, die Statue stammt von Clemente Molli.

Plac Zamkowy

### Stolzes Denkmal polnischer Geschichte

Erster Vorläufer des Königsschlosses (Zamek Królewski) war eine im 13. Jh. aus Holz und Lehm errichtete Burg der masowischen Fürsten. Das erste gemauerte Bauwerk war der etwa Mitte des 14. Jh.s gebaute Stadtturm (Wieża Grodzka), neben dem Anfang des 15. Jh.s eine Fürstenresidenz entstand. Von 1569 bis 1572 ließ König Zygmunt II. August sie von Giovanno Battista Quadro in einen Renaissancepalast umbauen. Seine heutige frühbarocke Gestalt erhielt das Schloss 1598 bis 1619 unter Zygmunt III. durch Jacopo Rodondo. 1741 bis 1747 wurde der Nordostflügel im Auftrag von August III. von Gaetano Chi-

★★
Königsschloss

## KÖNIGSSCHLOSS

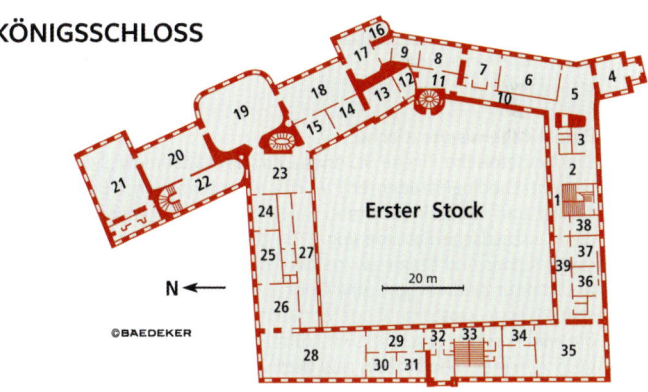

1 Große Treppe
2 Mirowski-Saal
3 Offiziersstube
4 Kapelle
5 Canaletto-Saal
6 Alter Audienzsaal
7 Schlafraum
8 Garderobe
9 Kabinett
10 Korridor
11 Zweite Garderobe
12 Altes Holzlager
13 Grünes Zimmer
14 Goldenes Zimmer
15 Marmorkabinett
16 Konferenzraum
17 Thronsaal
18 Rittersaal
19 Ballsaal
20 Ratssaal
21 Konzertsaal (frühere Sächsische Kapelle)
22 Galerie
23-27 Matejko-Galerien
28 Senatssaal
29 Saal der Marschallswacht
30-31 Zimmer der Marschallswacht
32 Diele
33 Sigismund-Treppe
34 Diele
35 Gesandtensaal
36-39 Wohnräume des Unterkämmerers

**ZIELE**
WARSZAWA · WARSCHAU

averi und Antonio Solari im Rokokostil umgebaut. Ein wichtiger Abschnitt in der Geschichte des Schlosses waren die Jahre 1764 bis 1795, die Herrschaftszeit von König **Stanisław August Poniatowski**. Damals wurden der Bibliotheksflügel angebaut und die Wohnräume des Königs und die Regierungssäle barock und klassizistisch ausgestaltet. Im Zweiten Weltkrieg wurde das Schloss völlig zerstört. Zwar plante man direkt nach Kriegsende den Wiederaufbau, doch erst Anfang der 1970er-Jahre konnte man damit beginnen, das Schloss detailgetreu zu rekonstruieren. 1984 wurde es als »Denkmal der Geschichte und Nationalkultur« wieder eröffnet
Im Parterre und ersten Stock wandelt man durch Räume wie den Ratssaal, den Marmorsaal, die Große Versammlungshalle und natürlici den Thronsaal. Die Kunstgalerie besitzt u.a. zwei Gemälde von Rembrandt. Aufschlussreich ist der **Canaletto-Saal** mit Ansichten Warschaus aus dem 18. Jh. – sie dienten als Vorlage beim Wiederaufbau der Stadt. Neu hinzugekommen ist eine Waffensammlung im Gerichtsturm.
Unmittelbar an das Königsschloss schließt sich der barocke Pałac Lubomirskich (Pod Blachą) an, allgemein mit **»Unter dem Blech«** bezeichnet, da zur Entstehungszeit ein solches Dach eine Seltenheit war. Das ursprüngliche Wohnhaus aus dem 17. Jh. baute Merlini 1776 zu einem dreiflügeligen Palast aus.
**Zamek Królewski:** pl. Zamkowy 4 | Di.–So. 10–17 Uhr | Eintritt: 50 zł
https://www.zamek-krolewski.pl

St. Anna

**Eine Akademische Kirche**
Die Akademische Kirche St. Anna (Kościół akademicki św. Anny; sie betreut Theologiestudenten) wurde als spätgotischer Bau 1454 errichtet und nach einem Brand Mitte des 17. Jh.s wiederaufgebaut; die klassizistische Fassade von 1786 bis 1788 stammt von Christian Peter Aigner und Stanisław Kostka Potocki. Von der ursprünglichen Architektur sind der gotische Chor und Teile der Mauern sowie das spätgotische Klostergebäude erhalten geblieben. Beachtenswert ist die mit Fresken geschmückte frühbarocke Kuppelkapelle des selig gesprochenen **Władysław aus Gielniów**, des Patrons der Stadt.
Krakowskie Przedmieście 68 | www.swanna.waw.pl

Radziwiłł-Palais

**Historische Verträge**
Das **Radziwiłł-Palais** (Pałac Radziwiłłów), errichtet 1642 in barockem Stil, war vom Ende des 17. Jh.s bis 1817 Eigentum der Fürstenfamilie Radziwiłł. 1818 wurde der Palast klassizistisch umgebaut und war seitdem Sitz des russischen Statthalters im Königreich Polen. 1955 wurde hier der **»Warschauer Vertrag«** unterzeichnet (Warschauer Pakt, das Militärbündnis der Ostblock-Staaten), am 7. Dezember 1970 der **Vertrag über die polnisch-deutschen Beziehungen**. Heute ist der Palast offizielle Residenz des Präsidenten.

**ZIELE**
WARSZAWA · WARSCHAU

### Nicht geduldet

Das von Antonio Corazzi erbaute Theater wurde 1833 eröffnet, doch den russischen Behörden missfiel der postulierte nationale Anspruch, sodass nur ein »Varietétheater« zuließ. 1924 aber nannte man sich wieder Nationaltheater. Als solches brannte es zwei Mal ab, zuletzt 1985; 1997 wurde es wiedereröffnet.

Nationaltheater: pl. Teatralny | www.narodowy.pl

*Nationaltheater*

### Die Warschauer Nike

Gegenüber hat man zur Jahrtausendwende als modernes Gebäude mit historischer Fassade den Jabłonowski-Palast wiedererrichtet. Er diente ab 1819 als Rathaus und ersetzte das alte am Altstädter Markt. Im Park hinter dem Gebäude, heute Sitz einer Bank, steht die »Warschauer Nike«. Die 1964 von Marian Konieczny, dem »sozialistischen Michelangelo«, errichtete Riesenstatue erinnert an die **Opfer des Warschauer Aufstands**.

*Jabłonowski-Palast*

### Der älteste Park der Stadt

Der Sächsische Garten (Ogród Saski), 1666 bis 1671 von Tylman van Gameren angelegt, gehörte als Teil der **»Sächsischen Achse«** zu einem Palast, den Johann Sigmund Deybel von Hammerau (ca. 1690 bis 1752) entworfen hat und der nach dem Zweiten Weltkrieg nicht wiederaufgebaut wurde. Er war der erste Park in Warschau und seit 1727 öffentlich zugänglich. 1816 bis 1827 verwandelte James Savage (1779–1852) die Anlage in einen englischen Landschaftspark. Heute stehen noch die allegorischen Steinskulpturen von Franz Xaver Deibel aus der Anfangszeit und der kelchförmige Brunnen. Einziger Rest des Palasts sind die Arkaden, unter denen 1925 das **Grabmal des Unbekannten Soldaten** angelegt wurde. Jeden Sonntagmittag um 12 Uhr findet eine feierliche Wachablösung statt.

*Sächsischer Garten*

### Klosterfrauen am Königsweg

Kirche und Kloster der Visitantinnen entstanden in zwei Phasen von 1728 bis 1766. Die Kirche, die der Zerstörung im Zweiten Weltkrieg entging, zeigt an der Fassade schon den Übergang vom Rokoko zum Klassizismus. Von der original erhaltenen Ausstattung verdient die **Kanzel in Form eines Boots** Beachtung, geschaffen um 1755 von Johann Georg Plersch (1704–1774). Der Ebenholztabernakel (um 1650) stammt noch aus dem Vorgängerbau und wurde von Königin Maria Ludovica gestiftet. Daher finden sich in der Kirche auch Porträts der Königin und ihres Mannes Jan Kazimierz.

*Visitantinnen-Kloster*

### Paläste für die Bildung

Das folgende, 1847 vollendete **Uruski-Palais** gehört heute zur Universität. Im Vorgängerbau von 1741 erhielt Stanislaus II. August Poniatowski die Nachricht von seiner Wahl zum König.

*Universität*

## ZIELE
WARSZAWA · WARSCHAU

Neben dem Uruski-Palais geht es durch ein Tor mit dem Wappen der 1816 gegründeten Universität auf den Campus. Dessen ältester Bau, das **Kazimierz-Palais** (Pałac Kazimierzowski), heute Sitz der Universitätsverwaltung, wurde 1634 für König Władysław IV. errichtet und war später Sommerresidenz von Jan Kazimierz. In den Jahren 1737 bis 1739 erfolgte ein Umbau durch Karl Friedrich Pöppelmann, Joachim Daniel Jauch und Johann Sigismund Deybel. 1765 richtete König Stanisław August hier eine Militärakademie ein, zu deren Absolventen Polens Freiheitsheld **Tadeusz Kościuszko** gehörte.

Das **Tyszkiewicz-Palais** stammt vom Ende des 18. Jh.s und geht auf Entwürfe von Johann Baptist Kamsetzer und Enrico Marconi zurück

### Wissenschaft: ein Kinderspiel

Ein Abstecher von der Universität zum Weichselufer führt zum Wissenschaftszentrum Kopernikus (Centrum Nauki Koperni). Kinder (und Erwachsene) können hier spannende Experimente durchführen und dabei Naturgesetze spielerisch erlernen. *(Wissenschaftszentrum Kopernikus)*

Auf dem Weg passiert man das alte **Kraftwerk Powiśle**, nun Eventlocation mit vielen Bars, Restaurants, Läden und – Kosmetiksalons.

**Kopernikuszentrum:** ul. Wybrzeże Kościuszkowskie 20 | Di.–Do. 9–18, Fr. bis 20, Sa./So. bis 19 Uhr | Eintritt: 40 zł, Planetarium: 28 zł | www.kopernik.org.pl

### Chopins Herz

Die barocke Kościół św. Krzyża wurde nach einem Entwurf von Giuseppe Simone Belotti 1679 bis 1696 erbaut und im 18. Jh. umgestaltet. Während des Warschauer Aufstands 1944 war das Gelände der Kirche heftig umkämpft, woran mehrere Gedenktafeln erinnern. In der Kirche ist das Herz von Frédéric Chopin bestattet. *(Heiligkreuzkirche)*

### Flaniermeile

Die **Nowy Świat** (Neue Welt) setzt die ul. Krakowskie Przedmieście nach Süden fort. Angelegt bereits Mitte des 17. Jh.s, war sie stets **eine der belebtesten Straßen der Stadt** mit eleganten Geschäften, Cafés und Restaurants. Diesen Charakter hat sie trotz der weitgehenden Zerstörungen im Zweiten Weltkrieg bis heute bewahrt; die Neubauten nach dem Zweiten Weltkrieg orientierten sich am Zustand, wie er um 1800 vorrherrschte. *(Nowy Świat)*

Der klassizistische **Staszic-Palais** (Pałac Staszica, Nowy Świat 72) wurde 1820 bis 1823 für die Gesellschaft der Freunde der Wissenschaft erbaut und ist heute Sitz der Polnischen Akademie der Wissenschaften. Vor dem Palais steht ein 1830 von dem Dänen Bertel Thorwaldsen geschaffenes Denkmal für Nikolaus Kopernikus.

15 Jahre, von 1970 bis 1984, dauerte der Wiederaufbau des Königsschlosses. Auch die Sigismundsäule entstand neu.

## ZIELE
### WARSZAWA · WARSCHAU

**Veilchen für Chopin**

Chopin-Museum
Multimedial erzählt das **Chopin-Museum** (Muzeum Fryderyka Chopina) im barocken **Ostrogski-Palais** Leben und Werk des Musikers. Besucher können den Duft von Veilchen, Chopins Lieblingsblumen, schnuppern und Vogelgezwitscher hören, das an seinen Aufenthalt im französischen Nohant erinnert. Zu sehen ist auch seine Totenmaske.
ul. Okólnik 1 | Di.-So. 10-18 Uhr | Eintritt: 25 zł | www.chopin.museum.pl

**Polens Kunsttempel**

National-museum
Das Nationalmuseum (Muzeum Narodowe) ist der Kunsttempel des Landes. Es zeigt antike Kunst, **Funde aus Faras** – frühchristliche Fresken aus dem 8.–14. Jh., die von polnischen Archäologen in den 1960er-Jahren im sudanesischen Faras entdeckt wurden –, mittelalterliche, v. a. sakrale Kunst, polnische und europäische Malerei des 15.–20. Jh.s, darunter Werke von Leonardo da Vinci, Rembrandt und Lukas Cranach; schließlich auch Design aus Polen. Die Geschichte von Polens Armee ist Thema im benachbarten **Armeemuseum**.
**Nationalmuseum:** al. Jerozolomskie 3 | Di.-So. 10-18, Fr. bis 20 Uhr | Eintritt: 25 zł | www.mnw.art.pl
**Armeemuseum:** bis auf Weiteres geschlossen | www.muzeumwp.pl

**Promenadenmischung**

Schloss Ujzadów
Die Nowy Świat stößt am pl. Trzech Krzyży auf die **Alexanderkirche**, 1818 bis 1825 nach dem Vorbild des römischen Pantheons zu Ehren von Zar Alexander I. erbaut. Von hier führt die Ujazdowskie-Allee weiter, 1724 bis 1731 aus einem von August dem Starken angelegten Kreuzweg hervorgegangen und später die **eleganteste Promenade Warschaus**. In der Nähe steht in der ul. Wiejska das Gebäude des **Sejm**, Sitz des polnischen Parlaments.
**Schloss Ujazdów** (Zamek Ujazdowskie) stammt aus der ersten Hälfte des 17. Jh.s und war Vorstadtresidenz von König Zygmunt III. 1766 bis 1771 ließ es Stanisław August umbauen. Heute beherbergt es das Kunstausstellungszentrum Sztuki Współczesnej.
**Centrum Sztuki Współczesnej:** al. Ujazdowskie 6 | Di. - So. 11-199 Uhr | Eintritt: 16 zł | https://u-jazdowski.pl/

## | Übrige Innenstadt

**Geschenk vom großen Bruder**

Kulturpalast
Der Kultur- und Wissenschaftspalast (Pałac Kultury i Nauki), mit 237 m noch immer **das höchste Gebäude der Stadt**, wurde 1952 bis 1955 von Lew Rudnew (1885–1956) im typischen »Zuckerbäckerstil« erbaut. **»Das Geschenk Stalins«** ist inzwischen gar nicht mehr so unbeliebt wie einst und spielt im kulturellen und wissenschaftlichen Leben eine wichtige Rolle mit Theater, Kinos, Ausstellun-

gen, der **Touristeninformation** und den **Museen für Technik und Evolution**. Von der **Aussichtsterrasse** im 30. Stock hat man einen sehr schönen Blick auf Warschau. Um die optische Monstrosität etwas einzudämmen, wurde der Palast in den letzten Jahren von Hochhäusern wie dem Rondo I-B eingekreist – zum Vorteil?
**Aussichtsterrasse** tgl. 10-20 Uhr | Eintritt: 25 zł | www.pkin.pl

**Vergeblicher Aufstand**
Warschaus erstes multimediales Museum eröffnete 2004 in den Gebäuden des ehemaligen Elektrizitätswerks der Straßenbahn an der ul. Grzybowska. Es hält die Erinnerung an den Warschauer Aufstand von 1944 wach und berichtet chronologisch und thematiisch von den Kämpfen und vom Alltag während des zwei Monate dauernden Aufstands. Im angrenzenden Park Wolności verzeichnet eine 156 m lange **Gedenkmauer** die Namen von ca. 10 000 Gefallenen.
**Muzeum Powstania Warszawskiego:** ul. Grzybowska 79 | Mo., Mi. bis So. 10-18 Uhr | Eintritt: 30 zł | www.1944.pl

Museum des Warschauer Aufstands

# Gedenkroute des Martyriums und Kampfes der Juden in Warschau

**Morden ohne Gnade**
Vor dem Zweiten Weltkrieg lebten in Warschau ca. 375 000 Juden – die größte jüdische Gemeinde Europas. Im Oktober 1940 wurden sie von den deutschen Besatzern in ein ummauertes Ghetto westlich der Altstadt zwischen dem Bahnhof Warszawa Gdańska, dem Hauptbahnhof und dem Jüdischen Friedhof zwangsumgesiedelt. Die meisten Bewohner sind in der »Aktion Reinhardt« im Sommer 1942 in Treblinka ermordet worden. Nach dem gescheiterten **Aufstand vom 19. April bis zum 16. Mai 1943** wurde das Ghetto dem Erdboden gleichgemacht und die Überlebenden entweder sofort erschossen oder in die Vernichtungslager deportiert.

Warschauer Ghetto

**Historische Schuld**
Zentraler Erinnerungsort ist der Platz der Ghettohelden (plac Bohaterów Getta) mit dem monumentalen **Denkmal der Helden des Ghettos**. Es wurde 1948 zum fünften Jahrestag des Aufstands am Ort des ersten Zusammenstoßes mit den deutschen Soldaten enthüllt und besteht aus schwedischem Granit, der von den Besatzern für ein Siegesdenkmal vorgesehen gewesen war. Der Entwurf stammt von dem in Warschau geborenen Bildhauer Nathan Rapaport (1911-1987). Im Zentrum der Figurengruppe steht **Mordechaj Anielewicz** (1919-1943), einer der Anführer des Aufstands. Hier kniete Bundeskanzler **Willy Brandt** am 6. Dezember 1970 am Vorabend der Unterzeichnung des Vertrags über die deutsch-polni-

Platz der Ghettohelden

schen Beziehungen nieder – eine große Geste, für die er in Deutschland heftig angefeindet wurde. Am kleinen Platz Willy Brandt hinter dem Museum erinnert ein Relief an diesen historischen Moment; es war Vorlage für die zum 50. Jahrestag aufgelegte deutsche 2-Euro-Sondermünze.

### Erinnerung

Museum der Geschichte der Polnischen Juden

Das **Museum der Geschichte der Polnischen Juden** (Muzeum Historii Żydów Polskich) hinter dem Denkmal holt die untergegangene Welt der Schtetl zurück. Der Bau ist ein Entwurf der finnischen Architekten Mahlamäki und Lahdelma. Die Glaselemente der Fassade zeigen in hebräischen und lateinischen Lettern das Wort »Pol-in« (hebr.: »Bleib doch«, auch für »Polen«). Dazu erklärt ein Text des Krakauer Rabbi Mosze Isserles (1525–1572), dass dieses himmlische Zeichen den ersten jüdischen Einwanderern im heutigen Polen erschien, worauf sie sich niederließen und ihnen immer mehr folgten.

In acht Galerien werden Besucher durch historische Etappen geleitet, die den Alltag der Juden in Polen nacherlebbar machen. Einer der Höhepunkte ist die Teilrekonstruktion der 1941 zerstörten hölzernen **Synagoge aus dem galizischen Gwoździec** (heute Ukraine) mit prächtiger Decke über der Bimah – ein symbolisch aufgeladener Raum, der die religiöse Welt des Judentums spüren lässt.

ul. Anielewicza 6 | Mo., Mi.-Fr, So., 10-18, Sa. bis 20 Uhr | Eintritt: 45 zł | https://polin.pl/en

### Straße des jüdischen Leids

Der Weg zum »Umschlagplatz«

Am Platz der Ghettohelden startet die Gedenkroute des Martyriums und Kampfes der Juden in Warschau (Trakt Pamięci Męczeństwa i Walki Żydów w Warszawie). Sie führt entlang der ul. Zamenhofa zu vielen Gedenkorten, so zum Bunker, in dem Mordechaj Anielewicz starb, und zum Denkmal für Szmul Zygielbojm, Mitglied des Polnischen Nationalrats im Londoner Exil, der aus Verzweiflung über die Untätigkeit der Alliierten zur Rettung der Juden nach der Niederschlagung des Ghettoaufstands Selbstmord beging. Die Route endet am **Mauer-Denkmal am sog. Umschlagplatz**. Von hier fuhren die Züge nach Treblinka ab. Das Denkmal von Hanna Szmalenberg und Władysław Klamerus soll an einen offenen Güterwagen erinnern; vier Tafeln im Inneren tragen in polnischer, jiddischer, hebräischer und englischer Sprache die Inschrift:

> »
> Über diesen Pfad des Leidens und des Todes wurden zwischen 1942 und 1943 mehr als 300 000 Juden aus dem Warschauer Ghetto in die Gaskammern der Nazi-Vernichtungslager getrieben.
> «

## ZIELE
### WARSZAWA · WARSCHAU

Die Erinnerung lebt, ob im Museum der Geschichte der Polnischen Juden (oben) oder im ehemaligen Ghetto, wo ein Band den Verlauf der Mauer markiert.

## ZIELE
WARSZAWA · WARSCHAU

## Łazienki

Bus 116, 180 ab Königsschloss | Palast und übrige Gebäude So., Di., Mi. 10 – 16, Do. – Fr. 10 – 18, Sa. 12 – 20, Park tgl. 6 – 20 Uhr | | Eintritt: Park frei, Gebäude 30 zł | www.lazienki-krolewskie.pl

### Die grüne Lunge der Stadt

*Łazienki-Park* — Der Łazienki-Park südlich der Innenstadt ist eine weitläufige, im englischen Stil gestaltete Landschaft mit Teichen, langen Alleen und wie zufällig eingestreuten Baumgruppen. Das **Jugendstildenkmal von Frédéric Chopin** am Westrand des Parks wurde von Wacław Szymanowski geschaffen und 1926 enthüllt.

### Vom Badehaus zum Schlösschen

*Palast auf der Insel* — Malerisch in seinem Zentrum liegt der Palast auf der Insel (Pałac na Wyspie). Im späten 17. Jh. errichtete Tylman van Gameren hier ein Badehaus (»łazienki« = »Bäder«), das in der zweiten Hälfte des 18. Jh.s ausgebaut wurde. Die Räume sind original erhalten, so das mit blau-weiß gekachelte Bacchuszimmer. Klassizistisch sind der Ballsaal, das Porträtkabinett, der prunkvolle Salomonsaal, die **Gemäldesammlung von Stanisław August** (darunter Angelika Kauffmanns Porträt von Giuliana Pubblicola Santacroce) und die Rotunde mit Statuen polnischer Könige und Büsten römischer Kaiser.

Eine hübsche Idee setzt das 1790 nach dem Vorbild des antiken Herculaneum gebaute **Theater auf der Insel** um: Die Bühne in Gestalt einer künstlichen Theaterruine steht im Teich, während die Zuschauer in den Rängen am Ufer Platz nehmen.

### Ungewöhnliches Theater

*Gebäude im Park* — Im **Myślewicki-Palais**, 1775–1778 östlich des Inselpalasts errichtet, sind Wandfresken von Jan Bogumił Plersch erhalten geblieben. Es war bis 1972 Gästehaus der polnischen Regierung.

Ebenfalls in diesem Teil des Parks ist in einer Kaserne und in Stallungen das **Jagd- und Reitereimuseum** untergebracht.

Das **Weiße Haus** (Biały Dom) wurde um 1775 gebaut. An seiner Südseite ist eine Sonnenuhr von 1776 angebracht.

Das Theater im Ostflügel der **Alten Orangerie** (Stara Pomarańczarnia, 1784–1788,) ist weltweit eines der wenigen Beispiele original erhaltener höfischer Theater jener Zeit; außerdem wird hier die Skulpturensammlung von Stanisław August gezeigt.

In der Südwestecke des Parks liegt das **Belvedere-Palais** (Pałac Belweder). Zur Zeit von König Stanisław August wohnte hier ein Teil seines Hofstaats. Im nördlichen Seitenflügel befand sich die berühmte Manufaktur der **Belvedere-Fayencen**. 1818–1822 wurde der Palast, den Jacopo Fontana zwischen 1730–1750 errichtet hatte, von Jakub Kubicki im klassizistischen Stil zum Sitz des Fürsten Konstantin, Bruder des russischen Zaren, umgebaut.

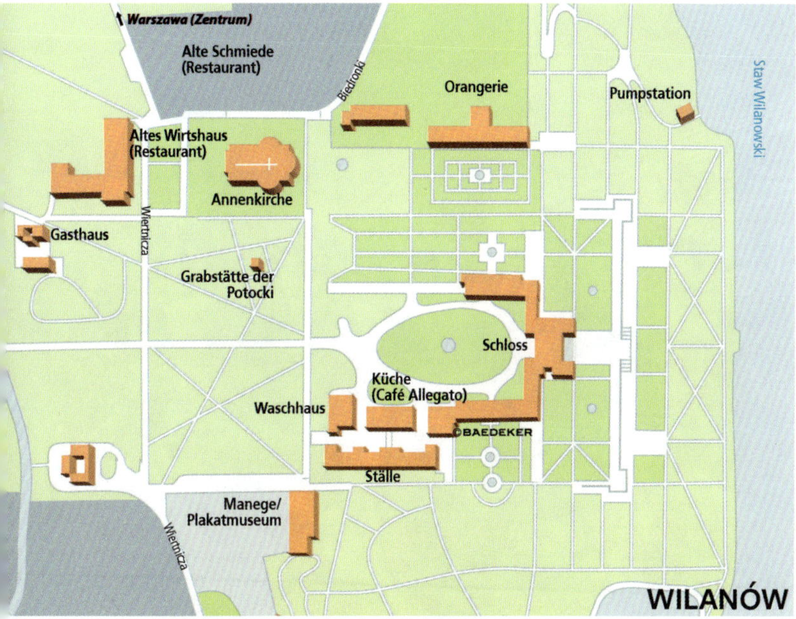

**ZIELE**
WARSZAWA · WARSCHAU

 **Schloss und Park Wilanów**

Bus 116, 180 ab Königsschloss | Schloss Mo., Do.-So. 10-16 Park tgl. 9-15 Uhr | Eintritt: 35 zł, Park 10 zł | www.wilanow-palac.pl

### Das »Polnische Versailles«

Wilanów (von ital. »villanova«) am Ende des Königswegs, ca. 7 km vom Stadtzentrum, war lange ein unauffälliges Vorstadtdorf, bis Augustyn Locci d.J. (1640–1732) von 1677 an den Umbau eines Herrenhauses in eine Vorstadtresidenz für König Jan III. Sobieski begann. Der Skulpturenschmuck der Frontfassade, eine Apotheose des Jan Sobieski, stammt von Andreas Schlüter; große ATeile der Innenausstattung verherrlichen Sobieskis militärische Erfolge.

Nach Sobieski feierte hier Augst der Starke rauschende Feste, doch schon bals nach ihm ging Wilanów in die Hände reicher Magnatenfamilien über, die die klassizistischen und historistischen Anbauten vornahmen. 1805 eröffnete der Kunstsammler **Stanisław Kostka Potocki** hier **eines der ersten Museen in Polen**. Während der deutschen Besatzung wurden die wertvollsten Kunstwerke geraubt und der Garten verwüstet. Nach dem Zweiten Weltkrieg wurde das Schloss in den Zustand des 17.–18. Jh.s zurückversetzt.

Schloss Wilanowie

**ZIELE**
WARSZAWA · WARSCHAU

Vergangene Zeiten leben auf bei der Parade vor Schloss Wilanowie.

Beim Gang durch das Schloss kommt man im Erdgeschoss u. a. in den uWeißen Saal mit einem großen Reiterporträt Sobieskis von Jacques Louis David (1781) und in die große Vorhalle mit einem Reiterdenkmal des Königs. Die interessantesten Räume im oberen Stock sind Wohnräume der späteren Besitzerin Izabela Lubomirska (1736–1816), die sehr viel veränderte, nach der »Chinesenmode« eingerichtete Räume sowie ägyptische Kunstgegenstände und antike Vasen aus der Sammlung von Stanisław Kostka Potocki mit. Eine ungewöhnliche Rarität ist die große Kollektion von Sargporträts, denn in adeligen Kreisen in Polen war es üblich, an den Särgen Porträts der Verstorbenen anzubringen.

Der Park unterteilt sich in einen formalen Barockgarten als ältestem Teil sowie in den englischen Süd- und Nordpark, im letzteren das Mausoleum der Potockis.

### Plakative Kunst

Plakat-
museum

Besonders in Polen hat sich die Plakatkunst sehr hoch entwickelt. Ein triftiger Grund, diesem Medium ein eigenes Museum zu widmen (▶

## ZIELE
### WARSZAWA · WARSCHAU

S. 24). Es ist im Gebäude der früheren Reitschule im Schlosspark von Wilanów untergebracht; die sehenswerte Sammlung umfasst mehr als 40 000 Plakate aus Polen und dem Ausland vom Beginn des 19. Jh.s bis zur Gegenwart.
ul. St. Kostki Potockiego 10/16 | Di.-So. 10-16 Uhr
Eintritt: 12 zł | www.postermuseum.pl

**Patriotismus trifft Katholizismus**
Tatsächlich schon seit 1791 war sein Bau geplant, er wurde jedoch immer wiederaufgeschoben und erst 2016 realisiert: der **Tempel der Göttlichen Vorsehung** (Świątynia Opatrzności Bożej), ein monumentalesGotteshaus 20 Gehminuten westlich des Wilanów-Parks, das die Einheit von Volk, Staat und Kirche symbolisieren soll. Die patriotischen Polen zieht es in das »Pantheon der großen Polen«, wo man der selig und heilig gesprochenen Polen gedenkt. Ein Museum ist dem polnischen Papst Johannes Paul II. gewidmet
ul. Księdza Prymasa Augusta Hlonda 49 | Mo.-Sa. 10-17, So. 13.30-18 Uhr | www.centrumopatrznosci.pl/en

## ❙ Rund um Warszawa

**Dünen und Wälder**
Der **Kampinoski-Nationalpark** unmittelbar nordwestlich der Stadtgrenze von Warschau wurde 1959 eingerichtet, ist rund 38 000 ha groß und seit dem Jahr 2000 als **Welt-Biosphärenreservat** von der UNESCO anerkannt. Eine Besonderheit des viel besuchten Naherholungsgebiets sind **voreiszeitliche Pflanzen** wie die Schwarzbirke. In dem ehemaligen Urstromtal der Weichsel wechseln sich bis zu 30 m hohe, mit Pinien und Kiefern besetzte Dünen und sumpfige Laubwälder ab. Rund 150 Vogelarten sind hier heimisch.
www.kampinoski-pn.gov.pl

Kampinoski-Nationalpark

**Auf den Spuren von Chopin**
In Żelazowa Wola, einem kleinen Dorf am Westrand des Kampinoski-Nationalparks wurde am 1. März 1810 (andere Quellen nnenen den 22. Februar 1810) der bedeutendste Komponist Polens geboren: **Frédéric Chopin** (▶Interessante Menschen). Im von einem Park umgebenen Herrenhaus zeigt das **Chopin-Museum** Möbel, Porträts und Dokumente aus seinem Leben. Im Sommer werden im Park samstags und sonntags um 11 und15 Uhr Konzerte mit Klaviermusik von Chopin gegeben.
**Dom Urodzenia Fryderyka Chopina:** März-April u. Sept./Okt. Di.-So. 10-18, Mai-Aug. bis 19 Nov.-Feb. 9-17 Uhr | Eintritt: Park u. Museum: 25 zł | http://chopin.museum/pl

Chopin-Museum

## ZIELE
### WARSZAWA · WARSCHAU

**Massenmord**

Treblinka In Treblinka, einem Dorf 100 km nordöstlich von Warschau und 7 km von der Bahnstation Małkiń entfernt, existierten ein Arbeits- (Treblinka I) und ein **Vernichtungslager** (Treblinka II). Im eigens für die »Aktion Reinhardt« errichteten Treblinka II wurden zwischen 1942 und 1943 800 000 bis 1 Mio. Menschen ermordet, hauptsächlich Juden. Nach einem Aufstand der Gefangenen am 2. August 1943, dem ersten von zwei in einem Vernichtungslager (der zweite in Sobibór, ▶ S. 63) löste die SS Treblinka II auf und ebnete das Gelände ein; Treblinka I wurde bis Juli 1944 weiterbetrieben.

Das Gelände beider Lager ist seit 1964 **Museum des Kampfes und des Märtyrertums in Treblinka** (Muzeum Walki i Męczeństwa w Treblince). Den Ort der Gaskammern in Treblinka II markiert ein 8 m hoher Turm, umgeben von einem symbolischen Friedhof mit 17 000 Granitplatten; für den Arzt und Pädagogen **Janusz Korczak**, der die 200 Kinder seines Waisenhauses in die Gaskammern begleitete, wurde ein Gedächtniswald angelegt. Am Weg nach Treblinka I liegen die Hinrichtungsstelle im Wald und die Kiesgrube.

Muzeum Walki i Męczeństwa w Treblince: Kosów Lacki
tgl. 9–18.30 Uhr | Eintritt: 7 zł | https://muzeumtreblinka.eu/en

**Farbenfrohe Volkskultur**

Łowicz In der Region um Łowicz, rund 80 km westlich von Warschau, entwickelte sich schon früh eine **eigene Volkskultur**. Charakteristisch sind farbenfrohe, bestickte Trachten, die mit der polnischen Volkstracht schlechthin gleichgesetzt und heute v. a. bei kirchlichen Feiertagen getragen werden. Zu sehen ist die Łowiczer Volkskunst im barocken Missionsseminar der »Folklore-Stadt«, gebaut nach einem Entwurf von Tylman van Gameren um 1700. Ausgestellt sind im **Łowiczer Museum** (Muzeum w Łowiczu), eine Zweigstelle des Warschauer Nationalmuseums, polnisches Kunsthandwerk des Barocks und zahlreiche Exponate zur Stadtgeschichte und regionalen Volkskultur, u. a. Bilder, Stickereien, Scherenschnitte und Trachten. Das **Freilichtmuseum** (Skansen) im Hof besteht aus zwei vollständig eingerichteten historischen Bauernhäusern.

Muzeum w Łowiczu: Stary Rynek 5/7 | Di.–So. 10–16 Uhr
Eintritt Museum: 20 zł, Skansen: 12 zł | www.muzeum.low.pl

**Gartenkunst**

Arkadia Im Jahr 1778 ließ Helena Radziwiłłowna, eine große Kunstsammlerin und Mäzenin, in Arkadia, 6 km südöstlich von Łowicz, einen Park anlegen. Nach damaliger Mode enstand ein **malerischer Landschaftsgarten** mit Seen, Bächen, Wäldern und Wiesen. Unter den Bauten fallen bsonders auf der klassizistische Dianatempel von 1783, die künstlichen Ruinen eines Amphiteaters und ein Schweizer Chalet.

# ZIELE
## WOLIN · WOLLIN

# WOLIN · WOLLIN

**Wojewodschaft:** Zachodnio-Pomorskie | **Einwohner:** 30 000

*Hier Remmidemmi und quirliges Strandleben, da ein Nationalpark mit kiefernbewachsenen Klippen, Buchenwäldern und Seen. Und im Freilichtmuseum wird die mittelalterliche Geschichte der kleinen Ostseeinsel wieder lebendig.*

C/D 5

Gemeinsam mit Usedom trennt die 265 km² große Insel Wolin das Oderhaff von der Ostsee. Im Westen wird sie von der Świna und im Osten von der Dzwina umspült – zwei Mündungsarmen der Oder. Besonders charakteristisch für die Landschaft der Insel sind die auf der Ostseite Endmoränenhügel. Im Zentrum trifft man auf kleine nacheiszeitliche Seen, Torfmoore und Sümpfe sowie Dünenwälle, die von dichten Fichten- und Kiefernwäldern bedeckt sind.

*Kleine Ostseeinsel*

Auf Wolin soll **Stina**, die einzige deutsche Seeräuberin und Gefährtin von Klaus Störtebeker, ihren Unterschlupf gehabt haben.

## ❘ Wohin auf Wolin?

### Badefreuden am Ostseestrand

Auf der 35 km langen Insel reihen sich einige beliebte Kur- und Badeorte wie Międzywodzie, Dziwnów (Dievenow) und Dziwnówek (Klein Dievenow) entlang der Küste zur Ostsee hin. Auf der Seite des Oderhaffs (Zalew Szczeciński) versteckt sich ein wenig der kleine Ort Lubin (Lebbin). Das Städtchen Wolin liegt im Südosten der Insel direkt bei der Brücke über die Dziwna. In dieser Ecke siedelte bereits im 9. Jh. ein slawischer Stamm, von dem sich der Name von Ort und Insel herleitet. Der größte Ferienort ist das **Seebad Międzyzdroje** mit kilometerlangem Sandstrand, schattiger Promenade und Unterkünften in jeder Preisklasse. Er ist nicht nur ideal für einen Badeurlaub, sondern ein guter Ausgangspunkt für Wanderungen im Wolin-Nationalpark: In einer knappen halben Stunde erreicht man den unmittelbar an der Küste aufragenden, 61 m hohen Kaffeeberg (Kawcza Góra), nach einer weiteren Dreiviertelstunde steht man in 95 m Höhe auf dem Gosanberg (Gosąn). Landeinwärts führt ein markierter Weg vorbei am **Wisentreservat** und kleinen Seen zum Golfplatz in Kołczewo.

*Badeorte*

### Klippen, Dünen und Ostseehaff

Der 1960 gegründete **Nationalpark** (Woliński Park Narodowy) nimmt rund ein Fünftel der gesamten Insel ein. Die rund 11 000 ha große geschützte Fläche umfasst die Steilküste, die Moränenland-

Woliński-Nationalpark

## WOLIN ERLEBEN

### TOURISTENINFORMATION
ul. Promenada Gwiazd 2
Tel. 91 328 04 41
https://miedzyzdroje.pl
www.wolinpn.pl

### FESTIVAL DER STARS
Im Juli steht Międzyzdroje ganz im Zeichen des polnischen Films. Stars dürfen ihren Handabdruck auf der Promenada Gwiazd hinterlassen.

### SLAWEN- UND WIKINGERFEST
▶S. 331
www.jomsborg-vineta.com

### AMBER BALTIC €€€
Die 190 geräumigen Zimmer der Viersterne-Anlage haben alle Balkone mit Ostseeblick. Indoor- und Outdoor-Pools sowie ein Spa sorgen für Wohlfühlmomente.
Promenada Gwiazd 1
Międzyzdroje
Reservierung: 0800 724 06 15,
www.wyndhamhotels.com/de-de/vienna-house

### VILLA STELLA MARIS €€
In historische Kaiserbad-Architektur zog moderner Komfort ein. Das »Lustschlösschen« an der Promenade ist erste Wahl in Międzyzdroje – ein Wohlfühlhaus mit nur wenigen Zimmern, in dem man auch hervorragend speisen kann.
ul. Bohaterów Warszawy
Miedzyzdroje
Tel. 91 328 04 81
www.villa-stella-maris.de

---

schaft im Landesinneren und Teile des Stettiner Haffs. Ein dichtes Netz von **markierten Wanderwegen** lädt zu Entdeckungstouren ein. Dort gedeihen seltene Pflanzen wie die Stranddistel und Orchideen. Insgesamt wurden rund 230 Vogelarten gezählt; auch einige **Seeadler** sind hier noch heimisch. Eine Attraktion des Parks sind die **Wisente**, die 1976 in einem Reservat angesiedelt wurden. Eine Einführung in die Entstehung der Insel, ihre Flora und Fauna gibt das **Naturkundemuseum** (Muzeum Przyrodnicze) der Nationalparkverwaltung in Międzyzdroje.
Wisentgehege/Muzeum Przyrodnicze: Mai–Sept. Di.–So. 10–18, Okt–April 8–16 Uhr | Eintritt: Park/Museum/Bisonfarm 6 zł
www.wolinpn.pl

Slawen- und Wikingersiedlung
Ausgrabungen gaben den Anlass für den Ausbau eines Freilichtmuseums bei Recław, das heute es aus 27 Hütten besteht. Vorführungen alter Handwerkskunst erinnern daran, wie die Slawen und Wikinger vor ihrer Christianisierung lebten. Noch anschaulicher wird es, wenn Anfang August rund 1500 Teilnehmer nach Wolin kommen, um beim

»Festiwal Słowian i Wikingów« das frühe Mittelalter mit Musik, Regatten, Wettkämpfen und Schauturnieren wiederaufleben zu lassen.
April–Juni, Sept./Okt. tgl. 10–16, Juli/Aug. tgl. 10–18 Uhr
Eintritt: 16 zł | https://jomsborg-vineta.com/de

## Rund um Wolin

**Seebad mit Tradition**
**Swinemünde** (Świnoujście) verteilt sich auf die Inseln Usedom und Wollin. Der größere und attraktivere Teil der Stadt befindet sich auf Usedom, durch das die deutsch-polnische Grenze verläuft. Alle 20 Minuten pendelt die **Stadtfähre** zwischen den Inseln; ein 1,5 km langer Straßentunnel wurde 2023 eröffnet
Die von Westen über Ahlbeck, Heringsdorf und Bansin auf Usedom kommende **Strandpromenade** schließt auch Świnoujście ein. Se-

Świnoujście

### GANZ BEI SICH AN DER OSTSEE
Der Strand von Międzyzdroje ist im Sommer Laufsteg der Eitelkeiten, in der Nebensaison aber der rechte Ort für Ruhesuchende. Hinter aufgebockten Fischerbooten führt ein Pfad an den Klippen entlang. Die Brandung dröhnt, der Wind rauscht, und mit etwas Glück sieht man sogar Kegelrobben, die sich auf Sandbänken räkeln.

## ZIELE
WROCŁAW · BRESLAU

henswert auf der Usedomer Seite sind der Kurpark, das Museum für Hochseefischerei (Muzeum Rybołówstwa Morskiego) und die 1874 erbaute Mühlenbake auf der Westmole; viele zieht es zum Grenzmarkt an der ul. Wojska Polskiego kurz vor dem Grenzübergang nach Ahlbeck. Auf der Wolliner Seite ragt fast 65 m hoch der höchste **Leuchtturm** (Latarnia Morska; Baujahr 1857) der Ostseeküste auf; von der Aussichtsplattform eröffnet sich ein weiter Blick aufs Meer und nach Süden auf den Fährhafen, der Polen mit Skandinaven verbindet. Beiderseits der Swine stehen noch die Reste der preußischen Festung Swinemünde (Engelsburg/Fort Anioła, Westfort/Fort Zachodni, Fort Gerhard).
**Muzeum Rybołówstwa Morskiego:** Juli/Aug. Mo. 7-15, Di.-So. 10-18; Sept.-Juni Di.-Sa. 9-17, So. 10-15 Uhr | Eintritt: 17 zł | https://muzeum.swi.pl | **Latarnia Morska:** tgl. ab 10 Uhr | Eintritt: 9 zł | latarnie.com.pl
**Schiffsausflüge** zu den Kaiserbädern und nach Miedzyzdroje s. www.adler-schiffe.pl

# ★★ WROCŁAW · BRESLAU

**Wojewodschaft:** Dolnośląskie | **Höhe:** 120 m ü. d. M. | **Einwohner:** 700 000

H/J 10

*Als Europäische Kulturhauptstadt 2016 konnte Breslau für sich werben und stieg vom Geheimtipp zum beliebten Städtereiseziel auf. Gotische Strenge, verspielter Barock und kühne Architektur der Moderne sorgen für Spannung im Stadtbild. Und zwischen Altstadt und Dominsel, jüdischem Viertel und Oderufer lockt ein buntes Kulturprogramm.*

*Mittelalter trifft Moderne*

Die Gründung einer Stadt namens **Wrocisław** durch den böhmischen Herzog Wratisław am Ort einer schon zu Römerzeiten bestehenden Handelsniederlassung wird um die Wende vom 9. zum 10. Jh. vermutet. Die ersten Bauten waren eine Burgfestung aus Holz und Lehm, später ein gemauertes Schloss auf der **Dominsel**. Besiedelt wurde auch die Sandinsel. Um 990 wurde Breslau zusammen mit ganz Schlesien an den Staat von Mieszko I. angeschlossen, zehn Jahre später ein vom Erzbistum Gnesen abhängiges Bistum gegründet.
Nach der **Zerstörung durch die Tataren** im Jahr 1241 begann die Stadt sich um den heutigen Rathausplatz herum auszudehnen und wurde mit einer Festungsmauer umgeben. Auf der Dominsel blieben

# 6x
## EINFACH UNBEZAHLBAR

*Erlebnisse, die für Geld nicht zu bekommen sind*

### 1.
**ORGELKONZERTE**

Wenn die über 100 Register gezogen werden, setzen sich Engel in Bewegung und die Kirchenwände beginnen zu beben. Die Kathedrale in **Oliwa** wird im Sommer mehrmals täglich zur Bühne für Gratis-Konzerte. (▶ **S. 104**)

### 2.
**NAHVERKEHR**

In mehr als 30 Kleinstädten (z.B. Nysa, Świeradów Zdrój) ist **Busfahren gratis**. In Krakau und Breslau nutzen Senioren kostenlos den öffentlichen Nahverkehr und in Warschau fährt man an einem Wochentag kostenlos. In den Touristeninfos fragen!

### 3.
**MUSEEN**

Ob das Nationalmuseum in Warschau, Krakau oder Breslau, ob Kunstpaläste oder Besucher-Bergwerke: An einem Tag in der Woche ist der **Eintritt frei**. Am besten die Webseiten checken!

### 4.
**FESTIVALS**

Im Sommer quillt der **Festkalender** über: An der Küste »Maritime Wochen«, in Jelenia Góra und Krakau Straßentheater, in Danzig den Dominikanermarkt, Country-Picknick in Mrągowo, Jazzfestivals in der Warschauer Altstadt und das Thanks-Jimi-Festival in Breslau. Alles umsonst und draußen.

### 5.
**WASSERSPIELE**

Ein Spektakel der besonderen Art: Hinter der **Breslauer Jahrhunderthalle** schießen im Takt der Musik Dutzende Fontänen empor. Abends festlich beleuchtet. Ein ähnliches Schauspiel gibt es am Warschauer Weichselufer.
(▶ **S. 348**)

### 6.
**FÄHREN**

Zwischen der polnischen Ostseeinsel **Wollin** und der deutschen Insel **Usedom** nebenan pendeln Fähren: Die in Świnoujście ist nur für Radler und Fußgänger, die in Karsibór auch für Autofahrer frei.
(▶ **S. 331**)

## ZIELE
### WROCŁAW · BRESLAU

jedoch die Kathedrale und andere Kirchen. Bis 1335 war Breslau Hauptstadt eines unabhängigen Herzogtums der schlesischen Piasten, fiel dann an Böhmen, das 1526 wiederum unter habsburgische Herrschaft geriet. Die Entwicklung wurde durch den Dreißigjährigen Krieg und v. a. durch die drei Kriege zwischen Österreich und Preu-

# ZIELE
## WROCŁAW · BRESLAU

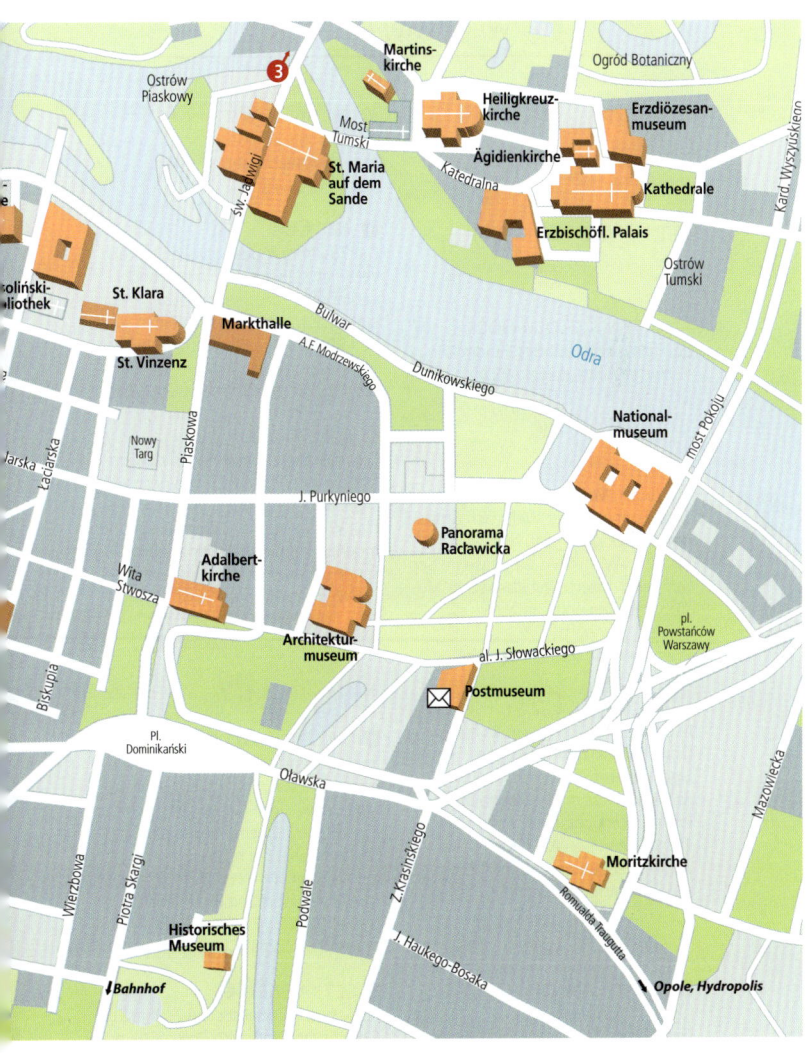

ßen im 18. Jh. unterbrochen, in deren Folge Breslau an Preußen ging. Im 19. Jh. wurde Breslau zu einer **Industriemetropole** ausgebaut. Bei Ausbruch des Zweiten Weltkriegs hatte Breslau 660 000 Einwohner. Als die Front immer näher rückte, wurde die Stadt zur **»Festung«** erklärt. Im Januar 1945 wurden Hunderttausende evakuiert

# WROCŁAW ERLEBEN

**TOURISTENINFORMATION**
Rynek 14
Tel. 71 344 31 11
https://visitwroclaw.eu/de

**FAHRTEN AUF DER ODER**
ab Kardynalska auf der Sandinsel
www.statekpasazerski.p/

**EVENTS**
Um den 1. Mai kommen ca. 8000 Gitarristen aus aller Welt nach Breslau, um der Rockgitarre zu huldigen. Festival »Wratislavia Cantans« im September: Konzerte mit klassischer Musik, Oratorien und Kantaten
https://heyjoe.pl
www.wratislaviacantans.pl

In der Galeria Dominikańska am Plac Dominikanski findet man alles, was das Herz begehrt. Frisches Obst und Gemüse und was man sonst noch für ein Picknick braucht, kauft man in der 1908 errichteten Alten Markthalle am pl. Nankiera und schnuppert die geschäftige Atmosphäre.

**❶ WYNDHAM WROCLAW OLD TOWN €€**
Gegenüber der Elisabethkirche, nur wenige Schritte vom Marktplatz entfernt: ein Komforthotel mit avantgardistischer Architektur und 205 geschmackvoll eingerichteten Zimmern. Viel Lob verdient das Frühstücksbüfett.
ul. Św. Mikołaja 67
Tel. 71 358 83 00
www.wyndhamhotels.com

**❷ ART €€€**
Die 78 Zimmer des stilvollen Hotels verteilen sich auf zwei miteinander verknüpfte Renaissancehäuser. Von einigen Zimmern hat man einen schönen Blick auf die Elisabethkirche.
ul. Kiełbaśnicza 20
Tel. 71 342 42 49 | www.arthotel.pl

**❸ TUMSKI €€**
Die malerisch über einem Oderarm thronende Villa mit 57 Zimmern liegt nicht weit vom Rynek, also sehr zentral. Wer sein Urlaubsbudget schonen möchte, kann sich in der angeschlossenen Jugendherberge einquartieren.
ul. Wyspa Słodowa 10
Tel. 7606 71 64 20
www.hotel-tumski.com.pl

**❶ DWÓR POLSKI €€€**
Im nach dem gleichnamigen Hotel benannten Restaurant wählen Sie nach Möglichkeit einen der beiden Tische am Fenster! Sehr zu empfehlen: das Rindertartar oder die saftige Entenbrust mit Knödeln und Roter Bete, als Dessert Apfelkuchen mit Eis und Sahne.
Rynek 5 | Tel. 71 372 48 96
www.dworpolski.wroclaw.pl

**❷ SETKA BAR €€**
Rücksturz in sozialistische Zeiten: Zur Einrichtung gehört ein Polski-Fiat, aus der Küche kommen Rippchen, Kartoffeln mit Quark und dazu »Lorneta z meduzą« (2 Glas Wodka und Sülze).
Kazimierza Wielkiego 50
Tel. 733 40 74 07
http://setkapolska.pl

## ZIELE
### WROCŁAW · BRESLAU

Im jüdischen Viertel: Hier geht es zur Storchen-Synagoge.

### Theater- und Stadtgeschichte

Ein Stückchen weiter kommt man zum Stadtschloss, der preußischen Residenz in Breslau. In der früheren Schlossküche im Südflügel eröffnete das erste **Theatermuseum** des Landes, eine Hommage an Henryk Tomaszewski, den langjährigen Direkor des Breslauer Pantomimentheaters. Im barocken Spätgen-Palais, Kern des Schlosses, zeigt das **Historische Museum** eine Dauerausstellung zum Thema »1000 Jahre Breslau«, die sowohl die deutsche als auch die polnische Geschichte der Stadt dokumentiert.

Das **Nationale Musikforum** (Narodowe Forum Muzyki) gegenüber ist 2016 zur Ernennung zur Europäischen Kulturhauptstadt als Konzerthaus eröffnet worden. Große Teile der Außenfassade des von Stefan Kuryłowicz entworfenen Gebäudes sind mit Holz verkleidet, was dem mächtigen Bauwerk eine gewisse Leichtigkeit verleiht.

**Muzeum Teatru:** pl. Wolności 7-A | Mi.–Sa. 10–17, So. bis 18 Uhr Eintritt frei | https://visitwroclaw.eu | **Muzeum Historyczne:** Pałac Królewski, ul. Kazimierza Wielkiego 35 | Di.-Fr. 10–17, Sa./So. 10–18 Uhr | Eintritt: ab 2,50 € | https://visitwroclaw.eu | **Narodowe Forum Muzyki**: pl. Wolności 1 | www.nfm.wroclaw.pl

### Jüdisches Breslau

Die Storchen-Synagoge, ein Werk des preußischen Baumeisters Carl Ferdinand Langhans und Zenrum des Reformjudentums, wurde 2010 — Storchen-Synagoge

nach langjähriger Sanierung wiedereröffnet. Sie versteckt sich in einem Innenhof im ehemaligen jüdischen Viertel. Hier kann man Ausstellungen, Konzerte und Theateraufführungen erleben.
**Synagoga Pod Białym Bocianem:** ul. Włodkowica 7 | Mo.-Fr. 10-17, Sa./So. 10-16 Uhr | Eintritt frei | https://pik.wroclaw.pl/miejsca/synagoga-pod-bialym-bocianem

## Universitätsviertel

### ★★ Schöner studieren

Universität  Das Hauptgebäude der Universität liegt nördlich vom Rynek zur Oder hin am Ort einer einstigen mittelalterliche Festung. Diese schenkte Kaiser **Leopold I.** 1659 dem Jesuitenorden, der das zerstörte Gebäude abtragen und 1728 bis 1742 das heutige monumentale Barockbauwerk errichten ließ. Die Schule des Ordens hatte schon 1702 den Rang einer Hochschule erhalten und wurde 1811 schließlich durch die Übernahme der in Frankfurt a. d. Oder aufgelösten Fakultäten in die bis heute existierende allgemeine Universität umgewandelt.

Die mächtige Fassade zur Oder hin überragt der **Astronomische Turm**, verziert mit einem Globus und umgeben von Skulpturen, die die vier Wissenschaften Recht, Theologie, Astronomie und Medizin symbolisieren. Viele Säle des Universitätsgebäudes besitzen zwar eine prächtige barocke Ausstattung, einzigartig jedoch ist die **Aula Leopoldina**, einer der schönsten Barockräume in Polen, entstanden in der zweiten Hälfte des 17. Jh.s nach einem Entwurf von Christoph Tausch; die Ausgestaltung stammt von Franz Joseph Mangold (Skulpturen), Ignazio Provisore (Stuck) und Johann Friedrich Handke (Fresken). Über dem Podium sieht man die Figur des Akademiegründers Leopold I., das Fresko darüber stellt die Widmung der Universität an die Gottesmutter dar. Die anderen Skulpturen und Gemälde zeigen die Söhne Leopolds und Gönner der Universität wie Papst Urban VIII. oder Friedrich den Großen. In den Fensterlaibungen sind Wissenschaftler porträtiert.

Die **Jesuskirche** (Uniwersytetski Kościół im Jezus), die ehemalige Kirche der Jesuiten, schließt an den Südflügel der Universität an. Sie entstand 1689 bis 1698 an Stelle des Ostflügels des Fürstenschlosses unter Einbezug der alten Mauern. Die barocke Ausstattung entwarf Christoph Tausch. Neben dem Hauptaltar steht eine von drei Kopien der Pietà des Michelangelo für die Peterskirche in Rom.

**Universität:** pl. Uniwersytecki 1 | tgl. außer Mi. 10-17, im Winter bis 16 Uhr | Eintritt: 16-20 zł | http://muzeum.uni.wroc.pl

Ossolineum  Das Ossolineum, die **Bibliothek** des Ossoliński-Instituts (Biblioteka Zakładu Narodowego im. Ossolińskich), nach der Nationalbibliothek in Warschau und der Jagiellonen-Bibliothek in Krakau die größte

# ZIELE
## WROCŁAW · BRESLAU

Überbordender Barock in der Aula Leopoldina

Bibliothek in Polen, wurde 1947 aus Lwów (Lemberg) nach Breslau gebracht und im um 1700 erbauten Matthiasstift (ab 1811 Gymnasium) eingerichtet. Zur Bibliothek gehören **die größte Exlibris-Sammlung Polens**, umfangreiche Grafiksammlungen, darunter Werke von Rembrandt und Dürer, sowie eine Handschriftensammlung.

### Von der Gotik zum Barock

Die Kirche **St. Klara** (Kościół św. Klary) am pl. Nankiera bildet zusammen mit dem ehemaligen Ursulinerinnenkloster eine barocke Anlage. Der Komplex entstand aus einem im 13. Jh. errichteten Kaufmannshaus, dessen einer Teil schon bald zur St. Klara umgebaut wurde und der zweite mit fast identischen Ausmaßen zu der mit ihr verbundenen **Hedwigskirche** (Kościół św. Jadwigi). Ein Umbau Ende des 17. Jh.s gab der ganzen Anlage barocke Züge, dennoch sind große Teile der ursprünglichen Mauern erhalten geblieben. Besonders interessant ist die Hedwigskapelle, Kaplica św. Jadwigi, mit den Grabmälern Heinrichs III., Heinrichs V. und Heinrichs VI., dass **Mausoleum der Breslauer Piasten**. In der von ihm um 1240 gestifteten Kirche **St. Vinzenz** ist Heinrich II. der Fromme beigesetzt; die 1945 zerstörte hochbarocke Hochberg-Kapelle ist 20 bis 2013 wieder hergestellt worden. Heute ist St. Vinzenz griechisch-katholisch.

St. Klara,
St. Hedwig,
St. Vinzenz

## ZIELE
## WROCŁAW · BRESLAU

**Der »schlesische Rembrandt«**

Muzeum Narodowe

Das **Nationalmuseum** (Muzeum Narodowe) in einem monumentalen Neorenaissancebau am Oderufer besitzt eine der besten **Sammlungen mittelalterlicher Kunst** in Polen: Steinskulpturen wie den Tumba-Sarkophag von Heinrich IV., ausdrucksstarke Tafelmalerei und geschnitzte Altarbilder sowie Heiligenfiguren, darunter zahlreiche »schöne Madonnen«. In einer weiteren Abteilung wird man mit schlesischer Kunst der Neuzeit vertraut gemacht. Besonders sehenswert sind die beschwingten Barockskulpturen und Gemälde von **Michael Willmann** (1630–1706), dem »schlesischen Rembrandt«. Polnische Kunst bildet den Schwerpunkt einer dritten Abteilung: Die Palette reicht von sarmatischen Porträts mächtiger Magnaten bis zu den düsteren Gruppenplastiken von Magdalena Abakanowicz.
pl. Powstańców Warszawy 5 | tgl. 8.30–19 Uhr | Eintrittab 10 zł; frei bei Vorlage des Tickets für das Panorama | https://mnwr.pl

**Schlachtengetümmel**

Panorama Racławicka

In der Rotunde im Stadtpark wird ein 114 m langes und 15 m hohes Panoramagemälde mit der **Schlacht von Racławice** gezeigt. Dort trafen am 4. April 1794 die polnische Armee unter **Tadeusz Konciuszko** (▶ Interessante Menschen) und die russische Armee aufeinander. Das Gemälde schuf 1893/1894 in Lwów (Lemberg) eine Gruppe von Malern unter Leitung von **Jan Styka** und **Wojciech Kossak**. Es war dort bis 1944 zu sehen und wurde 1946 nach Breslau gebracht.
ul. Purkyniego 11 | tgl. 8.30-19 Uhr | Vorstellungen: online 50 zł; gültig auch für kostenlosen Besuch des Nationalmuseums, des Ethnographischen Museums und des Vier-Kuppel-Pavillons | https://mnwr.pl

## Sandinsel

**Auf Sand gebaut**

Maria auf dem Sande

Vom linken Oderufer führt die 1861 erbaute **Sandbrücke** (Most Piaskowy), die älteste erhaltene Brücke Breslaus, auf die Sandinsel (Ostrów Piaskowy). **Piotr Włast**, später die »rechte Hand« des Königs Bolesław Krzwousty, stiftete um 1149 dem Augustinerorden ein auf der Insel zu errichtendes Kloster. Heute nimmt diesen Platz die barocke Universitätsbibliothek ein.

Die gewaltige gotische Kirche **Maria auf dem Sande** (Kościół Najświętszej Marii Panny na Piasku) ist ein dreischiffiger Backsteinbau mit zwei Türmen – der Nordturm blieb unvollendet –, der 1334 bis 1425 an der Stelle eines Vorgängerbaus aus dem 12. Jh. erbaut wurde. Im Südschiff ist das **Stiftungstympanon** der ersten Kirche aus dem 12. Jh. zu sehen. Dargestellt sind Piotr Własts Ehefrau Maria und sein Sohn Świętosław, die der Muttergottes ein Modell der Kirche übergeben und diese ihr weihen. Hohen künstlerischen Wert hat auch der spätgoti-

# ZIELE
## WROCŁAW · BRESLAU

sche, reliefgeschmückte **Taufstein** aus dem 15. Jh. links vom Eingang in einem Raum unter dem Turm. Die gotischen Altäre an den Pfeilern stammen aus schlesischen Kirchen.

## Dominsel

### Ältester Teil Breslaus

Von der Sandinsel geht man am besten auf der hübschen gusseisernen Dombrücke (Most Tumski) hinüber auf die Dominsel (Ostrów Tumski; ▶ Abb. S. 45). Sie ist der älteste Teil Breslaus und seit dem 9. Jh. bewohnt. Hier befand sich der älteste Fürstenhof, der 1241 zusammen mit der ganzen Stadt auf das linke Oderufer verlegt wurde. Seitdem wurde die Insel zum Stadtteil der Kirchen, Sitz des Erzbischofs und anderer Mächtiger des Klerus. Im 19. Jh. wurde der alte Oderlauf zugeschüttet.

*Stadtteil der Kirchen*

### Zwei Stockwerke, zwei Kirchen

Vorbei an der **Martinskirche** (Kościół św. Marcina), ursprünglich eine Schlosskapelle aus dem 13. Jh., geht es zur gotischen Heiligkreuz-Kirche (Kościoły św. Krzyża i św. Bartłomieja). Deren architektonisches Kuriosum besteht aus zwei übereinanderliegenden Kirchen: oben die Kreuzkirche, unten die Bartholomäuskirche. Beide Kirchen wurden auf Geheiß des Piastenfürsten **Heinrich IV. Probus** 1288 bis 1295 als Familienmausoleum errichtet. Aus dieser Zeit stammt noch der Chor; die Kirchenschiffe wurden 1320 bis 1350 unter **Bischof Nanker** angebaut. In der Kreuzkirche befindet sich über dem Eingang zum Südschiff das Stiftungstympanon von 1360, das die Heilige Dreifaltigkeit sowie die Gründer, Heinrich IV. und seine Frau Mathilda, zeigt. Der Hauptaltar trägt ein gotisches Triptychon aus dem 15. Jahrhundert.

*Heiligkreuz-Kirche*

Wenn man weiterläuft, gelangt man zum klassizistischen Gebäude des **Erzbischöflichen Palais** (Pałac Arcybiskupi); seine Fassade schmücken ionische Säulen. 1955 wurden im nordöstlichen Teil des Gebäudes Mauern eines Bischofspalais von etwa 1240 entdeckt, mithin **das älteste Wohngebäude der Stadt**. Bis heute erhalten sind Bauteile aus Romanik und Gotik.

### Auftakt zur polnischen Gotik

Beherrschendes Bauwerk auf der Dominsel ist der Dom Johannes der Täufer (Katedra św. Jana Chrzciciela). Schon um 1000 stand eine Kirche an dieser Stelle, die heutige Kathedrale ist die vierte, die errichtet wurde. Ihr ältester Teil ist der Chor, der um 1245 dem romanischen Schiff angefügt wurde, das **erste gotische Bauwerk** auf polnischem Boden. Etwa zur selben Zeit wurden auch zwei niedrige Türme errichtet. Die gegenwärtigen Schiffe entstanden, ebenso wie

*Dom Johannes der Täufer*

# ZIELE
## WROCŁAW · BRESLAU

die Marienkapelle, im 14. Jh., die heutigen Türme stammen aus dem 15. Jahrhundert. Mittelpunkt des Chors, vom Kirchenraum durch eine Balustrade mit Figuren der Schutzpatrone der Kathedrale getrennt, ist ein **spätgotisches Triptychon** von 1552, das Barockgestühl stammt aus dem 17. Jahrhundert. Im nördlichen Seitenschiff sind Freskenreste aus dem 15. Jh. erhalten.

Die drei schönsten Kapellen liegen an der Giebelwand (Zugang über den Chorumgang). Die **Elisabeth-Kapelle** entstand 1684 bis 1700 durch die italienischen Künstler Scianzi, Rossi, Ferrato, Guidi und Passerino, die auch die Skulpturen geschaffen haben. Die Kuppelfresken zeigen Szenen aus dem Leben der hl. Elisabeth. Die auf der Achse der Kirche stehende gotische **Marienkapelle** wurde 1354 bis 1361 mit einer Stiftung des Breslauer Bischofs Przecław erbaut und enthält dessen Marmorsarkophag. Als das schönste Beispiel der Barockarchitektur in Breslau gilt die **Kurfürstenkapelle**. Sie wurde 1716 bis 1724 vom Wiener Hofarchitekten Johann Bernhard Fischer von Erlach für den Fürstbischof von Breslau, Franz Ludwig von Pfalz-Neuburg, erbaut und von verschiedenen europäischen Künstlern prächtig ausgestaltet.

Katedra św. Jana Chrzciciela: pl. Katedralny 18 | www.katedra.archidiecezja.wroc.pl

### Breslaus ältestes Gotteshaus

Ägidienkirche   Die romanische **Ägidienkirche** (Kościół św. Idziego) nördlich des Doms ist die älteste noch benützte Kirche Breslaus. Aus der ersten Hälfte des 13. Jh.s ist das Südportal erhalten geblieben, das zweite Portal stammt aus der Renaissance. Das Gewölbe stützt sich auf einen einzigen Pfeiler. Die Kirche ist durch einen Backstein-Schwibbogen mit dem spätgotischen Gebäude des Domkapitels aus dem 16. Jh. verbunden.

Hier und im benachbarten neogotischen Gebäude zeigt das **Erzdiözesanmuseum** (Muzeum Archidiecezjalne) mittelalterliche schlesische Sakralkunst. Ausgestellt sind unter anderem Altäre, Kruzifixe und Heiligenfiguren sowie liturgische Gewänder und eine Kollektion schöner Madonnen.

Muzeum Archidiecezjalne: pl. Katedralny 16 | bis auf Weiteres geschl.

### Grünes Finale

Botanischer Garten   Nach soviel Kirchenkunst lockt der nur im Sommer geöffnete Botanische Garten (Ogród Botaniczny) nördlich der Ägidienkirche. Er erstreckt sich auf dem Gelände des alten Oderlaufs, von dem noch einige Teiche zurückgeblieben sind. Der Garten wurde 1811 bis 1816 angelegt und umfasst u. a. einen Rosengarten, ein Alpinarium und eine Orangerie sowie **eine der größten Kakteenzuchten Polens**.

ul. Henryka Sienkiewicza 23 | April–Okt. tgl. ab 9 Uhr | Eintritt: 25 zł www.ogrodbotaniczny.wroclaw.pl

## ZIELE
### WROCŁAW · BRESLAU

Bei einer Bootspartie auf der Oder passiert man auch die Dominsel.

## Außerhalb des Zentrums

**Prominentenfriedhof mit Grabmalskunst**

Der ehemalige jüdische Friedhof von Breslau, 2 km südlich des Zentrums, wurde 1856 angelegt. Viele berühmte Breslauer sind hier beigesetzt, darunter der Arbeiterführer **Ferdinand Lassalle** (1825 bis 1864). Als einer der wenigen jüdischen Friedhöfe hat er den Zweiten Weltkrieg fast unbeschadet überstanden, seine oft monumentalen, aufwendig gestalteten Gräber und Grüften stehen heute als **Museum der Friedhofskunst** (Muzeum Sztuki Cmentarnej) unter Denkmalschutz.

Alter jüdischer Friedhof

ul. Ślężna 37/39 | tgl. 11–17 Uhr | Eintritt: 25 zł | https://visitwroclaw.eu

**Hoch hinauf**

Unweit des Friedhofs schießt der Sky Tower, das **höchste Wohngebäude Polens**, 212 m in die Höhe. Vom Aussichtsdeck im 49. Stock reicht die Sicht oft bis zu den Sudeten.

Sky Tower

ul. Powstańców Śląskich 95 | Mo.–Sa. ab 9, So. ab 10 Uhr, meist halbstündlich | Eintritt 30 zł | https://galeria.skytower.pl

## ZIELE
WROCŁAW · BRESLAU

Kaiserbrücke
### Brücke mit Weitblick
Von der Altstadt führt die Kaiserbrücke (Most Grunwaldzki) über die Oder. Diese **längste Hängebrücke Polens** wurde 1910 erbaut und drei Jahre nach ihrer Zerstörung 1945 wiederaufgebaut. Von der Brücke hat man einen schönen Blick auf die Oder, auf die Kirchtürme, auf Sand- und Dominsel sowie auf das Universitätsviertel.

Jahrhunderthalle

### Jahrhundertschönheit aus Stahlbeton
Östlich des akademischen Viertels, jenseits des Oderkanals, liegt die »Jahrhunderthalle« (Hala Stulecia), eine bahnbrechende Stahlbetonkonstruktion von Max Berg (1870–1947), 1912/1913 erbaut zur Hundertjahrfeier der Völkerschlacht von Leipzig. Die 42 m hohe Halle mit Innendurchmesser 95 m bietet über 6000 Sitzplätze und kann bis zu **15 000 Menschen** aufnehmen. Die 96 m hohe stählerne Nadel vor der Halle wurde 1948 anlässlich der polnischen »Ausstellung der wiedergewonnenen Gebiete« aufgestellt. Hinter der Halle kann zu jeder vollen Stunde (10–22 Uhr) ein **Wasserspiel** bestaunt werden.
ul. Wystawowa 1| tgl. 9–18 Uhr | Eintritt: 20 zł
http://halastulecia.pl

Hydropolis
Dahinter verbirgt sich eine multimediale, interaktive Ausstellung in einem ehemaligen unterirdischen Wasserspeicher rund um das Thema Wasser. Eine der Attraktionen ist eine Nachbildung des Batyscaph »Trieste«, mit dem 1960 der Marianengraben erreicht wurde.
ul. Na Grobli 17 | Mo.–Fr. 9–18, Sa./So. 10–20 Uhr | Eintritt: 38 zł
https://hydropolis.pl/de

## Rund um Wrocław

Kloster der Zisterzienserinnen in Trzebnica

### Hommage an die hl. Hedwig
Das Juwel von Trebnitz, ca. 25 km nördlich von Breslau, das Zisterzienserinnenkloster, war das erste Frauenkloster in Schlesien und wurde 1202 von Heinrich I., Herzog von Schlesien, gegründet. Die 1219 geweihte und 1241 vollendete Kirche war der erste Ziegelbau auf polnischem Boden; aus dieser Zeit stammen zwei spätromanische Portale. Im 17. Jh. erfolgte der barocke Umbau und die prächtige Ausstattung, u.a. mit Gemälden zur Legende der Hedwig von Andechs, der 1267 heilig gesprochenen Gemahlin Heinrichs I. und Schutzpatronin von Schlesien.
Am südlichen Seitenschiff steht in der **Hedwigskapelle** unter einem von Marmorsäulen getragenen Baldachin der Sarkophag der Heiligen, die im Kloster ihre letzten Lebensjahre verbrachte. Im Doppelgrab vor dem Hauptaltar ruhen Heinrich I. und der Hochmeister des Deutschen Ordens Konrad von Feuchtwangen.

**ZIELE**
ZAMOŚĆ

**Schlesisches Kulturzentrum**
In Henryków (Heinrichau), 43 km südlich von Breslau, schlummert ein kunsthistorisches Juwel: das 1222 gestiftete **Kloster Heinrichau**. Die 1270 verfasste Chronik »**Heinrichauer Gründungsbuch**« – im Breslauer Diözesanmuseum (▶ S. 346) zu sehen – enthält einen in den lateinischen Text eingefügten polnischen Satz, der als **ältestes überliefertes Sprachdenkmal des Polnischen** gilt. Seine Blütezeit erlebte das Kloster im 17. Jh., was durch das prachtvolle barocke Klosterensemble augenfällig bezeugt wird. Das Gemälde am Hauptaltar der Kirche stammt von niemand Geringerem als dem »**schlesischen Rembrandt**« Michael Willmann (▶ S. 344); die Heiligenfiguren schuf Matthias Steinl (1644–1727). Ein Meisterwerk schlesischer Schnitzkunst sind die ausdrucksstarken, auf dem Chorgestühl frei stehenden Figuren von Päpsten, Bischöfen und Äbten.

Kloster Henryków

# ★★ ZAMOŚĆ

**Wojewodschaft:** Lubelskie | **Höhe:** 220 m ü. d. M. | **Einwohner:** 62 800

*Großkanzler Jan Zamoyski besaß eine ganze Stadt und genug Geld, um einen Traum zu verwirklichen: Er engagierte einen italienischen Architekten, um sein ganz persönliches Utopia zu bauen. So entstand Zamość, das »Padua des Nordens«. Aber auch vor den Toren der Idealstadt gibt es viel zu staunen: Im Roztocze-Nationalpark leben wilde Tarpanpferde.*

Anfang des 16. Jh.s erwarben die **Zamoyskis**, reiche Magnaten, die hohe Staatsämter bekleideten, das Gebiet der heutigen Stadt. 1578 ließ sich der 36-jährige Großkanzler Jan Zamoyski vom italienischen Architekten **Bernardo Morando** (um 1540–1600) aus Padua – dort hatte Zamoyski studiert – eine Residenz errichten. Parallel dazu steckte man in dem sumpfigen Gelände den Grundriss für eine Stadt ab, die offiziell 1580 gegründet wurde. 1585 siedelten sich hier Armenier an, 1588 Juden. 1589 wurde die Stadt Verwaltungssitz großer Ländereien, des sog. **Zamośćer Majorats**. In den folgenden Jahren wurden Befestigungen, Rathaus und Kirchen erbaut und eine Akademie gegründet. Im 17. Jh. erweiterte man die Befestigungsanlagen, die sich bei der Abwehr der Schweden 1656 bewährten. In der ersten Polnischen Teilung 1772 kam das Gebiet an Österreich. Ab 1815 gehörte Zamość zum Königreich Polen, dem sog. Kongresspolen, und stand de facto unter russischer Herrschaft. 1866 wurde die Festung abgetragen. Den Zweiten Weltkrieg überstand Zamość weitgehend unzerstört. In den

*Idealstadt der Renaissance*

## ZIELE
ZAMOŚĆ

1970er-Jahren pumpte die Regierung beträchtliche Summen in die Renovierung der historischen Gebäude – mit dem Erfolg, dass Zamość seit 1992 auf der Liste des UNESCO-Weltkulturerbes steht
In »Himmlerstadt« und bald darauf in »Pflugstadt« umbenannt, waren die Stadt und ca. 300 Dörfer von November 1942 bis August 1943 Schauplatz der »Aktion Zamość«. Als **Zentrum eines Germanisierungsgebiets** wurden ca. 110 000 Polen vertrieben; ca. 50 000 von ihnen konnten aus dem Kreis Zamość fliehen, doch die Mehrzahl wurde entweder als Zwangsarbeiter nach Deutschland geschickt oder »umgesiedelt« oder direkt nach Auschwitz transportiert. V. a. Kinder und Alte verhungerten oder erfroren in den zugewiesenen Dörfern, aus denen vorher die Juden deportiert worden waren. Von den vorgesehenen 60 000 »volksdeutschen« und deutschstämmigen Neusiedlern kamen nur 9000, denn zu groß war der Widerstand der polnischen Partisanen, die massiven Zulauf verzeichneten. Daraufhin wurde die Aktion abgebrochen. Die Neusiedler flohen vor dem Vormarsch der Roten Armee, die Zamość im Juli 1944 einnahm.

## ZAMOŚĆ ERLEBEN

**TOURISTENINFORMATION**
Rynek Wielki 13
Tel. 84 639 22 92
www.turystyka.zamosc.pl

ul. Kołłątaja 2
Tel. 84 6 39 25 16
www.hotelzamojski.pl.com

❶ **MUZEALNA €–€€**
Im Renaissancekeller des Regionalmuseums, dierkt neben dem Rathaus, bietet das rustikal-gemütliche Lokal deftige polnisch-armenische Küche. Noch besser schmeckt sie an einem der Tische auf dem Marktplatz
ul. Ormiańska 30 /Rynek Wielki
Tel. 796 30 51 10
https://ormianskiepiwnice.pl/el

❶ **HOTEL ZAMOJSKI €€**
Das Komforthotel könnte nicht besser platziert sein: Es liegt am Rynek, und die Zimmer verteilen sich auf mehrere Häuser. Die Bar ist ein schöner Ort für den abendlichen Absacker.

---

Zamość hatte eine große jüdische Bevölkerung; zu ihr gehörte auch die hier geborene deutsche Kommunistin **Rosa Luxemburg** (1871 bis 1919). 1939 lebten ca. 12 500 Juden in der Stadt, über 40 % der Einwohnerschaft. Ca. 5000 zogen mit der Sowjetarmee ab, die die Stadt im Oktober kurzfristig besetzt hatte; ca. 3000 konnten fliehen. Wer blieb, wurde bis 1943 ermordet, viele in Bełżec (s. u.).

## | Wohin in Zamość?

### Die Idealstadt der Renaissance

Zamość wurde nach der Idee der idealen Stadt geplant: Auf einem fünfeckigen Grundriss errichtet, besteht Zamość aus einer Residenz und der eigentlichen, von Befestigungsmauern mit Bastionen umgebenen Stadt mit dem **Lubliner Tor** (Brama Lubelska) im Nordwesten, dem **Lemberger Tor** (Brama Lwowska) im Osten und dem **Szczebrzeszyner Tor** (Brama Szczebrzeska) im Südwesten.

Modellstadt

### Aus einem Guss

Zentrum von Zamość ist der Große Markt mit dem 1591–1600 erbauten Rathaus mit 52 m hohen Uhrturm und der großzügigen doppelten Freitreppe, die 1768 angefügt wurde. Den Platz umgeben die farbenfrohe **Armenischen Häuser,** unter deren Arkaden Läden, Kunstgalerien und Restaurants Platz gefunden haben. Eines der schönsten: das Haus »**Zum Engel**« (Nr. 26), ein Kaufmannshaus von 1634 mit dem Erzengel Gabriel an der Fassade. In Nr. 30 zeigt das **Muzeum**

Großer Markt

**ZIELE**
ZAMOŚĆ

**Zamojskie** die Regionalgechichte. Im Haus Nr. 37 wurde Rosa Luxemburg geboren; eine Gedenktafel ließ der Lubliner Woiwode als »kommunistische Propaganda« im März 2018 entfernen.
**Muzeum Zamojskie:** Di.–So. 10–16 Uhr | 15 zł | https://muzeum-zamojskie.pl

Kollegiatkirche
Die dreischiffige Kollegiatkirche **St. Thomas** wurde 1587 bis 1598 erbaut und gilt als herausragendes Beispiel des Manierismus in Polen, was sich vor allem in den Skulpturen und der Illusionsmalerei zeigt. Das um 1600 entstandene Gemälde im Hauptaltar, »Ungläubiger Thomas«, wird **Domenico Tintoretto** (1560–1635) zugeschrieben, Sohn des »berühmten« Tintoretto; vom Hofmaler der polnischen Könige Tommaso Dolabella (1570–1650) stammt der Gemäldezyklus über den Apostel Thomas. Im Fußboden der Kapelle der Zamoyski ist die Grabplatte (1618) des Großkanzlers **Jan Zamoyski** eingelassen. Unter der Kapelle befindet sich die Krypta der Zamoyski.

### Die Juden von Zamość

Alte Synagoge
Die 1610 bis 1618 gebaute Synagoge wurde unter der deutschen Besatzung verwüstet und als Schreinerwerkstatt benutzt. Lange Jahre nach dem Krieg öffentliche Bibliothek, wurde das Gebäude restaurierten und 2011 darin eine multimediale Ausstellung über die lange Geschichte der Juden von Zamość.
ul. Pereca 14 | März–Okt. Di.–So. 10–18, Nov.–Feb. 10–14 Uhr
Eintritt: 8 zł | www.zamosc.fodz.pl

### Für die Opfer der Besatzung

Rotunde-Mausoleum
Im Süden der Stadt funktionierten die Nazis ein Pulvermagazin von 1831 zum »Durchgangslager« um. Hier waren ca. 40 000 Menschen zeitweise inhaftiert, 8000 von ihnen – Zivilisten, Partisanen, Angehörige der regulären polnischen Armee, der Heimatarmee und der Sowjetarmee – sind erschossen worden. Daran und an Zehntausende weitere polnische Opfer der deutschen Besatzung erinnert die Rotunda Zamojska.
dr. Męczenników Rotundy 1 | Mai–Okt. Di.–So. 9–20, Nov.–April 9–15 Uhr
Eintritt frei | http://muzeum-zamojskie.pl

## Rund um Zamość

### 470 000 Tote

Bełżec
Bei Bełżec, 50 km südlich, ermordeten die deutschen Bestatzer im ersten von drei eigens für die »Aktion Reinhardt« (▶ S. 385) gebauten **Vernichtungslager** ca. 470 000 Menschen.
**Gedenkstätte**: April–Okt. Di.–So. 9–18, Nov.–März bis 16 Uhr
Eintritt frei | www.belzec.eu/pl

**ZIELE**
ZAMOŚĆ

Alles aus Holz in der orthodoxen Kirche von Radruż

### Ein hölzernes Schmuckstück
Die aus Holz errichtete **orthodoxe Kirche** aus dem 17. Jh. im Dörfchen Radruż, 100 km südlich von Zamość an der ukrainischen Grenze, gehört zum Weltkulturerbe der UNESCO.

Radruż

### Im Reich der Koniks
Der Höhenzug Roztocze, ein langer »**Kreidewall**« südlich der Lubliner Hochfläche (Wyżyna Lubelska), erreicht eine Höhe von 390 m, ist 25 km breit und auf polnischem Gebiet 110 km lang; auf ukrainischem Gebiet reicht er bis Lwów (Lemberg). Er bildet die Wasserscheide zwischen San, Bug und Wieprz. Die Flüsse des Roztocze haben **tiefe Schluchten** und **malerische Wasserfälle** ausgewaschen (besonders der Tanew). Interessant ist vor allem die Umgebung von **Szczebrzeszyn**, westlich von Zamość, mit den Flusstälern des Gorajec und des Wieprz.
Für die einzigartige Landschaft und die vielfältigen Tier- und Pflanzenwelt wurde 1974 südwestlich von Zamość der **Roztoczański Park Narodowy** angelegt. In seinen Buchenwäldern leben über 200 Vogelarten, unter anderem Auerhähne und Schwarzstörche. Zu den Bewohnern gehören auch die halbwilden polnischen **Koniks**, robuste Ponys, die in der Landwirtschaft eingesetzt wurden, aber nicht wie

Roztocze-Nationalpark

oft behauptet Wildpferde sind. Das 28 km südwestlich von Zamość gelegenen Dorf **Zwierzyniec** ist Ausgangspunkt für Wanderungen in den Nationalpark und Sitz der Verwaltung.
**Informationspunkt**: ul. Plażowa 3a, Zwierzyniec
www.roztoczanskipn.pl

# ZIELONA GÓRA · GRÜNBERG

**Wojewodschaft:** Lubuskie | **Höhe:** 120–200 m ü.d.M.
**Einwohner:** 140 000

*In ganz Polen kennt man Zielona Góra als »Weinstadt«. Ein schöner Anblick sind die Weinberge tatsächlich, die sich entlang der Grünberger Höhen ziehen und zu einem der nördlichsten Weinanbaugebiete Europas gehören. Zielona Góra selbst bietet neben guten Tropfen auch eine bildhübsche Altstadt.*

Erstmals erwähnt wurde Grünberg 1302, das Stadtrecht bekam es 1323 vom Piastenfürsten von Glogau und Sagan **Heinrich IV.**; ab Mitte des 14. Jh.s stand es unter böhmischer Herrschaft. Die erste Erwähnung des Weinbaus in Grünberg geht auf das Jahr 1314 zurück; im 15. und 16. Jh. entwickelten sich **Tuchweberei und Weinbau**. Von 1742 bis 1945 stand Grünberg unter preußischer Verwaltung. 1945 fiel die Stadt an Polen.

*In den Weinbergen*

### Drei Herren schätzen Sekt

Grünberger Wein

Im Jahr 1824 taten sich der Mosthändler Samuel Häusler, der Textilfabrikant Friedrich Adolph Gottlob Förster und der Weinbergbesitzer Friedrich August Grempler zusammen, um Sekt herzustellen. Schon 1826 konnten sie den ersten »Grünberger Mousseux« abfüllen, und 1828 gründeten sie mit **Grempler & Cie** die älteste deutsche Sektkellerei. Sie produzierte bis 1944. Zwei Jahre später wurde der Betrieb verstaatlicht. Da aber die Grünberger Weinberge kaum mehr bewirtschaftet wurden, bezog man die Grundweine nun aus Bulgarien und Ungarn und stellte zunehmend auf Obst- und Likörweine um, bis man 1999 Konkurs anmelden musste. Schon nach der politischen Wende blühte der Weinbau jedoch wieder auf und wird heute von vielen privaten Winzern gepflegt, die sich in drei Vereinen organisiert haben und vor allem Weißwein keltern, darunter den Monte Verde (Grünberg).

# ZIELE
## ZIELONA GÓRA · GRÜNBERG

## ZIELONA GÓRA ERLEBEN

**TOURISTENINFORMATION**
Stary Rynek 1
Tel. 68 3 23 22 22
https://visitzielonagora.pl

**EVENTS**
In der dritten Septemberwoche wird die Weinlese mit Polens größtem Weinfest begangen, der Winobranie.

**PALMIARNIA** €€
Im großen Gewächshaus mit tropischen Pflanzen lädt das Palmiarnia zum Essen unter Palmen. Auf der Karte des »Dschungelrestaurants« stehen neben polnischen und vegetarischen Gerichten auch einige exotische Spezialitäten.
ul. Wrocławska 12a
Tel. 68 478 45 50
http://palmiarnia.net.pl

**QUBUS** €€
Das Hotel in der Nähe des Zentrums bietet modern eingerichtete Zimmer, das Restaurant serviert polnische und internationale Küche. Üppiges Frühstücksbuffet.
ul. Ceglana 14a
Tel. 68 3 29 31 00
www.qubushotel.com

An die alten Zeiten erinnern noch der **Weinpark mit dem Gremplerschen Winzerhaus** und dem großen Palmenhaus (heute Restaurant, s. o.). In Zielona Góra beginnt die **Lebuser Wein- und Honigstraße** (Lubuski Szlak Wina i Miodu), die ca. 50 Standorte von Weingütern, Imkern und Museen verbindet.
Wein- und Honigstraße: www.szlakwinaimiodu.pl

## Wohin in Zielona Góra?

### Rund um den Marktplatz
Der **Rynek** ist schon seit dem 13. Jh. das Herz der Stadt und war lange Zeit ein wichtiger Handelsplatz. Das im 15. Jh. erbaute **Rathaus** erhielt seine heutige neoklassizistische Form 1801; nur der 54 m hohe Turm mit dreistöckiger, leicht schief aufgesetzter Haube hat seinen ursprünglichen gotisch-barocken Charakter bewahrt. An der Nordseite sieht man unter einer Glasplatte Fragmente alter Gebäude sowie eine Bodenschicht aus dem 14. Jahrhundert.
Die an der Łącza gelegene, dreischiffige **Hallenkirche St. Hedwig** (Kościół św. Jadwigi) stammt aus den Jahren 1373 bis 1384, wurde einige Male durch Feuer zerstört und immer wieder instand gesetzt, zuletzt 1679. Sie gilt als das älteste Bauwerk der Stadt. Bemerkenswert von der Ausstattung sind ein barocker Orgelprospekt, ein

Altstadt

schmiedeeisernes Gitter aus der Renaissance und einige barocke Grabplatten. Im Südschiff zeigt eine Wandmalerei aus dem 16. Jh. die Grabeskirche in Jerusalem.

Der Fachwerkbau der **ehemaligen evangelischen Kirche** (ul. Mickiewicza) entstand 1746 bis 1748, nachdem die Protestanten unter den Preußen ihre Religion wieder frei ausüben konnten. Heute ist sie die katholische Kirche der Heiligen Mutter Gottes von Tschenstochau (Kościół Matki Boskiej Częstochowskie) Sehenswert sind der spätbarocke Hauptaltar mit einer Kopie der Ikone der Schwarzen Madonna von Tschenstochau, die dreistöckige hölzerne Empore, eine Rokokokanzel in Form einer Lotosblume und ein Taufstein von 1755.

Über 50 in der Stadt verteilte feuchtfröhliche Skulpturen des Weingotts kann man auf dem **Bacchusweg** (Szlak bachusikowy) abwandern. Einen Plan gibt es bei der Touristeninformation.

### Was von der Stadbefestigung übrig blieb

*Hungerturm*

Der 35 m hohe Hungerturm (Wieża Głodowa) am pl. Pocztowy ist ein Rest der mittelalterlichen Stadtbefestigung. Er entstand als Teil des dritten Neuen Stadttores, das 1487 erbaut wurde, und diente einst als Wachturm und Gefängnis. Der barocke Turmhelm stammt aus dem 18. Jahrhundert. Sein ursprünglicher Name »Badeturm« verdankt sich einem seinerzeit in der Nähe gelegenen öffentlichen Bad; gebräuchlicher war jedoch »Hungerturm«.

### Weinanbau und Hexenprozesse

*Museum des Lebuser Lands*

Das Muzeum Ziemi Lubuskiej im ehemaligen **Landratsgebäude** von 1889 dokumentiert mit alten landwirtschaftlichen Geräten und historischem Hausrat die Alltagskultur des Lebuser Lands vom 18. bis zum Beginn des 20. Jahrhunderts, darunter Sammlungen von Uhren, Glasmalereien, sakralaer Kunst und Kunst der Gegenwart. Das »Foltermuseum« stellt die Zeit der Hexenprozesse in Zielona Góra vor. Eine in Polen einmalige Dauerausstellung widmet sich der Geschichte des **Weinbaus und der Weinerzeugung** in der Region.

ul. Niepodległości 15 | Di.-So. 11–17 Uhr | Eintritt: 18 zł
https://mzl.zgora.pl

## | Rund um Zielona Góra

### Noch einmal Wein und Honig

*Freilichtmuseum in Ochla*

Im Freilichtmuseum im 7 km südlich gelegenen Ochla (Muzeum Etnograficzne w Zielonej Górze-Ochli) sind 80 historische Gebäude aus Schlesien, der Niederlausitz und Großpolens versammelt, darunter Werkstätten und auch manches zu Weinbau und Imkerei.

ul. Ochla-Muzealna 5 | Mai–Okt. tgl. 10–17, Nov.–März bis 15 Uhr | Eintritt: 15 zł | https://muzeumochla.pl

## ZIELE
### ZIELONA GÓRA · GRÜNBERG

**Höchste Christusstatue der Welt**
Staunen ist angesagt im Städtchen Świebodzin (Schwiebus, rund  Świebodzin
45 km nördlich von Zielona Góra: Dort wurde im November 2010
nach insgesamt fünfjähriger Bauzeit eine 36 m hohe, 440 t schwere
und mit einer vergoldeten Krone bestückte **Christus-König-Statue**
(Pomnik Chrystusa Króla) fertiggestellt. Die Figur auf einem extra
aufgeschütteten, 15 m hohen Hügel überragt um 6 m den »Cristo
Redentor«, die weltbekannte Christusstatue in Rio de Janeiro, und
um knapp 2 m die Figur »Cristo de la Concordia« im bolivianischen
Cochabamba. Initiiert wurde der durch Spenden finanzierte, millio-
nenteure Bau von Sylwester Zawadzki, dem ehemaligen Gemeinde-
pfarrer von Świebodzin.

**Johanniterburg im Seenland**
Etwa 50 km nördlich von Zielona Góra liegt der kleine Urlaubsort  Łagów
Łagów in der **Lebuser Seenplatte** (Pojezierze Lubuskie) zwischen
den fjordartigen Seen Jezioro Łagowski und Ciecz. Blickfang der hübschen Dorfanlage ist die in der zweiten Hälfte des 14. Jh.s von den
Johannitern erbaute **Burg**. Der von Wehrmauern umgebene Bau besitzt noch zwei Tore aus dem 15. und 16. Jh.: das gotische Polnische
Tor (Brama Polska), ein rechteckiger Backsteinbau, und das
mehrstöckige Marktor (Brama Marchijska). Umgeben von einem im
18. Jh. angelegten Landschaftspark, ist die Burg heute ein stilvolles
Hotel. Etwa 500 m nördlich steht auf dem Falkenberg (Sokoła Góra)
eine gut erhaltene mittelalterliche Festung.

# H
# HINTER-GRUND

*Direkt, erstaunlich, fundiert*

Unsere Hintergrundinformationen beantworten (fast) alle Ihre Fragen zu Polen.

Wie kaum eine andere Stadt steht Gdánsk / Danzig für die wechselvollen polnisch-deutschen Beziehungen. ▶

**HINTERGRUND**
DAS LAND UND SEINE MENSCHEN

# DAS LAND UND SEINE MENSCHEN

*Im Osten viel Neues! Der graue Schleier, der während der sozialistischen Zeit über dem Land lag, ist längst gelüftet. EU-Gelder sorgten für eine ausgezeichnete Infrastruktur, und Polens weltberühmte Restaurateure verwandelten Kirchen und Klöster, Schlösser und Paläste, ja ganze Altstadtensembles wieder in Schmuckstücke. Die Natur lockt mit Stränden, Seen und Bergen.*

## Landschaften

Zwischen Sandstränden und Berggipfeln

Keine Frage – in Polen gibt es viel zu entdecken: An die über 500 km lange Ostseeküste mit ihren weißen Sandstränden schließen sich ausgedehnte Seenplatten und weite Waldgebiete an. Im Süden verlaufen die Gebirgsketten der Sudeten und Karpaten. Und überall gibt es **überraschend viel Platz**: Polen ist fast so groß wie Deutschland, aber nur halb so dicht besiedelt; jenseits der Metropolen ist das Land oft menschenleer. Hier fühlen sich Aktivurlauber wohl: Wassersportler können segeln und surfen, tauchen und Kajak fahren, in den Bergen tummeln sich je nach Saison Wanderer oder Wintersportler. Die schönsten Naturräume werden als Nationalparks bzw. UNESCO-Biosphärenreservate geschützt. Die **Weichsel**, die »Königin der polnischen Flüsse«, durchströmt das Land von Süden nach Norden und eint Gebiete, die lange unter österreichischen Kaisern, preußischen Königen und russischen Zaren aufgeteilt waren. Sie verbindet Warschau und Krakau, die neue mit der alten Hauptstadt.

Geografische Gliederung

Polen wird – ähnlich wie Deutschland – im Norden vom Meer, der Ostsee, und im Süden von Gebirgen, den Sudeten und Karpaten, begrenzt. Seine Landschaften sind als annähernd **parallel verlaufende Streifen** angeordnet. Hinter der Ostseeküste verläuft ein Gürtel von Seenplatten, deren Gewässer zwischen Moränenhügeln liegen. Die Mitte des Landes wird von ebenen Niederungen eingenommen. Den Süden bilden Gebirgsketten von unterschiedlichem Charakter.

Traumstrände, Strandseen und Haffs

Die **traumhaften Strände** ziehen sich mehr als 500 km an der Ostseeküste entlang, meist breit und feinsandig. Hinter dem Strand erstreckt sich ein mit Kiefernwald bewachsener Dünengürtel. Die Meeresströmung, die sich beständig am Ufer entlang nach Osten bewegt, formt(e) die Küste: schmale, sandige Nehrungen trennen kleine Buchten vom offenen Meer und geben ihnen den Charakter von **Strandseen oder Haffs**; Beispiele dafür sind der Leba-See (Jezioro

# HINTERGRUND
## DAS LAND UND SEINE MENSCHEN

Łebsko), der Garder See (Jezioro Gardno) oder der Jamunder See (Jezioro Jamno) an der pommerschen Küste. Weiter östlich ist an der Danziger Bucht das Frische Haff (Zalew Wiślany) nahezu vollständig von der Ostsee getrennt, während die Halbinsel Hela (Hel) weit in die Danziger Bucht hineingewachsen ist, ohne ein geschlossenes Haff zu bilden.

**Drei große Seenplatten** sorgen auch im Binnenland für Wasserfreuden: im Westen die Pommersche Seenplatte (Pojezierze Pomorskie), die parallel zur Ostseeküste verläuft, sowie die Großpolnische Seenplatte (Pojezierze Wielkopolskie). Beide sind von Buchen- oder Buchenmischwäldern umgeben. Im Osten liegt die Masurische Seenplatte (Pojezierze Mazurskie), die sich zwischen Fichtenmischwäldern versteckt. Hier leben auch Tiere und Pflanzen, die aus der sibirischen Taiga einwanderten.

Seen und Wälder

Südlich der Seenplatten schließt sich der breite Gürtel des polnischen Tieflands an. Das dicht besiedelte Gebiet wird in **drei Regionen** eingeteilt: das Großpolnische Tiefland (Nizina Wielkopolska) im Westen, südlich davon die Mittelschlesische Ackerbauebene (Nizina Sląska) und im Osten das Masowische Tiefland (Nizina Mazowiecka).

Tiefland

In der Idylle der weiten masurischen Seenlandschaft versucht
ein junger Petrijünger sein Glück.

**HINTERGRUND**
DAS LAND UND SEINE MENSCHEN

Die Welt der Mittelgebirge
Die polnischen Mittelgebirge erstrecken sich vom Sudetenvorland (Przedgórze Sudeckie) im Westen über das Krakau-Tschenstochauer Jura (Wyżyna Krakowsko-Częstochowska), die Heilig-Kreuz-Berge (Góry Świętokrzyskie) und das Lubliner Hochland (Wyżyna Lubelska) bis zur Hügelkette der Roztocze im Osten. Der Gebirgszug **Krakau-Tschenstochauer Jur**a (Wyżyna Krakowsko-Częstochowska) reicht mit ca. 90 km Länge von Tschenstochau südöstlich bis vor die Tore Krakaus. Die ausgedehnte Platte aus Jurakalk erreicht in der Góra Zamkowa 504 m Höhe ü. d. M.; die Erosion hat sie zerklüftet und eine außergewöhnliche Karstlandschaft entstehen lassen mit scharf eingeschnittenen Tälern, Dolinen und Trichtern, Felsnadeln und Höhlen. Höchster Gipfel der **Heilig-Kreuz-Berge** ist mit 612 m der Lysica. Hier ist das Klima – der geringen Höhe zum Trotz – relativ rau, die Vegetationsperiode zwei Wochen kürzer als im nördlich gelegenen Warschau.

Die langen Kämme der Sudeten
Die Südwest- und die Südgrenze Polens verläuft über die **Sudeten** und die östlich daran anschließenden Karpaten. Getrennt werden die beiden Gebirgszüge von der Mährischen Pforte (Brama Morawska) am Oberlauf der Oder. Die Höhenzüge der Sudeten haben meist die Gestalt von langen Kämmen mit sanften Abhängen und sind mit Fichtenwäldern bewachsen. Die höchste Region der Sudeten ist das **Riesengebirge** (Karkonosze). Seine höchste Erhebung wiederum, die **Schneekoppe** (Śnieżka; 1602 m ü. d. M.), ragt als einzige Bergspitze der Sudeten über die Baumgrenze hinaus.

Die wilde Gebirgswelt der Karpaten
Die **Karpaten** (Karpaty) entstanden vor ca. 70 Mio. Jahren im selben Faltungsprozess wie die Alpen. Der polnische Teil erstreckt sich über 300 km und gliedert sich in die Schlesischen Beskiden (Beskid Sląski), die Hohe Tatra mit von Gletschern geformten Tälern und Karseen und dem höchsten Gipfel Polens, dem **Rysy** (2499 m ü.d.M.). Dann folgen die Niederen Beskiden (Beskid Niski) und die einsamen, wilden Bieszczady oder Ostbeskiden (Beskid Wschodnie), auch Waldkarpaten genannt.

## Pflanzen und Tiere

Flora und Fauna Mitteleuropas
Polen kann mit vielen Pflanzen und Tieren aufwarten, die im sonstigen Europa selten geworden oder schon verschwunden sind. Ansonsten dominiert wie in Deutschland eine typisch mitteleuropäische Flora und Fauna.

Küste, Nord- und Großpolen
Auf den **Dünen an der Ostsee** wachsen Stranddistel, Dünenstiefmütterchen und Strandplatterbse sowie Waldkiefern und Wacholder. Paradoxerweise kann man in den Senken zwischen den trocke-

# HINTERGRUND
## DAS LAND UND SEINE MENSCHEN

nen Dünen feuchte oder gar sumpfige Erlenwälder antreffen. **Sandkiefernwälder mit Heidekraut** prägen überhaupt das Landschaftsbild im Norden und in Großpolen, wachsen aber auch in den sandigen Flussschwemmgebieten.

In den Bergregionen der Sudeten und Karpaten werden die Buchen- und Eichenwälder auf etwa 1200 m Höhe von Mischwäldern und Nadelwäldern abgelöst. Die Krummholzstufe mit Latschen- und Zirbelkiefern und typischen alpinen Krautpflanzen wie Eisenhut und Enzian wächst bis auf etwa 1800 m Höhe; in den Matten blühen Edelweiß, Silberwurz und Alpenrosen.

Bergregionen

Ein augenfälliges Beispiel für die Besonderheiten der polnischen Tierwelt ist der **Storch**, dessen Bestand heute auf etwa 25 000 Paare geschätzt wird. In einigen Dörfern, v. a. in Masuren, kann man bis zu 30 Storchennester zählen. An Frühlingsabenden singen nicht die

Storch, Bär und Elch – Stars der Tierwelt

Masuren ist das Land der Pferde. Milchwirtschaft sorgt für das Einkommen.

**HINTERGRUND**
DAS LAND UND SEINE MENSCHEN

Nachtigallen, sondern die **Sprosser**, auch »Polnische Nachtigall« genannt, und zwar noch schöner und mit größerem Repertoire als Erstere. Wildtiere wie Wölfe oder Luchse zu Gesicht zu bekommen, ist sehr unwahrscheinlich. Dennoch sollten sie in den Karpaten jedes Jahr so viel Rotwild wie die Jäger erlegen. In der Tatra und in den Ostbeskiden (Bieszczady) leben noch **Bären in freier Wildbahn**, in den Sümpfen der Biebrza kann man gelegentlich **Elche** sehen und am Wigry-See bei Suwałki zählt man Dutzende von **Biberburgen**. Der **Wisent** wurde vor dem Aussterben gerettet, indem man ihn in Gefangenschaft vermehrte und dann auswilderte. Heute leben etwa 500 – 600 Tiere in mehreren »Urwald«-Reservaten, v. a. in der Puszcza Białowieska.

*Natur- und Umweltschutz – Erfolge und Niederlagen*

Aufgrund massiven Drucks ökologisch orientierter Bürgerinitiativen wurde 1983 das **Amt für Umweltschutz und Wasserwirtschaft** eingerichtet. Nach der politischen Wende 1990 und der Öffnung Polens zum Weltmarkt gingen zahlreiche Industriebetriebe bankrott. Die Folge war ein spürbarer Rückgang der Umweltbelastungen. Sie wurden in den letzten Jahren durch den Bau von Klärwerken, die Einrichtung moderner Abfallsysteme und die Umstellung von Kohle- auf Gasheizung weiter abgebaut. In jüngster Zeit sieht die Bilanz weniger rosig aus, so wurden Schiefergas-Probebohrungen im Fracking-Verfahren genehmigt, und als einziges EU-Land hat Polen gegen den **»Klimaschutz-Plan 2050«** votiert.

*Nationalparks*

In **23 National- und 70 Landschaftsparks** sowie in mehr als 1000 kleineren Schutzgebieten und Reservaten – **insgesamt etwa 20 % der Landesfläche** – wird die Natur unter besonderen Schutz gestellt. Polens spektakulärste, zu Nationalparks erklärte Landschaften sind die ans Meer grenzenden Riesendünen (Słowiński Park Narodowy) und der Urwald von Białowieża (Białowieski Park Narodowy), das Riesengebirge (Karkonoski Park Narodowy), die Hohe Tatra (Tatrzański Park Narodowy) sowie die Waldkarpaten (Bieszczadzki Park Narodowy) im Dreiländereck Polen-Slowakei-Ukraine.

## Ein homogenes Volk

*Bevölkerungsstruktur*

Polen ist **ethnisch wie konfessionell eines der homogensten Länder in der Europäischen Union**. Von den ca. 38 Mio. Bürgern sind über 95 % ethnische Polen, von denen sich die allermeisten zum römisch-katholischen Glauben bekennen. Die restlichen 5 % derEinwohner mit polnischer Staatsangehörigkeit setzen sich aus vielen Minderheiten zusammen: Zu ihnen gehören vor allem Ukrainer, außerdem Deutsche, Weißrussen, Slowaken, Tschechen, Litauer, Roma, Juden und Kaschuben.

**HINTERGRUND**
DAS LAND UND SEINE MENSCHEN

Spannend ist eine Reise in den polnischen Osten, wo Litauer, Weißrussen und Russen, ukrainisch geprägte Bojken und Lemken leben. In Städten wie Białystok stößt man auf orthodoxe Gotteshäuser mit goldenen Riesenkuppeln und Ikonen. Auf dem Land überraschen ganz aus Holz gezimmerte Kirchen mit tief herabgezogenen Schindeldächern. Ebenfalls ganz aus Holz sind die Mini-Moscheen in den **Tatarendörfern** an der Grenze zu Weißrussland – wie aus der Zeit gefallen wirkt Polens moslemische Enklave. Insgesamt leben in Polen nur ca. 4000 Muslime, Nachfahren der Tataren, die im 14. Jh. nach Polen kamen.
Überall stößt man auf einstige Stetl. In Polen lebten vor 1939 ca. 3,3 Mio. **Juden**. Von ihnen überlebten 300 000 bis 500 000 den Naziterror; heute hat die jüdische Gemeinde Polens ca. 12 000 Mitglieder. Die meisten Synagogen und Friedhöfe wurden zerstört.

*Polens wilder Osten*

Auch wenn in Polen – abgesehen von den Ukrainern – wenige Menschen mit Migrationshintergrund leben, so haben doch viele Polen **Auslandserfahrung**. Zur »Polonia« werden 18 bis 20 Mio. Menschen gezählt; die meisten von ihnen zog es in die USA, nach Deutschland und Großbritannien.

*Polen im Ausland*

Bei der Reise durch das Nachbarland wird man Zeuge einer Vielzahl widersprüchlicher Entwicklungen und Tendenzen. Viele Polen, die aus dem Ausland heimgekehrt sind, bringen mit neuen Ideen notwendigen Schwung ins Land. Cafés, Bars und Restaurants sind allgegenwärtig. 62 % der Bevölkerung leben heute in Städten. Am dichtesten besiedelt sind das Industrierevier im Dreieck – Kattowitz – Bielsko-Biała – Krakau und die Regionen um Warschau, Danzig, Posen und Łódź. Lebensstile und Moden in Polen unterscheiden sich dort kaum von denen in den Ländern Westeuropas. Dank MTV Music 24-Polski werden die gleichen Charts gespielt, Teenies kleiden sich wie ihre Pop-Idole und hantieren wie anderswo am liebsten mit dem Smartphone.

*Aufschwung in den Metropolen*

Die schöne neue Welt in den Kernzonen der großen Städte kann über die **kritische Lage in der Provinz** nicht hinwegtäuschen. Da überrascht es nicht, dass der größte Bevölkerungsrückgang im letzten Jahrzehnt in den ländlichen Regionen längs der Ostgrenze zu beobachten war.

*Stagnation in der Provinz*

## Staat und Verwaltung

Polen ist ein großer Flächenstaat, der trotz föderaler Dezentralisierung in 16 Provinzen (Wojewodschaften) noch immer weitestgehend zentral gelenkt wird.

*Schaltzentrale Warschau*

## HINTERGRUND
### DAS LAND UND SEINE MENSCHEN

OBEN: Viele Polen zeigen an kirchlichen Festen ihren katholischen Glauben, so an Fronleichnam in Breslau.

UNTEN: In Warschau geht es mancherorts weniger streng zu.

## HINTERGRUND
## DAS LAND UND SEINE MENSCHEN

1997 trat Polens **neue Verfassung** in Kraft. In ihr wird Polen als demokratischer, laizistischer Rechtsstaat definiert, der den Prinzipien der Gewaltenteilung und der sozialen Gerechtigkeit verpflichtet ist. Die Wirtschaftsordnung beruht auf den Grundsätzen der Marktwirtschaft. Staatsoberhaupt ist der auf fünf Jahre direkt gewählte **Präsident**. Er ist nicht nur Polens oberster Repräsentant, sondern zugleich Oberbefehlshaber der Streitkräfte. Der Präsident schlägt den **Ministerpräsidenten**, den Repräsentanten der parlamentarischen Mehrheit, vor, der durch den Sejm (s. u.) bestätigt werden muss. Der Ministerpräsident entscheidet über die Auswahl der Minister.

*Verfassungsorgane*

Die Legislative besteht aus einem Zweikammersystem: dem **Sejm** mit 460 und dem **Senat** mit 100 Abgeordneten. Die Abgeordneten beider Häuser werden in geheimen Wahlen auf vier Jahre gewählt, wahlberechtigt sind alle Bürger über 18 Jahre. Gewählt wird der Sejm nach unmittelbarem, proportionalem Wahlrecht, der Senat als Vertretung der Regionen nach relativem Wahlrecht (zwei bis drei Mandate aus 40 Wahlkreisen, vier Mandate aus Warschau).

*Legislative*

Die dreistufige Verwaltungsgliederung besteht aus den Wojewodschaften (vergleichbar den deutschen Bundesländern), Kreisen bzw. kreisfreien Städten und Gemeinden. Mit der Verwaltungsreform von 1999 kam Polen der EU-Forderung nach, die Zahl der Wojewodschaften drastisch zu kürzen, um das »Europa der Regionen« zu stärken. Statt 49 gibt es seither **16 Wojewodschaften** mit eigenem Haushalt und Parlament (▶ Baedeker Wissen, S. 368).

*Verwaltungsgliederung*

Die **Polarisierung der polnischen Gesellschaft** spiegelt sich in der Parteienlandschaft. Dabei kommt der **Linken** heute nur noch die Rolle eines Mehrheitsbeschaffers und Juniorpartners zu. Im Januar 1990 war die Polnische Vereinigte Arbeiterpartei (PZPR) nach 42-jähriger Vorherrschaft aufgelöst worden. Ihre Nachfolgerin, die Allianz der Demokratischen Linken (SLD), vertrat sozialdemokratische Positionen und machte sich für eine soziale Marktwirtschaft sowie den Eintritt Polens in die NATO und EU stark. Ab 2005 ging es mit ihr jedoch bergab: Führende Politiker waren in Korruptionsaffären verstrickt, bei den folgenden Wahlen erreichte sie nur um die 10 %. Auch 2023 kam der Zusammenschluss linker Parteien (Lewica) nur auf magere 8,9 %, was immerhin reichte, an dem gegen die politische Rechte geschmiedeten Bündnis mitzuwirken.
Die politische **Mitte** sammelte sich in der vom ehemaligen EU-Ratspräsidenten Donald Tusk geführten Bürgerplattform (Platforma Obywatelska – PO). Bei Ihrer Gründung 2002 war sie Ausdruck des Protests gegen erstarrte Strukturen im linken Machtapparat. 2007 wurde Tusk Regierungschef, koalierte mit der Polnischen Volkspartei PSL und betonte die Partnerschaft mit Deutschland. Viele Projekte zur Verbesse-

*Parteien*

▶ polnische Schreibweise:

**RZECZPOSPOLITA POLSKA**

**Fläche:**
**312 678 km²**

**Einwohner:**
**37,1 Mio.**
(zum Vergleich: Deutschland **83,3 Mio.**)

**Bevölkerungsdichte:**
**123 Einwohner/km²**

**Hauptstadt:**
**Warszawa (Warschau)**

---

## ▶ Staat

**Parlamentarische Demokratie**
**Staatspräsident:** Andrzej Duda (seit August 2015)
**Regierungschef:** Donald Tusk (seit Dezember 2023)
**Parlament:** Sejm und Senat

**Religionszugehörigkeit:**
**Römisch-Katholisch:** 87,2%
**Polnisch-Orthodox:** 1,3%
**Evangelisch-Lutherisch:** 0,2%
**Andere/keine:** 11,3%

## ▶ Staatsflagge und -wappen

Das Wappen zeigt einen weißen Adler mit goldener Krone auf rotem Grund.

## ▶ Wojewodschaften

Polen hat 16 Verwaltungsbezirke (Wojewodschaften).

- **A** **Zachodnio-Pomorskie** Einwohner: **1,7 Mio.**
- **B** **Pomorskie** Einwohner: **2,3 Mio.**
- **C** **Warmińsko-Mazurskie** Einwohner: **1,4 Mio.**
- **D** **Podlaskie** Einwohner: **1,2 Mio.**
- **E** **Lubuskie** Einwohner: **1,0 Mio.**
- **F** **Wielkopolskie** Einwohner: **3,4 Mio.**
- **G** **Kujawsko-Pomorskie** Einwohner: **2,1 Mio.**
- **H** **Łódzkie** Einwohner: **2,5 Mio.**
- **I** **Mazowieckie** Einwohner: **5,3 Mio.**
- **J** **Dolnośląskie** Einwohner: **2,9 Mio.**
- **K** **Opolskie** Einwohner: **1,0 Mio.**
- **L** **Śląskie** Einwohner: **4,6 Mio.**
- **M** **Świętokrzyskie** Einwohner: **1,3 Mio.**
- **N** **Lubelskie** Einwohner: **2,1 Mio.**
- **O** **Małopolskie** Einwohner: **3,4 Mio.**
- **P** **Podkarpackie** Einwohner: **2,1 Mio.**

## ▶ Wirtschaft

**Bruttoinlandsprodukt** (2023): 842 Mrd. US-$

**Durchschnittlicher Monnatsverdienst:** 5100 Złoty (ca. 1100 €)

**Arbeitslosenquote:** 2,8 % (2023)

**Anteil am BIP:**

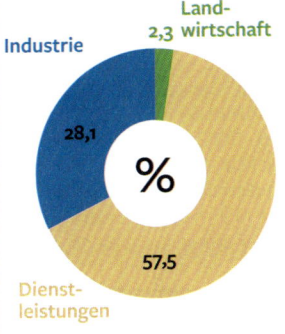

Industrie 28,1
Landwirtschaft 2,3
Dienstleistungen 57,5

## ▶ Klimastation Warschau

Durchschnittstemperaturen

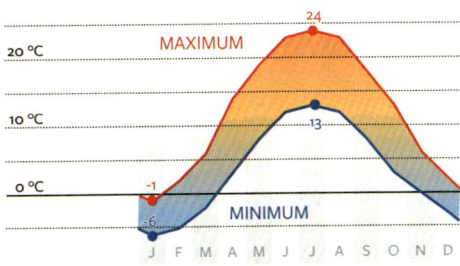

Niederschlag

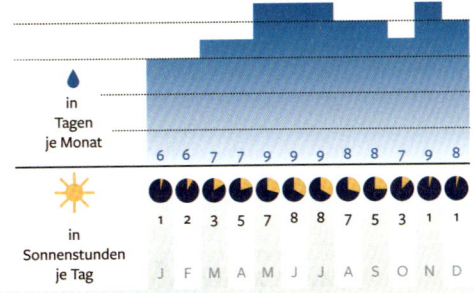

in Tagen je Monat: 6 6 7 7 9 9 9 8 8 7 9 8

in Sonnenstunden je Tag: 1 2 3 5 7 8 8 7 5 3 1 1

J F M A M J J A S O N D

## ▶ Die größten Seen Masurens

### *Jezioro Śniardwy*
*Spirdingsee*

Fläche **113,8 km²**
Tiefe **23,5 m**

5 km

### *Jez. Mamry*
*Mauersee*

(setzt sich aus sechs Becken zusammen)

Fläche **104,5 km²**    Tiefe **43,5 m**

### *Jez. Niegocin*
*Löwentinsee*

Fläche **26,5 km²**
Tiefe **40 m**

### *Jez. Roś*
*Roschsee*

Fläche **19 km²**
Tiefe **32 m**

### *Jez. Tałty*
*Talter Gewässer*

Fläche **18,5km²**
Tiefe **50,8 m**

### *Jez. Nidzkie*
*Niedersee*

Fläche **18 km²**
Tiefe **23,5 m**

## HINTERGRUND
### DAS LAND UND SEINE MENSCHEN

rung der Infrastruktur wurden realisiert, das Renteneintrittsalter für Frauen und Männer nach Brüsseler Vorgaben angehoben. Der Beitritt zur Eurozone blieb allerdings aus, und die anvisierten Steuersenkungen scheiterten. Vor Korruption war auch die PO nicht geschützt: Mitglieder des Kabinetts waren 2010 in die »Glücksspielaffäre« verwickelt. Im selben Jahr machte PiS-Chef Władysław Kaczyński Tusk (und den russischen Geheimdienst) mitverantwortlich für den Tod des Präsidenten, seines Zwillingsbruders Lech, der beim Absturz seiner Maschine auf dem Weg zu einer Gedenkveranstaltung in Katyń ums Leben gekommen war. Einen starken Vertrauensverlust erlebte die PO durch die 2014 veröffentlichten Mitschnitte von Gesprächen einiger Regierungsmitglieder in Luxusrestaurants, die sich höchst vulgär über die politischen Grundsätze und Richtlinien der von ihnen gestellten Regierung ausließen und sie damit klar konterkarierten. Hatte die PO bei den Wahlen 2007 noch 41,5 % der Stimmen erreicht, waren es 2015 nur noch 24,1 %. Tusk zog sich aus der polnischen Politik zurück, fungierte als erfolgreicher EU-Ratspräsident (2014–2019) und Vorsitzender der Europäischen Volkspartei EVP (2019–2022).

Ab 2015 dominierte die politische **Rechte** für acht Jahre die Politik Polens. Die nationalistische Partei »Recht und Gerechtigkeit« (PiS = Prawo i Sprawiedliwość) gewann die absolute Mehrheit, ihr unumstrittener Chef war **Władysław Kaczyński**. Der streng katholische Nationalist steuerte einen europakritischen Kurs und ging mit dem Kampf gegen Homosexuelle, einem verschärften Abtreibungsgesetz, der Justizreform und der Flüchtlingspolitik auf Konfrontation mit Brüssel. PiS-Leute wurden in Führungspositionen von Museen und anderen Kulturinstitutionen gehievt. Der Mehrheit im EU-Parlament waren auch die »volksnahen« Beschlüsse der PiS ein Dorn im Auge: Förderung ärmerer Regionen, Ausbau der Sozialleistungen, Senkung des Renteneintrittalters, Erhöhung des Kindergeldes. Gegenüber Deutschland wurden Reparationsforderungen für im Zweiten Weltkrieg verursachte Schäden erhoben. Seinem innenpolitischen Gegner Tusk warf Kaczyński vor, er sei eine Marionette Deutschlands und verfolge russische Interessen. Die »russische Einflussnahme« sollte von einer im August 2023 gegründeten Untersuchungskommission geklärt werden.

*Wahlen 2023* Bei den Parlamentswahlen im Oktober 2023 jedoch blieb die PiS mit 35,4 % zwar stärkste Partei, erreichte aber zusammen mit der ultrarechten Konfederacja nur 212 von 460 Mandaten. Das Bündnis KO (Bürgerkoalition) aus PO (seit 2021 wieder von Donald Tusk geführt), der wirtschaftsliberalen Partei Nowoczesna und den Grünen erreichte 30,7 % und kam zusammen mit dem Mitte-Rechts-Bündnis TD (Dritter Weg) und der Linken auf 248 Mandate. Sie bilden nun die neue Koalitionsregierung unter Tusk. Die Wahlbeteiligung war mit 73,9 % so hoch wie nie zuvor seit 1990.

**HINTERGRUND**
DAS LAND UND SEINE MENSCHEN

## ▍Wirtschaft

Polens Wirtschaft wächst nach wie vor – auch dank der Existenz einer eigenen Währung, die zwecks Exportankurbelung abgewertet werden kann. Nach der Wende 1990 wurde der Plan durch den Markt, die sozialistische durch die kapitalistische Wirtschaftsordnung ersetzt. Dem Land wurde ein »Stabilisierungs- und Anpassungsprogramm« verordnet, dessen Umsetzung von den westlichen Industriestaaten honoriert wurde: 1991 erließen sie Polen einen großen Teil seiner Auslandsschulden.

Nach der Planwirtschaft

Zunächst wurde die Privatisierung in Angriff genommen: Der Staat, der bis zu diesem Zeitpunkt alle Betriebe kontrolliert hatte, begann diese zu veräußern. Ziel war, die Waren konkurrenzfähiger, d. h. kostengünstiger zu produzieren. Hunderttausende Arbeitskräfte wurden entlassen, die Arbeitslosenzahl stieg daraufhin innerhalb kurzer Zeit rasant an. Zugleich wurden die Löhne auf niedrigstem Niveau eingefroren und die Preise freigegeben, was eine mehrjährige Hyperinflation zur Folge hatte. Außerdem wurde der Złoty abgewertet, um ausländische Direktinvestitionen und polnische Exporte zu verbilligen.

Privatisierung

Seit 1991 haben die Länder der Europäischen Union die Nachfolgestaaten der ehemaligen Sowjetunion als wichtigste Handelspartner Polens abgelöst. Mit dem **EU-Beitritt** 2004 wurde diese Tendenz festgeschrieben, sodass das Land mittlerweile eine positive Handelsbilanz vorweisen kann. Deutschland ist sowohl größter Exporteur nach Polen als auch größter Importeur polnischer Waren; wichtigste ausländische Investoren sind Frankreich und Großbritannien.

Außenhandel

Im Mai 2011 endete die Übergangsfrist, mit der sich die »alte« EU die Billiglohnkonkurrenz der neuen Beitrittsländer sieben Jahre lang vom Leib gehalten hatte. Die Polen haben seitdem **freien Zugang zum europäischen Arbeitsmarkt**, und seither hat die Zahl der Arbeitsmigranten und Arbeitspendler aus Polen stark zugenommen, auch in Deutschland. Sehr viele zog es jedoch zuvor schon nach Großbritannien, das sich bereits 2004 geöffnet hatte; nach dem Brexit ist ihr weiterer Aufenthalt dort unsicher.

Öffnung des Arbeitsmarkts

Polen verfügt über beträchtliche Mengen an Bodenschätzen, darunter Kupfer und Silber. Der wichtigste Rohstoff, die **Steinkohle**, wird hauptsächlich im Oberschlesischen Kohlebecken abgebaut, eines der größten Fördergebiete in Europa. Seine Vorräte, die in einer Tiefe von bis zu 1000 m liegen, werden auf 38 Mrd. t geschätzt. Die Jahresproduktion des Landes liegt bei 58 Mio. t, das sind knapp 6 % der Weltförderung.

Bergbau

## HINTERGRUND
## DAS LAND UND SEINE MENSCHEN

Energie-
wirtschaft

Die Energieerzeugung stützt sich fast ausschließlich auf **Braun- und Steinkohle**; erneuerbare Energien spielen kaum eine Rolle. Auf der UN-Klimaschutzkonferenz 2013 in Warschau votierte das Land gegen die EU-Klimaschutzziele, da es eine Beeinträchtigung seiner Wettbewerbsfähigkeit fürchtete. Für Polen ist darüber hinaus die Unabhängigkeit von Energielieferanten – insbesondere von Russland – von entscheidender Bedeutung. Das Land, das bislang keine Atomkraftwerke betreibt, sieht deshalb im Klimaplan bis 2040 den **Ausbau der Atomenergie** vor: Sechs Kraftwerke sind geplant, zwei davon an der Ostseeküste in der Nähe von Danzig, wo 2033 der erste Reaktorblock in Betrieb gehen könnte

Industrie

Mit einem Anteil von 5% am Bruttosozialprodukt ist die **Automobilindustrie** nach der Nahrungsmittelproduktion der zweitwichtigste Faktor im industriellen Bereich. Ca. 60% der Produktion macht die Zulieferindustrie aus. Größter Fahrzeughersteller ist historisch bedingt Fiat in Tychy (der Polski Fiat wurde schon von 1934 an gebaut), PSA baut den Opel Astra in Gliwice (Gleiwitz), VW kleine Nutzfahrzeuge in Poznán und Wrzesnia und MAN Lastkraftwagen in Kraków. Eine rein polnische Firma war bis zum Verkauf an spanische und Schweizer Investoren der Omnibus- und Straßenbahnhersteller Solaris (ehemals Neoplan) mit Sitz in Bolechowo-Osiedle bei Poznán.
Weitere bedeutende Sektoren der verarbeitenden Industrie sind **Maschinenbau** und Elektrotechnik; renommiert ist der Werkzeug- und der Bergbaumaschinenbau. Der Landmaschinenbau (Agripol, Unia) kämpft mit einer durch die geringen Betriebsgrößen bedingten eher schwachen inländischen Nachfrage.
Die **chemische Industrie** liefert den im Agrarland Polen in großen Mengen benötigten Kunstdünger; die Petrochemie für die Versorgung mit Treib- und Schmierstoffen sowie Kunststoffen ist in Płock und in Gdańsk konzentriert.
Die **Holz- und Möbelindustrie** zählt zu den größten weltweit. Produziert wird in einer Vielzahl von Klein- und Kleinstbetrieben; die modernen Großbetriebe v. a. im östlichen Polen sind stark exportiertorientiert. Die **Glasindustrie** ist bei den großen Sandvorkommen in Mittelpolen, Schlesien und bei Sandomierz angesiedelt.

Landwirt-
schaft

Erstaunlicherweise war Polens Landwirtschaft in der sozialistischen Ära nicht kollektiviert. Das erklärt, weshalb im Osten des Landes immer noch **kleinbäuerliche Strukturen** vorherrschend sind. Denn sie profitierten nicht von den von der EU gewährten Fördermitteln, die nach dem EU-Beitritt 2004 zu einem großen Teil in die Landwirtschaft flossen. Ziel war eine umfassende Strukturreform: weg von kleinen und unrentabel arbeitenden hin zu großen und modernen Betriebseinheiten. Doch nur Betriebe ab einer bestimmten Größe erhielten auch großzügige Subventionen zur Anschaffung teurer Ma-

**HINTERGRUND**
DAS LAND UND SEINE MENSCHEN

Im Osten Polens ist die Landwirtschaft noch sehr kleinteilig strukturiert und technisch nicht immer auf einem zeitgemäßen Stand.

schinen. Im Westen des Landes dagegen arbeiten inzwischen große Güter als Filialen westlicher Konzerne. Generell verdienen die Menschen auf dem Land deutlich weniger als in der Großstadt, nur selten übersteigt ihr monatliches Einkommen 3000 Zloty (umgerechnet etwa 670 Euro).

Unter den zehn umsatzstärksten polnischen Unternehmen finden sich allein sechs aus dem Bereich Erdöl, Erdgas und Energierzeugung. Spitzenreiter ist der Mineralölkonzern **PKN Orlen** mit Sitz in Płock, der seit 2020 auch ein Spitzenunternehmen im polnischen Zeitungs- und Onlinegeschäft ist. Mit deutlichem Abstand folgt Jeronimo Martins Polska (Biedronka), ein Ableger eines portugiesischen Einzelhandelskonzerns. Auf Platz drei taucht wieder ein Mineralölkonzern auf: PGNiG Group mit Sitz in Warschau.

Große Unternehmen

Der Tourismus trägt nicht unerheblich zum Bruttosozialprodukt bei: 22,2 Mio. Übernachtungen wurden 2022 gezählt und dazu eine wesentlich größere Menge an Tagesbesuchern. Die meisten Touristen kamen **aus Deutschland**, gefolgt von den Tschechen; die Deutschen gaben auch am meisten aus, Ukrainer und US-Bürger folgen dahinter.

Tourismus

**HINTERGRUND**
GESCHICHTE

# GESCHICHTE

*Wie kaum ein anderes Land hatte Polen unter seinen Nachbarn zu leiden. Gleich mehrmals wurde das Land unter Deutschen, Österreichern und Russen »aufgeteilt«, für 123 Jahre verschwand es sogar komplett von der politischen Landkarte. Trotz alledem bewahrten die Polen ihre nationale Identität und den Drang nach Freiheit, die sie schließlich wieder erkämpften.*

## ▍ Vorgeschichte und frühes Mittelalter

Stein- und Bronzezeit
Das Gebiet des heutigen Polen war schon um 18 000 v. Chr. besiedelt, worauf archäologische Funde am Wawelhügel in Krakau hinweisen. Ab etwa 4000 v. Chr. stießen von Süden Träger der **Bandkeramik-Kultur** zu Oder und Weichsel vor. In der Folge entstand in den Heilig-Kreuz-Bergen eines der größten Feuersteinbergwerke Europas mit 700 Schächten auf einer Fläche von 400 ha. Die Verarbeitung von Bronze ab ca. 2000 v. Chr. ermöglichte die Herstellung besserer Werkzeuge und Waffen. Ab 1300 v. Chr. ließen sich **Kelten**, später auch **Skythen** zwischen Weichsel und Bug nieder und gründen erste befestigte Niederlassungen. Töpferscheibe und Eisenverarbeitung lösten einen neuen Zivilisationsschub aus. Aus der so genannten Lausitzer Kultur stammt die **Inselfestung Biskupin**, deren Wellenbrecher und Wälle ein symmetrisch angelegtes Straßennetz umschließen. Die 1933 wiederentdeckte Siedlung gilt als europaweit wichtigste Fundstätte der Eisenzeit.

Am Rande des Römischen Reichs
Germanische Stämme drängten die Kelten zurück, gleichzeitig stießen die skandinavischen **Goten** und **Gepiden** nach Weichselpommern vor. Das Volk der **Veneder** (Wenden), nach Meinung einiger Historiker Vorfahren der Westslawen, behauptete sich an der Mährischen Pforte im heutigen Dreiländereck Polen – Tschechien – Slowakei. Münzfunde belegen Handelskontakte mit dem Römischen Reich im 1. Jh. v. Chr., meist aber wurden die von der italienischen Halbinsel importierten Waren mit Eisen und Erz bezahlt. Auch Bernstein war ein lukratives Tauschgut, das auf der »Bernsteinstraße« von der Ostsee über Böhmen ans Mittelmeer gebracht wurde. Aus jener Zeit stammt auch die erste Erwähnung eines Orts im heutigen Polen: Der römische Autor **Ptolemäus** sprach von Calisia, womit wahrscheinlich Kalisz gemeint war.

Völkerwanderung
Unter dem Druck der Völkerwanderung zerfiel das Römische Reich, und es entwickelten sich neue Herrschaftsverbände. Aus dem Osten kamen die **Slawen** ins Gebiet des heutigen Polen, die sich wegen der

**HINTERGRUND**
GESCHICHTE

Bedrohung durch die südlich angrenzenden **Awaren** in Stammesverbänden organisierten. Verstärkte Handelsbeziehungen mit den Ostseeanrainern führten zur Gründung von Häfen. Auf der Insel entstand Wollin entstand einer der größten Häfen im damaligen Europa.

## Herrschaft der Piasten

844 erwähnte der anonyme »Bayrische Geograph« slawische Stämme östlich der Elbe. Sie unterhielten weitläufige Handelskontakte bis Byzanz im Osten und bis zu den Britischen Inseln im Westen. Die **Wislanen** (Weichselbewohner) gerieten zunehmend in den Einflussbereich des südlich angrenzenden Großmährischen Reichs, das unter dem Banner der christlichen Mission seine Expansion vorantrieb. Die **Polanen** an der mittleren Warthe schützten sich durch einen straff organisierten Herrschaftsverband, der ab ca. 960 von **Fürst Piast** angeführt wurde, dem Stammvater der Piastendynastie. Als Gründer des polnischen Staats galt **Mieszko I.** (reg. 963–992). 966 ließ er sich und sein Volk taufen und stellte sich damit unter den Schutz des Papstes, der damals einzig gültigen internationalen Rechtsinstanz. Damit entzog er nicht nur seinen Nachbarn die Rechtfertigung für einen »gerechten Krieg«, sondern konnte selbst mit päpstlicher Unterstützung missionierend tätig werden. Er eroberte heidnisches Territorium und beherrschte bald das Gebiet zwischen Oder und Warthe. 968 gründete er in Poznań (Posen) ein erstes Bistum. Sein Sohn **Bolesław I.** versuchte, sein Herrschaftsgebiet auszuweiten. Er besetzte Böhmen, Mähren und die Lausitz und unternahm Feldzüge gen Kiew. Sie endeten zwar erfolglos, doch gelang es ihm, mehrere Burgen im heutigen Südosten des Landes zu erobern.

Staatsgründung

Unter Bolesławs Nachfolgern zerfiel das Reich: Nach dem Vordringen böhmischer Truppen im Südwesten wurde 1038 die Hauptstadt von Gnesen nach Krakau verlegt. Zum Niedergang trug das nach dem Tod Bolesławs III. (1138) eingeführte **Senioratsprinzip** bei, demzufolge jeder seiner vier Söhne ein Teilfürstentum erhielt. In den folgenden Jahren splitterte sich allein Schlesien in 18 kleinere Fürstentümer auf, deren Herrscher zwecks Landerschließung deutsche Siedler anwarben und Städte nach deutschem Recht gründeten. Besonders unter **Heinrich I.** und dessen Frau, der aus dem bayerischen Andechs stammenden Hedwig, wurde die »deutsche Ostsiedlung« vorangetrieben. Der Tatarenfeldzug 1241, bei dem viele Städte zerstört wurden, hemmte diese Entwicklung nur vorübergehend.

Zerfall des polnischen Staats

Unterdessen wuchs an Polens Nordostflanke ein starker Konkurrent heran: 1225 hatte Fürst **Konrad I. von Masowien**, einer der polnischen Teilfürsten im Gebiet rund um Warschau, den Deutschen Or-

Deutscher Orden

## HINTERGRUND
GESCHICHTE

# EPOCHEN

## VORGESCHICHTE UND FRÜHES MITTELALTER
| | |
|---|---|
| 18 000 v. Chr. | Erste Besiedlung des Krakauer Wawel-Hügels |
| 1. Jh. v. Chr. | Handelskontakte germanischer Stämme im Gebiet des heutigen Polen mit dem Römischen Reich |
| 5. Jh.–9. Jh. | Vorrücken von Slawen |

## HERRSCHAFT DER PIASTEN
| | |
|---|---|
| 10. Jh. | Gründung des polnischen Staats durch Mieszko I. |
| 968 | Gründung des ersten Bistums Polens in Poznań |
| 1138 | Zerfall des Reichs nach dem Tod von König Bolesław III. |
| 14. Jh. | Wiedervereinigung Polens unter König Władysław I. |

## HERRSCHAFT DER JAGIELLONEN
| | |
|---|---|
| 1410 | Schlacht bei Grunwald: Niederlage des Deutschen Ordens |
| 1466 | Endgültige Kapitulation des Deutschen Ordens |
| 1569 | »Lubliner Union«: Vereinigung von Polen und Litauen |

## DIE ADELSREPUBLIK UND IHR ENDE
| | |
|---|---|
| 1505 | »Nihil Novi« |
| 1772/1793 | Erste und zweite polnische Teilung |
| 1795 | Dritte Teilung und Tilgung Polens von der Landkarte |
| 1830–1863 | Erste Aufstände gegen die Besatzungsmächte |

## DIE WIEDERGEBURT POLENS
| | |
|---|---|
| 1918 | Gründung eines souveränen polnischen Staates |
| 1926 | Staatsstreich von General Piłsudski |
| 1934 | Nichtangriffspakt zwischen Deutschland und Polen |

## DER ZWEITE WELTKRIEG
| | |
|---|---|
| 1.9.1939 | Kriegsbeginn mit dem Angriff Deutschlands auf Polen |
| 1943 | Aufstand der Juden im Warschauer Ghetto |
| 1944 | Aufstand der Polnischen Heimatarmee in Warschau |

## DAS SOZIALISTISCHE POLEN
| | |
|---|---|
| ab 1947 | Einbindung in den »Ostblock« |
| 1955 | Unterzeichnung des Warschauer Pakts |
| 1970 | Streiks der Danziger Werftarbeiter |
| 1980 | Offizielle Anerkennung der Gewerkschaft Solidarność |
| 1980–1983 | Kriegsrecht |
| 1.1.1990 | Verfassungsänderung: Umbenennung der Volksrepublik Polen in Republik Polen und Änderung der Staatsform in einen »demokratischen Rechtsstaat« |

## HINTERGRUND
## GESCHICHTE

### NACH DER WENDE
| | |
|---|---|
| 1990 | Wahl Lech Wałęsas zum Staatspräsidenten |
| 1999 | Beitritt zut NATO |
| 2004 | Beitritt zur Europäischen Union |
| 2015 | Parlamentswahlen: Sieg der rechtskonservativen PiS |
| 2022 | Russlands Krieg gegen die Ukraine löst die Flucht vieler Ukrainer gen Westen aus, besonders nach Polen. |
| 2023 | Parlamentswahlen: Sieg der neoliberalen PO im Bündnis mit dem konservativen »Dritten Weg« und der Linken |

---

den für die Unterwerfung der Pruzzen angeworben. Mit Feuer und Schwert wurden die Heiden »befriedet«, ihr Land 1289 dem Deutschen Orden unterstellt. Die Ordensritter gründeten einen eigenen, straff organisierten Staat, der schon bald in einen lang andauernden Konflikt mit seinen Nachbarn geriet (▶ Baedeker Wissen, S. 222).

Die Herrschaft von König **Władysław I.** (reg. 1306–1333) beendete die Zeit der territorialen Zersplitterung: Groß- und Kleinpolen, d. h. das Kernland um Posen (Polonia maior) und die später dazu gewonnenen Gebiete um Krakau (Polonia minor), wurden vereint. Unter seinem Sohn **Kazimierz III.** dem Großen (reg. 1333–1370) wurden Teile der heutigen Ukraine eingenommen. Dank der Bemühung um gute Beziehungen zum Deutschen Orden und zu Böhmen blieben Polens Grenzen im Norden, Westen und Süden stabil. 1364 gründete Kazimierz III. in Krakau die erste Universität des Landes und förderte den **Zuzug von Juden**, was den erhofften Aufschwung von Handwerk und Handel mit sich brachte. *Staatliche Stabilisierung*

Mit dem Tod von Kazimierz III. erlosch die Piasten-Dynastie; Ludwik I. von Ungarn übernahm die Herrschaft in Polen (reg. 1370–1382). Da auch er ohne männlichen Nachkommen blieb, »erkaufte« er die Thronfolge für seine Tochter **Jadwiga** (reg. 1382–1399), indem er dem Adel einige Sonderrechte gewährte. Dieser wiederum setzte durch, dass Jadwiga den litauischen, zum Christentum konvertierten Großfürsten heiratete. Durch das Bündnis beider Reiche sollte die weitere Ostexpansion des Ordensstaats gebremst werden. **Władysław II.** Jagiełło, der neue König von Polen und Litauen, begründete die Dynastie der Jagiellonen, die über den damals flächenmäßig größten europäischen Staat herrschten. *Bündnis mit Litauen*

## Herrschaft der Jagiellonen

Bei Grunwald (Grünfeld) kam es am 15. Juli 1410 zur ersten großen Konfrontation zwischen Polen-Litauen und dem Deutschen Orden: In der größten Schlacht des Mittelalters – auch als **»Schlacht bei Tan-** *Schlacht bei Grunwald*

**HINTERGRUND**
GESCHICHTE

nenberg« bekannt –, an der 40 000–60 000 Soldaten teilnahmen, wurden die Ordensritter vernichtend geschlagen (▶ Baedeker Wissen, S. 223). Allerdings konnten sie einen vorteilhaften Friedensschluss durchsetzen: Sie mussten lediglich Żmudź (Schamaiten) an Litauen und das Umland von Dobrzyn (Dorbiner Land) an Polen abtreten.

Kapitulation des Ordens
Erst die eigenen Untertanen brachten dem Orden die entscheidende Niederlage bei: Städte und Kleinadel, der hohen Kriegssteuern überdrüssig, organisierten sich im **Preußischen Bund**, der mit Unterstützung des polnischen Königs 1453–1466 einen Bürgerkrieg gegen die Ordensritter führte. Nach deren Kapitulation erhielt Polen Pommerellen, einen Teil Preußens mit der Marienburg (Malbork) und Elbing (Elbląg) sowie das Ermland und das Kulmer Land. Westpreußen erhielt die Bezeichnung »Königliches Preußen«, Danzig wurde »freie Stadt«. Die Ritter mussten sich in einen Rumpfstaat rings um Königsberg zurückziehen.

Polens »Goldene Zeit«
Die Herrschaft der letzten beiden Könige der Jagiellonen-Dynastie, **Zygmunt I. der Alte** und **Zygmunt II. August**, gilt als Polens »Goldene Zeit«. Es entstanden großartige Bauwerke im Stil der Gotik und Renaissance; die Krakauer Universität avancierte zu einem bedeutenden Bildungszentrum.

Unter den letzten Jagiellonen allerdings wurden schon die Weichen für Polens künftigen Zerfall gestellt. 1505 trotzte der Adel dem König die Verfassung **»Nihil Novi«** ab, derzufolge »nichts Neues« ohne seine Einwilligung beschlossen werden durfte: Die Adelspartei hatte sich auf Kosten der Krone gestärkt; Polen war nunmehr **»Adelsrepublik«**. Die letzte wichtige Amtshandlung Zygmunts II. war die **Lubliner Union** 1569: Polen und Litauen hatten fortan nicht nur den selben König, sondern auch einen gemeinsamen Reichstag.

## Die Adelsrepublik und ihr Ende

Kriege und Krisen
Mit dem Tod Zygmunts II. erlosch die Jagiellonen-Dynastie. Nach einem Dekret aus dem Jahr 1538 wurde Polens neuer König nunmehr vom Adel gewählt, und das musste nicht zwingend ein Pole sein. Erster gewählter König wurde der Franzose **Heinrich von Valois**, der wenige Monate nach seiner Krönung nach der Nachricht vom Tod seines Bruders Karl IX. heimlich in sein Heimatland zurückkehrte, wo er als Heinrich III. den Thron Frankreichs bestieg. Den vakanten polnischen Thron erhielt der Ungar **Stefan Batory** (reg. 1576–1586). Unter ihm wurde die Reformation zurückgedrängt: In vielen Städten wurden Jesuiten ermutigt, Akademien zu gründen und die Gegenreformation voranzutreiben.

# HINTERGRUND
## GESCHICHTE

OBEN: 1878 schuf der Historienmaler Jan Matejko sein berühmtes Gemälde der »Schlacht von Grunwald«.

UNTEN: Sigismund III. erhob 1596 Warschau zur Hauptstadt.

# DIE TEILUNGEN POLENS

*Die Aufteilung der polnischen Adelsrepublik unter die »Drei Schwarzen Adler« – Preußen, Russland und Österreich – im ausgehenden 18. Jh. ist als Tiefpunkt ihrer Geschichte ins Bewusstsein der Polen eingegangen, der nur noch durch die Bedrohungen des Zweiten Weltkriegs überboten werden konnte.*

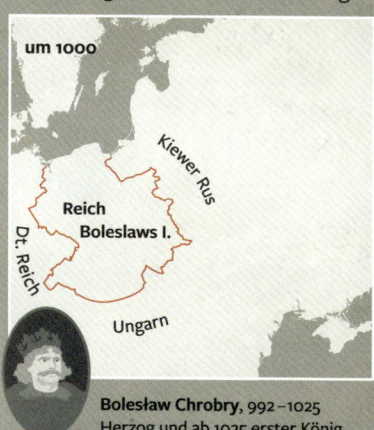

**Bolesław Chrobry**, 992–1025 Herzog und ab 1025 erster König von Polen, weitet durch Kriege gegen Böhmen, die Kiewer Rus und den deutschen Kaiser Heinrich II. sein Herrschaftsgebiet aus und begründet das Königreich Polen.

**Jadwiga Andegaweńska**, ungarische Königstochter, wird 1386 mit dem litauischen Großfürsten verheiratet, der als **Władysław II. Jagiełło** über beide Reiche herrscht und die Jagiellonen-Dynastie begründet.

Die Nachbarmächte teilen den Unionsstaat schließlich völlig auf. Bis zum Ende des Ersten Weltkriegs existiert kein eigenständiger polnischer Nationalstaat mehr.

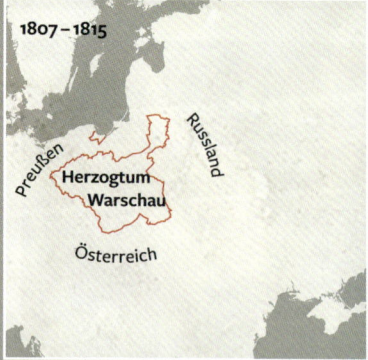

Nach Napoleons Eroberung Preußens entsteht das Herzogtum Warschau als französischer Satellitenstaat. Es wird ab 1815 als »Kongresspolen« vom russischen Zaren regiert.

Nach dem Ende der Jagiellonen stürzen Kriege (mit Schweden, dem Osmanischen Reich, Russland, Brandenburg-Preußen und Siebenbürgen), fehlende politische Reformen und ständige Unruhen Polen im 17. und 18. Jh. in eine dauerhafte Krise.

Die absolutistischen Nachbarn, an einem schwachen Polen interessiert, zwingen den polnischen Reichstag zur ersten Teilung. Nach der zweiten Teilung bricht der Krakauer Aufstand unter Führung von **Tadeusz Kościuszko** aus.

**Józef Piłsudski** dehnt das Staatsgebiet auf Kosten der UdSSR nach Osten aus. Hitlerdeutschland und die Sowjetunion definieren im Geheimen Zusatzprotokoll zum Gewaltverzichtsabkommen vom August 1939 ihre »Interessengrenze«, die nach dem Einmarsch im September zur Demarkationslinie wird.

Nach dem Ende des Zweiten Weltkriegs werden im Potsdamer Abkommen die Grenzen Polens nach Westen auf ehemaliges deutsches Staatsgebiet verschoben.

**HINTERGRUND**
GESCHICHTE

| | |
|---|---|
| Wasa-Dynastie | Polens nächster König wurde der glühende Katholik **Zygmunt III**. aus dem schwedischen Haus Wasa (reg. 1587–1632), der 1596 Warschau zur neuen polnischen Hauptstadt wählte. Da die Wasa-Dynastie außer der polnischen auch die nordische Krone anstrebte, die zugleich aber auch von ihren protestantischen Vettern beansprucht wurde, wurde Polen mehrfach in dynastische Kriege verwickelt: 1600 bis 1629 und nochmals 1655–1660 schwappte die **»schwedische Sintflut«**, wie die Invasion nordischer Truppen in der polnischen Geschichtsschreibung heißt, übers Land. Sie kostete 4 Mio. Polen, die Hälfte der damaligen Bevölkerung, das Leben. |
| »Liberum Veto« | Folgenreich war auch das 1652 unter der Regentschaft des Wasa-Königs **Jan II**. Kazimierz verabschiedete »Liberum Veto«, das es jedem Adligen des Sejm erlaubte, Gesetzesvorhaben durch sein Veto zu Fall zu bringen. Der Landtag verurteilte sich damit zu permanenter Beschlussunfähigkeit. |
| Weiterer Zerfall | **Jan III**. **Sobieski** (reg. 1674–1696) errang für Polen einen letzten militärischen Sieg: 1683 sprengte er den Belagerungsring um Wien und besiegte die türkischen Truppen, wofür er als »Retter des christlichen Abendlands« gefeiert wurde. In der Regierungszeit der Könige aus der Dynastie der sächsischen Wettiner beschleunigte sich der Zerfall Polens. **August II**. der Starke (reg. 1697–1733), zugleich Kurfürst von Sachsen, der aus taktischen Gründen zum Katholizismus übertrat, ließ sich in die schwedisch-russischen Auseinandersetzungen hineinziehen: Warschau und Krakau wurden vorübergehend von schwedischen Truppen besetzt. Dagegen leitete sein Sohn August III. (reg. 1734–1763) eine kurze Phase des Friedens und der wirtschaftlichen Erholung ein, die vor allem dem Adel Wohlstand brachte. Aus jener Zeit stammt die Redensart: »Unter dem Sachsenkönig iss, trink und lös den Gürtel.« |
| Erste Teilung Polens | Unter Polens letztem König, **Stanisław II**. **August Poniatowski** (reg. 1764–1795), verankerte Russland seinen Einfluss im Land: So setzte es ein Toleranzedikt durch, das die Gleichstellung der »Dissidenten«, d.h. der Protestanten und Orthodoxen, mit den Katholiken garantierte. Gegen die Durchsetzung des Edikts kämpfte eine Adelsfraktion – die **Konföderation von Bar** –, die sich als Verteidigerin des katholischen Glaubens und damit der Freiheit begriff. Es kam zu Auseinandersetzungen zwischen den Anhängern des Status quo und den Verfechtern von Reformen. Als die Bar-Konföderierten den eigenen König zu entführen versucht hatten, griffen auch die Nachbarn Polens in den Konflikt ein: Die Zarin ließ ihre Truppen aufmarschieren, worauf Preußen und Habsburg gleichfalls Teile des Landes besetzten. Schließlich wurden 1772 etwa 30 % des polnischen Territoriums zwischen Russland, Preußen und Österreich aufgeteilt. |

## HINTERGRUND
### GESCHICHTE

Nun gewannen die Wortführer umfassender Reformen an Boden: Im Mai 1791 wurde die **erste geschriebene Verfassung Europas** verabschiedet. Sie stellte einen Kompromiss zwischen konservativ-monarchistischer und republikanischer Ordnung dar und beinhaltete u. a. die Abschaffung der Königswahl und des »Liberum Veto«. Daraufhin schloss sich ein Teil des Adels in der **Konföderation von Targowice** zusammen und zwang mit Hilfe auswärtiger Mächte die Reformpartei zur Rücknahme der Verfassung. Russland und Preußen ließen sich die Intervention teuer bezahlen und sicherten sich – mit der zweiten Teilung Polens 1793 – weitere Territorien. Nach der Niederschlagung eines 1795 in Krakau ausgerufenen Aufstands wurde Polen von der Landkarte getilgt.

*Zweite und dritte Teilung Polens*

Bis zum Ende des Ersten Weltkriegs, 123 Jahre lang, hatten die Polen **keinen eigenen Staat**, sondern lebten in den drei Königreichen Preußen, Österreich und Russland (▶Baedeker Wissen, S. 380). Sprache, Religion und Kultur waren das einigende Band; Literatur, Kunst und Musik hielten die Erinnerung an ein »freies Polen« wach.

*Nation ohne eigenen Staat*

Die Hoffnung auf Befreiung von der Fremdherrschaft knüpfte sich zunächst an **Napoleon**, der in Preußen einmarschierte und nach Russland zog. Im »befreiten« Gebiet rund um die Hauptstadt richtete er das Herzogtum Warschau ein, ein Satellitenstaat, der von 1807 bis 1815 existierte. 1808 hob er die Leibeigenschaft auf, durch die Einführung des Zivilgesetzbuchs »Code Napoléon« wurden alle Bürger rechtlich gleichgestellt. Drei Jahre später erzwang Napoleon den Rückzug der Österreicher aus Galizien, das an das Herzogtum Warschau angeschlossen wurde. Doch Napoleons Niederlage in Russland setzte die alten Teilungsmächte wieder ins Recht. Auf dem **Wiener Kongress** 1815 erhielt Russland das Herzogtum Warschau, das fortan »Königreich Polen« (im Volksmund: **Kongresspolen**) hieß; Preußen bekam das »Großherzogtum Posen«, Österreich Galizien.

*Herzogtum Warschau*

Im **November 1830** begann in Warschau unter Führung des Kleinadels ein erster Aufstand, der sich bald über das gesamte Königreich Polen ausbreitete. Erst im September des darauf folgenden Jahres wurde er niedergeschlagen. Die **»Große Emigration«** nach Frankreich setzte ein; die Aufständischen wurden von fortschrittlichen Kreisen Europas als »Sturmvögel« der Revolution gefeiert. In Deutschland rief der Novemberaufstand eine »Polenbegeisterung« hervor und nahm nachhaltig Einfluss auf die Bewegung des Vormärz. Nachdem der Ausnahmezustand im Königreich Polen 1861 aufgehoben war, dauerte es nicht lange, bis die Polen erneut auf die Barrikaden gingen. Doch auch der **Januaraufstand von 1863** schlug fehl. Um den Adel zu schwächen, verordnete ausgerechnet der Zar die **Bauernbefreiung**: Aus landlosen Bauern wurden Arbeiter für die

*Zeit der Aufstände*

**HINTERGRUND**
GESCHICHTE

entstehende, für den russischen Markt produzierende Industrie. Statt auf Rebellion setzten die Polen fortan auf eine begrenzte Zusammenarbeit mit den Teilungsmächten und erhofften sich im Gegenzug Autonomie und wirtschaftlichen Fortschritt.

## Die Wiedergeburt Polens

*Teilung Oberschlesiens*

Nach dem Zusammenbruch der deutschen, österreichisch-ungarischen und russischen Monarchien wurde Polen im Vertrag von Versailles 1919 als **unabhängiger Staat** wiedererschaffen. Es umschloss in etwa jene Gebiete, die es vor der ersten Teilung 1772 besessen hatte. Danzig, zu 95 % von Deutschen bewohnt, wurde »Freie Stadt« unter dem Schutz des Völkerbunds; in Gebieten mit deutscher und polnischer Bevölkerung wie der Provinz Posen, Oberschlesien und Masuren sollten Plebiszite über die Staatszugehörigkeit entscheiden. Während es in Posen wegen militärischer polnischer Intervention gar nicht erst zu einer Abstimmung kam, sprach sich in den übrigen Regionen die Mehrheit für Deutschland aus (in Oberschlesien fast 60 %, in Masuren über 90 %). Polen, mit dem Ergebnis unzufrieden, entfachte in Oberschlesien eine Reihe von Aufständen, die schließlich zur Teilung führten: Nur der westliche Teil kam zu Deutschland, der östliche, rohstoffreichere wurde Polen zugesprochen.

*Krieg mit der Sowjetunion*

Die im Dezember 1919 von den Alliierten als Ostgrenze vorgeschlagene »Curzon-Linie« wurde weder von Polen noch von der Sowjetunion akzeptiert. Es kam zum Krieg. Die von Józef Piłsudski geführte Armee marschierte zunächst bis in die litauische Hauptstadt Wilna und nach Kiew vor, bevor sie weit ins polnische Staatsgebiet zurückgedrängt wurde. Doch im August 1920 schlugen die Polen bei Warschau unerwartet die Rote Armee (**»Wunder an der Weichsel«**). Im Friedensvertrag von Riga im März 1921 wurde die Grenze um 200 bis 250 km nach Osten verschoben; die Ukraine allerdings blieb sowjetisch.

*Vielvölkerstaat Polen*

Das Polen der Zwischenkriegszeit war ein Vielvölkerstaat mit starken **ethnischen Minderheiten:** 18 Mio. Polen standen 3,7 Mio. Ukrainer, 2,7 Mio. Juden, je 1 Mio. Deutsche und Weißrussen sowie Russen, Litauer und Tschechen gegenüber. Die polnische Regierung hatte sich in Versailles zwar verpflichtet, den Minderheiten alle staatsbürgerlichen Rechte zuzuerkennen, tat sich aber mit der Umsetzung schwer. Im Mai 1926 wurden die demokratischen Intentionen endgültig zu Grabe getragen: **General Józef Piłsudski** verübte einen Staatsstreich und propagierte die »sanacja«, ein Programm zur politischen, moralischen und wirtschaftlichen »Gesundung«. Vor allem in den Jahren der »moralischen Diktatur« ab 1930 wurden die Minderheitenrechte zunehmend ausgehöhlt.

**HINTERGRUND**
GESCHICHTE

General Józef Piłsudski kurz nach dem Staatsstreich 1926 mit einigen Mitgliedern der neuen Regierung

Außenpolitisch zeichnete sich indes eine Annäherung an Deutschland ab: 1934 unterzeichneten beide Länder einen **Nichtangriffspakt**. Doch als Hitler mit seinem Vorhaben, Danzig »heim ins Reich« zu holen, am Widerstand Polens scheiterte, kündigte Deutschland im April 1939 das Nichtangriffsabkommen und schloss im August einen Vertrag mit der Sowjetunion, in dessen geheimem Zusatzprotokoll die Aufteilung Polens beschlossen wurde.

*Verhältnis zu Deutschland*

## Der Zweite Weltkrieg

Der Angriff Deutschlands auf Polen am **1. September 1939** eröffnete den Zweiten Weltkrieg. Am 17. September marschierte die Rote Armee im Osten Polens ein, wie es im geheimen Zusatzpotokoll des Deutsch-Sowjetischen Nichtangriffspakts vom August 1939 verabredet war. Warschau kapitulierte am 28. September, die Regierung floh nach London. Die deutsch-sowjetische Besetzung und ab Juni 1941 die ausschließlich deutsche Okkupation forderten ungeheure Opfer. Insgesamt **etwa 5,6 Mio. Polen kamen um**, die meisten in den Konzentrations- und Vernichtungslagern, darunter mit ca. 3 Mio. fast die gesamte jüdische Bevölkerung.

*Einmarsch von zwei Seiten*

**HINTERGRUND**
GESCHICHTE

Generalgouvernement
: Bereits im Oktober 1939 wurden diejenigen Gebiete Polens, die nicht dem deutschen Staatsgebiet eingegliedert wurden wie der »Warthegau« zum sog. Generalgouvernement zusammengefasst (einschl. Warschau). Sitz des Generalgouverneurs Hans Frank war Krakau. **Ausbeutung und Vernichtung** waren die Leitlinien der Politik in diesem gesetzlosen Raum, in dem Glücksritter und windige Geschäftemacher aus dem Reich ihre Chance witterten. Die polnischen Juden sollten ermordet, die nichtjüdischen Polen auf den Status von Arbeitssklaven mit einem Minimum an Versorgung herabgestuft werden. Ostpolnische Regionen waren zur »Germanisierung« mit »volksdeutschen« Siedlern vorgesehen, was die Vertreibung der einheimischen Bevölkerung bedeutete.
Nachdem SS-Einsatzgruppen im Sommer 1941 bereits massenhaft Juden erschossen hatten, wurden zwischen Juli 1942 und Oktober 1943 in der **»Aktion Reinhardt«** die auch mit Juden aus ganz Europa gefüllten Ghettos aufgelöst und die Insassen in den eigens dafür errichteten Vernichtungslagern Treblinka, Majdanek, Sobibor und Belzec umgebracht: schätzungsweise über 1,5 Mio. Menschen. Insgesamt wurden im Generalgouvernement wohl mehr als zwei Millionen Menschen ermordet (▶ Baedeker Wissen S. 240).

Widerstand
: Polnische Soldaten, die der Kriegsgefangenschaft entgehen konnten, schlossen sich vor allem der britischen Armee an. In Polen selbst bildete sich die **»Heimatarmee«** (Armia Krajowa), deren über 400 000 Soldaten die Besatzer mit Guerilla-Taktiken bekämpften. »Konkurrenz« erhielt sie ab 1943 durch die von Moskau gelenkte **»Volksarmee«** (Armia Ludowa). Aus ihr ging das Nationale Befreiungskomitee hervor, das 1944 in Lublin eine kommunistische Gegenregierung zur Exilregierung in London bildete. Widerstand leisteten 1943 auch die im **Warschauer Ghetto** eingeschlossenen Juden, die lieber kämpfend sterben wollen, »als sich wie Lämmer auf die Schlachtbank führen zu lassen«. Ein Jahr später folgte in Warschau ein zweiter, diesmal nichtjüdischer Aufstand, der von den Deutschen mit der völligen Zerstörung der Stadt bestraft wurde.

## ▌ Das sozialistische Polen

Nachkriegsordnung
: Mit der sich abzeichnenden Niederlage Deutschlands Anfang 1945 entwarfen die Siegermächte Großbritannien, USA und Sowjetunion in Jalta die Nachkriegsordnung: **Polens neue Ostgrenze** wurde die nun die Curzon-Linie längs des San und Bug, die Westgrenze verlief längs der Oder und der Lausitzer Neiße. Somit wurde die Grenze Polens um ca. 200 km nach Westen verschoben: Etwa 7,5 Mio. Deutsche wurden aus Ost- und Westpreußen, Ostpommern, Posen und Schlesien vertrieben.

## HINTERGRUND
### GESCHICHTE

Die westlichen Siegermächte akzeptierten – entgegen ihren Versprechungen gegenüber der Exilregierung in London – die aus dem Lubliner Komitee hervorgegangene, von der Sowjetunion kontrollierte **»Regierung der Nationalen Einheit«**. Diese organisierte 1947 die ersten Wahlen für den verfassungsgebenden Sejm (Sejm Rzeczypospolitej Polskiej), aus denen die kommunistische Polnische Arbeiterpartei als Sieger hervorging. Erster gewählter Präsident wurde Bolesław Bierut, Chef der Polnischen Arbeiterpartei, die mit der Polnischen Sozialistischen Partei zur **Polnischen Vereinigten Arbeiterpartei** (PZPR) fusionierte.

<small>Erste Wahlen</small>

Die neue Regierung verstaatlichte sämtliche Banken, Industrien und Großbetriebe, gleichzeitig wurde eine **Agrarreform** verabschiedet: Grundbesitz über 100 ha wurde konfisziert, deutscher Grund und Boden prinzipiell enteignet und an Kleinbauern verteilt. Die Wirtschaft wurde zentralisiert, Fünfjahrespläne legten die Zielvorgaben fest: Förderung der Schwer-, Chemie- und Rüstungsindustrie.

<small>Verstaatlichung</small>

Auf Druck der Sowjetunion wurde der Generalsekretär der PZPR, der Nationalkommunist Gomułka, zugunsten des streng moskautreuen **Bolesław Bierut** ausgeschaltet, Oppositionelle und Abweichler verhaftet. Polen wurde als **»Volksrepublik«** definiert und in der neuen Verfassung die Monopolstellung der PZPR festgeschrieben.

<small>Monopol der PZPR</small>

1955 wurde in der polnischen Hauptstadt der **»Warschauer Pakt«**, das militärische Gegenstück zu der 1949 gegründeten NATO, ins Leben gerufen. Die Mehrheit der Polen begrüßte das Bündnis, erhoffte sie sich dadurch doch wirksamen Schutz bei der Sicherung der von Westdeutschland in Frage gestellten Westgrenze ihres Landes.

<small>Einbindung in den »Ostblock«</small>

Nach dem Tod **Stalins** 1953 setzte politisches Tauwetter ein. Politische Häftlinge wurden freigelassen, die Zensur gelockert. Der **Posener Arbeiteraufstand** von 1956, der 74 Menschen das Leben kostete, beschleunigte die Entstalinisierung. Der rehabilitierte Gomułka leitete als Erster Parteisekretär eine Phase der Liberalisierung ein (»Polnischer Oktober«).

<small>»Tauwetter«</small>

Doch die **wirtschaftlichen Schwierigkeiten** – geringe Kaufkraft, Versorgungsmangel – blieben. Der wachsenden Unzufriedenheit, wie sie sich in den Demonstrationen Warschauer Studenten 1968 manifestierte, begegnete Gomułka mit einem Ablenkungsmanöver: Er nutzte den latent vorhandenen polnischen Antisemitismus und entfachte während des israelischen Sechstagekriegs eine Kampagne gegen die »Zionisten«, die das Land zu verlassen hatten. Von den knapp 25 000 noch im Land lebenden Juden verließen über 10 000 ihre polnische Heimat.

<small>Wachsende Unzufriedenheit</small>

## HINTERGRUND
GESCHICHTE

Streiks der Werftarbeiter
Im Dezember 1970 führte die Dauerkrise zu Streiks der Danziger Werftarbeiter, die sich über die gesamte Küste ausdehnten. Im Norden wurde der Ausnahmezustand verhängt, bei Demonstrationen 49 Arbeiter erschossen. Da nützte es Gomułka wenig, dass er kurz zuvor einen großen außenpolitischen Erfolg erzielt hatte: Im Grundlagenvertrag mit der Bundesrepublik Deutschland« erkannte Bundeskanzler **Willy Brandt** die Oder-Neiße-Linie als Polens Westgrenze an – sein historischer Kniefall vor dem Ghettodenkmal in Warschau war seine Bitte um Verzeihung für die deutschen Verbrechen im Krieg.

Gierek-Ära
**Edward Gierek**, der mächtige Parteichef aus Oberschlesien, löste Gomułka ab. 1973 handelte er mit der Bundesrepublik einen Milliardenkredit. Doch schon bald schlitterte Polen vom »Wirtschaftswunder auf Pump« in die »Schuldenfalle«: Aufgrund weltweiter Rezession konnte Polen seine Exportartikel im Westen nicht mehr absetzen, der allgemeine Zinsanstieg erhöhte die Schuldenlast.

Aufschwung der Opposition
Die Folge waren Preisanstiege, die zu Streiks führten. Die **freie Gewerkschaft Solidarität** (»Solidarnosc«)wurde ins Leben gerufen (▶ Baedeker Wissen, S. 88). Durch die Wahl des Krakauer Erzbischofs **Karol Wojtyła** zum Papst 1978 erfuhr die Opposition enormen Aufschwung: **Johannes Paul II**. predigte passiven Widerstand gegen das »Reich des Bösen«; seine erste, von Millionen begleitete Heimatreise 1979 geriet zur politischen Manifestation.

Jahrzehnt der Solidarität
Diel 1980 verfügten Preiserhöhungen lösten abermals massive Streiks aus. Dieses Mal forderten mehr als nur billigere Nahrungsmittel: die Zulassung unabhängiger Gewerkschaften sowie Meinungs- und Pressefreiheit. Überraschend ging die Regierung auf die Forderungen ein. Das **»Danziger Abkommen«** vom 31. August 1980 ließ die »Solidarnosc« zu; innerhalb weniger Wochen wuchs die Mitgliederzahl der von **Lech Wałęsa** angeführten Gewerkschaft auf 13 Mio. an. Schließlich trat Edward Gierek zurück. Doch auch sein Nachfolger, **General Jaruzelski**, bekam die chaotische Lage im Land nicht in den Griff. Einer angedrohten sowjetischen Intervention kam er am 13. Dezember 1981 mit der **Ausrufung des Kriegsrechts** zuvor, das bis Juli 1983 in Kraft blieb. Die »Solidarnosc« wurde wieder verboten

»Bleierne Jahre«
In der Folge erlebte Polen seine »bleiernen Jahre«. Der Amtsantritt von **Michail Gorbatschow** in der Sowjetunion 1985 beschleunigte die Demontage der osteuropäischen Volksrepubliken, auch die polnische Regierung geriet unter Reformdruck. Erneute Streiks führten 1988 zur Legalisierung der Gewerkschaft »Solidarnosc«. Bereits im folgenden Jahr wurde mit **Tadeusz Mazowiecki** erstmals ein Nichtkommunist Regierungschef, die marktwirtschaftliche Demokratie hielt Einzug in Polen.

## HINTERGRUND
### GESCHICHTE

# Nach der Wende

Die Polnische Vereinigte Arbeiterpartei PZPR löste sich auf, wenig später auch der »Rat für Gegenseitige Wirtschaftshilfe« und der »Warschauer Pakt«. Lech Wałęsa wurde 1990 zum Staatspräsidenten gewählt, Polens Wirtschafts- und Außenpolitik orientierte sich fortan am Westen. Daran änderte sich auch nichts, als die dem Land verordnete **wirtschaftliche »Schocktherapie«** viele Polen an den Rand des Ruins trieb. Ab etwa 1995 verbesserte sich die wirtschaftliche Lage; die politischen Verhältnisse galten als stabil, die Modernisierung schritt voran. 1999 wurde Polen Mitglied der **NATO**, 2004 trat das Land der **Europäischen Union** bei, 2007 dem Schengener Abkommen.

*Transformation*

Polens Exporte in die EU stiegen rasant an, und dank großzügiger EU-Fördermitte wurde die Infrastruktur des Landes verbessert. Breiten Schichten der Bevölkerung brachte der EU-Beitritt jedoch keine Vorteile. Es folgte ein **Exodus vor allem jüngerer Polen**, als 2004 der Arbeitsmarkt der EU partiell geöffnet wurde und schätzungsweise Mio. Polen als Gastarbeiter nach Großbritannien, Irland und Island zogen. Als auch dort die globale Finanz- und Wirtschaftskrise viele Arbeitsplätze vernichtete, kehrten die Emigranten teilweise zurück.

*Förderung durch die EU*

Trotz allmählich steigender Löhne blieb das Strukturgefälle erhalten: Internationale Konzerne waren vor allem in Westpolen aktiv, weite Teile des Ostens blieben unterentwickelt. Davon profitierte die ab 2015 regierende rechtspopulistische PiS ( ▶ S. 368), die sich mit sozialpolitischen Maßnahmen die Unterstützung insbesondere älterer und ärmerer Bevölkerungsgruppen sicherte. Mit Brüssel stand die PiS auf Kriegsfuß, da sie **bürgerliche Freiheiten einschränkte** und demokratische Institutionen Schritt für Schritt aushöhlte. Für sie stand nationales Recht vor EU-Recht. Besonders hart umkämpft war die Justizreform von 2018/2019: Dem PiS unterstellte Staatsanwälte dem Justizministerium und besetzte das Oberste Gericht mit Sympathisanten. Die Europäische Kommission beantragte daraufhin finanzielle Sanktionen gegen Polen. Im Oktober 2021 verurteilte der Europäische Gerichtshof Polen zu einem Zwangsgeld von einer Million Euro pro Tag, im Juni 2023 bestätigte er das Urteil. Wird die inzwischen auf mehr als 500 Millionen Euro angewachsene Summe nicht gezahlt, wird sie von Geldern abgezogen, die Polen normalerweise zustünden.
Brüssel durfte daher frohlocken, dass die PiS bei der **Parlamentswahl von 2023** die absolute Mehrheit gegen ein von der neoliberalen Bürgerkoalition KO geführtes Bündnis verlor. Die Unversöhnlichkeit der beiden Lager zeigte sich dann aber auch darin, wie die PiS alle Register zog, die Bildung der neuen Regierung unter Donald Tusk möglichst lange zu verhindern.

*Ein gespaltenes Land*

**HINTERGRUND**
KUNSTGESCHICHTE

# KUNSTGESCHICHTE

*Die zentrale Lage Polens in Europa macht sich auch in Kunst und Kultur bemerkbar. Viele unterschiedliche Einflüsse aller Stile und Richtungen fanden Einzug ins polnische Kulturleben.*

Reiches kulturelles Erbe
Polen kann auf ein kulturelles Erbe aus mehr als tausend Jahren zurückblicken. Aufgrund seiner geografischen **Lage in der Mitte Europas** hat es Einflüsse aus West und Ost, Nord und Süd aufgenommen. Ob hanseatische Backsteingotik oder italienische Renaissance, habsburgischer Barock oder Orientalik – viele Stilrichtungen sind im Land vereint.

## ▍Frühe Zeugnisse

Älteste architektonische Zeugnisse
Aus früher Zeit sind nur wenige Spuren erhalten. Eine herausragende Ausnahme bildet die hallstattzeitliche Siedlung **Biskupin** nordöstlich von Posen, die von 550 bis 400 v. Chr. auf einer Flussinsel entstand: An rechtwinklig sich schneidenden Straßen reihen sich gedrungene Blockhäuser, die von einer Festungsmauer eingefasst sind.

Hölzerne Burgen der Westslawen
Nach dem Zerfall des Römischen Reichs konkurrierten auf dem Territorium des heutigen Polen die westslawischen Stämme der Polanen und Wislanen, Masowier und Slesanen um die Vormacht. Sie errichteten an strategisch wichtigen Stellen hölzerne Burgen, von denen einige wenige Fragmente erhalten sind. Ein gutes Beispiel ist die Festung **Pobiedziska** bei Posen, wo Mieszko I. residiert haben soll.

## ▍Romanik

Christliche Bauten
Nach dem Übertritt des Polanenfürsten **Mieszko I.** zum Christentum 966 drangen westeuropäische Kunstformen vor. Geistliche und weltliche Herrscher stifteten in Posen und Gnesen die ersten Kathedralen, ließen steinerne Wehrbauten mit rotundenförmigen Kapellen bauen und gründeten Klöster. Ein bildhauerisches Meisterwerk der Romanik ist die um 1170 geschaffene **Bronzetür der Kathedrale von Gnesen**, die Szenen aus dem s Leben des Hl. Adalbert erzählt. Gleichfalls bemerkenswert ist das aus der zweiten Hälfte des 12. Jh.s stammende Portal der Kirche **St. Maria Magdalena in Breslau**, das sich ursprünglich in der Benediktinerkirche befand. Es ist reich mit Ornamenten und Figuren verziert, die an archaische Götter und Gestalten erinnern: ein Beleg für die lange Übergangszeit vom Heidentum zum Christentum.

**HINTERGRUND**
KUNSTGESCHICHTE

# Gotik

Mit dem Aufkommen des neuen Baumaterials Ziegelstein wurde ab etwa 1200 der Übergang zur Gotik eingeleitet. Im Norden des Landes entstanden mächtige **Hallenkirchen**, u. a. in Szczecin, Stargard, Kamień Pomorski, Kołobrzeg, Słupsk und Toruń. In Schlesien und Kleinpolen, wo es viele Steinbrüche gibt, mochte man auf die Verwendung von Gneis und Granit nicht verzichten. Aus Natur- und Ziegelstein errichtete man in Breslau, Krakau, Głogów, Jelenia Góra und Kłodzko himmelstürmende, mehrschiffige **Strebepfeilerkirchen**.

*Kirchen aus Backstein*

Mitte des 13. Jh.s. setzte sich das **urbane Grundmuster** durch, das bis heute das Bild vieler Orte prägt: im Zentrum ein großer Marktplatz (Rynek), eingerahmt von rechtwinklig sich kreuzenden Straßen, die wiederum von einer kreisförmigen Festungsmauer umfasst sind. Großen Aufschwung nahm die Bautätigkeit nach der Neugründung des polnischen Staats in der ersten Hälfte des 14. Jahrhunderts. **Kazimierz III.** (reg. 1333–1370) soll ein »hölzernes Polen« vorgefunden und ein »steinernes« hinterlassen haben. In seine Regentschaft fällt u. a. der Bau von ca. 80 Burgen, von denen viele als Ruinen erhalten sind. Die Hauptstadt Krakau erhielt die Marien- und Katharinenkirche sowie das **Collegium Maius**, Polens erste Universität.

*Stadtarchitektur*

Im heutigen Nordosten, dem ehemaligen Deutschordensland, ließen die Ritter auf den Ruinen zerstörter Pruzzensiedlungen Kirchen und Klöster errichten, gründeten fast 100 Städte und knapp 1000 Dörfer. Ihre monumentalen Backsteinkastelle sind Stein gewordener Machtwille. Die 1398 fertiggestellte **Marienburg**, der Hauptsitz des Hochmeisters an der Nogat und seit 1997 UNESCO-Weltkulturerbe, ist nicht nur aufgrund ihrer Dimensionen, sondern auch wegen ihrer architektonischen Raffinesse ein beeindruckendes Baudenkmal.

*Monumentalburgen der Ordensritter*

Einer der herausragendsten Bildschnitzer der Epoche war der Nürnberger **Veit Stoß** (1447–1533), der lange in Krakau lebte und dort 1477–1489 sein bestes Werk schuf: Die lebensgroßen Figuren am Hauptaltar der Marienkirche vermitteln ein bewegendes Abbild der mittelalterlichen Gesellschaft. Große Anmut und eine lebendige Gebärdensprache kennzeichnen auch die »schönen Madonnen«, die hauptsächlich in schlesischen Werkstätten entstanden.

*Die »schönen Madonnen«*

# Renaissance

Mit König **Zygmunt I.** (1467–1548), der vom italienischen Gelehrten Filippo Buonaccorsi erzogen wurde und die Mailänder Herzogin **Bona Sforza** heiratete, wurde die Renaissance »von oben« verord-

*Residenzen nach italienischer Mode*

**HINTERGRUND**
KUNSTGESCHICHTE

Unter interessierten Blicken lassen sich Kunststudentinnen von der Wawel-Kathedrale in Krakau inspirieren.

net. 1502 wurde das königliche **Schloss auf dem Wawel** zeitgemäß aufpoliert: Es erhielt einen eleganten, dreigeschossigen Arkadenhof; die angrenzende Kathedrale bekam eine Kapelle mit goldener Kuppel. Der Hochadel wollte dem König nicht nachstehen und ließ sich gleichfalls Schlösser im neuen Stil errichten. Freilich wurden die italienischen Architekten – Santi Gucci, Fiorentino, Padovano u. a. – angehalten, der klassisch strengen Renaissance »mehr Saft« zu geben – denn immerhin ging es beim Bau eines Schlosses auch darum, den Reichtum seines Besitzers zur Schau zu stellen. So erhielt die Fassade oft eine prachtvolle Attika, die mit geschwungenen Wellenlinien oder verzierten Zacken orientalische Einflüsse aufnahm.

Dekorative Kunst

Die Bildhauer arbeiteten »für die Ewigkeit«, schufen Grabmäler für hohe kirchliche und weltliche Würdenträger, die sich durch großen Realismus auszeichnen. Der Adel schmückte seine Schlösser mit kunstvollen, **»arrasy«** genannten Wandteppichen – meist mit Darstellungen biblischer Szenen –, die er in der nordfranzösischen Stadt Arras in Auftrag gab.

**HINTERGRUND**
KUNSTGESCHICHTE

## Barock

Mit der **Gegenreformation** Ende des 16. Jh.s wurde auch in Polen das Zeitalter des Barock eingeläutet. Die beispiellose religiöse Offensive setzte dabei auf sinnliche Reize: Verspielte, bewegte Formen, der Einsatz von Blattgold und illusionistische Malerei sollten den Betrachter von der Überlegenheit des Katholizismus überzeugen. Polens erste Kirche in diesem Stil ist **St. Peter und Paul in Krakau**, eine verkleinerte Kopie der Kirche Il Gesù in Rom.

*Religiöse Offensive*

Im polnischen Kernland, rund um das 1596 zur Hauptstadt erhobene Warschau, setzte sich der Wasa-Stil durch, benannt nach dem ersten König aus der gleichnamigen schwedischen Dynastie. Der asketische Katholik machte sich für eine **ernstere, würdevollere Variante des Barock** stark, die z. B. im Königsschloss von Warschau und in der Bischofsresidenz von Kielce umgesetzt wurde. In Schlesien, das nicht zu Polen gehörte, zog man üppig-schwelgerische Formen vor: Die Klöster von Krzeszów und Henryków, Lubiąż und Legnickie Pole zählen zu den Perlen des europäischen Barock.

*Der strenge Wasa-Stil*

## Klassizismus

Der letzte polnische König **Stanisław August Poniatowski** (reg. 1764–1795), Günstling und Geliebter von Zarin Katharina II., brachte aus Russland den Klassizismus mit. In Warschau ließ er rings um den Sächsischen Garten elegante Paläste errichten; im Łazienki-Park entstanden antikisierende Tempel und Theater.

*Import aus Russland*

Nach dem endgültigen Zerfall des polnischen Staates 1795 blieb es den bildenden Künstlern vorbehalten, die Erinnerung an ein unabhängiges Polen wachzuhalten. Historienmaler wie **Jan Matejko** (1838 bis 1893) hielten in riesigen, detailliert ausstaffierten Historienbildern jene Momente fest, in denen Polen groß und stark war – von der »Schlacht von Grunwald« (▶ Abb. S. 379) bis zur »Lubliner Union«. Auch andere Künstler stellten sich in den Dienst der Nation: **Wojciech Kossak** und **Jan Styka** schufen 1894 das 114 m lange Rundgemälde der »Schlacht von Racławice«, das 100 Jahre nach dem Ereignis einen polnischen Etappensieg in einem insgesamt verlorenen Krieg zum glorreichen Triumph über den Feind aufwertete.

*Historiengemälde*

## Modernismus

**Gegen das nationale Aufbaupathos** liefen an der Wende zum 20. Jh. die Künstler des »Jungen Polen« Sturm. Sie wollten sich nicht

*»Junges Polen«*

**HINTERGRUND**
KUNSTGESCHICHTE

politisch instrumentalisieren lassen, sondern das zum Ausdruck bringen, was sie sahen und empfanden. Darunter befanden sich Symbolisten und Neoromantiker, Vertreter des Jugendstils und des Impressionismus. Einer der wichtigsten Künstler der Zeit war der Krakauer **Stanisław Wyspiański** (1869–1907). Der Maler und Grafiker, Dichter, Dramatiker und Bühnenbildner schuf die berühmten farbgewaltigen Glasfenster in der Franziskanerkirche und die Polychromien in der Marienkirche. Vitalität und Dekadenz des Finde-Siècle finden sich auch bei **Józef Mehoffer** (1869–1946) und bei **Wojciech Weiss** (1875–1950). Als größter Individualist unter den Expressionisten gilt **Witold Wojtkiewicz** (1878–1909), dessen Bilder von bizarren Greisen, Puppen und Masken bevölkert sind. Mit einer leuchtenden Farbpalette malte **Jacek Malczewski** (1854 bis 1929) Bilder eines ländlichen Polens, in dem schwülstige, erotische Phantasmagorien angesiedelt sind.

Sowjetische Einflüsse

In der Zwischenkriegszeit orientierten sich die Künstler an der Avantgarde sowjetischer Prägung. Starken Einfluss auf das Kulturleben des Landes hatten die **Formisten** (formiści), die sich auf die Form konzentrierten, wobei das Objekt und sein Inhalt zweitrangig wurden. Zu den wichtigsten Vertretern gehörte der Schriftsteller, Maler, Fotograf und Philosoph **Stanisław Ignacy Witkiewicz**, genannt »Witkacy« (1885–1939), dessen Werk erst seit den 1980er-Jahren gebührend gewürdigt wurde.

## Nachkriegszeit

Neuanfang und Kontinuität

1945 lagen Polens Städte in Schutt und Asche, es herrschten Mangel und Not. In dieser Situation stellte sich die Frage, ob man einen totalen Neuanfang wagen oder das Alte wieder aufbauen sollte. Nach kontroversen Debatten setzte sich schließlich die Überzeugung durch, dass nur die **originalgetreue Rekonstruktion** wichtiger Städte den Polen ein Gefühl der Kontinuität geben könne. Der Wiederaufbau schien umso wichtiger, als mit der Installierung eines neuen wirtschaftlichen und politischen Systems ein radikaler Bruch mit der Vergangenheit vollzogen wurde. Polens Restauratoren erarebiteten sich bald internationale Anerkennung.

Sozialistischer Realismus

Der **Wiederaufbau historischer Städte** (Warschau, Danzig, Lublin, Posen, Breslau) stand nicht in Widerspruch zu der ab 1949 gültigen Doktrin des Sozialistischen Realismus, dessen Leitspruch lautete: **»Sozialistischer Inhalt, nationale Form«**. Bilder hatten Titel wie »Gib den Ziegel her!« oder »Die Steinarbeiter«; als Leitbild dienten »Helden der Arbeit«, die nie Fehler machten und sich im Sozialismus glücklich aufgehoben fühlten.

**HINTERGRUND**
KUNSTGESCHICHTE

Doch im Zuge des politischen »Tauwetters« Mitte der 1950er-Jahre wurde die Kunst von diesen Vorgaben befreit und konnte an die internationale Avantgarde anknüpfen. **Andrzej Wróblewski** (1927 bis 1957) erschütterte mit eigenwilligen, pathosfreien Bildern von Erschießungen; **Bronisław Linke** (1906–1962) verband in seiner Gesellschaftskritik brutalen Realismus mit alptraumartigem Surrealismus. Die Suche nach neuen Ausdrucksmitteln führte zur Überschreitung von Gattungsgrenzen, z. B. in Objekten, Installationen und Happenings, wie sie **Władysław Hasior** (1928–1999) und **Tadeusz Kantor** (1915–1990) inszenierten.

Anschluss an die Avantgarde

## Vor und nach der Wende

Auch in den 1960er- und 70er-Jahren blieben die Künstler von Zensur weitgehend unbehelligt. Sie **experimentierten mit westlichen Strömungen** wie Konzeptualismus, Fluxus, Happening und Minimal Art. Nach der Ausrufung des Kriegsrechts Anfang der 1980er-Jahre stellten sich viele in den Dienst der Opposition und griffen auf eine agitatorische, leichter verständliche Bildsprache, auf nationale und religiöse Symbole zurück. Mit dem Zusammenbruch des Sozialismus zog in der polnischen Gesellschaft ein anfangs unreflektier Konsumismus ein: In der Kunst wurde die neue Freiheit durch bunte, spektakelhafte Bilder illustriert.

Engagement vs. Konsumismus

Das Museum für Gegenwartskunst MOCAK in Krakau stellt polnische und internationale Künstler aus.

**HINTERGRUND**
VOLKSKUNST UND FOLKLORE

Die neue Skepsis — Skepsis setzte um die Mitte der 1990er-Jahre ein: Robert Rumas versenkte kleine Heiligenbilder in Aquarien, um gegen den in Polen allgegenwärtigen religiösen Kitsch zu rebellieren; Katarzyna Kozyra erstellte aus Fotos und Filmen, die sie in einem Badehaus aufnahm, eine Video-Installation, in der der krasse Realismus (weiblicher) Körper die dominante Werbeästhetik infrage stellt. Auch Zbigniew Libera schuf Gegenbilder zum westlichen Barbie-Schönheitsideal und provozierte mit Spielzeug-Konzentrationslagern aus Lego-Steinen.

## Nach der Jahrtausendwende

Anything goes — Bis heute gibt es Künstler, die auf die Gesellschaft verändernd einwirken wollen: Elżbieta Jabłońskas »Super-Matka« (Super-Mutter) ironisiert das traditionelle Frauenbild, **Dorota Nieznalska** zeigt religiöse Bildverbote auf – und wurde für ihre Installation »Pasja« (2002) wegen Blasphemie angeklagt und verurteilt (das Urteil wurde 2009 aufgehoben). Andere Künstler wie die Krakauer Gruppe Ładnie (»Schön«) wollen von Gesellschaftskritik nichts wissen. In einer durchkommerzialisierten Welt, so heißt es, sei Kunst nichts weiter als eine Ware, der Künstler von jeglicher »höheren Mission« freigestellt. Er könne tun, was ihm gefällt, auch einfach nur Schönes produzieren.

# VOLKSKUNST UND FOLKLORE

*Kunsthandwerkliche Traditionen werden in Polen wie eh und je gepflegt. Keramiker und Holzschnitzer, Glasbläser, Spitzenklöppler und Flechter bieten farbenfrohe ornamentreiche Ware in Kunsthandwerkerläden, auf Festen und Festivals. In den vielen Freilichtmuseen wird das bäuerliche Erbe ebenfalls bewahrt.*

## Brauchtum und Kunsthandwerk

Das Kunsthandwerk lebt — Volkskunst und traditionelles Brauchtum blieben in den ländlichen Regionen abseits der großen Städte bis heute erhalten, v. a. im gebirgigen Süden, in Kaschubien und rund um Łomża. In den Dörfern entstehen nach alten Vorbildern Gebrauchsgegenstände, Zierrat und Kleidung. Die Erzeugnisse werden vom auf Kunsthandwerk spezialisierten Unternehmen **Cepelia**, verkauft und sind bei Polen und Touristen gleichermaßen beliebt.

## HINTERGRUND
### VOLKSKUNST UND FOLKLORE

In der Tatra fertigt man Taschen, Gürtel und »kierpce«, die Schuhe der Goralen aus Podhale, die mit eingestanzten Ornamenten geschmückt und mit Messingschnallen verziert sind. Aus Podhale kommen auch Tischwäsche und Blusen mit handgearbeiteter Lochstickerei. Eine Besonderheit Nordostpolens, vor allem der Region um Augustów und Suwałki, sind **gewebte Wandteppiche** mit bunten Mustern.

*Leder und Textilien*

In Zentralpolen wird Rohkeramik hergestellt, die unglasiert bleibt und nur eine ockerfarbige oder weiße Tonbemalung erhält, dafür häufig mit Ritzornamenten verziert ist. Bemalte und glasierte Keramik kommt aus der Gegend von Lublin. Charakteristisch für kaschubische Keramik ist die hellblaue Glasur mit Tulpen und Rankenmustern. Zentrum der kaschubischen Keramik ist **Chmielno**, wo die Töpferfamilie Necel eine Werkstatt betreibt (www.necel.pl).

*Keramik*

In vielen Dörfern kann man noch Bauernhäuser und kleine Kirchen in der **traditionellen Holzbauweise** entdecken, von denen etliche inzwischen zum UNESCO-Weltkulturerbe gehören. Die schönste, am besten erhaltene Holzarchitektur findet man in der **Region Podhale** am Fuße der Tatra. Die Häuser haben steile, mit Schindeln gedeckte Walmdächer mit überhängenden Dachtraufen. Die Holzbalken sind mit ornamentalen Schnitzereien kunstvoll geschmückt.

*Architektur*

**In Krakau** werden in den beiden letzten Wochen vor Weihnachten rund um den Marktplatz die berühmten Krakauer »szopki«, Krippen aus Pappmaschee und Glanzpapier, ausgestellt. Ihre Gestaltung ist durch Krakauer Architekturdenkmäler inspiriert, besonders beliebte Motive sind Marienkirche und Wawel.

*Weihnachtskrippen*

## Folklore

In den meisten Regionen des Landes wird die Erinnerung an Tracht und Volkstanz von Folkloregruppen bewahrt. Die Tracht aus der **Region Łowickie**, westlich von Warschau, gehört neben der von Krakau und Podhale zu den bekanntesten und wird mit der polnischen Volkstracht schlechthin gleichgesetzt. Charakteristisch sind die farbigen Streifen der Stoffe für Kleider, Schürzen und Röcke. Die Frauen tragen bestickte Mieder, die Hosen der Männer sind ebenfalls mit farbigen Streifen geschmückt.

*Trachten*

Ob mit Geige oder Fiedel, Dudelsack oder Alphorn wie in den Vorkarpaten, überall in Polen spielen Folklorekapellen die Musik ihrer Region. Die bekanntesten polnischen Melodie- und Tanztypen sind die lebhafte **Mazurka** aus dem Gebiet um den Oberek, der **Kujawiak**

*Volksmusik*

aus Mittelpolen sowie der **Krakowiak** aus der Region Krakau. Bei den Goralentänzen aus Podhale ist die Solodarbietung der Männer mit spektakulären Sprüngen wichtig. Ruhiger und getragener sind die Volksmusikrhythmen des Ermlands und der Masuren.

Klezmer  Das hebräische »Kle Semer« bedeutet »Musikinstrument«, im übertragenen Sinne auch »Kapelle«. Die **Musik der jüdischen Bevölkerung** Polens erlebte nach der Wende ein Revival und ist besonders in den Musikkneipen Krakaus überall präsent.

# INTERESSANTE MENSCHEN

## ▌ »Schlesischer Engel«: Angelus Silesius

1624–1677  
Mystiker

Der Dichter, der sich den schönen Namen Angelus Silesius – »schlesischer Engel« – gab, hieß eigentlich Johannes Scheffler und ging als großer Mystiker in die Literaturgeschichte ein. Im Dezember 1624 in Breslau als Sohn eines protestantischen Gutsbesitzers geboren, studierte er Medizin in Straßburg, Leiden und Padua, wo er die Schriften zeitgenössischer Mystiker kennenlernte. 1649 wurde er Leibarzt des lutherischen Herzogs Silvius Nimrod in Oels (Oleśnica), trat 1653 zum Katholizismus über und wurde 1661 Priester. Nun schrieb er Kirchenlieder und verfasste als **fanatischer Anwalt der Gegenreformation** zahlreiche Pamphlete gegen den Protestantismus. Ab 1666 bis zu seinem Tod lebte er zurückgezogen in Breslau, wo er sich als Arzt in den Dienst der Armen und Kranken stellte.

## ▌ Genie am Klavier: Frédéric Chopin

1810–1849  
Komponist, Pianist

Chopin wurde als Sohn eines französischen Sprachlehrers und einer polnischen Adligen am 1. März 1810 in Żelazowa Wola bei Warschau geboren. Im Alter von acht Jahren gab er sein erstes Konzert als Pianist und wurde als Musikgenie gefeiert. Als 1830 in Warschau der Aufstand gegen die russische Besatzungsmacht ausbrach, befand sich Chopin gerade auf einer Konzertreise durch Europa. Er beschloss, nicht mehr nach Polen zurückzukehren, sondern ließ sich in Paris nieder. Dort lernte er die Schriftstellerin **George Sand** (Amantine Aurore Lucile Dupin de Francueil, 1804–1876) kennen, die ihm Zugang zu den aristokratischen Salons verschaffte. Im Winter 1838 begleitete sie ihn nach Mallorca, wo er (vergeblich) Heilung von seiner Tuberkulose suchte. Nach einer Konzertreise nach England und Schottland 1848 starb Chopin in Paris. Seine Musik – **fast ausschließlich Klavierwerke** – wurzelt in der polnischen Folklore, was besonders in den Polonaisen und Mazurken zum Ausdruck kommt. Seit 1927 finden in Warschau, wo für den Künstler ein multimediales Museum eingerichtet wurde, die renommierten Chopin-Klavierwettbewerbe statt. In Duszniki-Zdrój, wo er als junger Mann Konzerte gab, veranstaltet man alljährlich im August ein Chopin-Festival.

## Schlesiens Schutzpatronin: Sw. Jadwiga

Hedwig (poln. Jadwiga), **geboren in Andechs** als Tochter des Markgrafen Berthold VI. von Istrien und Herzogs von Meran und Dalmatien, heiratete Herzog Heinrich I. (den Bärtigen) von Schlesien. Sie veranlasste ihn, 1202 das erste Frauenkloster des Landes, das Zisterzienserinnenstift Trebnitz (Trzebnica) nördlich von Breslau, zu gründen. Viele weitere **Kirchen- und Klostergründungen** in Schlesien gehen auf Hedwig, eine Tante der heiligen Elisabeth, zurück. Nach dem Tod des Herzogs 1238 zog sie sich in das Kloster Trebnitz zurück, wo sie 1243 starb. 1267 **heiliggesprochen**, wird sie in Polen, besonders aber in Schlesien, bis heute hoch verehrt.

ca. 1174–1243
Klosterfrau

## Der erste Pole auf dem Stuhl Petri: Johannes Paul II.

Der am 18. Mai 1920 im galizischen Wadowice als geborene **Karol Wojtyła** in Krakau Polonistik, brach nach dem deutschen Einmarsch 1939 das Studium ab und trat 1942 in ein im Untergrund tätiges geistliches Seminar ein, wo er 1946 seinen Abschluss machte. Als **Professor der Philosophie** an der katholischen Universität Lublin veröffentlichte er mehrere Bücher. 1958 wurde er Bischof, 1963 Erzbischof von Krakau und 1967 Kardinal. Am 16. Oktober 1978 wählte ihn das Konklave in Rom zum Papst; er war damit nach dem Niederländer Hadrian VI. (1522/ 1523) nach fast 500 Jahren der erste Nicht-Italiener auf dem Heiligen Stuhl. Als Johannes Paul II. vertrat er in seiner Morallehre sehr konservative Positionen und setzte sich sehr für die Ökumene ein. Er überlebte am 13. Mai 1981 ein Attentat. Am 27. April 2014 sprach ihn Papst Franziskus heilig.

1978–2005
Papst

## Zwillingspolitiker: Jarosław und Lech Kaczyński

In Polen waren die Zwillinge bereits bekannt, bevor sie in der Politik einstiegen. Gerade 13 Jahre alt spielten sie 1962 die Hauptrolle im Kinderfilm **»Die zwei Monddiebe«**: zwei faule Taugenichtse, die

geb. 1949
bzw. 1949–
2010
Politiker

den Vollmond fangen und ihn zu Geld machen wollen. Jarosław und Lech studierten Jura, promovierten und lehrten an Universitäten, bevor sie in den 1980er-Jahren dem oppositionellen »Komitee zur Verteidigung der Arbeiter« (KOR) beitraten. 1990, nach der Wende, wurden beide **Abgeordnete des Senat**s; Lech rückte kurzzeitig zum Justizminister, dann zu Warschaus Oberbürgermeister auf. 2001 gründeten die Brüder die Partei **PiS** (»Recht und Gerechtigkeit«), in der sich die konservativ-klerikalen Kräfte der zerfallenden, antikommunistischen Solidarność sammelten. Schon die folgenden Parlamentswahlen (2005) gewann die PiS: Lech wurde Polens Präsident, ein Jahr später Jarosław Ministerpräsident – ein Amt, das er bei den vorgezogenen Neuwahlen 2007 bereits wieder abgeben musste.

2010 stürzte ein Regierungsflugzeug beim Anflug auf den Flughafen von Smolensk ab. Dabei kamen Präsident **Lech Kaczyński**, seine Frau und 95 Vertreter der politisch-militärischen Elite ums Leben. Beigesetzt wurde er neben Königen und Nationalhelden in der Wawel-Kathedrale. Jarosław ließ nichts unversucht, seinen Bruder zum Märtyrer zu machen: Allen Fakten zum Trotz behauptet er bis heute, Lech sei vom russischen Geheimdienst umgebracht worden.

**Jarosław Kaczyński** scheiterte 2010 beim Versuch, das Erbe seines Bruders anzutreten und selbst Präsident zu werden. Indes vermochte er seine Führungsrolle in der PiS weiter auszubauen. Bei den Wahlen 2015 wurden »seine« Kandidaten in Polens höchste Ämter gewählt: Andrzej Duda wurde Staatspräsident, Beata Szydło Ministerpräsidentin. Bis 2023, also volle acht Jahre, hielt sich seine Partei an der Macht, dann aber atmete Brüssel auf: Das Bündnis von Neoliberalen, Konservativen und Linken war stärker.

## | Der Sternengucker: Nikolaus Kopernikus

1473–1543
Astronom

Nikolaus Kopernikus, eigentlich Koppernigk (poln. Mikołaj Kopernik), wurde in Thorn (Toruń) geboren und studierte in Krakau, Bologna, Padua und Ferrara Mathematik, Astronomie und Medizin. 1504 begann er als Sekretär und Leibarzt seines Onkels Lukas Watzenrode, Fürstbischof in Heilsberg (Lidzbark Warmiński), mit astronomischen Beobachtungen. Zwischen 1509 und 1514 legte Kopernikus im »Commentariolus« Erkenntnisse vor, denen bereits ein heliozentrisches Weltbild zugrunde liegt. In seinem Hauptwerk »De revolutionibus orbium coelestium« (**»Über die Bewegungen der Himmelskörper«**) formulierte er die damals ketzerische These, dass sich die Erde um die Sonne drehe, folglich der Mensch nicht das Zentrum des Universums sei. Das Werk wurde erst kurz vor seinem' Tod veröffentlicht. Nachdem es zuerst nicht zur Kenntnis genommen wurde, kam es 1616 auf den kirchlichen Index. Erst in der Aufklärungszeit wurde Kopernikus rehabilitiert.

**HINTERGRUND**
INTERESSANTE MENSCHEN

OBEN: Nikolaus Kopernikus erkannte, dass sich die Erde um die Sonne dreht.

UNTEN: Nationalheld Kościuszko wird nach dem gescheiterten Aufstand von 1794 gefangen genommen.

**HINTERGRUND**
INTERESSANTE MENSCHEN

## Für seine Kinder in den Tod: Janusz Korczak

1878–1942
Kinderarzt
und Sozial-
pädagoge

Der als Henryk Goldszmit in Warschau geborene Janusz Korczak leitete dort ab 1911 ein jüdisches Waisenhaus, ab 1919 ein Kinderheim für mittellose Arbeiterkinder und während der deutschen Besatzung ein Kinderheim im Ghetto. Obwohl er hätte fliehen können, begleitete er 1941 die ihm anvertrauten Kinder **in die Gaskammer im Vernichtungslager Treblinka** und wurde mit ihnen vermutlich im August 1942 ermordet. Korczak verfasste theoretische Schriften und Bücher über und für Kinder, u. a. »Die Verantwortung des Pädagogen«, »Tagebuch im Ghetto« (dt. 1974), »König Hänschen der Erste« und »Wie man ein Kind lieben soll«. 1972 wurde Janusz Korczak postum der Friedenspreis des Deutschen Buchhandels verliehen.

## Nationalheld: Tadeusz Kościuszko

1746–1817
General

Es gibt kaum eine Stadt, in der nicht eine Straße oder ein Platz nach dem Nationalhelden Polens benannt ist. Geehrt wird nicht nur sein militärisches Engagement »für die Sache Polens«, sondern auch sein Eintreten für die sozial Schwachen. Der in Mereczowszczyzna auf dem Gebiet der heutigen Ukraine geborene Kościuszko absolvierte die Warschauer Kadettenschule und studierte Militärtechnik in Paris. 1776 ging er nach Nordamerika, wo er als **General und Adjutant George Washingtons** am Unabhängigkeitskrieg teilnahm. 1784 nach Polen zurückgekehrt, rief er nach der zweiten Polnischen Teilung zur **nationalen Erhebung** auf. Nach anfänglichen Erfolgen erlagen die Polen schließlich 1794 der russisch-preußischen Übermacht. Kościuszko wurde von den Russen gefangen genommen und erst 1796 wieder freigelassen. Von 1798 bis zu seinem Tod lebte General Kościuszko in Frankreich bzw. in der Schweiz. Sein Leichnam wurde in den Krakauer Wawel überführt und in der »Krypta der Nationalhelden« beigesetzt.

## Bestsellerautor: Stanisław Lem

1921–2006
Arzt und
Schriftsteller

Stanisław Lem kam als Sohn eines Arztes im galizischen Lemberg (Lviv/Ukraine) zur Welt. Nach dem Zweiten Weltkrieg studierte er Medizin in Krakau und arbeitete danach als wissenschaftlicher Assistent für angewandte Psychologie. 1951 erschien sein erster Science-Fiction-Roman »Astronauten«, dem unzählige weitere Werke folgten; zu den bekanntesten gehören »Sterntagebuch« (1957), »Eden« (1959) und der mehrfach verfilmte Roman **»Solaris«** (1961). Mit der Weltauflage seiner Bücher von mehr als 10 Mio. in über 30 Sprachen war Stanisław Lem der erfolgreichste und meistübersetzte pol-

**HINTERGRUND**
INTERESSANTE MENSCHEN

Stanislaw Lem definierte »Science Fiction« ganz neu.

nische Autor der Gegenwart und zugleich einer der bekanntesten Science-Fiction-Autoren der Welt. Lem lebte bis zu seinem Tod in Krakau, wo er einen Lehrstuhl am Institut für polnische Literatur innehatte.

## Symbolfigur: Adam Mickiewicz

Adam Mickiewicz gilt als der bedeutendste Dichter Polens. Geboren in Zaosie im heutigen Weißrussland, arbeitete er ab 1819 im litauischen Kaunas als Lehrer und schrieb dort 1820 seine berühmte patriotische »Ode an die Jugend«. 1823 wurde er wegen seiner politischen Aktivitäten von den zaristischen Behörden aus Litauen verbannt. In Moskau entstand 1828 sein historisches Epos »Konrad Wallenrod«, das den Kampf der Litauer gegen den Deutschen Orden schildert. Als 1829 seine Verbannung aufgehoben wurde, emigrierte Mickiewicz in den Westen Europas und ließ sich 1832 in Paris nieder. 1834 erschien das **Nationalepos »Pan Tadeusz«** (»Herr Thaddäus oder der letzte Einfall in Litauen«), ein meisterhaftes humoristisches Genrebild des polnischen Kleinadels aus der Zeit vor den Napoleoni-

1798–1855
Dichter

**HINTERGRUND**
INTERESSANTE MENSCHEN

schen Kriegen mit stark patriotischen Zügen und großartigen Naturschilderungen. Mit diesem Werk wurde er zu einer **Symbolfigur des polnischen Nationalbewusstseins**. 1840 bis 1844 lehrte Mickiewicz am Collège de France in Paris. Er starb während des Krimkriegs, wo er eine polnische Legion für den Kampf gegen Russland aufstellen wollte, in Konstantinopel an der Cholera. Seine Gebeine wurden nach Krakau überführt und auf dem Wawel beigesetzt.

## Vom Unabhängigkeitskämpfer zum Diktator: Józef Klemens Piłsudski

*1867–1935*
*Marschall und Staatsmann*

Piłsudski, eine Schlüsselfigur im Kampf um die Wiedererrichtung des polnischen Staats, wurde in Zulowo bei Vilnius geboren. Er studierte Medizin in Charkow (heute Ukraine), wo er der radikal-sozialistischen Organisation »Narodnaja Wolja« (»Wille des Volkes«) beitrat. 1887 wurde er wegen Teilnahme an einer Verschwörung gegen das Zarenregime für fünf Jahre nach Sibirien verbannt; später gehörte er zu den Begründern der Polnischen Sozialistischen Partei. Nach Ende des Ersten Weltkriegs wurde Piłsudski zum »Staatschef« der wiedererrichteten Republik Polen proklamiert. Sein Ziel war die Wiederherstellung der alten Landesgrenzen aus der Zeit vor den Teilungen Polens. Durch den Krieg mit der noch nicht konsolidiertne Sowjetmacht konnte er im Frieden von Riga 1921 die Grenzen Polens weit nach Osten verlegen. 1926 löste er nach einem Staatsstreich das demokratische Regierungssystem durch ein **ganz auf seine Person fixiertes, autoritäres Militärregime** ab. 1934 schloss er mit dem NS-Regime einen Nichtangriffspakt. Am 12. Mai 1935 starb Józef Piłsudski in Warschau.

## Vom Ghetto nach Hollywood: Roman Polański

*geb. 1933*
*Regisseur*

Roman Polański wurde in Paris geboren, doch seine Eltern, Polen jüdischen Glaubens, zogen mit ihm wegen des wachsenden Antisemitismus schon drei Jahre nach seiner Geburt nach Krakau. Die deutschen Besatzer verschleppten die Familie ins Ghetto; die Mutter wurde 1942 in Auschwitz ermordet, der Vater überlebte das KZ Mauthausen. Vor seiner Deportation war es ihm gelungen, den Sohn bei einer Familie außerhalb des Ghettos unterzubringen. Hier lebte Polański als vermeintlich katholischer Pole unter dem Namen Roman Wilk. Er besuchte nach dem Krieg die Kunstakademie von Krakau, wo er Andrzej Wajda kennenlernte. Unter Wajdas Einfluss wechselte Polański 1954 an die Filmhochschule von Łódź. Als das **»Messer im Wasser«** (1961) den Kritikerpreis beim Festival von Venedig erhielt, der Erfolg in Polen jedoch auf sich warten ließ, ging er in den Westen.

**HINTERGRUND**
INTERESSANTE MENSCHEN

In den Studios von London und Hollywood entstanden die Filme, die seinen internationalen Ruhm begründeten: »Ekel« (1965), **»Tanz der Vampire«** (1966), »Rosemaries Baby« (1968), »Macbeth« (1971) und »Chinatown« (1974). 2010 erhielt er den Europäischen Filmpreis in sechs Kategorien für »Der Ghostwriter«,. Im ebenfalls vielfach ausgezeichneten Film »Der Pianist« (2002) hat er seine Ghetto-Erfahrungen spät, dafür umso eindrucksvoller verarbeitet. Bei den Filmfestspielen in Cannes wurde der Film mit der Goldenen Palme und 2003 mit einem Oscar für die beste Regie ausgezeichnet. 2017 kehrte er zu Dreharbeiten nach Krakau zurück: Der Film »Polanski, Horowitz. Hometown« über Orte seiner Kindheit unter der Regie von Mateusz Kudla erschien 2021. Überschattet wird Polańskis Schaffen von immer wiederkehrenden Vorwürfen der Vergewaltigung bzw. des sexuellen Missbrauchs einer Minderjährigen.

## ❙ Gipfelstürmerin: Wanda Rutkiewicz

Wanda Rutkiewicz wurde in Plungiany im heutigen Litauen geboren. Die Bergsteigerin gilt als eine der wichtigsten Frauen im Alpinsport des 20. Jahrhunderts. Schon als 18-Jährige begann sie in der polnischen Tatra zu klettern, insgesamt achtmal führten Expeditionen sie auf Achttausender. 1975 gelang Rutkiewicz mit einer Expedition die Erstbesteigung des 7952 m hohen Gasherbrum III in Pakistan. 1978 war sie die **erste Polin auf dem Mount Everest**, dem höchsten Berg der Welt. 1985 folgte die Besteigung des Nanga Parbat (8125 m). Zusammen mit der Bergsteigerin Liliane Barrard gelang Wanda Rutkiewicz als erster Frau die Besteigung des 8616 m hohen K 2. Nach einigen weiteren Kletterexpeditionen brach sie im Mai 1992 zu einer Besteigung des dritthöchsten Gipfels der Erde, des 8586 m hohen Katschenzönga, auf. Es sollte ihre letzte Bergtour werden: Als sie in 8200 m Höhe ihr Biwak für den Gipfelaufstieg am folgenden Tag vorbereitete, wurde Wanda Rutkiewicz zum letzten Mal gesehen.

1943–1992
Bergsteigerin

## ❙ Nobelpreisträger: Henryk Sienkiewicz

Einer der bekanntesten und meistgelesenen polnischen Schriftsteller ist der am 5. Mai 1846 in Wola Okrzejska bei Siedlce geborene Henryk Sienkiewicz. In seinen frühen Erzählungen schilderte er das Leben der unteren Volksschichten und das Schicksal polnischer Auswanderer in Nordamerika. Später beschäftigte ihn hauptsächlich die polnische Geschichte, so in der Trilogie »Mit Feuer und Schwert«, »Sintflut« und »Pan Wolodyjowski, der kleine Ritter«, in der er ein anschauliches Bild Polens im 16. Jh. zeichnet. Sein Roman **»Quo vadis?«** spielt in Rom zur Zeit Neros und der Christenverfolgung und

1846–1916
Schriftsteller

brachte Sienkiewicz internationalen Ruhm ein. 1905 erhielt er als erster polnischer Schriftsteller den Nobelpreis. Sienkiewicz starb in Vevey am Genfer See, beigesetzt wurde er im Dom St. Johannes in Warschau.

## Leben für die Wissenschaft: Marie Skłodowska-Curie

1867–1934
Physikerin
und
Chemikerin

Marie Skłodowska wurde in Warschau geboren. Nach dem Besuch der Mittelschule arbeitete sie zunächst als Hauslehrerin und Laborantin. 1891 folgte sie ihrer Schwester nach Paris und studierte dort Mathematik und Physik. 1895 heiratete sie **Pierre Curie** (1859 bis 1906), Professor an der Schule für industrielle Physik und Chemie. 1897, im Geburtsjahr ihrer Tochter Irène, begann sie mit der Untersuchung der »Becquerel-Strahlen« und entdeckte dabei die Radioaktivität des Thoriums sowie 1898 zusammen mit ihrem Mann die Elemente Polonium und Radium. Für ihre Entdeckungen erhielten die Curies 1903 den **Nobelpreis für Physik**. Nach dem Tod ihres Mannes übernahm Marie seine Professur an der Sorbonne. 1910 stellte sie Radium her und analysierte seine Verbindungen, wofür ihr 1911 der **Nobelpreis für Chemie** verliehen wurde. Als Folge ihrer Arbeit mit radioaktivem Material starb Marie Curie an Blutkrebs. In Warschau erinnert ein Museum an sie.

## Aktivist mit der Feder: Andrzej Szczypiorski

1924–2000
Schriftsteller

1943, mit knapp 15 Jahren, gab der in Warschau geborene Szczypiorski in einem der angesehensten literarischen Salons der polnischen Hauptstadt mit zwei Erzählungen sein literarisches Debüt. 1944 nahm er am Warschauer Aufstand teil und wurde daraufhin ins KZ Sachsenhausen deportiert. Diese Erfahrungen boten dem späteren Schriftsteller Stoff genug, um sein ganzes weiteres Leben lang das Verhältnis zwischen Polen und Deutschen, Juden und Nichtjuden zu reflektieren. Nach seiner Befreiung 1945 trat Szczypiorski bald mit ersten literarischen und publizistischen Arbeiten in die Öffentlichkeit und arbeitete bis 1955 als Journalist. Nach dem Beginn des politischen »Tauwetters« 1956 schlug sich der bis dahin eher unpolitische Szczypiorski auf die Seite der Volksrepublik. Die antisemitische Hetzkampagne der polnischen Kommunisten unter Parteichef Gomułka 1968 führte zu einem Bewusstseinswandel vom regimetreuen zum oppositionellen Schriftsteller. In dieser Zeit entstand sein wohl bedeutendstes Buch **»Eine Messe für die Stadt Arras«** (1971). Der Roman handelt von antijüdischen Ausschreitungen im Mittelalter und lässt sich als Parabel auf die Geschehnisse in Polen 1968 lesen. Als einer der ersten Solidarność-Aktivisten wurde Szczypiorski nach Verhängung des Kriegsrechts in Polen 1981 für fünf Monate inhaftiert. In Deutschland wurde der Autor vor allem mit seinem Roman »Początek« (deutsch: »Der Anfang«, 1986) bekannt, der zwei Jahre später unter dem Titel »Die schöne Frau Seidenman« auf Deutsch erschien. Nach der politischen Wende in Polen 1989 saß Szczypiorski für die Unia Demokratyczna bis 1991 im polnischen Senat.

## ▎Von Warschau nach Brüssel: Donald Tusk

Der erste polnische Premier seit der Wende, der dreimal gewählt wurde: 2007, 2011 und 2023. Nach der antideutschen Phase unter den Kaczynski-Zwillingen zeigte sich der pragmatische Danziger Tusk deutsch- und europafreundlich. Er strebte aber auch ein gutes Verhältnis zu den östlichen Nachbarn an. Innenpolitisch verfolgte er als Neoliberaler einen radikal marktwirtschaftlichen Kurs. Mit Steuererleichterungen und Privatisierungen von Staatsbetrieben stärkte er das Unternehmertum, während er zugleich staatliche Zuschüsse im »unproduktiven« sozialen Bereich kürzte. Während seiner Regierungszeit erhielt Polen üppige EU-Fördergelder, die dem Land einen Bauboom und Verbesserungen der Infrastruktur bescherten. Als Skandale seine Partei 2014 erschütterten, verließ Tusk das sinkende Schiff und setzte seine Karriere in Brüssel als **Präsident des Europäischen Rats** fort. Nach dem Ende der Amtszeit kehrte er nach Polen zurück und führte 2023 im Bündnis mit dem konservativen »Dritten Weg« und der Linken zum Sieg über die rechtspopulistische PiS.

geb. 1957
Politiker

## ▎Ein gefallener Held: Lech Wałęsa

Lech Wałęsa, am 29. September 1943 in Popowo bei Bydgoszcz geboren, wuchs in sehr bescheidenen Verhältnissen auf. Ab 1967 arbeitete er als **Elektromonteur auf der Danziger Leninwerft**. Schon früh engagierte er sich für die Interessen der Arbeiter; als überzeugter Katholik kam er dabei in Konflikt mit der Kommunistischen Partei und den von ihr beherrschten staatlichen Organen. Die erste große Streikbewegung 1970 zeigte, dass die offiziellen Gewerkschaften weniger das Wohl der Arbeiterschaft als vielmehr die Interessen der Partei und des Staats vertraten. Wałęsa betrieb daher die Gründung der unabhängigen Gewerkschaft **Solidarność**. 1980 wurde er zum Vorsitzenden gewählt, 1981 wurde Solidarność verboten und Wałęsa von Dezember 1981 bis November 1982 inhaftiert. Sein politisches Engagement fand internationale Anerkennung; 1983 erhielt er den **Friedensnobelpreis**. Im Mai 1989 streikten die Danziger Werftarbeiter unter Führung Wałęsas für die Erhaltung ihrer angeb-

geb. 1943
Gewerkschaftsführer und Politiker

**HINTERGRUND**
INTERESSANTE MENSCHEN

Gemeinsam mit seinem Sohn stand der frühere Staatspräsident Wałęsa im März 2004 am nach ihm benannten Danziger Flughafen.

lich unrentablen Betriebe und forderten die Wiederzulassung ihrer Gewerkschaft. Bei dem sich in Polen abzeichnenden Umbruch leitete Wałęsa 1989 die Opposition bei den Gesprächen am »Runden Tisch«. Nach der »Wende« wurde Lech Wałęsa im Dezember 1990 in zum Präsidenten der Republik gewählt. Als Präsident trieb er jedoch den kapitalistischen Umbau der Gesellschaft schonungslos voran und nahm wenig Rücksicht auf die Interessen der Arbeiter. Bei seiner Präsidentschaftskandidatur 2000 erhielt er nur knapp 1 % der Stimmen. 2006 trat er aus der Solidarność aus.

## Diplomat und Kunstmäzen: Zygmunt I. Stary

1467–1548
König

Zygmunt I. Stary (Sigismund »der Alte« oder »der Große«) aus dem Haus der Jagiellonen, war 1499–1508 Herzog von Glogau und wurde 1506 König von Polen und Großfürst von Litauen. Er führte längere Kriege gegen das Moskauer Reich, an das er 1514 Smolensk abtreten musste. Im Kongress von Preßburg und Wien konnte er 1515 den Streit mit den Habsburgern um die Vorherrschaft in Ostmitteleuropa beenden. Durch den Vertrag von Krakau 1525 schlichtete er den Streit um Preußen, indem er den geistlichen Deutschen Ordensstaat in ein lehenspflichtiges weltliches Herzogtum Preußen umwandelte, womit ihm die Beilegung eines 300 Jahre währenden Konflikts gelang. Zygmunt war nicht nur ein geschickter Politiker, sondern auch Kunstmäzen. Durch den Einfluss seiner zweiten Frau, der Mailänder Gräfin Bona Sforza (1494–1557), konnte sich in Polen eine bedeutende **Renaissancekultur** entwickeln. Aus ganz Europa brachte das Königspaar Kunstwerke nach Polen; Wissenschaft und Kultur erlebten eine Blütezeit. Mit der Regierungszeit Zygmunts I. begann das **»Goldene Zeitalter«** der polnischen »Adelsrepublik«.

## Der Erfinder des Reiseführers: Karl Baedeker

Als Buchhändler kam Karl Baedeker viel herum, und überall ärgerte er sich über die »Lohnbedienten«, die die Neuankömmlinge gegen Trinkgeld in den erstbesten Gasthof schleppten. Nur: Wie sollte man sonst wissen, wo man übernachten könnte und was es anzuschauen gäbe? In seiner Buchhandlung hatte er zwar Fahrpläne, Reiseberichte und gelehrte Abhandlungen über Kunstsammlungen. Aber wollte man das mit sich herumschleppen? Wie wäre es denn, wenn man all das zusammenfasste? Gedacht, getan: Zwar hatte er sein erstes Reisebuch, die 1832 erschienene »Rheinreise«, noch nicht einmal selbst geschrieben. Aber er entwickelte es von Auflage zu Auflage weiter. Mit der Einteilung in »Allgemein Wissenswertes«, »Praktisches« und »Beschreibung der Merk-(Sehens-)würdigkeiten« fand er die klassische Gliederung des Reiseführers, die bis heute ihre Gültigkeit hat. Bald waren immer mehr Menschen unterwegs mit seinen **»Handbüchlein für Reisende, die sich selbst leicht und schnell zurechtfinden wollen«**. Die Reisenden hatten sich befreit, und sie verdanken es bis heute Karl Baedeker. Das Gebiet des heutigen Polen beschreibt er erstmals im 1883 erschienenen »Baedeker's Russland«.

1801–1859
Verleger

>>
Die polnische Sprache, besonders aus schönem Munde,
gefällt unserm Ohre besser als der Zunge,
welche letztere schon hier mit der Häufung der
Consonanten sehr zu kämpfen hat. Sie übertrifft
aber an Reichtum und Biegsamkeit, sowie treffender
Kürze alle anderen slavischen Mundarten.
>>

*Baedeker's Russland, 1. Auflage 1883*

# E
# ERLEBEN & GENIESSEN

## Überraschend, stimulierend, bereichernd

Mit unseren Ideen erleben und genießen Sie Polen.

Der tatarische »Lajkonik« ist eine Figur aus dem Krakauer Volksleben. ▶

**ERLEBEN & GENIESSEN**
**BEWEGEN UND ENTSPANNEN**

# BEWEGEN UND ENTSPANNEN

*Segler und Surfer kommen – je nach Können und Temperament – an der stürmischen Ostseeküste oder auf Polens zahllosen Seen auf ihre Kosten. Wanderer finden in den Bergen des Südens gemächliche Wanderpfade genauso wie Kletterwände. Outdoor-Fans werden in Polen ganz sicher glücklich. Und wer lieber weniger aktiv entspannt, hat die Wahl zwischen nostalgischem Kurambiente und stylischen Spas.*

## An Seen, Flüssen und Stränden

Angeln
Die fischreichsten Flüsse und Seen des Landes finden sich in Masuren und Pommern sowie in Südostpolen. Angeln ist nur mit einer Angelkarte erlaubt, die man gegen eine Gebühr beim Polnischen Angelverband erhält. Auch **Hochseeangeln** ist möglich: In den Ostseeorten Kołobrzeg, Ustka und Łeba starten organisierte halb- bzw. ganztägige Törns. Ausrüstung und Köder werden gestellt, die Lizenz besorgt der Skipper.

Segeln,
Das beliebteste **Segelrevier** Polens ist Masuren, wo man in Giżycko, Mikołajki und Węgorzewo Jachten und kleinere Boote anmieten kann. Zwischen Stettin und Darłowo sind mittlerweile 28 Marinas entstanden. Informationen zu Charterfirmen erhält man in den örtlichen Touristenbüros.

Surfen
Für **Wind- und Kitesurfer** ist die Halbinsel Hel ein attraktives Ziel. Ideale Bedingungen zum Kiten bietet die flache Putziger Bucht, wo zahlreiche Schulen und Ausrüster ihre Dienste anbieten.

Paddeln, Kajak
Eher gemächliche Paddeltouren versprechen die Masurischen Seen; wer es etwas wilder mag, kommt auf den Flüssen in der Hohen Tatra auf seine Kosten. Verleiher und Anbieter findet man vor Ort. Beliebt sind mehrtägige Kajak- und Kanufahrten.

## An Land

Wandern
Die Polen wandern gern – am liebsten natürlich in den Bergen. In den Sudeten und Karpaten im Süden des Landes liegen klassische Wandergebiete wie das **Riesengebirge**, die **Hohe Tatra** und die **Waldkarpaten** – alle als Nationalpark geschützt. Wanderwege sind vor-

**ERLEBEN & GENIESSEN**
BEWEGEN UND ENTSPANNEN

bildlich markiert, an wichtigen Kreuzungen gibt es Informations- und Überblickstafeln. In ganzjährig geöffneten Herbergen können sich Wanderer stärken und günstig übernachten. Am besten wandert man natürlich im Frühjahr und im Herbst.
KOMPASS Wanderführer 5994 »Tatra« | www.kompass.de

Beim Ausbau eines Radwegenetzes hat Polen durchaus noch Nachholbedarf, doch Radfahren als Freizeitvergnügen wird auch beim östlichen Nachbarn immer beliebter; fahrradfreundlicher Unterkünfte sind jedoch noch nicht breit gestreut. Ehrgeizige können den polnischen Abschnitt des Europaradwegs 1 von Kostrzyn nach Frombork abfahren oder den **Ostseeküstenradweg EuroVelo 10.** Anregungen für weitere Touren findet man unter
https://de.eurovelo.com

*Radfahren*

Felswände aus Gneis und Granit, Kalk- und Sandstein findet man nur **im gebirgigen Süden**. Kletterer treffen sich im Riesengebirge und im Krakau-Tschenstochauer Juragebirge, am liebsten aber in der **Hohen Tatra**, wo der nationale Bergverband eine Kletterschule unterhält. Von der »Kletterkrippe« (Betlejemka) sind alle Kletterziele leicht erreichbar. Anfänger bescheiden sich mit den Schwarzen Wänden (Czarne Ściany) und den Granatbergen (Granaty), Profis zieht es zur Südwand der Toten Gruppe (Zmarłe Turni) am Tal der fünf Seen. Noch anspruchsvoller ist der Mönch (Mnich), den man am besten von Osten erklettert.

*Klettern*

**»Urlaub im Sattel«** ist beliebt. Einige Gestüte haben ihren Sitz in ehemaligen Gutshöfen und restaurierten Schlössern, z. B. in Książ (Fürstenstein) in Niederschlesien. Auch Wanderritte sind möglich: Rund um Łódź in der Landesmitte wurde der mit über 1800 km längste Reitweg Europas angelegt. Unterwegs finden sich genügend Rastplätze für Mensch und Tier. Informationen über die Pferdesportzentren des Landes, Reitunterricht und Angebote für Reiterferien erhält man beim Polnischen Reitverband.

*Reiten*

## Wintersport

Die Skisaison dauert von Anfang Dezember bis Ende März. Ungekrönte **»Winterhauptstadt« ist Zakopane** am Fuß der Hohen Tatra, wichtige Skigebiete befinden sich auch im Iser- und Riesengebirge, im Glatzer Bergland und den Beskiden. In allen Skiregionen werden »Winterausgaben« der Wanderkarten verkauft, auf denen Pisten, Loipen und Skilifte sowie lawinengefährdete Wege eingetragen sind. In allen Wintersportzentren kann man Ausrüstung leihen, es gibt Ski- und Snowboardschulen.

*Skifahren*

**ERLEBEN & GENIESSEN**
BEWEGEN UND ENTSPANNEN

OBEN: Der Dunajec, auf 18 km die natürliche Grenze zwischen der Slowakei und Polen, lädt zum Kajakfahren ein.
UNTEN: Wintersport steht hoch im Kurs, zum Beispiel Schneeschuhwandern.

**ERLEBEN & GENIESSEN**
BEWEGEN UND ENTSPANNEN

Beim Eissegeln jagen auf Kufen gesetzte Segelboote über zugefrorene Seen. Das Top-Revier der Eissegler ist Masuren und dort besonders der **Mamry-See**, der oft länger von einer dicken Eisschicht bedeckt und deshalb wichtiger Austragungsort internationaler Wettkämpfe ist.

Eissegeln

## Kur und Wellness

Wellnesshotels bieten mitteleuropäischen Standard und sind **preisgünstiger als in Westeuropa**. Viele bieten Spa-Einrichtungen mit unterschiedlichen Saunen, Salzgrotte und Kneipp-Gang sowie Hydromassage-Pools. Eine Broschüre hat das Polnische Fremdenverkehrsamt zum Download zusammengestellt.

Spa-Hotels

Doch bekannter ist das Land für seine **professionellen Kuren**. Die meisten Kurorte liegen in den südlichen Bergregionen, wo mineralreiche Quellwasser sprudeln und seit Jahrhunderten für Trink- und Badekuren genutzt werden. Die vielen Kurorte führen den Namenszusatz »Zdrój« (Bad). Unmittelbar hinter der deutsch-polnischen Grenze liegt im Isergebirge Świerardów Zdrój (Bad Flinsburg), das auf Radontherapie setzt. Im angrenzenden Riesengebirge verdankt Cieplice (Bad Warmbrunn) seinen Namen heißen Quellen; sie helfen bei Rheuma- und Knochenerkrankungen, aber auch bei Augenleiden.

Trink- und Badekuren

Weiter östlich, im Dreiländereck Polen – Tschechien – Slowakei, liegt das Glatzer Bergland mit einigen nostalgischen Kurorten: Kudowa Zdrój (Bad Kudowa), Duszniki Zdrój (Bad Reinerz), Ładek Zdrój (Bad Landeck) und Polanica Zdrój (Bad Altheide). Ihnen gemein ist die verspielte **Bäderarchitektur** sowie die malerische Lage am Fuß dicht bewaldeter Berghänge. Gleichfalls am Rand eines Nationalparks, inmitten der Wälder von Pieniny, liegt Szczawnica, das vorbildlich restauriert wird. Als »Perle der polnischen Heilbäder« aber gilt das noch weiter östlich in den Sandezer Beskiden gelegene **Krynica Zdrój**, wo 1804 die erste Badeeinrichtung eröffnete. Dort kann man gleich aus sieben Heilquellen trinken.

Nostalgische Kurbäder

An der **Ostseeküste** trägt das typische Reizklima des Meers zusammen mit Sole- und Moorbehandlungen zum Wohlbefinden bei. Auch dort gibt es einen Ort namens Krynica, das von seinem südlichen Namensvetter durch den Zusatz »Morska« zu unterscheiden ist. Es liegt auf der Frischen Nehrung fast an der Grenze zum russischen Kaliningrad. Bekanntere Kurorte der Ostsee sind freilich **Kołobrzeg** (Kolberg), wo man auf die heilende Wirkung der Sole setzt, und das nae der deutschen Grenze gelegene **Świnoujście** (Swinemünde). Ergänzend zu den traditionellen Kureinrichtungen entstanden hier zahlreiche neue **Spa-Hotels**.

**ERLEBEN & GENIESSEN**
**ESSEN UND TRINKEN**

## NÜTZLICHE ADRESSEN

### POLNISCHES FREMDENVERKEHRSAMT
Die Website des polnischen Fremdenverkehrsamts gibt einen ersten Überblick über Möglichkeiten für Aktivurlaub, Wellness und andere Freizeitangebote; eine Broschüre kann heruntergeladen werden:
www.polen.travel/de/aktivurlaub
www.polen.travel/de/freizeit
www.polen.travel/de/broschuren

### ANGELN

**POLSKI ZWIĄZEK WĘDKARSKI**
ul. Twarda 42, Warszawa
Tel. 22 6 20 89 66
www.pzw.org.pl

### REITEN

**POLSKI ZWIĄZEK JEŹDZIECK**
ul. Gilarska 5, Warszawa
www.pzj.pl

### WINTERSPORT

**KARPACZ**
6 km Pisten unterhalb der Schneekoppe, 8 Lifte
Skiarena Śnieżka
ul. Turystyczna 4
Tel. 75 7 61 92 84
https://karpaczskiarena.pl

**SZKLARSKA PORĘBA**
15 km Pisten, 8 Lifte
Skiarena Szrenica
ul. Turystyczna 25A
Tel. 75 7 17 21 18
https://szrenicaskiarena.pl

**ZAKOPANE**
32 km Pisten, 18 Lifte, 2 Gondelbahnen
Tourist Information
ul. Kościuszki 17
Tel. 18 2 01 22 11
www.zakopane.pl

# ESSEN UND TRINKEN

*»Fleisch ist mein Gemüse« – das gilt für Polens traditionelle Küche auf jeden Fall. Sie ist bodenständig, handfest und deftig. Auf dem Teller liegt meist unübersehbar ein gutes Stück Tier. Alles andere ist Dekoration. Doch nach und nach entdeckt man ein Herz für Vegetarier.*

**Trend zur leichteren Küche** Zumindest in Polens Großstädten ist der Trend zur leichteren Küche angekommen. »Im Einklang mit der Natur«, heißt das Bestseller-Rezeptbuch des Warschauer Spitzenkochs Wojciech Modest Amaro, der in Warschaz das erste sternengekrönte Restaurant Polens überpaupt betreibt, das »Atelier Amaro«. Dort setzt er auf die behutsame Zubereitung ausschließlich **regionaler Zutaten**. »Wenn ein Produkt von sich aus stark ist«, heißt es, »sollte man es nicht durch übermäßiges Kochen verderben!«

**ERLEBEN & GENIESSEN**
ESSEN UND TRINKEN

Das Frühstück ist reichhaltig – mit Brot, Wurst, Rührei, Tee oder Kaffee – und entspricht mitteleuropäischen Gewohnheiten. Zum zweiten Frühstück zwischen 10 und 11 Uhr gibt es ein Wurst- oder Käsebrot oder auch Hefekuchen und Tee. Das Mittagessen, zwischen 13 und 14 Uhr, besteht oft aus drei Gängen; auch zu Abend isst man gern ausgiebig, in der Regel zwischen 19 und 20 Uhr.

Mahlzeiten

Eine Besonderheit ist die »**Milchbar**« (bar mleczny), eine Art Volkskantine, erfunden in sozialistischer Zeit. Von damals 40 000 (!) sind heute noch 150 übrig, aber der Trend geht zu mehr, denn es ist kultig geworden. Hier stärkt man sich mit nach wie vor staatlioch subventionierter Hausmannskost. Die Idee dahinter: Jedermann sollte sich mindestens einmal am Tag eine warme Mahlzeit leisten können. In keinem anderen Lokal hat man mehr Tuchfühlung zur »normalen« Bevölkerung: Studenten, Rentner, Hausfrauen, Angestellte, Arbeiter, Beamte, mittlewereiel auch Hipster und »Kreative« – sie alle kommen in die Milchbar, um günstig und zugleich gut satt zu werden. Manche munkeln gar, hier sei die Küche frischer als anderswo, denn ausgegeben wird nur, solange der Vorrat reicht!

Hausmannskost in der »Milchbar«

In der Regel sind Bedienung und Mehrwertsteuer in der Rechnung inbegriffen. Dennoch freuen sich Hotelangestellte oder Kellner über ein zusätzliches Trinkgeld in Höhe von 5–10 % der Rechnung.

Trinkgeld

## Von Bigos bis Bliny

Die Auswahl an **Suppen und Eintöpfen** ist überaus reich. Das polnische »Nationalgericht« ist **Bigos**, ein Eintopf auf Sauerkrautbasis mit Würstchen, Speck, Pilzen und Fleisch oder Wild. Gleich danach kommt der Żurek, eine saure Suppe, die aus einem speziell fermentierten Mehl hergestellt wird, oft ziemlich scharf und dickflüssig ist – und sehr gut schmeckt. Beliebt sind auch Flaczki oder Flaki, Kutteln mit Gemüse, und Barszcz, eine Rote-Bete-Suppe, im Sommer als Chłodnik kalt mit Joghurt, auch Chłodnik litewski genannt, da sie aus Litauen eingeführt wurde.
Als deftig und etwas gewöhnungsbedürftige Spezialität entpuppt sich Czernina, eine Suppe aus dem Blut junger Gänse, Enten oder Ferkel mit Fleisch, gedörrten Pflaumen, Birnen und Nudeln. Grochówka ist eine mit Majoran gewürzte Erbsensuppe mit Fleisch und geräuchertem Speck Kapuśniak eine Sauerkrautsuppe und Krupnik eine dicke Suppe aus Graupen, Kartoffeln und Gemüse.

Alles aus einem Topf

Die geläufigsten **Fleischgerichte** sind Schweinekotelett (kotlet scha-bowy) mit Kohl (kapusta) und Kartoffeln (ziemniaki), Schweinerücken mit Pflaumensoße sowie Fleischklöße (kołduni)

Fleischeslust

# TYPISCHE GERICHTE

*Suppen und Eintöpfe, viel Fleisch und Kohl, Mehlspeisen mal herzhaft, mal pikant: die polnische Küche ist ein Quell deftiger Delikatessen. Und obendrein höchst abwechslungsreich, wie die Vielzahl an landestypischen Spezialitäten beweist. Hier nur eine kleine Auswahl ...*

**Bigos:** Das bäuerliche Nationalgericht schmeckt mit jedem Aufwärmen besser: Gehacktes Sauerkraut wird mit eingeweichten Waldpilzen und diversen Fleischstücken stundenlang gegart, dazu kommen Trockenpflaumen und säuerlicher Apfel, Kümmel, Lorbeer und süßes Paprikapulver. In Keramikschüsseln kühl aufbewahrt, hält sich bigos gut und gern zehn Tage und länger.

**Tatar:** In guten Restaurants wird allergrößter Wert auf erstklassige (Bio-)Zutaten gelegt, sodass man bei dieser nosatlgisch-sozialistischen Vorspeise beherzt zugreifen kann: Durch den Wolf gedrehtes rohes Rinderfilet wird mit kleingeschnittenen marinierten Pilzen, Zwiebeln, sauren Gürkchen und feinen Kapern vermischt und mit Salz und Pfeffer abgeschmeckt; zuletzt wird ein rohes Eigelb untergemischt. Dazu wird gerne ein kühler Wodka serviert.

**Faworki:** Kein Karneval ohne die traditionellen Faworki! Typisch für die Fastenzeit ist das frittierte Gebäck, zu deutsch Raderkuchen oder Liebesschleifen. Der mit saurer Sahne und viel Eigelb zubereitete Teig wird dünn ausgerollt, in Rauten geschnitten und in heißem Schmalz ausgebacken. Nach dem Abtropfen auf Küchenkrepp werden die Faworki mit Puderzucker bestäubt. Frisch zubereitet schmecken sie am besten!

**Gołąbki:** Was in Deutschland als Krautwickel oder Kohlrouladen bekannt ist, heißt in Polen Gołąbki (»Täubchen«). Ein Mantel aus Weißkohl umhüllt die deftig gewürzte Füllung, die aus Hackfleisch und Reis oder Buchweizen, manchmal auch aus einer Mischung von

**Żurek:** Polens populärste Suppe schmeckt leicht säuerlich: Sie wird aus vergorenem Roggenmehl, Fleischbrühe und Trockenpilzen zubereitet, als Einlage gibt's kleingeschnittene Weißwurst, Räucherspeck und ein halbes hartgekochtes Ei. Sie schmeckt recht herzhaft, wärmt und wird v. a. an kühlen Tagen genossen. In Restaurants wird sie gern in einem ausgehöhlten Brotlaib aus Sauerteig serviert: Das sieht nicht nur gut aus, sondern verstärkt auch den säuerlichen Geschmack.

**Pierogi:** Im Unterschied zu italienischen Ravioli und schwäbischen Maultaschen haben Pierogi eine charakteristische Halbmondform. Die Teigtaschen werden mal pikant, mal süß, gefüllt; klassisch ist die »russische« Variante (pierogi ruskie) mit Schichtkäse, Kartoffelbrei, kleingeschnittenen Zwiebeln und Speck. Piroggen werden in heißem Wasser gekocht, dann mit zerlassener Butter und gebratenen Zwiebelstückchen übergossen. Immer öfter werden sie neuerdings im Ofen knusprig braun gebacken. Zu Piroggen trinkt man traditionsgemäß ein Glas Kefir oder Buttermilch!

beidem, besteht. Zum Verfeinern dwerden frische oder getrocknete Waldpilze hinzugegeben. Zu den geschmorten Rouladen serviert man gerne eine Tomaten- oder Pilzsauce.

**Barszcz:** Die Rote-Rüben-Suppe ist von schöner tiefroter Farbe und schmeckt dank der Zutaten wie Piment, Knoblauch und Zwiebel etwas pikant. Ein Stück Butter dazu, etwas Majoran und Petersilie – fertig ist der Klassiker! Gerne wird dazu auf einem separaten Teller eine fleischgefüllte Krokette oder eine in Blätterteig gewickelte Pastete gereicht. Im Sommer mischt man der Suppe Sauermilch oder Joghurt sowie Dill bei und erhält so die beliebte Kaltschale Chłodnik.

**ERLEBEN & GENIESSEN**
ESSEN UND TRINKEN

aus Rindfleisch mit Buchweizengrütze (kasza gryczana), Rindfleischschnitten mit Grütze (zrazy) und Rouladen (rolada) mit einer Füllung aus Trockenpilzen und Zwiebeln. An **Wildgerichten** wird häufig Wildschwein (dzik) und Reh (sarnina) angeboten. **Geflügelklassiker** sind mit Äpfeln gefüllte und mit Majoran gewürzte gebratene Gans (gęś pieczona), mit Buchweizengrütze oder in Rotwein gedünstete Gans mit Rotkraut (kapusta czerwona) und Bratkartoffeln. Auch mit Äpfeln gefüllte Ente (kaczka) gehört zu den Favoriten. Fischliebhaber schätzen auf verschiedene Arten zubereitete Karpfen (karp) und in Gemüse und Champignons gedünstete Schleie (lin). Als kleines Hauptgericht werden auch **Pfannkuchen** (naleśniki), oft mit Frischkäse gefüllt (z serem), serviert. Bliny wiederum sind Pfannkuchen aus Buchweizenmehl, Butter und Rahm.

*Süße Sünden*  Beliebte **Süßspeisen** sind Mazurek, dünne kleine Küchlein mit Datteln, Sultaninen und Nüssen; ferner mit Rosenkonfitüre gefüllte, Paczki genannte Krapfen und und Szarlotka, ein feiner, feuchter Apfelkuchen.

## | Von Piwo bis Wodka

*Begleitung zum Essen*  **Nationalgetränk** ist Tee (herbata), doch man trinkt auch gern Kaffee. Als Fruchtsaft (sok owocowy) beliebt ist ist schwarzer Johannisbeersaft. Zum Essen trinkt man gern Mineralwasser (woda mineralna).

*Polnisches Bier*  Bier (piwo) zählt zu den beliebtesten Getränken des Landes. Zwar wird auch ausländisches Bier angeboten, v. a. deutsches, belgisches und tschechisches, doch **das polnische Bier ist ausgezeichnet** und billiger als Importbiere. Bekannte Marken, meist nach dem Brauerei benannt, sind Okocim, Żywiec, Tychy und Łężajsk; Brok braut in Westpommern in Koszalin, Połczyn-Zdrój und Słupsk. Wer etwas Außergewöhnliches sucht, sollte ein Ostsee-Porter, etwa von Żywiec, oder ein Grätzer Weißbier aus Grodzisk Wielkopolski probieren. Und nicht an einer der vielen in jüngerer Zeit gegründeten kleinen Hausbrauereien vorbeigehen...

*Wein und Hochprozentiges*  **Wein** wurde bisher nur in kleineren Mengen im Westen in Zielona Góra (Grünberg) produziert. Doch seit einigen Jahren versuchen ambitionierte Winzer, auch in anderen Regionen gute Tropfen zu kreieren. Mittlerweile gehört Weintrinken zum Alltag, importierte Tropfen aus allen Teilen der Welt sind in gut sortierten Supermärkten und in Restaurants erhältlich. Eine polnische Spezialität ist der **heiße Honigwein** (miód pitny), der v. a. im Winter gern getrunken wird. Heiß geliebt und kalt getrunken: Wodka, das allseits beliebte »Wässerchen« (▶ Das ist..., S. 20).

# FEIERN

*Ob Klassik, Jazz oder polnischer Hip-Hop – Musik spielt in Polen eine große Rolle und prägt viele Events rund ums Jahr. Aber auch der Pathos liegt den Polen im Blut: Prozessionen, Passionsspiele und Wallfahrten krönen so manchen katholischen Feiertag.*

»Die Polen sind kleine Vulkane, die nur rauchen und von Zeit zu Zeit mit einem Lavastrom ausbrechen«, stellte der polnische Schriftsteller Aleksander Świętochowski fest. Wer einen solchen Ausbruch hautnah miterleben will, besucht am besten eines der vielen katholischen **Volksfeste**. Nach jedem Umzug wird geprasst und gezecht, Wodka und Bier fließen in Strömen. Dazu gibt es fetzige Musik, Jung und Alt schwingt das Tanzbein.

*Polnische Volksseele*

Inbrünstige Frömmigkeit erlebt man vor allem in **Częstochowa** (Tschenstochau), mit der Schwarzen Madonna der wichtigste polnische Wallfahrtsort.
Eine farbenprächtige **Fronleichnamsprozession**, für die die Frauen des Orts ihre bunten Trachten anlegen, findet **in Łowicz** statt.
Zu Ostern lohnt sich ein Besuch der **Passionsspiele in Kalwaria Zebrzydowska**: Im »polnischen Jerusalem« werden Jesu letzte Tage aufgeführt, das Spektakel erstreckt sich über eine volle Woche! Zehntausende von Zuschauern sind dabei und erleben »live« das Letzte Abendmahl, den Judasverrat und die Kreuzigung auf dem Hügel Golgatha.

*Kirchenfeste*

Wenn es endlich warm geworden ist, wird an vielen Orten ausgelassen gefeiert. Vor allem der **Krakauer Kulturkalender** ist prall gefüllt. Der fröhliche Lajkonik-Umzug läutet den Sommer ein: Erinnert wird an einen listenreichen Holzflößer, dem es gelang, im 13. Jh. die Tataren zu vertreiben. Danach folgen das Jüdische Kulturfestival mit Klezmermusik aus aller Welt, das legendäre Kurzfilmfestival, die Foto-Biennale und die Graphik-Triennale.
Auch im hohen Norden wird ausgiebig gefeiert: In allen Ferienorten finden die **»Tage des Meeres«** statt, die mit Fun-Regatten, Shantys und anderen Open-Air-Konzerten am Strand viel Unterhaltung bieten.
Im Nordosten Polens, dem ehmaligen Ordensland, inszeniert man dagegen **Historienspektakel**: In den am besten erhaltenen Backsteinburgen, die allesamt zu Polens Top-Reisezielen gehören, spielt man mittelalterliche Ritterturniere so originalgetreu wie möglich nach. Und jährlich im Juli wird die Schlacht von Grundwald von Tausenden Teilnehmern nachgestellt.

*Sommerliche Open-Air-Festivals*

**ERLEBEN & GENIESSEN**
FEIERN

## VERANSTALTUNGSKALENDER

### GESETZLICHE FEIERTAGE
**1. Januar** Neujahr
**März/April** Ostern
**1. Mai** Tag der Arbeit
**8. Mai** Tag der Verfassung
**Mai/Juni** Fronleichnam
**15. August** Mariä Himmelfahrt
**1. November** Allerheiligen
**11. November** Tag der Unabhängigkeit
**25. und 26. Dezember** Weihnachten

### FESTE & EVENTS

#### FEBRUAR
**Karneval:** In ganz Polen finden am letzten Karnevalswochenende Maskenbälle statt.

#### MÄRZ
**Jazz an der Oder:** Jazzfestival in Breslau

#### APRIL
**Karwoche:** Bei den Passionsspielen in Kalwaria Zebrzydowska von Palmsonntag bis Karfreitag Aufführung von Szenen aus dem Alten Testament. Ostermontag werden die Sünden der Menschen symbolisch »abgewaschen«: Śmigus-Dyngus heißt der Brauch, bei dem man sich gegenseitig mit Wasser besprizt.

#### MAI
**Festival Orthodoxer Kirchenmusik** im ostpolnischen Hajnówka
**Festival Alter Musik:** Internationale Kammermusikkonzerte im Schloss von Łańcut
**Internationale Buchmesse:** Viertägigige Bücherschau im Warschauer Kulturpalast
**Dokumentar- und Kurzfilmfestival:** das älteste Filmfestival des Landes, Ende Mai in Krakau

#### JUNI
**Fronleichnam:** Farbenprächtige Prozessionen in Warschau, Krakau und Łowicz
**Lajkonik-Umzug:** In Krakau gedenkt man des listenreichen polnischen Holzflößers, der im 13. Jh. die Tataren vertrieb.
**Wianki:** Zur Sonnwendfeier in der Johannisnacht (21. Juni) finden sich Tausende Krakauer an der Weichsel ein, um – einem heidnischen Brauch folgend – Kränze mit brennenden Kerzen ins Wasser zu lassen.
**Festival der Jüdischen Kultur:** In Krakau-Kazimierz erklingt überall Klezmermusik, es gibt Kunstausstellungen und Workshops.
**Tage des Meeres:** Ab dem 2. Juni-Wochenende wird in den Ostseestädten gefeiert, in Stettin unter dem Namen »Sail Szczecin«. Höhepunkt ist die Prozession geschmückter Boote zwischen Puck und Jastarnia.

#### JULI
**Country-Picknick:** in Mrągowo (Sensburg)
**Mozart-Festival** in der Kammeroper von Warschau
**Summer Jazz Days:** Musiker aus aller Welt beim Warschauer Jazzfestival.
**Schlagerfestival** in Sopot
**Schacht von Grunwald**: Reenactment um den 15. Juli

#### JULI/AUGUST
**Chopin-Konzerte:** jeden Sonntag im Warschauer Łazienki-Park und in Żelazowa Wola, dem Geburtsort des Künstlers. **Chopin-Festival** in der ersten Augustwoche in Duszniki-Zdrój
**Festivals der Orgelmusik** in Kamień Pomorski und Oliwa
**Kunstsommer im Schloss:** im Hof des Stettiner Schlosses Freiluftkonzerte und Opernaufführungen

**ERLEBEN & GENIESSEN**
SHOPPEN

**Ritterturniere:** Gekämpft wird in den Ordensburgen von Golub-Dobrzyń, Malbork und Gniew.
**Straßentheater** erlebt man u. a. in Jelenia Góra, Kołobrzeg und Toruń, in Warschau, Krakau und Danzig.

### AUGUST
**Woche der Beskidenkultur:** zu Monatsbeginn Folklore-Events rings um Bielsko-Biała und Żywiec
**Dominikanermarkt:** Verkaufsmesse in der Danziger Altstadt, begleitet von Bootsregatten und nächtlichen Festen. Zugleich Anfang August ein dreitägiges Shakespeare-Festival.
**Mariä Himmelfahrt (15. August):** Wallfahrt nach Częstochowa
**Festival der Bergfolklore:** festlicher Höhepunkt der Saison Mitte August in Zakopane
**Singer-Festival:** einwöchiges jüdisches Kulturfestival in Warschau

### SEPTEMBER
**Wratislavia Cantans:** klassische Musik, Oratorien und Kantaten im Musikforum in Breslau, aber auch in Kirchen und Schlössern kleinerer niederschlesischer Städte
**Warschauer Herbst:** Festival zeitgenössischer Musik in Warschau

### SEPTEMBER/OKTOBER
**Barock-Festival:** Musik von Monteverdi steht im Mittelpunkt des Warschauer Festivals.

### NOVEMBER
**Allerheiligen:** Am Abend des 1. November verwandeln viele Menschen die Friedhöfe in ein leuchtendes Kerzenmeer.

### DEZEMBER
**Weihnachtsmärkte:** in vielen polnischen Städten. Besonders schön sind die Marktstände in Danzig und Breslau.
**Wettbewerb der Weihnachtskrippen:** zwei Wochen vor Weihnachten auf dem Marktplatz von Krakau. Die schönsten Krippen werden im Volkskundlichen Museum der Stadt ausgestellt.

# SHOPPEN

*Shopping-Malls, bestückt mit allen großen Modemarken, schießen wie Pilze aus dem Boden, und das Warenangebot unterscheidet sich nicht mehr von dem im Westen. Große Ausnahme: das Kunsthandwerk. Keramik, Glaswaren, Holzschnitzereien, Leder- und Wollwaren sind nach wie vor authentisch polnisch.*

Bernstein (▶ Baedeker Wissen, S. 430), in Danziger Ateliers geschliffen, zu Ketten aufgereiht oder zu Ohrringen und Broschen verarbeitet, ist eine polnische Spezialität. Auf der **Bernsteinmesse Amberif**, die stets im März stattfindet, werden die neuesten Designtrends vorgestellt, an denen sich die Juweliere der Dreistadt (Gdańsk, Sopot und Gdynia) orientieren. Der Rohstoff, den sie verarbeiten, schillert von Milchigweiß über Goldgelb bis Rotbraun und stammt von der polnisch-russischen Küste, die zu den bernsteinreichsten der Welt

Bernstein

# POLEN ROCKT

*BAEDEKER WISSEN*

*Musik, Musik, Musik – sie steht im Fokus des polnischen Festkalenders, und von Klassik und Klezmer bis Rock reicht das Repertoire. Auf unzähligen Musikfestivals kommt ganz sicher jeder Musikfan auf seine Kosten.*

Von schwermütiger orthodoxer Kirchenmusik in Hajnówka bis zu den Oratorien des Breslauer Festivals Wratislavia Cantans reicht das Spektrum der **Klassik**, die im Sommer auch im Freien an besonderen Plätzen erklingt, z. B. im Schloss der Pommerschen Herzöge in Stettin. Bei den Orgelfestspielen in den Kathedralen von Kamień Pomorski, Oliwa und Danzig werden alle Register gezogen. Chopin wird wie ein Nationalheld verehrt. Und auch zeitgenössische Komponisten wie Lutoslawski, Górecki und Penderecki werden viel gespielt. Doch nicht nur Klassik steht hoch im Kurs: Fast jede Musikrichtung hat sich in Polen ihr eigenes Festival geschaffen, zu dem Fans aus dem In- und Ausland anreisen. Bereits seit 1990 findet im Frühsommer das Festival Jüdischer Kultur in Krakaus ehemals jüdischem Viertel Kazimierz statt. Dort gibt es viele **Klezmerkonzerte**: grandios ist das Open-Air-Finale zwischen Remuh- und Alter Synagoge, bei dem Tausende das Tanzbein schwingen.

## Leichte Muse

In der aufgehübschten Waldoper hoch über der Stadt treten beim Liederfestival in Sopot im August unter einem riesigen Zeltdach internationale **Pop- und Schlager**stars auf. Starke Konkurrenz kommt aus der Nachbarstadt Gdynia, wo im Juli vier Tage lang auf dem Flugfeld Kosakowo Polens Jugend das Heineken Open'er Festival feiert. Auf mehreren Bühnen treten Stars wie Rihanna und Blur, Nick Cave & The Bad Seeds auf, ergänzt um originelle Crossover-Einlagen wie z. B. Minimalistisches von Steve Reich.

Nicht ganz so pompös ist das gleichfalls in Gdynia gefeierte **Sunrise Festival** Mitte Juli mit viel **Jazz**. Eine große Vergangenheit haben die Blues Nights in Olsztyn, der Hauptstadt von Masuren, Anfang Juli. Stimmungsvoll ist das Amphitheater am Fuß der gotischen Ordensburg, die von Lichtkünstlern geheimnisvoll beleuchtet wird, während Stars wie Ana Popovic oder Sharrie Williams, die »Prinzessin des Gospel-Blues«, ihr Bestes geben. Und danach feiert man in einer der Terrassenbars bis zum Morgengrauen …

Weiter östlich in Masuren geht es ein Stück schräger zu. In Mrągowo wird beim Picknick **Country & Folk Festival** Ende Juli die Liebe zur Country Music, zu Cowboys und zur Tex-Mex-Küche zelebriert. Auf der Bühne am See treten Country-Musiker aus der ganzen Welt auf, während die Besucher auf den Wiesen ringsum lagern und ihre Picknickkörbe auspacken. Höhepunkt ist das Festivalende, wenn sich inmitten eines singenden Menschengetümmels ein verrückter Umzug aus geschmückten Pferden und Trucks, herausgeputzten Harley-Davidsons und ausrangierten Jeeps durch das Städtchen zieht.

Beim »Goldenen Waschbrett« in Iława stehen im August **Dixieland und Traditionsjazz** im Vordergrund. Nach einem musikalischen Umzug folgen Jubiläums- und Gala-Konzerte. Nicht untypisch für das katholische Polen: Das Festival endet mit einer sonntäglichen Gospel-Messe.

Wer es ganz schräg mag, fährt im Juli zum Festival »Active Festival Olecko« nahe der Grenze zum russischen Kaliningrad. Von Reggae bis Rock, von Indie bis Hip-Hop treten auf dem riesigen Marktplatz des sonst so stillen Städtchens internationale und nationale Kultbands auf – **Treffpunkt der polnischen Subkultur**. In Kostrzyn an der deutsch-polnischen Grenze zelebriert man jedes Jahr im August »Pol'And'Rock Festiva«, ein Remake des legendären Woodstock-Festivals, das an einem Wochenende Hunderttausende Rockmusikfans zu Europas größtem »Umsonst-und-draußen-Festival« lockt. Die nationalkonservative Partei »PiS«-Regierung stand dem Event kritisch gegenüber, über seinen Erhalt wird seither jedes – vielleicht ändert sich das nun unter der neuen Regierung von Donald Tusk.

## INFORMATION

**FESTIVAL JÜDISCHER KULTUR**
www.jewishfestival.pl

**LIEDERFESTIVAL IN SOPOT**
http://topofthetop.pl

**HEINEKEN OPEN'ER FESTIVAL**
http://opener.pl

**SUNRISE FESTIVAL**
www.sunrisefestival.pl

**CONCERTS OLSZTYN**
https://festivaly.eu/en/concerts/olsztyn

**PICKNICK COUNTRY & FOLK FESTIVAL**
http://festiwalpiknikcountry.pl

**GOLDENES WASCHBRETT**
www.zlotatarka.pl

**ACTIVE FESTIVAL OLECKO**
www.facebook.com/ActiveFestivalOlecko

**POL'AND'ROCK FESTIVAL**
https://en.polandrockfestival.pl

Ewa Wałecka und ihre Kollegen von der Warsaw Village Band heizen ein. Nach eigenem Bekunden spielen sie »Bio-Techno« oder »Hardcore-Folk«.

## ERLEBEN & GENIESSEN
### SHOPPEN

zählt. Gern erklären die Juweliere bei einer kurzen Vorführung, was es mit Bernstein auf sich hat: Seinem Namen zum Trotz ist er kein Stein, sondern vor Millionen von Jahren fossiliertes Harz, das auf den Meeresgrund herabsank und später an die Oberfläche gespült wurde. Zündet man Bernstein an, beginnt er zu brennen und verströmt einen harzigen Duft.

*Bunzlauer Keramik*  Wird in Polens Norden nach Rohstoffen gefischt, so werden diese im gebirgigen Süden abgebaut. Seit dem Mittelalter gilt das niederschlesische Bunzlau (Bolesławiec) als **»Stadt des guten Tons«**. Die Bunzlauer Keramik zeichnet ein typisches blaues Muster aus, das auf Tassen und Tellern, Kannen und Krügen prangt. Bis heute haben sich die Tonwaren ihren sympathischen, naiv-volkstümlichen Charakter bewahrt, weil die Muster nach wie vor von Hand aufgetragen werden. Stets im August findet seit 1964 ein Keramik- und Bildhauer-Pleinair statt, bei dem originelle Werke entstehen. Zum **Keramikfest** am letzten Wochenende des Monats kommen Tausende Besucher. Man erhält die robuste Keramik in Manufakturläden vor Ort, aber auch landesweit auf Märkten und in Kunsthandwerksläden.

*Kristallglas*  Das **Riesengebirge** war einst in ganz Europa für sein geheimnisvoll schimmerndes, mundgeblasenes Kristallglas bekannt, das sogar von europäischen Königshäusern geordert wurde. Heute sind es nur noch wenige Werkstätten, die diese Handwerkskunst hochhalten, so die traditionsreiche **Hütte Julia** in Piechowice, die Ende des 19. Jh.s gegründet wurde. Hier kann man im Rahmen einer Werksbesichtigung den Herstellungsprozess verfolgen und im angeschlossenen Fabrikverkauf die kunstvoll geschliffenen Glaswaren erstehen (▶ S. 140).

*Wolle und Leder*  Noch weiter östlich, in der Tatra, grüßen Schafe von der Weide. Aus ihrer Wolle entstehen **von Hand gestrickte Pullover** mit charakteristischem Zopf- und Rautenmuster. Aus festgewebten Wollstoffen in kräftigen Farben ist die Festtagskleidung der Landbewohner gefertigt, wobei jedes Dorf seine charakteristischen Muster hat. Mittlerweile haben Folkloremotive auch das Alltagsdesign erobert, z. B. werden Handyhüllen mit traditionellen Ornamenten verziert. Aus dem Leder der Schafe werden **Taschen und Gürtel** gefertigt, die gleichfalls reich ornamentiert sind. Das originellste Tatra-Stück aber sind **Skierpce**: flache, vorn spitz zulaufende Schuhe aus einem Stück Leder mit eingestanztem Muster und Messingschnalle.

*Schnitzkunst*  Naive, von Hand geschnitzte Holzfiguren, die meist der christlichen Vorstellungswelt entlehnt sind, findet man im ganzen Land: Maria mit dem Jesuskind, Jesus am Kreuz, die Heiligen drei Könige

## ERLEBEN & GENIESSEN
### SHOPPEN

OBEN: Alles Gold, was glänzt in den Goldenen Terrassen in Warschau?

UNTEN: Keramik aus Bunzlau (Bolesławiec) – immer mit dem Pfauenauge

# GOLD DER OSTSEE

*Mit etwas Glück und viel Geduld kann man bei einem Strandspaziergang an der polnischen Ostseeküste auch heute noch Bernstein entdecken. Allerdings entsteht erst durch Schleifen und Polieren jener honigfarbene Schmuckstein, mit dem bereits die Menschen der Bronzezeit handelten und Halsketten, Ringe und Armbänder anfertigten.*

▶ **Bernsteinfischer**
Bei starken Stürmen wird der Bernstein vom Meeresboden aufgewirbelt und mit den Wellen für einen kurzen Augenblick aus dem Wasser gehoben. Die Bernsteinfischer fischen die Brocken mit langstieligen Käschern aus den Fluten.

▶ **Die Entstehung des baltischen Bernsteins**

❶ Vor mehr als 55 Millionen Jahren war der Raum der Ostsee tropisch-subtropisch warm und feucht. Ausgedehnte Mischwälder, mit heute noch heimischen Kiefern, Tannen, Eichen, Buchen und Kastanien, aber auch tropische Palmen, Magnolien und Zimtbäume waren zu finden.

❷ Das Harz trat vor Jahrmillionen aus Kiefern und anderen Nadelbäumen aus

▶ **Die Bernsteinlagerung**
Weltweit sind Bernsteinvorkommen von mehr als 200 Fundorten auf allen Kontinenten (mit Ausnahme der Antarktis) bekannt. Sie sind mindestens eine Million Jahre alt.

**Bernsteinvorkommen und Bernsteinrouten in Europa**

- Bernsteinfundstellen
- Historische Bernsteinrouten

▶ **Wie erkenne ich echten Bernstein (Succinit)?**
Bernstein ist relativ leicht, weich und schwimmt in konzentriertem Salzwasser. Er brennt schnell mit einer stark rußenden gelben Flamme, die harzig-aromatisch duftet. Die Farben des fossilen Harzes reichen von Farblos, Weiß, Hell- bis Goldgelb und Orange bis hin zu Rot- und Brauntönen. Manche Exemplare tragen Inklusen (Einschlüsse), wie z.B. Sand, Pflanzenreste oder Insekten.

▶ **Verwendung von Bernstein**
Schon seit der Bronzezeit wurde aus Bernstein Schmuck hergestellt, später sogar Möbel und Wandverkleidungen.

Auch in der Medizin wurde er verwendet: Als heilende Salbe bei Hautleiden, als Pulver zum Trinken bei Nervenleiden, Rheuma und Lungenentzündung.

und härtete an der Luft sehr schnell aus.
❸ Das erstarrte Harz sank ins Wasser und lagerte sich in Lagunen und Brandungen ab, wo es von Sand, Staub und neu gebildeten Gesteinsschichten zugeschüttet wurde.

❹ Unter Luftabschluss und Druck entwickelte sich über Millionen von Jahren der Bernstein, ❺ der wieder an die Oberfläche getragen wurde.

**ERLEBEN & GENIESSEN**
SHOPPEN

und pausbäckige Engel. Aber auch Gebrauchsgegenstände wie Teller, Schüsseln, Schöpfkellen oder Nussknacker sind schöne Mitbringsel.

**Cepelia-Läden** In fast jeder größeren Stadt gibt es einen Cepelia-Laden,, in dem man **authentisches Kunsthandwerk** kaufen kann. Die genossenschaftliche Vereinigung, die die sozialistische Ära überdauert hat, veranstaltet Workshops und Symposien, macht Werbung und organisiert den Vertrieb der Ware. Das macht es den vielen in Eigenregie arbeitenden Kunsthandwerkern leichter, ihre Produkte an den Mann bzw. an die Frau zu bringen. Das vielfältige Angebot reicht von Holzschnitzereien, Möbeln und Wohnaccessoires über Glas und Keramik bis hin zu Textilien und Lederwaren.
www.cepelia.pl

**Kulinaria** Beliebte Mitbringsel sind auch kulinarische Spezialitäten, da-runter Süßigkeiten. Bekannt sind z. B. die **»Thorner Kathrinchen«** (katarzynki), die in der Weichselstadt aus Honig, Mandeln, Butter und Zucker gebacken werden und an Nürnberger Lebkuchen erinnern. Aus Żywiec stammen die besten **Karamellbonbons**, deren Einwickelpapier eine kleine Kuh (krówki) ziert. In Warschau hat die traditionsreiche **Schokoladenfabrik Wedel** ihren Sitz, die seit 1999 mit dem britischen Giganten Cadbury kooperiert. Köstlich ist auch der aus der Tatra stammende geräucherte Schafskäse **»oscypek«**. Liebhaber hochprozentiger Destillate werden es nicht versäumen, sich mit »Polens Wässerchen«, dem hervorragenden Wodka, einzudecken.

**Märkte** **Eintauchen in polnischen Alltag** kann man auf dem Wochenmarkt, den es in allen größeren Städten gibt. Ob überdacht oder im Freien – es macht Spaß, bei Bauern einzukaufen, die frische Erzeugnisse aus ihrem Garten und aus dem Wald anbieten: neben Obst und Gemüse, Beeren und Pilzen etwa selbst geschöpften Käse oder Eingelegtes. Die Märkte öffnen gegen 6 Uhr und schließen um die Mittagszeit.

**Shopping Malls** Zu den größten Einkaufszentren im Land gehören Westfield Arkadia, Atrium Targówek und Złote Tarasy in Warschau, Manufaktura in Łodz, Galaxy und Kaskada in Szczecin Stary Browar in Poznań und Silesia City Center in Katowice.

**Öffnungszeiten** Es gibt in Polen **keine gesetzlich festgelegten Ladenöffnungszeiten**. Lebensmittelläden sind in der Regel werktags von 6–19 Uhr, Souvenirgeschäfte, Kaufhäuser und Supermärkte von 9–19, teilweise auch bis 21 oder 22 Uhr geöffnet. Samstags kann man meist von 9 bis 14 Uhr einkaufen, in den großen Städten häufig auch sonntags. Einige große Einkaufszentren haben werktags bis 24 Uhr und auch an Sonn- und Feiertagen geöffnet.

# ÜBERNACHTEN

*Vom Heuhotel bis zum Grand-Hotel, vom Campingplatz bis zur Wellness-Oase: Für jeden Geschmack und jeden Geldbeutel gibt es in Polen das passende Feriendomizil. Besonders stilvoll bettet man sich in restaurierten Schlössern, Burgen und Herrenhäusern.*

**Hotels**

In den Großstädten gibt es eine **breite Unterkunftspalette**, und auch auf dem Land braucht man nach einem guten Quartier nicht lange zu suchen. Auch in Polen werden die Hotels nach Sternen klassifiziert (max. fünf Sterne). Vile **Schlösser und Gutshäuser** sind in stilvolle Ferienquartiere umgewandelt worden, s. https://hhpolska.com

### PREISKATEGORIEN
Für ein Doppelzimmer
€€€€ über 650 zł
€€€ 450–650 zł
€€ 260–450 zł
€ bis 260 zł

Zusätzlich zum Unterkunftspreis ist je nach Region eine Kurtaxe in Höhe von 4–8 zł (pro Person und Tag) zu entrichten.

**Pensionen**

In den Bergen findet man rustikale Herbergen, in Masuren Wassersportzentren mit einfachen Bungalows. In touristischen Orten verweisen Tafeln mit der Aufschrift **Noclegi** oder **Pokoje wolne** auf Privatzimmer, die man direkt bei den Eigentümern anmietet, sofern sie nicht über Reisebüros, die örtliche Touristeninformation oder Internetportale vermittelt werden.

**Ferienwohnungen**

**Ferienwohnungen** werden v. a. in Westpommern, an der Ostsee oder in der Masurischen Seenplatte vermietet; Mindestmietdauer ist eine Woche (jew. Samstag bis Samstag). Die Preise beinhalten meist neben Kosten für Gas, Strom und den wöchentlichen Wäschewechsel auch die Endreinigung. In der Vorsaison (etwa ab Mitte Mai bis Mitte Juni) sowie während der Nachsaison (Ende August bis Ende September) gibt es häufig Preisnachlässe.

**Ferien auf dem Bauernhof**

In Polens ländlichen Regionen gibt es ca. 10 000 Angebote für **Ferien auf dem Bauernhof**. Ein Bett im Heu, ein Zimmer mit Blick aufs Storchennest oder gar ein luxuriöses Apartment. Man hat die Qual der Wahl und Familienanschluss ist meist inklusive. Eine Adressenauswahl liefert
https://agroturystyka.pl

**Camping**

Zelten ist in Polen nur auf Campingplätzen erlaubt. Diese liegen in der näheren Umgebung größerer Städte und in touristisch attraktiven Gebieten, so an der Ostseeküste, an den Masurischen Seen und

**ERLEBEN & GENIESSEN**
ÜBERNACHTEN

in den Vorgebirgs- und Gebirgsregionen. Sie sind in der Regel von **Anfang Juni bis Ende September** geöffnet. Informationen und ein Platzverzeichnis gibt es beim Polnischen Campingverband.
www.pfcc.eu.

Preisgünstig übernachtet man in Jugendherbergen (Schronisko Młodzieżowe). Der Polnische Jugendherbergsverband PTSM gewährt Reisenden mit einem IYHF-Ausweis Preisermäßigungen zwischen 10 und 25 %. In den Sommerferien werden auch Schulen als Herbergen genutzt. Diese Massenschlafsäle sind freilich nicht jedermanns Geschmack. Komfortabler sind da schon die **Studentenheime** in Städten wie Breslau und Krakau, die sich während der Sommerferien gleichfalls in preiswerte Unterkünfte verwandeln. Eine Auswahl findet man unter:

**Polnischer Jugendherbergsverband:** http://ptsm.org.pl

*Jugendherbergen*

Ganz schön geschmackvoll: Andels Hotel Lodz

# P
# PRAKTISCHE INFOS

---

*Wichtig, hilfreich präzise*

Unsere Praktischen Infos
helfen in allen Situationen
in Polen weiter.

Warschaus Kulturpalast ist ein Geschen4k der Sowjetunion. ▶

**PRAKTISCHE INFORMATIONEN**
ANREISE · REISEPLANUNG

## KURZ & BÜNDIG

**ELEKTRIZITÄT**
230 Volt

**NOTRUFE**

**ALLGEMEINER NOTRUF**
Tel. 112

**AMBULANZ/NOTARZT**
Tel. 999

**POLIZEI**
Tel. 997

**TOURISTEN-HOTLINE**
Tel. 22 278 77 77
mobil 0048 608 599 999
(deutschsprachig)
Juni-Sept. tgl. 8-22,
Okt.-Mai tgl. 8-18 Uhr

**PANNENHILFE**
Polnischer Motorverband (PZM)
Tel. 618 31 98 88

**ADAC-NOTRUF**
Tel. 0049 89 22 22 22

**ACE-NOTRUF**
Tel. 0049 711 530 34 35 36

**ÖFFNUNGSZEITEN**
Apotheken:
Mo. - Sa. 8.30-17.30 Uhr
Banken: Mo. - Fr. 9-16 Uhr

**WAS KOSTET WIE VIEL?**
3-Gänge-Menü: ab 50 zł
Einfache Mahlzeit: ab 20 zł
Kaffee mit Milch: 10 zł
1 Glas Bier (0,5 l): ab 10 zł
Eintritt in Museen: 5-30 zł
Einfaches Doppelzimmer: ab 170 zł
Mietwagen/Tag: ab 130 zł
Benzin und Diesel/Liter: 6 zł

**ZEIT**

**MITTELEUROPÄISCHE ZEIT**

**SOMMERZEIT**
Ende März-Ende Oktober

# ANREISE · REISEPLANUNG

Mit der Bahn  Die meisten günstigen Zugverbindungen laufen **über Berlin**. Viermal täglich (am Wochenende dreimal) fährt von Berlin ein EuroCity (Berlin-Warszawa-Express) in 5,5 Std. über Frankfurt/Oder nach Posen und Warschau, einmal täglich in 6,5 Std. nach Danzig. Für die Strecke Berlin–Krakau (via Breslau) benötigt der EC 8 Std. Von Görlitz gibt es täglich mehrere Verbindungen im Regionalzug nach Breslau (2 Std.) bzw. Jelenia Góra (1,5 Std.).

**PRAKTISCHE INFORMATIONEN**
ANREISE · REISEPLANUNG

Regelmäßige Verbindungen zwischen Deutschland und Polen bietet Flixbus in Kooperation mit anderen Veranstaltern. Die wichtigsten Linien führen nach Warschau sowie über Breslau nach Krakau; die Fahrtdauer von Berlin nach Warschau beträgt 8, nach Krakau 9 Stunden.
*Mit dem Bus*

Die **wichtigsten Anfahrtsstrecken** führen über die Autobahn-Grenzübergänge bei Stettin (A11), Frankfurt/Oder (A12), Forst (A15) und Görlitz (A4). Urlauber aus Süddeutschland und Österreich nutzen zur Anfahrt auch die Europastraßen E65, E67 und E75 über Tschechien sowie die E77 über die Slowakei. In West-Ost-Richtung verlaufen die Autobahnen A2 und A4: Auf der A2 geht es nach Posen und Warschau, auf der A4 nach Breslau, Krakau, Tarnów und Przemyśl. Die A1 durchschneidet Polen von Norden nach Süden und verbindet Danzig mit Kattowitz und dem Nachbarland Tschechien. Mit dem Auto ist die Strecke von Berlin nach Warschau in 6 Std. zu schaffen, nach Krakau braucht man eine halbe Stunde, nach Danzig eine volle Stunde länger. Von München durch Tschechien wird man ca. 11 Std. unterwegs sein.
Auf den polnischen Autobahnen A1, A2 und A4 wird **Maut** NACH Fahrzeugkategorie und Fahrstrecke erhoben. Details und Preise: www.kodino.com/de/artikel/autobahn/polen.
*Mit dem Auto*

Die wichtigsten Ankunftsflughäfen sind **Warschau, Danzig und Krakau**. Direktflüge dorthin bieten von Berlin, Frankfurt a. M. und München die polnische Fluggesellschaft LOT und die Deutsche Lufthansa; Eurowings fliegt auch von Düsseldorf, Hamburg und Stuttgart dorthin. Ryanair startet von Dortmund nach Krakau und Kattowitz, von Köln nach Warschau und Kattowitz, von Hamburg nach Danzig und von Wien nach Danzig und Warschau. Wizzair bedient von Köln, Hamburg, Dortmund Danzig und von Wien aus Warschau. Swiss fliegt von Zürich nach Warschau, Austrian von Wien aus.
*Mit dem Flugzeug*

## Reisedokumente

Besucher aus EU-Ländern benötigen einen **gültigen Personalausweis**. Auch Kinder brauchen einen Lichtbildausweis!
*Personalpapiere*

Erforderlich sind nationaler Führerschein und Fahrzeugschein. Ist man mit einem geliehenen Auto unterwegs, muss die amtlich beglaubigte **Vollmacht des Fahrzeughalters** vorgelegt werden – ansonsten geht man in Polen davon aus, dass der Wagen gestohlen wurde.
*Fahrzeugpapiere*

Hunde und Katzen dürfen nach Polen nur mitgeführt werden mit einem vom Tierarzt ausgestellten **Heimtierausweis**. Der muss neben Angaben zum Tier und seinem Besitzer den Nachweis über einen gül-
*Haustiere*

**PRAKTISCHE INFORMATIONEN**
ANREISE · REISEPLANUNG

## NÜTZLICHE ADRESSEN

| | |
|---|---|
| **BAHN** | **WARSCHAU-MODLIN** |
| | 33 km nordwestlich |
| **DEUTSCHE BAHN** | Transfer mit Expressbus |
| www.bahn.de | https://en.modlinairport.pl |
| **POLNISCHE STAATSBAHN** | **DANZIG-LECH-WAŁĘSA** |
| www.pkp.pl | 16 km westlich |
| **BUS** | Transfer mit Bahn und Bus |
| | www.airport.gdansk.pl |
| **FLIXBUS** | |
| www.flixbus.de | **KRAKAU-JOHANNES-PAUL-II.** |
| | 14 km westlich |
| **FLUGHÄFEN** | Transfer mit Bahn und Bus |
| | www.krakowairport.pl |
| **WARSCHAU-CHOPIN** | |
| 10 km südlich | |
| Transfer mit Bahn und Bus | |
| www.warsaw-airport.com | |

tigen Impfschutz gegen Tollwut enthalten (21 Tage bis 12 Monate alt). Außerdem muss das Tier per Chip gekennzeichnet sein.

## | Zollbestimmungen

EU-Binnenmarkt
Innerhalb der Europäischen Union ist der Warenverkehr für private Zwecke weitgehend zollfrei. Es gelten lediglich noch gewisse obere Richtmengen: 800 Zigaretten, 400 Zigarillos, 200 Zigarren, 1 kg Rauchtabak; 10 l Spirituosen, 20 l Zwischenerzeugnisse, 90 l Wein (davon max. 60 l Schaumwein) und 110 l Bier. Bei Stichprobenkontrollen ist glaubhaft zu machen, dass die Waren tatsächlich nur für den eigenen privaten Verbrauch bestimmt sind.

Ausfuhr von Antiquitäten
Bücher, Kunstwerke und Antiquitäten, die vor dem 9. Mai 1945 angefertigt wurden, unterliegen einer besonderen Regelung. Sie dürfen nur exportiert werden, wenn eine **spezielle Genehmigung** des Denkmalkonservators der jeweiligen Wojewodschaft bzw. der Nationalbibliothek in Warszawa vorliegt.

Wiedereinreise in die Schweiz
Zollfrei bei der Wiedereinreise in die Schweiz sind für Personen ab 17 Jahren 200 Zigaretten, 1 l Spirituosen und 2 l Wein sowie weitere Reisemitbringsel im Wert von bis zu 300 sfr.

# AUSKUNFT

## NÜTZLICHE ADRESSEN

### TOURISMUSBÜRO

**POLNISCHE FREMDENVERKEHRSÄMTER**
in Deutschand
Kurfürstendamm 130
D-10711 Berlin
Tel. 030 2 10 09 20
www.polen.travel/de

in Österreich und der Schweiz
Fleschgasse 34/2a, A-1130 Wien
Tel. 01 5 24 71 91

### DIPLOMATISCHE VERTRETUNGEN

**DEUTSCHE BOTSCHAFT**
ul. Jazdów 12, 00-467 Warszawa
Tel. 22 5 84 17 00
www.polen.diplo.de

**DEUTSCHE GENERALKONSULATE**
al. Zwycięstwa 23
80-219 Gdańsk
Tel. 58 3 40 65 00

ul. Stolarska 7
31-043 Kraków
Tel. 12 4 24 30 00

ul. Podwale 76
50-449 Wrocław
Tel. 71 3 77 27 00

**ÖSTERREICHISCHE BOTSCHAFT**
ul. Gagarina 34
00-748 Warszawa
Tel. 22 8 41 00 81
www.bmeia.gv.at/botschaft/warschau.html

**SCHWEIZER BOTSCHAFT**
al. Ujazdowskie 27
00-540 Warszawa
Tel. 22 6 28 04 81
www.eda.admin.ch/warsaw

### INTERNET

**WWW.POLEN.TRAVEL/DE**
Die Website des polnischen Fremdenverkehrsamts

**WWW.INFO-POLEN.COM**
Ausgewählte touristische Adressen, Wissenswertes zu Geschichte und Kultur, auch Stellenmarkt und Anzeigen

**WWW.LAENDER-ANALYSEN.DE/POLEN**
Die Website bietet kenntnisreiche Analysen internationaler Fachleute zu Fragen der polnischen Politik, der Wirtschaft und der Kultur. Betreiber der Seite ist das Deutsche Polen-Institut in Zusammenarbeit mit der Bremer Forschungsstelle Osteuropa und der Deutschen Gesellschaft für Osteuropakunde

**WWW.INYOURPOCKET.COM**
Ein Online-Führer zu allen großen Städten Polens mit gut recherchierten Tipps zu Unterkünften, Restaurants, Einkaufsläden und Ausgehadressen.

**HTTPS://POLENJOURNAL.DE**
Aktuelle Nachrichten zu Wirtschaft und Politik, Wissenschaft und Sport, Tourismus, Kultur & Lifestyle

**PRAKTISCHE INFORMATIONEN**
ETIKETTE

# ETIKETTE

Polnische Gentlemen
In Polen wird stärker auf **gute Umgangsformen** geachtet als in Deutschland. So ist es nicht ungewöhnlich, wenn Männer Frauen mit einem Handkuss begrüßen. Auch für die meisten jüngeren polnischen Männer ist es selbstverständlich, dass sie Frauen die Tür aufhalten, ihnen in den Mantel helfen oder den Vortritt lassen. Dies mit Hinweis auf Gleichberechtigung abzulehnen, kann als unhöflich empfunden werden.

Religion
Polen ist ein **streng katholisches Land**, daran hat auch der Sozialismus nichts geändert. Auch junge Polen sind mehrheitlich gläubig und stolz auf den als Karol Wojtyła geborenen Papst Johannes Paul II. (poln. Jan Paweł II.). Auch nach seinem Tod bleibt er für die meisten Polen einer der wichtigsten Vertreter ihres Landes. Zu seinen Besuchen in der Heimat wurden Briefmarken und Telefonkarten mit Papst-Bildern herausgebracht, viele Straßen und auch der Flughafen in Krakau schon zu seinen Lebzeiten nach ihm benannt. Witze oder auch nur kritische Bemerkungen über den Papst oder die katholische Kirche können leicht als Beleidigung aufgefasst werden.

Einladungen
Die Polen sind ein sehr **gastfreundliches Volk**. Bekannte und Freunde werden gern nach Hause eingeladen und dann ausgiebig bewirtet. Bei solchen Einladungen sollte man auf jeden Fall Blumen für die Gastgeberin mitbringen. Beim Betreten von Häusern und Wohnungen werden in der Regel die Straßenschuhe ausgezogen und den Gästen dafür Hausschuhe angeboten. Vermeiden sollte man, bei der Begrüßung des Gastgebers die Hand über die Türschwelle zu reichen, was nach einem polnischen Aberglauben Unglück bringen soll.
Die **Anrede** in Polen ist »pan« für »Herr« und »pani« für »Frau«. Dem folgt nicht wie in Deutschland der Nachname, sondern in der Regel der Vorname bzw. der Titel des Angesprochenen, z. B. »pan Paweł« oder »pan Dyrektor«. So kann es bei Gesprächen auf Deutsch passieren, dass man vom polnischen Gegenüber als »Herr Jürgen« oder »Frau Beate« angesprochen wird. Dies ist kein Ausdruck von besonderer Vertraulichkeit, sondern die übliche polnische Höflichkeitsform.

Alkohol
Zwar trinken die Polen auch gerne einmal ein Glas Bier und ein Gläschen Wodka oder zwei – aber ganz sicher nicht auf der Straße. **Alkoholkonsum in der Öffentlichkeit ist in Polen verboten**, wer erwischt wird, muss mit einem empfindlichen Bußgeld rechnen. Hoch sind auch die Strafen für alle, die Alkohol an Personen unter 18 Jahren verkaufen.

FKK ist in Polen nicht sehr verbreitet. Oben ohne oder ganz nackt wird man niemanden sehen. Als Tourist sollte man dies respektieren und nur dort unbekleidet schwimmen oder sonnenbaden, wo FKK ausdrücklich erlaubt ist, z. B. bei Międzyzdroje auf der Insel Wolin und in Dębki an der kaschubischen Küste.

*FKK*

In Polen tut man sich schwer damit anzuerkennen, dass es viele Möglichkeiten der Liebe gibt, dass es egal sein sollte, wen man liebt und welchem Geschlecht man sich zuordnet. Vor allem rechte Politiker verunglimpfen Lesben, Gays und Queers, A-, Bi-, Inter- und Transsexuelle gern als »Abartige«. Gleichwohl haben sich diese in den letzten Jahren mit Gleichheitsparaden und Plakataktionen an die Öffentlichkeit gewagt. In vielen Großstädten, allen voran in Warschau, Breslau und Posen, entstanden Schwulentreffs und -bars.

*Homosexualität*

# GELD

Währungseinheit ist der **Złoty** (1 Złoty = 100 Grosz). Im Umlauf sind Münzen im Nennwert von 1, 2, 5, 10, 20, 50 Grosz und 1, 2, 5 Złoty sowie Banknoten im Wert von 10, 20, 50, 100 und 200 Złoty.

*Währung*

1 Złoty = 0,23 € | 1 € = 4,40 Złoty
1 Złoty = 0,21 sfr | 1 sfr = 4,65 Złoty

*Umrechenkurse*

Die Ein- und Ausfuhr von Bargeld im Gegenwert von 10 000 Euro oder mehr ist deklarationspflichtig.

*Devisen*

Bargeld kann man in Banken und in Wechselstuben (kantor) umtauschen, zu meist schlechterem Kurs auch am Flughafen, in Reisebüros und größeren Hotels. Die auf Werbetafeln angezeigte Marge zwischen An- und Verkaufskurs sollte 1 bis 2 % nicht übersteigen. In allen größeren und kleineren Städten gibt es **Geldautomaten** (poln. bankomat), die mit deutschen oder englischen Bedienungshinweisen versehen sind. Achten Sie darauf, dass der Betrag nicht in Euro, sondern in Złoty belastet wird. Nur dann kann man davon ausgehen, dass der abgehobene Betrag erst beim kartenausgebenden Institut zu den bekannten Konditionen umgerechnet wird. Der **auszahlbare Höchstbetrag** liegt je nach Bank bei 1000 bis 2000 Złoty pro Tag, die Hausbank berechnet pro Transkation 5 bis 7 Euro. Kleinere Beträge sollte man daher besser in einer Wechselstube umtauschen. Banken haben in der Regel montags bis freitags von 8 bis 17 Uhr geöffnet. In großen Städten öffnen einige Geldinstitute auch samstags bis 14 Uhr.

*Banken, Geldwechsel*

**PRAKTISCHE INFORMATIONEN**
GESUNDHEIT

# GESUNDHEIT

Ärztliche Hilfe
Die ärztliche und zahnärztliche Versorgung in Polen entspricht **europäischem Standard**, in allen Städten gibt es gut ausgestattete Krankenhäuser und Ambulanzen. Versicherte deutscher und österreichischer Krankenkassen haben Anspruch auf ärztliche Behandlung. gegen Vorlage der **Europäischen Krankenversicherungskarte (EHIC)**. Der Abschluss einer **Auslandskrankenversicherung** ist dennoch angeraten.

Apotheken
In allen größeren Ortschaften gibt es Apotheken, die mit polnischen und internationalen Arzneimitteln gut ausgestattet sind. Wer bestimmte Arzneimittel regelmäßig einnehmen muss, sollte diese in ausreichenden Mengen mitnehmen. Apotheken haben in der Regel montags bis freitags von 10 bis 19 und samstags von 9 bis 14 Uhr geöffnet. Am Eingang findet man Hinweise über Apotheken mit Notdiensten an Sonn- und Feiertagen oder in der Nacht.

# LESETIPPS

Belletristik
**Maria Kuncewiczowa:** Zwei Monde, Guggolz Verlag, Berlin 2023. Die Autorin hatte sich als junge Frau in Kazimierz Dolny, das malerische Städtchen an der Weichsel, verliebt – so sehr, dass sie dort ein Haus kaufte. Sie musste das Land verlassen, kehrte aber nach Jahren der Emigration in den Ort zurück. Was sie hier sah und erlebte, hat sie in einen Roman verwandelt, der aus 20 einzelnen Erzählungen besteht und die versunkene Welt der Zwischenkriegszeit zu neuem Leben erweckt. Liebevoll zeichnet sie die Künstler und Tagträumer, aber auch die einfachen Leute – ein buntes sympathisches Gemisch, trotz aller sozialen und religiösen Gegensätze damals noch friedlich vereint.

**Andrzej Stasiuk:** Grenzfahrt. Suhrkamp: Frankfurt/M. 2023. Der Rezensent der Neuen Züricher Zeitung war begeistert: Ein »grandioses« Buch, schrieb er, »so berückend wie bedrückend". Die Handlung spielt in einem Dorf am Bug 1941, wenige Tage vor dem Überfall Nazi-Deutschlands auf die Sowjetunion. Wir begegnen polnischen Partisanen und jüdischen Flüchtlinge, erleben erste Razzien deutscher Soldaten – all diese Ebenen kunstvoll verwoben, wunderbare Naturschilderungen konterkarieren Gewalt.

**PRAKTISCHE INFORMATIONEN**
PREISE · VERGÜNSTIGUNGEN

**Wisława Szymborska:** Glückliche Liebe und andere Gedichte. Suhrkamp TB, Frankfurt 2014. Dieser Band vereint die schönsten Gedichte der Krakauer Lyrikerin aus 50 Jahren.

**Olga Tokarczuk:** Der Gesang der Fledermäuse. Schöffling & Co, München 2012. Ein Thriller aus den Wäldern des Glatzer Berglands: Eine ältere Frau erklärt den Wilderern den Krieg und versucht, die mysteriösen Morde, die sich in ihrem Dorf ereignen, aufzuklären.

**Die schönsten Städte Europas.** Hörverlag, München 2021. Die Protagonisten der akustischen Reisereportage sind Breslau und Krakau. Mit O-Tönen und musikalischer Begleitung geht es in die Studentenszene der schlesischen Hauptstadt sowie ins jüdische Viertel Kazimierz in Krakau. On top gibt es ein hübsches Booklet samt Landkarte.

Hörbücher

**Izabella Gawin, Dieter Schulze:** Kulturschock Polen. Bielefeld 2015. Was ist das für ein Land, in dem Nationalstolz eine so bedeutende, auch unter der neuen Regierung wichtige Rolle spielt und in dem die Schwarze Madonna fast jedes Wohnzimmer ziert? Wie steht' es um die Gleichberechtigung? Ist der Handkuss mehr als nur ein Relikt aus vergangenen Zeiten? Viele Fragen und überraschende Antworten.

Sachbücher

**Stille Rebellen – Polnischer Symbolismus um 1900.** München 2022 (Hirmer Verlag). Wer sich einmal anders auf eine Polen-Reise vorbereiten und in jene Bilder eintauchen will, die unsere Nachbarn prägen, greift zu diesem opulenten Bildband. Die Werke der klassisch gewordenen Künstler zeigen rauschende Felder, flirrende Sommerwälder und eisige Tatra-Berge – »Landschaften der Trauer und Hoffnung«, dazu Porträts starker Männer und Frauen.

**Dumont-Bildatlas 169:** Krakau, Breslau, Polen Süden
**Dumont-Bildatlas 208:** Danzig, Ostsee, Masuren

Bildbände

# PREISE · VERGÜNSTIGUNGEN

Ein ermäßigtes Ticket (bilet ulgowy) bekommen Kinder in Museen und öffentlichen Verkehrsmitteln, ebenso Studenten und Reisende ab 60 oder 65 Jahren. An einem Tag der Woche ist der Eintritt in polnische Museen für alle Besucher kostenlos (bezpłatny).

Ermäßigungen

# REISEZEIT

**Saisonale Unterschiede**

Die meisten Urlauber kommen im **Mai, Juni und September**, wenn es angenehm warm und meist trocken ist. Der »goldene« Herbst lädt mit vielen milden und klaren Tagen, aber schon kühlen Nächten zu Bergtouren in den Bieszczaden, in der Hohen Tatra und im Riesengebirge ein. Besonders wetterbeständig ist der **Spätsommer** von Mitte September bis Mitte Oktober, der in den Niederungen aber schon viel Nebel bringt. Im **Hochsommer** ist es zum Wandern zu heiß, zum Baden ideal, allerdings sind dann natürlich auch die Strände überfüllt. Städtereisen im Sommer sind eine Überlegung wert. Die großen Hotels gewähren kräftig Rabatt, denn auch die Geschäftsleute, die sonst die Hotels füllen, machen in dieser Jahreszeit Urlaub. Die **Wintersaison** beschränkt sich auf gut drei Monate – sie beginnt Anfang Dezember und dauert bis etwa Mitte März. Die besten Schnee- und Wetterverhältnisse finden Wintersportler im Februar und März.

**Klima**

Entsprechend seiner geografischen Lage hat Polen ein Übergangsklima, das zwischen dem ozeanischen Klima West- und Mitteleuropas und dem Kontinentalklima Osteuropas vermittelt. Typisch sind **ausgeprägte Jahreszeiten** mit relativ großen tages- und jahreszeitlichen Temperaturgegensätzen. Atlantische Tiefdruckgebiete sorgen die meiste Zeit des Jahres für wechselhaftes Wetter.

**Jahreszeiten**

Das Frühjahr tut sich lange schwer. Obwohl die Sonne schon kräftig scheint, stehen **strenge Nachtfröste bis Mitte Mai** auf der Tagesordnung. Erst danach wird es deutlich wärmer. Die Sommer sind mäßig warm mit kühlen Witterungsabschnitten, aber auch einzelnen Hitzewellen. Obwohl die Temperaturen mit fortschreitender Jahreszeit rasch zurückgehen, hat auch der Herbst seine warmen Tage. Während des Spätsommers liegen dann besonders die Berge in der Sonne.

**Niederschläge**

Die relativ geringen Jahresniederschläge fallen **hauptsächlich im Sommer**, meistens in Form heftiger Schauer oder Gewitter. Mit durchschnittlich 500 l/m² an 93 Tagen gilt das Städtedreieck Bromberg, Warschau und Posen als trockenste Region Polens, gefolgt von der Ostseeküste mit gut 600 l/m². Die höchsten Mengen werden in der Hohen Tatra mit bis zu 1800 l/m² gemessen. **Schnee** fällt in den Bergen von Oktober bis April, im Flachland von Mitte November bis Ende April. Am härtesten und längsten hat »Väterchen Frost« Ostpolen im Griff: Im Wintersportzentrum Zakopane kann sich die Schneedecke meist von Mitte Dezember bis Ende März halten, was die Skifahrer freut.

**PRAKTISCHE INFORMATIONEN**
SPRACHE

**Tagestemperaturen** von über 20 °C werden erst ab Mitte Mai häufiger, zwischen Juni und August liegen sie bei durchschnittlich 23 °C; die **Wassertemperaturen** liegen dann im Mittel bei 20 °C. Im Herbst kühlt es sich schnell ab. Bereits Mitte Oktober werden 15 °C kaum noch erreicht, und in der zweiten Novemberhälfte steht die erste Frostperiode an. Januar und Februar bringen viel Eis und Schnee bei leichtem bis mäßigem Dauerfrost. Fließt arktische Kaltluft aus Nordosten ein, kann das Thermometer auf -25 °C, im ehemaligen Ostpreußen auch unter -30 °C sinken. Durch das **Wärmepolster der Ostsee** bleiben die Winter an der Küste milder.

Temperaturen

# SPRACHE

Polnisch gehört zur Familie der **slawischen Sprachen**, im engeren Sinne mit Tschechisch, Slowakisch und Sorbisch zum Westslawischen. Durch die Christianisierung des Landes unter Mieszko I. Mitte des 10. Jh.s geriet Polen in den Einflussbereich des lateinisch-westeuropäischen Kulturkreises, was in der Verwendung der lateinischen Schrift und einem umfangreichen westeuropäischen Wortschatz zum Ausdruck kommt.

Sprachgeschichte

Gesprochen wird Polnisch von knapp 38 Mio. Menschen im Inland, dazu kommen ca. 10 Mio. im Ausland. Neben der Schriftsprache, dem Hochpolnischen, das in den Medien, in der Schule und in Behörden benutzt wird, existieren regionale Mundarten. In Gebieten mit einem großen Anteil deutschstämmiger Bevölkerung wurde **Deutsch** als zweite Amtssprache eingeführt.

Amtssprachen

Ausländer haben mit der polnischen Sprache ihre Probleme: Die ungewohnten Zisch- und Nasallaute, die diakritischen Zeichen und aneinandergereihten Konsonanten, z. B. in »Szczecin«, treiben selbst die lernwilligsten Urlauber zur Verzweiflung. Andererseits wuchs in den letzten Jahren das Interesse der Polen an westlichen Sprachen. **Junge Polen lernen v. a. Englisch**, seltener Deutsch. In den Hotels gibt es an der Rezeption meist keine Verständigungsschwierigkeiten; Speisekarten jedoch sind nur in den von Touristen besuchten Lokalen fremdsprachig erläutert.

Verständigung

Die z. T. mit diakritischen Zeichen (Häkchen, Akzenten, Punkten) versehenen Buchstaben bzw. Buchstabenkombinationen, die die polnischen Laute wiedergeben, werden folgendermaßen ausgesprochen: ę – ähnlich dem im französischen fin, ą – ähnlich dem on im

Aussprache

**PRAKTISCHE INFORMATIONEN**
SPRACHE

französischen mon, ł – ähnlich dem wh im englischen where, ś – ein weiches s (sch), ć – ein weiches c (tsch), ń – ähnlich dem gn im französischen Champagner, ó – entspricht dem kurzen u wie in Hund, ź, ż, rz – ähnlich dem j im französischen jour, sz – entspricht sch, cz – entspricht tsch. **Alle Vokale werden einzeln ausgesprochen:** Buchstabenfolgen wie beispielsweise ie und eu werden nicht zu einem Laut zusammengezogen. Gleiches gilt für Konsonantenkombinationen: So wird z. B. ck nicht zu k verkürzt. Die Betonung der Wörter liegt in der Regel auf der vorletzten Silbe.

## SPRACHFÜHRER POLNISCH

### DAS WICHTIGSTE

| | |
|---|---|
| ja/nein | **tak/nie** |
| bitte! | **proszę!** |
| danke (sehr)! | **dziękuję (bardzo)!** |
| Entschuldigen Sie | **przepraszam pana/panią/państwa** |
| Können Sie mir bitte helfen? | **Czy może mi pan/pani pomóc?** |
| Sprechen Sie Deutsch? | **Czy mówi pan/pani poniemiecku?** |
| Ich verstehe Sie nicht. | **Nie rozumiem pana/pani.** |
| Wie bitte? | **Słucham?** |
| Wie heißt ... auf Polnisch? | **Jak się nazywa po polsku ...?** |
| Ich möchte nach Deutschland (Österreich, in die Schweiz) telefonieren. | **Chcę dzwonić do Niemiec (Austrii, Szwajcarji).** |

---

### HÄUFIG VORKOMMENDE BEGRIFFE

| | |
|---|---|
| aleja | **Allee** |
| brama miejska | **Stadttor** |
| cmentarz | **Friedhof** |
| dom | **Haus** |
| dom zdrojowy | **Kurhaus** |
| droga | **Weg** |
| góra/góry | **Berg/Gebirge** |
| jezioro | **See** |
| kaplica | **Kapelle** |
| klasztor | **Kloster** |
| kościół | **Kirche** |
| miasto | **Stadt** |
| most | **Brücke** |
| mur miejski/barbakan | **Stadtmauer/Stadtbefestigung** |
| pałac | **Palast** |
| park narodowy | **Nationalpark** |
| plaża | **Strand** |
| pomnik | **Denkmal** |
| port | **Hafen** |
| półwysep | **Halbinsel** |
| punkt widokowy | **Aussichtspunkt** |

**PRAKTISCHE INFORMATIONEN**
SPRACHE

| | |
|---|---|
| ratusz | **Rathaus** |
| sklep | **Geschäft** |
| szpital | **Krankenhaus** |
| twierdza | **Festung** |
| ulica | **Straße** |
| wyspa | **Insel** |
| zamek | **Kastell, Schloss** |

---

### ARZT
| | |
|---|---|
| Können Sie mir einen guten Arzt empfehlen? | **Czy może mi pan/pani polecić dobrego lekarza?** |
| Ich habe hier Schmerzen. | **Tu mnie boli.** |

---

### BANK
| | |
|---|---|
| Wo ist hier bitte eine Bank? | **Gdzie tu jest bank?** |
| ... eine Wechselstube? | **... kantor?** |
| Ich möchte ... Euro (Schweizer Franken) in Złoty wechseln. | **Chciałbym/Chciałabym ... wymienić (franków szwajcarskich) na złotówki.** |

---

### BEGRÜSSUNG
| | |
|---|---|
| Guten Morgen/Guten Tag | **Dzień dobry** |
| Guten Abend | **Dobry wieczór** |
| Gute Nacht | **Dobranoc** |
| Wie geht es Ihnen? | **Jak się panu/pani powodzi?** |
| Auf Wiedersehen | **Do widzenia!/Do zobaczenia** |
| Bis morgen! | **Do jutra!** |
| Tschüss! | **Serwus!** |

---

### POST/TELEKOMMUNIKATION
| | |
|---|---|
| Briefmarke | **znaczek pocztowy** |
| Porto | **opłata za przesyłkę** |
| Postamt | **urząd pocztowy/poczta** |
| Was kostet ein Brief ... | **Ile kosztuje list...** |
| ... eine Postkarte | **... pocztówka ...** |
| ... nach Deutschland? | **... do Niemiec?** |
| Handy | **komórka** |
| Prepaid-Karte | **karta pre-paid** |
| Ich möchte meine Karte aufladen. | **Chciałbym/chciałabym doładować kartę.** |
| Kann ich mein Gerät bei Ihnen aufladen? | **Czy mogę u pana/pani doładować mój telefon?** |
| Haben Sie ein passendes Ladegerät für mich? | **Czy ma pan/pani odpowiednią ładowarkę?** |
| Gibt es hier WLAN? | **Czy jest tutaj Wi-Fi?** |
| Wo gibt es Internet? | **Gdzie możiwy jest dostęp do internetu?** |

## PRAKTISCHE INFORMATIONEN
## SPRACHE

### ÜBERNACHTEN

| | |
|---|---|
| Können Sie mir bitte ... empfehlen? | **Może mi pan/pani polecić ...** |
| ... ein gutes Hotel ... | **... dobry hotel?** |
| ... eine Pension ... | **... pensjonat?** |
| Haben Sie noch Zimmer frei? | **Czy ma pan/pani jeszcze wolne pokoje?** |
| Einzelzimmer | **pokój jednoosobowy** |
| Doppelzimmer | **pokój dwuosobowy** |
| Ich möchte gerne ... | **Chcę ...** |
| ... ein Zimmer mit Bad/Dusche | **... pokój z łazienką/prysznicem** |
| ... mit Frühstück | **... ze śniadaniem** |
| ... mit Halbpension | **... ze śniadaniem i kolacją** |
| ... mit Vollpension | **... z pełnym utrzymaniem** |
| Was kostet es? | **Ile to kozstuje?** |

### UNTERWEGS

| | |
|---|---|
| Auskunft | informacja |
| rechts/links | na prawo/na lewo |
| nah/weit | blisko/daleko |
| geradeaus | prosto |
| Bitte, wo ist ...? | Przepraszam, gdzie jest ... |
| Wann ist ... geöffnet? | Kiedy (jest) ... otwarte? |
| Wie viel Uhr ist es? | Która godzina? |
| Wie weit ist das? | Jak to jest daleko? |

### BAHN UND BUS

| | |
|---|---|
| Bahnhof | **dworzec** |
| Bus | **autobus** |
| Fahrkarte | **bilet** |
| Fahrpreis | **cena (biletu)** |
| Flughafen | **lotnisko** |
| Gepäck | **bagaż** |
| Gepäckaufbewahrung | **przechowalnia bagaży** |
| Gleis | **tor** |
| Haltestelle | **przystanek** |

### TANKSTELLE

| | |
|---|---|
| Wo ist bitte die nächste Tankstelle? | **Przepraszam, gdzie jest najbliższa stacja benzynowa?** |
| Voll tanken, bitte. | **Proszę do pełna.** |
| Ich möchte ... Liter | **Chciałbym/chciałabym ... litrów** |
| ... Normalbenzin. | **... benzyny niskooktanowej.** |
| ... Super/Diesel. | **... wysokooktanowej/ropy.** |

### UNFALL/PANNE

| | |
|---|---|
| Hilfe! | Ratunku! |
| Rufen Sie bitte schnell ... | Proszę wezwać szybko ... |
| ... einen Krankenwagen. | v karetkę pogotowia. |
| ... die Polizei. | ... policję. |

## PRAKTISCHE INFORMATIONEN
### SPRACHE

| | |
|---|---|
| ... die Feuerwehr. | ... straż pożarną. |
| Ich habe eine Panne. | Mam awarię samochodu. |
| Wo ist in der Nähe eine Werkstatt? | Gdzie jest tu w pobliżu warsztat samochodowy? |

---

### VERKEHRSSCHILDER

| | |
|---|---|
| kierunek w prawo (w lewo) | Rechts (links) fahren |
| mgła | Nebel |
| niebezpieczeństwo | Gefahr |
| niebezpieczny zakręt | Gefährliche Kurve |
| objazd | Umleitung |
| ostrożnie! | Vorsicht! |
| piesi | Fußgänger |
| powoli! | Langsam! |
| przejazd wzbroniony | Durchfahrt verboten |
| ulica jednokierunkowa | Einbahnstraße |
| uwaga! | Achtung! |
| zakaz parkowania | Parkverbot |
| zakaz wyprzedzania | Überholverbot |

---

### ESSEN UND TRINKEN

| | |
|---|---|
| Wo gibt es hier ... | Gdzie jest tu w pobliżu ... |
| ... ein gutes Restaurant? | ... dobra restauracja? |
| ... ein nicht zu teures Restaurant? | ... niezbyt droga restauracja? |
| Gibt es hier eine gemütliche Kneipe? | Czy jest tu jakaś miła knajpa? |
| Czy ten stół jest wolny? | Ist dieser Tisch frei? |
| menú | Speisekarte |
| Auf Ihr Wohl! | Pana/pani zdrowie! |
| Die Rechnung, bitte! | Proszę o rachunek! |

**Śniadanie** — **Frühstück**

| | |
|---|---|
| chleb biały/ciemny | Weißbrot/Schwarzbrot |
| bułka/rogalik | Brötchen/Hörnchen |
| szynka/kiełbasa | Schinken/Wurst |
| jajko (na miękko) | (weiches) Ei |
| jajecznica (na szynce) | Rühreier (mit Schinken) |
| masło/dżem/miód | Butter/Konfitüre/Honig |
| ser biały/ser żółty | Frischkäse/Schweizer Käse |
| kawa czarna | Schwarzer Kaffee |
| kawa z mlekiem | Kaffee mit Milch |
| kawa z bitą śmietaną | Kaffee mit Sahne |
| herbata czarna | Schwarzer Tee |
| kakao/czekolada | Kakao/Schokolade |
| cukier/cytryna | Zucker/Zitrone |
| pieprz/sól | Pfeffer/Salz |
| musztarda/ketczup | Senf/Ketchup |

**Obiad** — **Mittagessen**

| | |
|---|---|
| przystawki | Vorspeisen |

## PRAKTISCHE INFORMATIONEN
### SPRACHE

| | |
|---|---|
| śledź w śmietanie | **Hering in Sahne** |
| karp w galarecie | **Karpfen in Gelee** |
| łosoś (wędzony) | **Lachs (geräuchert)** |
| pasztet | **Pastete** |
| | |
| **Zupy** | **Suppen** |
| rosół (z makaronem) | **Brühe (mit Nudeln)** |
| bulion | **Fleischbrühe, Bouillon** |
| barszcz czerwony | **Rote-Bete-Suppe** |
| chłodnik | **Kalte Gemüsesuppe** |
| żurek | **Saure Mehlsuppe (mit Schinken)** |
| | |
| **Dania główne** | **Hauptgerichte** |
| kurczak/kaczka | **Hähnchen/Ente** |
| indyk/gęś | **Truthahn/Gans** |
| wieprzowina | **Schweinefleisch** |
| sznycel (po wiedeńsku) | **Schnitzel (Wiener Schnitzel)** |
| kotlet schabowy | **Kotelett** |
| stek wieprzowa | **Steak** |
| wołowina | **Rindfleisch** |
| zraz zawijany | **Rouladen** |
| gulasz wołowy | **Gulasch** |
| cielęcina | **Kalbfleisch** |
| ryby | **Fisch** |
| dorsz/karp | **Dorsch/Karpfen** |
| makrela/pstrąg | **Makrele/Forelle** |
| sandacz/szczupak | **Zander/Hecht** |
| baranina | **Lammfleisch** |
| dziczyzna | **Wild** |
| sarnina/królik | **Reh/Kaninchen** |
| zając/kuropatwa | **Hase/Rebhuhn** |
| | |
| **Zubereitungsarten** | |
| (mięso) duszone | **geschmort (Fleisch)** |
| gotowane/pieczone | **gekocht/gebraten** |
| siekane/wędzone | **gehackt/geräuchert** |
| | |
| **Dodatiki** | **Beilagen** |
| ziemniaki/kartofle | **Kartoffeln** |
| ryż/makaron | **Reis/Nudeln** |
| knedle/klusk | **Knödel/Klößchen** |
| frytki | **Pommes frites** |
| | |
| **Jarzyny** | **Gemüse** |
| brukselka/kalafior | **Rosenkohl/Blumenkohl** |
| buraczki/marchewka | **Rote Bete/Möhren** |
| cebula/czosnek | **Zwiebel/Knoblauch** |
| fasola/groch | **Bohnen/Erbsen** |
| kapusta biała (kiszona) | **Weißkraut/Sauerkraut** |
| grzyby/kurki | **Pilze/Pfifferlinge** |
| szpinak/seler | **Spinat/Sellerie** |

## PRAKTISCHE INFORMATIONEN
### SPRACHE

**Surówki**
sałatka z ogórków/papryki
sałatka z pomidorów/cykorii
sałatka z marchewki i kapusty
zielona sałata ze śmietaną
mizeria
ogórek kiszony/rzodkiewki
ocet
oliwa

**Salat**
Gurken-/Paprikasalat
Tomaten-/Chicoreesalat
Möhren-und-Kohl-Salat
Kopfsalat mit Sahne
Gurkensalat mit Sahne
Essiggurke/Radieschen
Essig
Öl

**Desery**
makowiec
tort/lody
ciastka

**Nachtisch**
Mohnkuchen
Torte/Eis
Kekse

**Napoje**
wino białe/wino czerwone
wytrawne/półwytrawne/słodkie
piwo jasne/piwo ciemne
piwo z beczki
wódka/żubrówka
koniak
likier
szampan
woda mineralna
sok owocowy
oranżada
mleko słodkie

**Getränke**
Weißwein/Rotwein
trocken/halbtrocken/süß
helles Bier/dunkles Bier
Bier vom Fass
Wodka/Wodka mit Büffelgras
Cognac
Likör
Sekt
Mineralwasser
Fruchtsaft
Orangenlimonade
Milch

**Owoce**
winogrona/borówki
brzoskiwinie/czereśnie
gruszki/jabłka
morele/pomarańcze
śliwki/truskawki

**Obst**
Trauben/Heidelbeeren
Pfirsiche/Kirschen
Birnen/Äpfel
Aprikosen/Orangen
Pflaumen/Erdbeeren

### ZAHLEN

| | | | |
|---|---|---|---|
| 0 | zero | 11 | jedenaście |
| 1 | jeden/jedna/jedno | 12 | dwanaście |
| 2 | dwa, dwie | 20 | dwadzieścia |
| 3 | trzy | 50 | pięćdziesiąt |
| 4 | cztery | 100 | sto |
| 5 | pięć | 500 | pięćset |
| 6 | sześć | 1000 | tysiąc |
| 7 | siedem | 1/2 | jedna druga |
| 8 | osiem | 1/3 | jedna trzecia |
| 9 | dziewięć | 1/4 | jedna czwarta |
| 10 | dziesięć | 3/4 | trzy czwarte |

**PRAKTISCHE INFORMATIONEN**
TELEKOMMUNIKATION · POST

# TELEKOMMUNIKATION · POST

Telefonieren
**Mobiltelefone** (komórka) wählen sich automatisch in das entsprechende Partnernetz ein. Roaming-Gebühren fallen nicht mehr an. Wo es noch Telefonzellen gibt, kann man sie nur mit Telefonkarten benutzen, die man man auf dem Postamt und am Kiosk bekommt.

Post
Das Porto für Briefe und Postkarten beträgt 3,90 zł. Postämter haben Mo. – Sa. 8–18 Uhr, in großen Städten oft rund um die Uhr geöffnet.

# VERKEHR

## Straßenverkehr

Verkehrsregeln
Die Nichtbeachtung der Straßenverkehrsordnung kann teuer werden: Sie wird nicht nur mit hohen Bußgeldern geahndet, sondern auch mit maximal zehn Strafpunkten, die den Behörden im Herkunftsland des Verkehrssünders gemeldet werden. Als **Tempolimits** gelten in geschlossenen Ortschaften von 5 bis 23 Uhr 50 km/h, von 23 bis 5 Uhr 60 km/h. Außerhalb geschlossener Ortschaften beträgt die zulässige Höchstgeschwindigkeit 90 km/h, auf Landstraßen mit zwei Fahrspuren 100 km/h, auf Autobahnen 140 km/h. Lkw und Pkw mit Anhänger dürfen auf Landstraßen mit einer Fahrbahn nicht schneller als 70 km/h, auf breiteren Straßen nicht schneller als 80 km/h fahren.
Es besteht **Gurtpflicht**. Kinder bis zu 12 Jahren und unter 135 cm Körpergröße dürfen nur auf dem Rücksitz in einem zugelassenen Kindersitz transportiert werden.
Auto- und Motorradfahrer müssen das ganze Jahr über mit **Abblend-** oder Tagfahrlicht fahren.
**Parken** ist bei Dunkelheit grundsätzlich nur mit Standlicht gestattet; Halten ist 100 m vor und nach einem Bahnübergang untersagt.
Im Bereich von Kreuzungen ist das **Überholen** verboten, Straßenbahnen haben grundsätzlich Vorfahrt.
**Warndreieck und Verbandskasten** sind Pflicht; das Nationalitätenkennzeichen muss am Auto oder auf dem EU-Kennzeichen angebracht sein.
Die **Promillegrenze** beträgt 0,2; Bußgelder müssen an Ort und Stelle bezahlt werden. Bei Überschreitung kann der Führerschein eingezogen und das Fahrzeug sichergestellt werden.

## PRAKTISCHE INFORMATIONEN
### VERKEHR

Wenn Sie »**Czarny Punkt**« (Schwarzer Punkt) auf einem Schild lesen, sollten Sie besonders vorsichtig fahren. Links unten auf dem Schild steht die Zahl derer, die hier bei einem Verkehrsunfall gestorben sind, rechts unten die Zahl der Verletzten.  **Warnschild**

Tankstellen sind fast ebenso zahlreich wie in den westlichen Nachbarländern, die Versorgung mit Benzin und Diesel ist flächendeckend gewährleistet. An Hauptverkehrsstraßen und in größeren Städten haben Tankstellen rund um die Uhr geöffnet, ansonsten meist von 6 bis 22 Uhr, an Sonn- und Feiertagen von 7 bis 17 Uhr.  **Tankstellen**

Autodiebstähle gehen seit Jahren deutlich zurück. Dennoch sollte man – besonders bei höherwertigen Fahrzeugen – **bewachte Parkplätze oder Parkhäuser** benutzen. Rund um die Uhr bewachte Parkplätze befinden sich bei den meisten Hotels sowie in den Zentren der größeren Städte und in den Ferienzentren.  **Sicherheit**

Die internationalen Verleihfirmen sind an den Flughäfen und in den Großstädten vertreten. Die Mietpreise entsprechen westlichem Niveau oder liegen etwas darüber. Wer ein Fahrzeug mieten will, muss mindestens 21 Jahre alt sein und den Führerschein schon mindestens ein Jahr lang besitzen. Mieter unter 23 Jahre müssen einen Aufschlag bezahlen.  **Mietwagen**

Der Pannenhilfsdienst des Polnischen Motorverbandes (PZM) ist jederzeit landesweit zu erreichen. Bei Unfällen ist grundsätzlich die örtliche Polizei zu verständigen. Um mögliche Schadensersatzansprüche durchsetzen zu können, sollte man eien Kasko-, Rechtsschutz- oder Schutzbriefversicherung besitzen. Für die Schadensregulierung sollte man ein Exemplar des Polizeiprotokolls verlangen.  **Pannenhilfe**

Taxifahren ist relativ preiswert (tagsüber ca. 2 Euro für den ersten Kilometer und 0,80 Euro für jeden weiteren). Es gibt jedoch **keine verbindlichen Preise**. Man sollte darauf achten, dass die Tarife aushängen (in der Regel in der hinteren Tür auf der Beifahrerseite). Nachts und an Feiertagen wird ein Zuschlag von 50 % erhoben. Bei längeren Fahrten empfiehlt es sich, den Preis vor Fahrtbeginn auszuhandeln. Man ist als Fahrgast nicht verpflichtet, in das erste Fahrzeug der Reihe einzusteigen. Zu empfehlen sind **Radio-Taxen**, die auf dem Dach deutlich sichtbar die Rufnummer der Zentrale tragen.  **Taxis**

## ▎Bahnverkehr

Die Polnischen Staatsbahnen (PKP) und die für den Regionalverkehrer zuständige Polregio verfügen über ein gut ausgebautes Strecken-

**PRAKTISCHE INFORMATIONEN**
VERKEHR

## NÜTZLICHE ADRESSEN

| | |
|---|---|
| **PANNENHILE** | **BUS** |
| POLNISCHER MOTORVERBAND (PZM) Tel. 618 31 98 88 | PKS https://polbus.pl |
| | **AUSFLUGSSCHIFFE** |
| **BAHN** | ADLER-SCHIFFE www.adler-schiffe.de |
| POLNISCHE STAATSBAHNEN www.pkp.pl/en www.intercity.pl www.bilkom.pl | ŻEGLUGA GDAŃSKA (DANZIG) www.zegluga.pl |
| POLREGIO https://polregio.pl/pl | ŻEGLUGA OSTRÓDZKO-ELBLĄSKA (OBERLANDKANAL) www.zegluga.com.pl |

netz. Knotenpunkte sind Stettin und Gdynia, Posen und Warschau, Breslau, Kattowitz und Krakau. IC- und EC-Züge sind sowohl platzkarten- als auch reservierungspflichtig, TLK-Schnellzüge vorerst nicht. Bei den Schnellzügen wird ein Frühbucherrabatt gewährt, sofern die Buchung zwischen 7 und 30 Tagen vor Fahrtantritt erfolgt.
Oft haben beide Seiten des Bahnsteigs dieselbe Nummer, von denen aber verschiedene Züge abfahren können

## | Busverkehr

Busfahren ist noch immer sehr preiswert. Es gibt ein weit verzweigtes Netz von Busverbindungen. Busse des staatlichen Unternehmens **PKS** verkehren auf wichtigen Normalstrecken, der PKS Express auf Schnellverkehrslinien. Karten kauft man am Busbahnhof (Dworzec PKS) oder beim Busfahrer. Kinder bis zum 4. Lebensjahr ohne eigenen Sitzplatz reisen gratis, Kinder von 4 bis 10 Jahren erhalten 50% Rabatt.

## | Schiffsverkehr

**Ausflugsschiffe** der Reederei Adler Polen verkehren im Sommer von Bansin und Ahlbeck auf Usedom Świnoujście (Swinemünde). Beliebt sind Fahrten mit der Weißen Flotte im Stettiner Haff und auf der Ostsee, im Frischen Haff und in der Danziger Bucht, auf dem Oberlandkanal und den Großen Masurischen Seen.

# REGISTER

## A

Agnetendorf **127**
Aktion Reinhardt **387**
Albendorf **161**
Allee der Allerheiligsten Jungfrau Maria **76**
Allenstein **214**
Alt-Zakopane **291**
Angeln **412**
Anreise **436**
Apotheken **436**
Architektur **390**
Arkadia **328**
Ärztliche Hilfe **442**
August III. **48**
Augustów **46**
Augustów-Kanal **46**
Auschwitz **238**
Auskunft **439**

## B

Bad Flinsberg **140**
Bad Landeck **160**
Bad Reinerz **162**
Bad Salzbrunn **304**
Baedeker, Karl **409**
Bahnverkehr **453**
Balin, Jakub **149**
Banken **436**
Barania Góra **55**
Barock **393**
Bełżec **121**
Berg, Max **348**
Bernstein **423**
Bevölkerung **364, 365**
Biała Podlaska **204**
Biecz **268**
Bielitz-Biala **52**
Bielsko-Biała **52**
Bienowice **191**
Bieszczady / Bieszczaden **55**
Birkenau **242, 243**
Birow, Feste **77**
Biskupin **116, 374**
Bóbrka **268**
Bochnia **187**
Bohoniki **52**
Bolesław Chrobry **253**
Bolesław I. **375**
Bolesław II. **183**
Bolesław Krzywousty **277**
Bolesław Pobożny **128**
Bory Tucholskie **67**
Brandt, Willy **326, 387**
Branicki, Jan Klemens **48**
Breslau **332**
Brieg **237**
Bromberg **58**
Bruno von Querfurt **221**
Brzeg **237**
Buna-Monowitz **242**
Burg Kynast **126**
Busko-Zdrój **157**
Buczyniec **81**
Bydgoszcz **58**
Bytom **144**

## C

Cammin **165**
Camping **430**
Charzykowskie-See **66**
Charzykowy **66**
Chełm **61**
Chełmno **63**
Chełmno nad Nerem **130**
Chojnice **66**
Chopin, Frédéric **113, 162, 327, 398**
Cieplice Zdrój **124**
Cieszyn **68**
Conrad, Joseph **107**
Coslau **144**
Czaplinek **285**
Czarna Górna **57**
Czerwińsk nad Wisłą **247**
Częstochowa **70**
Człuchów **66**
Czorsztyn **230**

## D

Dahl, Jan Christian **133**
Dankwart, Karl **73, 251**
Danzig **85**
Danziger Abkommen **388**
Dębno **229**
Deutscher Orden **205, 375**
Dievenow **329**
Diplomatische Vertretungen **439**
Draheimer Seenplatte **285**
Dürer, Hans **179**
Dusniki-Zdrój **162**
Dziwnów **329**
Dziwnówek **329**

## E

Eichendorff, Joseph von **113, 146, 231**

## ANHANG
### REGISTER

Eissegeln **415**
Elbing **78**
Elbląg **78**
Elektrizität **436**
Erdmannsdorf **127**
Ermland **211**
Etikette **440**

---

## F

Feiertage **422**
Feininger, Lyonel **263**
Fellner, Ferdinand **68**
Ferien auf dem Bauernhof **431**
Feste **422**
Fischbach **126**
Folklore **397**
Fontana, Albin **129**
Fontana, Paolo **61**
Frank, Hans **168**
Frauenburg **81**
Freilichtmuseum Sanok **266**
Friedenskirche Schweidnitz **275**
Friedrich II. **160**
Friedrich Wilhelm I. **224**
Friedrich Wilhelm IV. **133**
Fürstentum Masowien **245**

---

## G

Gameren Tylman van **309**
Gdańsk **85**
Gdynia/ Gdingen **106**
Geld **441**
Generalgouvernement **168, 386**
Gerlachovský štít **288**
Gerlsdorfer Spitze **288**
Geschichte **374**
Gestüt Racot **256**
Gesundheit **442**
Gierek, Edward **387**
Gierłoż **153**
Giżycko **111, 221**
Glatz **158**
Gliwice / Gleiwitz **111**
Gniezno/ Gnesen **114**
Goldberg **193**
Goldene Zeit **378**
Gollub **302**
Golub Dobrzyń **302**
Gołuchów **129**
Goralen **56**
Góra Parkowa **227**
Góra św. Anny **238**

Góry Świętokrzyskie **156**
Gosąn **329**
Gosanberg **329**
Gotik **391**
Grass, Günter **97**
Graudenz **118**
Groß-Rosen **192**
Grudziądz **118**
Grünberg, **6, 353**
Grünfeld **220**
Grunwald **220**
Grunwald (Schlachti) **377**

---

## H

Haff **263**
Haffner, Johann Georg **104**
Hajnówka **261**
Hasior, Władysław **395**
Hauptmann, Gerhart **127, 139, 304**
Heiligelinde **154**
Heilig-Kreuz-Berge **156**
Heilsberg **219**
Heinrichau **349**
Heinrich IV. Probus **345**
Hel, Halbinsel und Stadt **109**
Helmer, Hermann **68**
Hermsdorf **126**
Herzog Boleslaus II. **234**
Heuscheuer-Gebirge **160**
Himmler, Heinrich **242**
Hirschberg **121**
Hirschberger Tal **126**
Hl. Adalbert **115, 158**
Hl. Hedwig **399**
Hl. Valentin **64**
Hohensalza **60**
Holocaust **240**
Hotels **431**
Humboldt, Wilhelm von **233**

---

## I

IG Farben **242**
Industrie **372**
Inowrocław **60**

---

## J

Jabłońska, Elżbieta **396**
Jadwiga **377, 399**
Jagiellonen **377**
Jagniątków **127**
Jakobsthal **137**
Jakuszyce **137**
Jan III. Sobieski **52, 98, 76, 306, 375, 382**
Janowiec **150**
Janusz I. **306**

## ANHANG
### REGISTER

Jarosław **120**
Jaruzelski, Wojciech **388**
Jasna Góra **73**
Jastarnia **109**
Jawor **192**
Jelenia Góra **121**
Jezioro Charzykowskie **66**
Jezioro Lednickie **256**
Jezioro Łuknajno **225**
Jezioro Wdzydze **142**
Johannes Paul II. **186, 387, 399**

## K

Kaczyński, Jaroslav **370, 400**
Kaczyński, Lech **370**
Kajak **412**
Kalide, Theodor **113**
Kalisz **127**
Kalwaria Zebrzydowska **186**
Kamień Pomorski **165**
Kantor, Tadeusz **395**
Karkonosze **131**
Karl IV. **340**
Karpacz **133**
Karpaten **362**
Karpatenvorland **267**
Karpniki **126**
Karthaus **141**
Kartuzy **141**
Kaschubisches Freilichtmuseum **142**
Kasimir II. **68**
Kasprowy Wierch **294**
Katowice **143**
Kattowitz **143**
Kazimierz **180**
Kazimierz Dolny **148**
Kazimierz III. **116, 120, 377**

Kazimierz Odniwiciel **167**
Kętrzyn **152**
Kielce **155**
Klassizismus **393**
Klein Dievenow **329**
Klessengrund **163**
Kletno **163**
Klettern **413**
Klezmer **398**
Klima **444**
Kłodzko **158**
Kloster der Zisterzienserinnen in Trzebnica **348**
Kloster Krzeszów **305**
Kloster Lad **130**
Kluki **270**
Kochelfall **140**
Kolberg **163**
Kołobrzeg **163**
Konin **130**
Konitz **66**
Konrad I. von Masowien **375**
Kopernikus, Nikolaus **81, 84, 219, 400**
Koprzywnica **265**
Korczak, Janusz **328, 402**
Kórnik **256**
Kościan **256**
Kościuszko, Tadeusz **344, 402**
Köslin **166**
Kossak, Wojciech **393**
Kössler, Michael **162**
Kostrzyn **257**
Koszalin **166**
Kowary **136**
Kozłówka **204**
Kozyra, Katarzyna **396**
Kraków/Krakau **167**
Kreisau **277**
Krosno **267**
Krummhübel **133**
Kruschwitz **116**

Kruszwica **116**
Kruszyniany **52**
Krynica Zdroj **226**
Krzemionki Opatowskie **158**
Krzyżowa **277**
Kulm **63**
Kulmhof, Vernichtungslager **130**
Kunstgeschichte **390**
Kunsthandwerk **396**
Kuren **415**
Kuriańskie Bagno **46**
Kurnik **256**
Küstrin **257**
Kwidzyn **210**

## L

Łagów **357**
Łańcut **187**
Landschaften **360**
Landwirtschaft **373**
Lassalle, Ferdinand **347**
Łeba **269, 274**
Lebbin **329**
Lebuser Seenplatte **357**
Lebuser Wein- und Honigstraße **355**
Redniczka-See **256**
Legnica **189**
Legnickie Pole **191**
Lem, Stanisław **402**
Lesetipps **442**
Leszcziński, Mikołaj **129**
Leżajsk **120**
Libera, Zbigniew **396**
Licheń Stary **130**
Lidzbark Warmiński **219**
Liegnitz **189**

## ANHANG
### REGISTER

Łódź **194**, **200**
Łomnica/Lomnitz **126**
Łomża **47**
Lötzen **221**
Łowicz **328**
Lubiąż **193**
Lubin **329**
Lubliner Union **378**
Łubowice **146**
Lucknainer See **225**
Łukasiewicz, Ignacy **268**
Luxemburg, Rosa **351**

## M

Majdanek **203**
Malbork **205**
Malczewski, Jacek **394**
Małe Pieniny **228**
Marienburg **205**
Marienwerder **210**
Masuren **211**
Masurische Seenplatte **211**
Matejko, Jan **173**
Mazowiecki, Tadeusz **388**
Mazurski Park Krajobrazowy **214**
Mazury **211**
Mehoffer, Józef **394**
Mickiewicz, Adam **102**, **403**
Międzygórze **161**
Międzyzdroje **329**
Mierzeja Helska **109**
Mieszko I. **253**, **375**
Mietwagen **453**
Mikołajki **221**
Misdroy **329**
Modernismus **394**
Moltke, Helmuth James Graf von **277**

Moniuszko, Stanisław **77**
Morskie Oko **294**
Musäus, Johann Karl August **19**
Mysłakowice **126**

## N

Napoleon I. **383**
Narutowicz, Gabriel **308**
Nationalpark Białowieski (Urwald von Białowieża) **258**
Nationalpark Biebrzański **46**
Nationalpark Bieszczadzki Park Narodowy (Beskiden) **56**
Nationalpark Bory Tucholskie Park Narodowy (Tucheler Heide) **67**
Nationalpark Góry-Stołowe **160**
Nationalpark Heilig-Kreuz **157**
Nationalpark Kampinoski **327**
Nationalpark Karkonoski Park Narodowy (Riesengebirge) **131**
Nationalpark Pieniński Park Narodowy (Pienninen) **228**
Nationalpark Roztoczański Park Narodowy **353**
Nationalpark Słowiński Park Narodowy (Slowinzischer Nationalpark) **269**, **274**
Nationalpark Świętokrzyski Park Narodowy **157**

Nationalpark Tatrzański Park Narodowy (Tatra) **288**
Nationallpark Ujście Warty Park Narodowy (Warthe-Mündung) **257**
Nationalpark Woliński Park Narodowy (Wollin) **329**
Neisse **231**
Neunhertz, Georg Wilhelm **130**
Neu Sandez **225**
Neustettin **284**
Neuwarp **283**
Niechorze **262**
Nieznalska, Dorota **396**
Nikifor **227**
Nikolaiken **221**
Notrufe **436**
Nowe Warpno **283**
Nowogród **47**
Nowy Sącz **225**
Nysa **231**

## O

Oberländischer Kanal **81**
Oblęgorek **156**
Ochla **356**
Oderbruch **257**
Oderhaff **329**
Öffnungszeiten **430**, **436**
Ogrodzieniec **77**
Oliwa **102**
Olsztyn **214**
Opatów **265**
Opbergen, Anton van **296**
Opole/Oppeln **234**
Orońsko **151**
Ostrów Lednicki **256**

# ANHANG
## REGISTER

Ostrów Tumski **252**
Oświęcim **238**
Otmuchów/
  Ottmachau **233**

## P

Paczków **233**
Pakoszów **126**
Pankiewicz, Tadeusz **183**
Pannenhilfe **436, 453**
Panorama Racławicka **344**
Parler, Peter **159**
Parteien **367**
Pasieka **234**
Patschkau **233**
Pflanzen **362**
Piasten **375**
Piechowice **140**
Pieniny **227**
Piła **285**
Piłsudski, Józef **384, 404**
Pińczów **157**
Plakatkunst **26**
Pleß, Daisy von **304**
Plaszów **180**
Płock **245**
Podgórze **183**
Podzamsce **77**
Pojerzierze Drawskie **285**
Pojezierze Suwalskie **273**
Polański, Roman **198, 404**
Połczyn Zdrój **285**
Pöppelmann, Karl Friedrich **319**
Poznań/ Posen **248**
Preise **443**
Przeworsk **120**
Pszczyna **146**

Puławy **150**
Puszcza Augustowska **46**

## R

Racot **256**
Radfahren **413**
Rado **150**
Radruż **353**
Rastenburg **152**
Recław **330**
Reisedokumente **437**
Reiseplanung **436**
Reisezeit **444**
Reiten **413**
Renaissance **391**
Repty **144**
Rewal **261**
Riesengebirge **131**
Rogalin **257**
Rogoźnica **192**
Romanik **390**
Route der Adlerhorste **77**
Rübezahl **19, 136**
Rutkiewicz, Wanda **405**
Rydzyna **256**
Rysy **288, 362**

## S

Sądry **225**
Salzbrunn **127**
Sandomierz **263**
St. Annaberg **237**
Sanok **57, 266**
Schiffsverkehr **455**
Schildau **126**
Schindler, Oskar **184**
Schlacht bei Grunwald **176, 220, 378**

Schlachten bei Liegnitz **191, 192**
Schloss Fürstenstein **304**
Schloss Gołuchów **129**
Schloss Łańcut **187**
Schloss Sanok **266**
Schloss Wilanowie **322, 323**
Schmiedeberg **133**
Schneekoppe **132, 362**
Schreiberhau **137**
Schwarze Madonna **10, 71, 73**
Schweidnitz **274**
Segeln **412**
Sejm **367**
Senat **367**
Sforza, Bona **391**
Shoppen **423**
Siebengründe **131**
Sienkiewicz, Henryk **76, 156, 308, 405**
Silesius, Angelus **398**
Skłodowska-Curie, Marie **406**
Skrzyczne **54**
Słupsk **271**
Śnieżka **132**
Sobibór **63**
Sobieszów **126**
Sobótka **276, 277**
Solidarność **85, 367, 387**
Sophie von Ansbach-Hohenzollern **190**
Sopot **104, 273**
Spišská Magura **228**
Sprache **445**
Śródmieście **283, 315**
Stalin, Josef **386**
Stanisław II. August Poniatowksi **382, 393**
Staniszów **126**
Stargard **283**
Stary Sącz **226**
Staszic, Stanisław **77**

## ANHANG
### REGISTER

Statut von Kalisch **128**
Stębark **220**
Stein, Edith **281**
Stettin **277**
Stollen der Schwarzen Forelle **144**
Stolp **271**
Stolpmünde **272**
Stonsdorf **126**
Stoß, Veit **173, 391**
Strzelno **116**
Stutthof **105**
Styka, Jan **393**
Sudeten **362**
Surfen **412**
Suwalker Seenplatte **273**
Suwałki/Suwalken **273**
Świdnica **274**
Świebodzin **357**
Świeradów Zdrój **140**
Święta Lipka **154**
Świnoujście/Swinemünde **331**
Szczawnica **229**
Szczawno Zdrój **127, 304**
Szczecin **277**
Szczecinek **284**
Szczypiorski, Andrzej **406**
Szczyrk **54**
Szklarska Poręba **137, 285**
Sztutowo **105**
Szydłów **158**
Szyndzielna **54**
Szczebrzeszyn **354**

## T

Tannenberg **220, 377**
Tarnów **187, 285**
Tarnowskie Góry **144**
Taxi **454**
Tczew **210**
Teschen, **5, 68**
Tiere **362**
Tost **113**
Toszek **113**
Trachten **397**
Treblinka **328**
Trebnitz **348**
Trevano, Giovanni **176**
Trzebnica **348**
Trzęsacz **263**
Trzy Korony **228**
Tschenstochau **70**
Tuchola/Tuchel **67**
Tum **200**
Tusk, Donald **407**
Tychy **148**
Tykocin **52**
Tyniec **185**

## U

Übernachten **431**
Ujazd **265**
Urwald Białowieża **258**
Usedom **331**
Ustka **272**
Ustrzyki Dolne **57**
Ustrzyki Górne **57**

## V

Verkehr **452**
Volkskunst **396**
Volksmusik **398**

## W

Wąchock **156**
Wadowice **186**
Wahlstatt **191**
Wajda, Andrzej **198**
Wałbrzych/Waldenburg **302**
Waldkarpaten **55**
Wałęsa, Lech **375, 388, 407**
Wambierzyce **161**
Wandern **412**
Wang-Kirche **133**
Warschauer Pakt **387**
Warszawa/Warschau **306**
Wdzydze Kiszewskie **142**
Weiss, Wojciech **394**
Wellness **415**
Wenecja **118**
Wenecja Bydgoska **60**
Wernersdorf **126**
Westbeskiden **68**
Westerplatte **101**
Wetlina **57**
Wieliczka **186**
Wielka Rawka **56**
Wielkie Jeziora Mazurskie **214**
Wielki, Kazimierz **340**
Wilanów **322**
Wilczy Szaniec **153**
Wintersport **413**
Wirtschaft **371**
Wisent **258, 260, 364**
Witkiewicz, Stanisław Ignacy **394**
Władysław aus Gielniów **317**
Władysław I. **377**
Władysław IV. **93**
Władysław Jagiełło **278**
Władysław Łokietek **168**
Włocławek **247**
Włodawa **62**
Wodka **21, 22**
Wodospad Szklarki **140**
Wodzisław Śląski **144**
Wojanów **126**

## ANHANG
### REGISTER

Wojewodschaften **367**
Wojtkiewicz, Witold **394**
Wojtyła, Karol **186, 387, 399**
Wölfelsfall **161**
Wölfelsgrund **161**
Wolfsschanze **153**
Wolin **329**
Wratisław (Herzog) **332**
Wrocław **48, 332, 349**
Wyspiański, Stanisław **394**
Wyszyński, Stefan **73, 308**

## Z

Zackelfall **140**
Zakopane **291, 349**
Zalew Szczeciński **329**
Zamek Piastowski **112**
Zamenhof, Ludwik **51**
Zamość **349**
Zeit **436**
Żelazowa Wola **327**
Zgorzelec **353**
Zielona Góra **354**
Zillerthal-Erdmannmnsdorf **126**
Złotoryja **192**

Zobten **276, 277**
Zollbestimmungen **438**
Zondern **225**
Zoppot **104**
Zweiter Weltkrieg **384**
Zwierzyniec **354**
Zygmunt August **168**
Zygmunt I. **378, 392, 408**
Zygmunt II. August **378**
Zygmunt III. **93, 168, 302, 306, 378**

---

## ATMOSFAIR

**nachdenken · klimabewusst reisen**

## atmosfair

Reisen verbindet Menschen und Kulturen. Doch wer reist, erzeugt auch CO2. Der Flugverkehr trägt erheblich zur globalen Erwärmung bei. Wer das Klima schützen will, sollte sich nach Möglichkeit für die schonendere Reiseform entscheiden (wie z.B. die Bahn). Gibt es keine Alternative zum Fliegen, kann man mit atmosfair klimafördernde Projekte unterstützen.
atmosfair ist eine gemeinnützige Klimaschutzorganisation unter der Schirmherrschaft von Klaus Töpfer. Flugpassagiere spenden einen kilometerabhängigen Betrag und finanzieren damit Projekte in Entwicklungsländern, die den Ausstoß von Klimagasen verringern helfen. Dazu berechnet man mit dem Emissionsrechner auf **www.atmosfair.de** wieviel CO2 der Flug produziert und was es kostet, eine vergleichbare Menge Klimagase einzusparen (z.B. Berlin – London – Berlin 14 €). atmosfair garantiert die sorgfältige Verwendung Ihres Beitrags. Alle Informationen dazu auf www.atmosfair.de. Auch der Karl Baedeker Verlag fliegt mit atmosfair.

## ANHANG
BILDNACHWEIS

# BILDNACHWEIS

Daniel Biskup/laif  S. 23
Gabriele Croppi/HUBER IMAGES  S. 323 o.
DuMont Bildarchiv/Hirth  S. 2, 3 (2 x), 8/9, 11, 41, 45, 69, 72 o., 82/83, 86, 94, 105, 111, 123 o., 132, 139, 141, 147, 162, 166/167, 172, 174, 179, 181 (2 x), 189, 193, 207, 212/213, 217, 218, 220, 228, 232, 244, 259, 267, 287, 289 (2 x), 294, 303 (2 x), 333, 338, 343, 347, 359, 363, 389, 395, 411, 414 (2 x)
Dumont Bildarchiv/Marczok  S. 373
Dumont Bildarchiv/Stankiewicz  S. 98, 108
Fanfo/shutterstock.com  S. 47
Frank Fell/robertharding/laif  S. 20/21
fotolia  S. 418 u.
Ralf Freyer  S. 62, 275
Tomasz Guzowski/ shutterstock.com  S. 60
Peter Hirth/laif  S. 236, 353
JDziedzic/shutterstock.com  S. 151
konradkerker/shutterstock.com  S. 263
Patryk Kosmider/shutterstock.com  S. 64
Karol Kozlowski/robertharding/laif  S. 303
Lonely Planet Images/Getty Images  S. 24/25
Mike Mareen/shutterstock.com  S. 331
mauritius images / PhotoBliss / Alamy  S. 12/13

mauritius images / Mark Delete / Alamy  S. 224
mauritius images / VIEW Pictures Ltd / Alamy  S. 282
mauritius images / Mieczyslaw Wieliczko / Alamy  S. 80
mauritius images / Jan Wlodarczyk / Alamy  S. 57
Marco Pavan/HUBER IMAGES  S. 323 u.
picture-alliance/akg-images  S. 16/17, 379 (2 x), 385, 401 u.
picture-alliance/dpa  S. 55, 403, 408
picture alliance/ZB/euroluftbild  S. 164
Polnisches Fremdenverkehrsamt  S. 199
Maurizio Rellini/HUBER IMAGES  S. 307, 318
Reinhard Schmid/HUBER IMAGES  S. 249
Hanna Schoenbaum/Polaris/laif  S. 204
Dieter Schulze/Izabella Gawin  S. 14, 18, 26 (2 x), 101, 103, 115, 123 u., 184, 195, 230, 341, 401 o., 419 (3 x), 425, 427 (2 x), 430, 435, U7
Dagmar Schwelle/laif  S. 297
shutterstock/Zuzule  S. 257
transit/Hirth  S. 72 u., 326, 366 (2 x), 392
transit/Kürtz  S. 7, 29, 361

Titelbild: Tobias Gerber/laif

# VERZEICHNIS DER KARTEN UND GRAFIKEN

| | |
|---|---|
| Baedeker-Sterneziele | U 3/U 4 |
| Tourenübersicht | 31 |
| Tour 1 | 33 |
| Tour 2 | 34 |
| Tour 3 | 36 |
| Tour 4 | 39 |
| Tour 5 | 42 |
| Białystok (Cityplan) | 49 |
| Częstochowa (Cityplan) | 71 |
| Jasna Góra (3 D) | 74/75 |
| Gdánsk (Cityplan) | 91 |
| Krantor (3 D) | 96/97 |
| Gniezno (Cityplan) | 117 |
| Jelenia Góra (Cityplan) | 124 |
| Kalisz (Cityplan) | 128 |
| Wang-Kirche (3 D) | 134/135 |
| Karpacz (Cityplan) | 136 |
| Katowice (Cityplan) | 145 |
| Kazimierz Dolny (Cityplan) | 149 |
| Wolfsschanze (Lageplan) | 154 |
| Kłodzko (Cityplan) | 159 |
| Kraków (Cityplan) | 169 |
| Kraków-Kazimierz (Cityplan) | 182 |
| Legnica (Cityplan) | 190 |
| Łódź (Cityplan) | 196 |
| Lublin (Cityplan) | 262 |
| Hochmeisterpalast (3 D) | 208/209 |
| Marienburg (Lageplan) | 210 |
| Der Deutschordensstaat (Infografik) | 222/223 |
| Opole (Cityplan) | 235 |
| Auschwitz-Stammlager (Lageplan) | 239 |
| Schauplatz des Holocaust (Infografik) | 240/241 |
| Auschwitz-Birkenau (Lageplan) | 243 |
| Płock (Cityplan) | 246 |
| Poznan (Cityplan) | 250/251 |
| Szczecin (Cityplan) | 279 |
| Zakopane (Cityplan) | 292 |
| Thoruń (Cityplan) | 299 |
| Warszawa (Cityplan) | 310/311 |
| Königsschloss Warschau (Grundriss) | 315 |
| Warschau-Wilanów | 325 |
| Wocław (Cityplan) | 334/335 |
| Zamość (Cityplan) | 350 |
| Polen auf einen Blick (Infografik) | 368/369 |
| Die Teilungen Polens (Infografik) | 380/381 |
| Gold der Ostsee (Infografik) | 428/429 |
| Übersichtskarte | U 5/U 6 |

# IMPRESSUM

**Ausstattung:**
127 Abbildungen, 47 Karten und Grafiken, eine große Reisekarte

**Text:**
Dr. Dieter Schulze und Izabella Gawin, mit Beiträgen von Rainer Eisenschmid, Klaus Klöppel, Jens Wassermann und Reinhard Zakrzewski

**Bearbeitung:**
Baedeker-Redaktion
(Rainer Eisenschmid)

**Kartografie:**
Franz Huber, München,
Klaus-Peter Lawall, Unterensingen,
KOMPASS-Karten GmbH, A-6020 Innsbruck; MAIRDUMONT, D-73751 Ostfildern (Reisekarte)

**3D-Illustrationen:**
jangled nerves, Stuttgart

**Infografiken:**
Golden Section Graphics GmbH, Berlin

**Gestalterisches Konzept:**
RUPA GbR, München

13., aktualisierte Auflage 2024

© MAIRDUMONT GmbH & Co KG; Ostfildern

Der Name Baedeker ist als Warenzeichen geschützt. Alle Rechte im In- und Ausland sind vorbehalten. Jegliche – auch auszugsweise – Verwertung, Wiedergabe, Vervielfältigung, Übersetzung, Adaption, Mikroverfilmung, Einspeicherung oder Verarbeitung in EDV-Systemen ausnahmslos aller Teile des Werkes bedarf der ausdrücklichen Genehmigung durch den Verlag.

Printed in China

Trotz aller Sorgfalt von Redaktion und Autoren zeigt die Erfahrung, dass Fehler und Änderungen nach Drucklegung nicht ausgeschlossen werden können. Dafür kann der Verlag leider keine Haftung übernehmen. Kritik, Berichtigungen und Verbesserungsvorschläge sind jederzeit willkommen. Schreiben Sie uns, mailen Sie oder rufen Sie an:

**Baedeker-Redaktion**
Postfach 3162, D-73751 Ostfildern
Tel. 0711 4502-262
www.baedeker.com

# ANHANG
## VERLAGSPROGRAMM

# BAEDEKER VERLAGSPROGRAMM

Viele Baedeker-Titel sind auch als E-Book erhältlich.

**A**
Ägypten
Algarve
Allgäu
Amsterdam
Andalusien
Australien

**B**
Bali
Baltikum
Barcelona
Belgien
Berlin · Potsdam
Bodensee
Böhmen
Bretagne
Brüssel
Budapest
Burgund

**C**
China

**D**
Dänemark
Deutsche Nordseeküste
Deutschland
Dresden
Dubai · VAE

**E**
Elba
Elsass · Vogesen
England

**F**
Finnland
Florenz
Florida
Frankreich
Fuerteventura

**G**
Gardasee
Golf von Neapel
Gomera
Gran Canaria
Griechenland

**H**
Hamburg
Harz
Hongkong · Macao

**I**
Irland
Island
Israel · Palästina
Istanbul
Istrien · Kvarner Bucht
Italien

**J**
Japan

**K**
Kalifornien
Kanada · Osten
Kanada · Westen
Kanalinseln
Kapstadt · Garden Route
Kopenhagen
Korfu · Ionische Inseln
Korsika
Kreta
Kroatische Adriaküste · Dalmatien
Kuba

**L**
La Palma
Lanzarote
Lissabon
London

**M**
Madeira
Madrid
Mallorca
Malta · Gozo · Comino
Marrokko
Mecklenburg-Vorpommern
Menorca
Mexiko
München

**N**
Namibia
Neuseeland
New York
Niederlande
Norwegen

**O**
Oberbayern
Österreich

**P**
Paris
Polen
Polnische Ostseeküste · Danzing · Masuren
Portugal
Prag
Provence · Côte d'Azur

**R**
Rhodos
Rom
Rügen · Hiddensee
Rumänien

**S**
Sachsen
Salzburger Land
Sankt Petersburg
Sardinien
Schottland
Schwarzwald
Schweden
Schweiz
Sizilien
Skandinavien
Slowenien
Spanien
Sri Lanka
Südafrika
Südengland
Südschweden · Stockholm
Südtirol
Sylt

**T**
Teneriffa
Thailand
Thüringen
Toskana

**U**
USA · Nordosten
USA · Südwesten
USA · Westküste
Usedom

**V**
Venedig
Vietnam

**W**
Wien

**Z**
Zypern

**ANHANG**
NOTIZEN

*Meine persönlichen Notizen*

# ANHANG

## Meine persönlichen Notizen